Peter Dinzelbacher

Das fremde Mittelalter

Peter Dinzelbacher

Das fremde Mittelalter

Gottesurteil und Tierprozess

Zweite, wesentlich erweiterte Auflage

wbg Academic

Die Deutsche Nationalbibliothek verzeichnet diese Publikation
in der Deutschen Nationalbibliographie; detaillierte bibliographische
Daten sind im Internet über http://dnd.d-nb.de abrufbar

wbg Academic ist ein Imprint der Verlag Herder GmbH

Satz und eBook: Satzweiss.com Print, Web, Software GmbH
Umschlagsabbildung: Wasserprobe: Buchmalerei im Lambacher Rituale,
Stiftsbibliothek Kloster Lambach
(Oberösterreich) Cml LXXIII, f. 64v, 72r (Ende des 12. Jahrhunderts)

Gedruckt auf säurefreiem und
alterungsbeständigem Papier
Printed in Germany

Besuchen Sie uns im Internet: www.wbg-wissenverbindet.de

ISBN 978-3-534-40393-6

Elektronisch sind folgende Ausgaben erhältlich:
eBook (PDF): 978-3-534-40395-0
eBook (epub): 978-3-534-40394-3

Inhalt

Inhalt 5

A. Einführung 9

B. Vorbemerkung 12

C. Wie „fremd“ ist uns das Mittelalter? 13
- I. Zur Einleitung 13
- II. Völlige Andersartigkeit? 16
- III. Vom Harz bis Hellas immer Vettern? 25

D. Mittelalterliches Recht 28

E. Gottesurteile 35
- I. Das Phänomen 35
- II. Siedendes Wasser und blutende Leichen – Die Arten der Ordalien 40
- III. Wer war zu prüfen? – Zusammenhänge 53
- IV. Macht der Elemente? – Entstehung 59
- V. Ohne Zweifel an die Ordalien glauben – Weltliche Gesetzgebung 70
- VI. Kreuzprobe und Waffensegnung – Die kirchliche Akzeptanz der Gottesurteile 77
- VII. Kunigunde und Isolde – Ordalien in Legende und Dichtung 97
- VIII. Von der Romanik bis Riemenschneider – Darstellungen in der mittelalterlichen Kunst 104
- IX. Man darf den Herrn nicht versuchen – Das Ende der Gottesurteile 110
  - 1. Skeptische Stellungnahmen von Geistlichen 110
  - 2. Kritische Stellungnahmen von Laien 113
- X. Gott in der Welt – Mentalitätsgeschichtliche Interpretation 120

F. Tierprozesse 147
- I. Das Phänomen 147
- II. Erhängte Schweine und begrabene Ochsen – Verfahren gegen einzelne Haus- und Nutztiere 161

III. Exkommunizierte Engerlinge – Die Verfahren gegen Kollektive von Schädlingen ... 166
IV. Scheinbare Analogien: Tierstrafen und Werwolfsglauben ... 178
V. Nur die Habgier der Gerichtsherren? – Mittelalterliche Kritik an den Tierprozessen ... 186
VI. Juristische Allmachtsphantasien? – Mentalitätsgeschichtliche Interpretation ... 191
VII. Verstehen Tiere Latein? – Das Kommunikationsproblem ... 208
VIII. Zusammenfassung ... 219

G. Tierprozesse in der aktuellen Forschung ... 225
I. Geschichte der Forschung ... 230
II. Weltliche Tierprozesse ... 231
III. Tierstrafen ... 232
IV. Tiertötung ... 234
V. Geistliche Tierprozesse ... 235
VI. Erklärungsversuche ... 238
1. Allgemeine Erklärungsversuche ... 238
2. Rechtsgeschichtlich-immanente Erklärungsversuche ... 240
3. Religionswissenschaftliche Erklärungsversuche ... 244
4. Sozialpsychologische Erklärungsversuche ... 246
5. Mentalitätsgeschichtliche Erklärungsversuche ... 248
6. Ungelöste Probleme ... 251
VII. Methodische Holzwege ... 253
VIII. Desiderata ... 255

H. Aspekte der Fremdheit des Mittelalters ... 258
I. Dominanz des Religiösen ... 260
II. Autoritäten ... 269
III. Assoziatives Denken ... 270
IV. Körperlichkeit ... 277
1. Beschreibbarkeit ... 280
2. Askese ... 284
3. Reliquienverehrung ... 290
4. Der Seelenleib ... 293

V. Spontaneität ... 295
VI. Ethik und Recht ... 303

I. Phasen der Mentalitäten im Mittelalter ... 312

J. Verständnishilfen ... 326
I. Völkerkunde ... 328
II. Volkskunde ... 336
III. Psychologie ... 341

K. Literaturverzeichnis ... 351
I. Abkürzungen ... 351
II. Verzeichnis der abgekürzt zitierten Literatur ... 352
1. Allgemeine Literatur ... 352
2. Allgemeine mediävistische Literatur mit Relevanz für die hier behandelten Themen ... 354
3. Studien zu den Gottesurteilen ... 357
4. Studien zu den Tierprozessen ... 365
III. Bibliographische Ergänzungen ... 371
IV. ‚Falsche Freunde' ... 376

L. Register ... 377
Bildnachweis ... 382

A. Einführung

Als „fremd“ bezeichnet Peter Dinzelbacher das Mittelalter im Titel seines nun in zweiter Auflage vorliegenden Bandes über Gottesurteile und Tierprozesse. Und in der Tat: Beide Phänomene sind den rational geschulten Menschen des 21. Jahrhunderts kaum nachvollziehbar, viel zu weit entfernt sind uns die mittelalterliche Denk- und Lebensweise. Wenn der moderne Mensch für jemanden die Hand ins Feuer hält, hat er danach gewiss keine Verbrennungen. Vom heißen Eisen, das man lieber nicht anfasst, bis zu den glühenden Kohlen, auf welchen man sitzt: Gottesurteile kommen heute nur noch in Redewendungen vor. Und Strafprozesse gegen Tiere? Sie klingen fast wie ein Schildbürgerstreich – ist doch die Geschichte von der Verurteilung des mörderischen Krebses durch den Rat von Schilda[1] vielen noch aus Kästners Kindergeschichte vertraut.

Während die Gottesurteile beispielsweise jedem Jurastudierenden aus dem rechtshistorischen Grundkurs bekannt sein sollten, gehörten Tierstrafen und Tierprozesse bis zum Erscheinen der Erstauflage von Dinzelbachers Buch im Jahr 2006 für die allermeisten zu den unbekannten Seiten des Mittelalters und der frühen Neuzeit. Dem entsprechend vielfältig waren die Reaktionen auf das Buch – und dies weit über die deutschen Sprachgrenzen hinaus. Rezensionen erschienen im In- und Ausland. In Bezug auf die Tierstrafen und Tierprozesse gab das Werk zudem Impulse für eine Vielzahl weiterer Publikationen. Es ist sicherlich kein Zufall, dass seit Erscheinen der ersten Auflage – wie Dinzelbacher selber angibt – Jahr für Jahr mindestens drei Untersuchungen zu diesem Thema neu veröffentlicht wurden. In den meisten Fällen handelt es sich allerdings lediglich um Übersichten auf der Basis des bereits erarbeiteten Forschungsstands.

Zuvor waren Tierprozesse und Tierbestrafungen jedenfalls im deutschsprachigen Raum eher ein Nischenthema, das selbst in Fachkreisen lange Zeit wenig Beachtung fand. Dabei wird seit mittlerweile zweihundert Jahren über derlei Verfah-

1 Vgl. „Die Schiltbürger“, 1598, 175–178.

ren gegen Tiere geforscht.[2] 1846 brachte Léon Ménabréa eine Monographie zum Thema heraus. Bis heute haben die Tierprozesse und Tierstrafen in der französischsprachigen Forschung einen festen Platz. Für den deutschsprachigen Raum wegweisend wurde Karl von Amira mit seinem Beitrag „Thierstrafen und Thierprozesse".[3] 1892 ließ Carlo d'Addosio seine bis heute viel zitierten „Bestie delinquenti" erscheinen. Als bekanntestes englischsprachiges Werk zum Thema darf „The Criminal Prosecution and Capital Punishment of Animals" von Edward P. Evans gelten.[4] Für den deutschsprachigen Raum galt für viele vor Erscheinen von Dinzelbachers Arbeit die Dissertation von Hans Albert Berkenhoff[5] als Standardwerk zum Thema.

Trotz dieser vielfältigen Literatur ist eine befriedigende Antwort auf die Frage, warum es zu Tierprozessen und Tierbestrafungen kam, bis heute nicht gefunden. Manche modernen Autoren scheinen daher bestreiten zu wollen, dass es Strafverfahren gegen Tiere je gegeben hat, interpretieren die Quellen als Lehrstücke oder Parodien. Doch selbst wenn dies in einzelnen Fällen so sein sollte, die große Vielzahl der aus verschiedenen Zeiten und unterschiedlichen Regionen überlieferten Verfahren lässt sich damit nicht erklären. Vor allem aber belegen die Quellen, dass die Zeitgenossen das Phänomen durchaus ernst genommen haben; namhafte Gelehrte, die in der Epoche der Tierprozesse und Tierbestrafungen lebten und wirkten, setzten sich damit auseinander – und selbst wenn sie im Ergebnis derlei Verfahren für juristisch oder theologisch unhaltbar hielten, bestätigten sie doch zugleich deren Existenz. Wer also einen vertieften Blick in die Quellen wagt, wird kaum an den gegen Tiere geführten Verfahren zweifeln können.

Die Forschung entwickelte daher eine Vielzahl von Theorien zur Erklärung, wie und warum es zu Tierprozessen und Tierbestrafungen kam. Dinzelbacher fasst in

---

2 Vgl. etwa Berriat-Saint-Prix, J., Des Procès intentés aux Animaux, in: Thémis ou Bibliothèque du jurisconsulte I, 1820, 194 ff.

3 Amira, K. v., Thierstrafen und Thierprozesse, in: Mitteilungen des Instituts für österreichische Geschichtsforschung 12, 1891, 545–601.

4 Evans, E. P., The Criminal Prosecution and Capital Punishment of Animals, London 1906.

5 Berkenhoff, H. A., Tierstrafe, Tierbannung und rechtsrituelle Tiertötung im Mittelalter, Bühl in Baden 1937.

der nun vorliegenden Neuauflage seines Werks den Forschungsstand zusammen, erläutert die wichtigsten bislang vertretenen Thesen und bezieht dazu Stellung. Zweifellos erschwert unser nachaufklärerisch-laizistisches Weltbild eine unverstellte Sicht auf die Quellen. So kommt es, dass einzelne Autoren die Verfahren gegen Tiere als „harmlose Auswüchse" einer vergangenen Zeit, als „unreflektierte Volksanschauung des Mittelalters" oder als einer „naiven Vorstellung" entsprungen charakterisieren. Abgesehen davon, dass es unserer immer orientierungsloseren, da entwertlichten Gesellschaft kaum zusteht, Werturteile über frühere Epochen zu fällen, greifen derlei Bemerkungen sichtlich zu kurz. Bereits in der ersten Auflage plädierte Dinzelbacher daher für eine Annäherung an das Problem aus dem Blickwinkel der Mentalitätsgeschichte. Er betont dabei selbst, dass auch seine Thesen nur als Erklärungsansätze verstanden werden können. Ihm ist zuzustimmen, dass zum besseren Verständnis vor allem eine umfassende Quellenforschung nötig ist. Auch erscheint es wichtig, die verschiedenen Formen der Verfahren gegen Tiere – regelrechte Prozesse und bloße Tierbestrafungen, kirchliche Verfahren gegen Flurschädlinge und weltliche gegen ein einzelnes Nutztier, das einen Menschen getötet hat, usw. – differenziert zu betrachten. Die Neuauflage bietet hierzu klare Kategorien an. Nicht nur deshalb verspricht sie eine spannende Lektüre.

Prof. Dr.iur. Andreas Deutsch

Leiter der Forschungsstelle Deutsches Rechtswörterbuch an der Heidelberger Akademie der Wissenschaften

B. Vorbemerkung

Alle Übersetzungen aus den Originalquellen stammen, wenn nicht anders angegeben, vom Verfasser. Die Bibelzitate wurden aus dem Latein der Vulgata neu übersetzt, da diese die einzige für das Mittelalter verbindliche Version war. Die sogar im wissenschaftlichen Schrifttum zu findende Verwendung des Luther-Textes oder der Einheitsübersetzung würde an vielen Stellen zu Missverständnissen führen, weil dies Übertragungen der hebräischen bzw. griechischen Originale sind, die dem Mittelalter, von vernachlässigbar wenigen Ausnahmen abgesehen, nicht zugänglich waren. Dem Abschnitt S. 225–257 liegt ein Vortrag an der Heidelberger Akademie der Wissenschaften zugrunde, der in den Tagungsakten (Deutsch, A. / König, P. (Hg.), Das Tier in der Rechtsgeschichte, Heidelberg 2017) publiziert wurde und hier mit Zustimmung von Herausgebern und Verlag in durchgesehener Form vorliegt.

Peter Dinzelbacher

C. Wie „fremd“ ist uns das Mittelalter?

I. Zur Einleitung

„Fremd ist nicht einfach das, was ich nicht kenne und wovon ich nichts weiß, fremd ist vielmehr das, was mich auf eine merkwürdige Weise betrifft, obwohl ich es nicht kenne.“[1] Fragen nach dem Eigenen und dem Fremden innerhalb der Kulturen treten mehr und mehr ins Bewusstsein auch der Geisteswissenschaften. Es sind Fragen nach dem, was von den unsere Vergangenheit prägenden Momenten auch heute noch verstanden und praktiziert wird, Fragen nach dem, was wir als uns fern und letztlich unbegreifbar beurteilen. Unsere Thematik ist historischer, psychologischer und soziologischer Natur, nicht philosophischer oder theologischer, auch wenn sie in diesen Disziplinen ebenfalls diskutiert wird. Die vorliegende Studie möchte die angesprochene Alterität der Epoche zwischen Antike und Neuzeit eingehend vor allem an besonders auffallenden Beispielen aus der Rechtsgeschichte vorführen und nach Verständnismöglichkeiten fragen.[2] Aber nicht nur Gottesurteile und Tierprozesse konfrontieren uns mit dem Gefühl des

---

1 Erdheim, Fremde 167.

2 Außerhalb der Betrachtung bleibt das schon vielfach v. a. von Literaturwissenschaftlern behandelte Thema, was im Mittelalter selbst als Fremderfahrung rezipiert wurde, vgl. z. B. aus kunsthistorischer Sicht Pochat, G., Das Fremde im Mittelalter, Würzburg 1997, aus literaturwissenschaftlicher Sicht Classen, A. (Hg.), Meeting the Foreign in the Middle Ages, New York 2002; Uebel, M., Ecstatic Transformations. On the Uses of Alterity in the Middle Ages, New York 2005; Hensler, I., Ritter und Sarrazin. Zur Beziehung von Fremd und Eigen in der hochmittelalterlichen Tradition der Chanson de geste, Köln 2006; Schausten, M., Suche nach Identität. Das „Eigene“ und das „Andere“ in den Romanen des Spätmittelalters und der Frühen Neuzeit, Köln 2006. S. allgemein auch Lüth, Ch. u. a. (Hg.), Der Umgang mit dem Fremden in der Vormoderne, Köln 1997. Weitere Literatur bei Goetz, Moderne 281 Anm. 912.

Fremden, es gibt genug Beispiele auch aus anderen Lebensbereichen, die Kategorien der Alterität des Mittelalters erstellen lassen.

Auf den folgenden Seiten werden viele konkrete Fälle zu diesem sonst oft eher theorieorientiert[3] behandelten Thema vorgelegt und analysiert. Unsere Überlegungen gehen von einigen markanten Lebenssituationen aus, in denen mittelalterliche Menschen offensichtlich anders dachten, empfanden und handelten als wir. Dabei wird deutlich werden, dass es vor allem das frühe Mittelalter ist, dem wir besonders fremd gegenüberstehen, also die Zeit etwa vom 5. bis ins 12. Jahrhundert. Die titelgebenden Gottesurteile werden als eindrucksvolles Beispiel dafür näher diskutiert, aber auch eine Reihe anderer Erscheinungen angesprochen wie etwa die für das Mönchtum so wichtige Oblation (die Weggabe kleiner Kinder ins Kloster, um sie unabhängig von ihrem Willen zu Mönchen oder Nonnen zu machen).

Wiewohl sich nach der Jahrtausendwende ein alle Lebensbereiche erfassender Umbruch vollzog, der die europäische Mentalität in eine Richtung umstrukturierte, die der antiken und der gegenwärtigen wesentlich näherstand,[4] als es während der Epoche der Völkerwanderung und des Frühmittelalters der Fall gewesen war, erweisen doch die erst im späten Mittelalter aufkommenden Tierprozesse, dass es sich nicht um eine eindeutige lineare Entwicklung zur Gegenwart hin handelte. Vielmehr gab es auch in einer zeitlich viel näheren Periode unserer Vergangenheit heute nicht mehr nachvollziehbare Denk- und Handlungsformen.

Wie es einst einer der wenigen auch im Westen anerkannten „nicht-bürgerlichen" Mittelalterforscher wagte, nämlich Frantisek Graus in seinem Aufsatz über die Mentalität, so möchte auch ich „mit einer geheiligten Tradition der deutschen geistes- und sozialwissenschaftlichen Forschung brechen, die offenbar allen Wandlungen der Zeiten widersteht, und nicht von langatmigen, pseudotheoretisch-unverständlichen Erwägungen ausgehen."[5] Solche sollen (sage ich an diesem Bereich besonders interessierten Lesern zum Trost) noch folgen, doch weder „pseudo" noch „unverständlich", steht zu hoffen. Vielmehr möchte ich, nun

---

3 Vgl. z. B. Das Fremde und das Eigene, hg. v. A. Wierlacher, München 1985; Gegenwart als kulturelles Erbe, hg. v. B. Thum, München 1985.

4 Dinzelbacher, Europa; Ders., Structures.

5 Graus, F., Mentalität – Versuch einer Begriffsbestimmung und Methoden der Untersuchung: Ders. (Hg.), Mentalitäten im Mittelalter, Sigmaringen 1987, 9–48, 12.

anders als Graus, gleich unmittelbar mit einer konkreten Episode beginnen, die sich im 7. Jahrhundert ereignete, also in der uns hier zunächst beschäftigenden Epoche, dem Frühmittelalter.

Der Langobardenkönig Kunibert überlegte einmal zusammen mit seinem Stallmeister, wie er seine alten Widersacher Aldo und Grauso vernichten könnte. Da setzte sich plötzlich am Fenster, vor dem sie standen, eine große Schmeißfliege nieder. Kunibert nahm sein Messer und hieb nach ihr, um sie umzubringen, schnitt ihr aber nur einen Fuß ab. Als die genannten Aldo und Grauso eben nichtsahnend in den königlichen Palast gehen wollten, kam ihnen ein Hinkender entgegen, dem ein Fuß abgehauen war. Der sagte ihnen, dass Kunibert sie töten werde, wenn sie zu ihm gingen. Von großer Angst ergriffen, flohen sie in die nächste Kirche. Als der König dies hörte, verdächtigte er zunächst seinen Stallmeister, seine Absichten verraten zu haben, doch dieser hatte sich nie aus seinem Blickfeld begeben. Da versprach Kunibert seinen Feinden Gnade, wenn sie ihm den Verräter benennen wollten. Sie erklärten, ein Hinkender sei ihnen entgegengekommen, dem ein Fuß abgehauen war, und der habe ihnen ihr Unheil angekündigt. „Da erkannte der König, dass jene Fliege, deren Fuß er abgehauen hatte, ein böser Geist gewesen war und dieser seine geheimen Ratschlüsse verraten hatte.“[6]

Der für seine Gelehrsamkeit berühmte Mönch Paulus Diaconus (gest. vor 800) bringt diese Erzählung im 6. Buch seiner *Historia Longobardorum* völlig kommentarlos zwischen den Nachrichten über eine Sonnenfinsternis, die verheerende Pest von 680, das Lob der Großzügigkeit des genannten Königs gegenüber dem Grammatiker Felix sowie über seine erfolglosen Versuche, sich an Bischof Johannes von Bergamo zu rächen. Wenigstens dreierlei erscheint für uns an dem zitierten Bericht eigenartig: Einmal die sprunghafte Art des Königs, von seinem Vorhaben abzulassen; dann die ursächliche Verbindung, der Kausalnexus, den sowohl dieser als auch der Berichterstatter Paulus zwischen der Fliege und dem Invaliden ziehen: *intellexit* (er erkannte) ist klar und eindeutig; schließlich die Mitteilung des Ereignisses als historisches Faktum durch einen Geschichtsschreiber, der sich

---

6 *Tunc inellexit rex, muscam illam, cui pedem truncaverat, malignum spiritum fuisse et ipsum sui secreti consilia prodidisse.* Paraphrase nach Brüder Grimm, Deutsche Sagen Nr. 408 (ND Zürich 1974, 376 f.), mit Änderungen nach dem Original (Paolo Diacono, Storia dei Longobardi, ed. E. Bartolini, Milano 3. Aufl. 1990, 264).

bei anderer Gelegenheit sehr wohl zu skeptischerer Haltung fähig erweist, indem er vorsichtig von Vermutungen oder Gerüchten spricht: *putatur esse factum* oder *Fama est enim.*[7]

II. Völlige Andersartigkeit?

Lassen wir all dies vorerst auf sich beruhen, um eine generelle Frage zu stellen: Ist es nicht so, dass wir uns wohl alle bei der Lektüre mittelalterlicher Texte, bei der Betrachtung mittelalterlicher Bildwerke, beim Anhören mittelalterlicher Musik (d. h. ihrer Rekonstruktionen) bisweilen oder sogar oft mit einem Eindruck der Fremdheit, der Andersartigkeit konfrontiert fühlen? Da sind Gedankengänge, Ausdrucksweisen, Klangfolgen, die wir nicht einfach nachvollziehen können, die unseren Denk-, Empfindungs- und Sehgewohnheiten widersprechen, nicht in unsere moralischen oder ästhetischen Normen passen, mit einem Wort: die den Eindruck hervorrufen, es mit Äußerungen einer fremden Kultur zu tun zu haben. Auch werden Menschen Denk- und Verhaltensweisen, Eigenschaften und Fähigkeiten zugeschrieben, die wir in der Regel weder an uns noch an unseren Mitmenschen beobachten können. Solche Erfahrungen dürfte man schon am Beginn der Neuzeit, also in der Renaissance, unter den Gelehrten gemacht haben, denn sonst wären sie nicht dazu gekommen, sich von der Vergangenheit zu distanzieren, indem sie den Epochenbegriff „Mittelalter" kreierten; er kommt anscheinend zuerst im 15. Jahrhundert bei den Humanisten Leonardi Bruni und Johannes Andreas Bussi von Aleria vor und impliziert eine Zäsur zwischen der damaligen Gegenwart und der vorhergegangenen Periode.

In einem ersten Schritt soll versucht werden, einige der Komponenten dieser Alterität zu isolieren und an besonders deutlichen Erscheinungen klar zu machen, in einem zweiten sollen Möglichkeiten angesprochen werden, mittels der Hilfe von anderen humanwissenschaftlichen Disziplinen zu einem besseren Verständnis dieser Komponenten zu kommen. Dabei werde ich die Kenntnis der mittelalterlichen Rahmenbedingungen, d. h. der von den heutigen wesentlich unterschiedlichen materiellen, sozialen und politischen Gegebenheiten, in denen sich das Leben vollzog, weitgehend voraussetzen müssen; sie sind bereits in vielen kul-

7 3, 32 (ed. cit. 138).

tur- und einigen mentalitätsgeschichtlichen Publikationen beschrieben worden.[8] Diese Bedingungen haben zweifelsohne auch kausal auf die damalige Mentalität eingewirkt, ohne dass sich die Zusammenhänge immer stringent beweisen ließen. Es ist vielleicht banal, aber nützlich, sich ins Gedächtnis zu rufen, dass das Mittelalter noch nicht die physikalischen, chemischen, technischen, medizinischen, psychologischen Kenntnisse entwickelt hatte, die uns so viele Phänomene anders erklären lassen, und dass der von der Natur vorgegebene Lebensrhythmus angesichts der noch geringen Beherrschung der Umwelt und der Unkenntnis vieler ihrer Mechanismen ein langsamerer und einfacherer war. Es ist ein Faktum, dass die Menschen des Mittelalters in einem Zustand dauernder Bedrohtheit lebten, mag sie real durch Naturkatastrophen und Seuchen gewesen sein, mag sie imaginiert, aber für den einzelnen nicht weniger bedrückend, durch Angst vor Dämonen, Geistern, Fegefeuer und Hölle zustande gekommen sein.[9] Es war ein Leben in einer fast ausschließlich vermittels mündlicher Kommunikation funktionierenden Gesellschaft, geprägt von der lebens- (und sterbens-) notwendigen Einbindung des Einzelnen in ein Kollektiv (Sippe, Mönchsfamilie, später Stand, Zunft, Bruderschaft). Dabei glaubte man an die Abhängigkeit der ganzen Gemeinschaft vom „Heil" des Herrschers und vom religiösen Wohlverhalten aller – usw. Solche Gegebenheiten unterscheiden sich deutlichst von denen der europäischen Gegenwart. Auf ihre Auswirkungen auf die Psyche hin zu prüfen und nicht a priori zu verwerfen wären auch von Mittelalter-Forschern im allgemeinen nicht berücksichtigte mögliche Faktoren, wie z. B. die Auswirkungen des sich verändernden Erdmagnetismus oder die bestimmter Ernährungsweisen.

Sehr viele Historiker gehen auch heute – zwar nicht theoretisch, aber in der Praxis ihrer Arbeiten – nach wie vor davon aus, sie könnten Geschichte so schildern, „wie es eigentlich gewesen ist" (Leopold von Ranke). Und zwar bloß schildern, ohne ihre eigenen Reaktionen auf die betrachtete Vergangenheit einfließen zu lassen. Diese Wissenschaftler berührt die Frage nach dem „Fremden" in der mittelalterlichen Mentalität wenig, wobei ich Mentalität verstehe als Ensemble der

---

8 Es sei erlaubt, hier auf eigene Publikationen dazu hinzuweisen: Dinzelbacher, P. (Hg.), Europäische Mentalitätsgeschichte, Stuttgart 2. Aufl. 2008; ders., Europa im Hochmittelalter, Darmstadt 2003; ders., Mentalität und Religiosität des Mittelalters, Klagenfurt 2003; ders., Lebenswelten des Mittelalters, Badenweiler 2011.

9 Vgl. Dinzelbacher, P., Angst im Mittelalter, Paderborn 1996.

Denk- und Empfindungsweisen und -inhalte, von denen ein bestimmtes Kollektiv in einer bestimmten Epoche geprägt ist: Mentalität manifestiert sich in Äußerungen und im Verhalten.[10] Jedenfalls behandeln die meisten gängigen Handbücher und Überblicksdarstellungen zum Mittelalter die epochentypischen Mentalitäten nicht. Analoges gilt für die „historische Anthropologie", ein Begriff, der faktisch weitgehend inhaltsgleich mit Mentalitätsgeschichte verwendet wird.

Dabei muss doch die Frage nach dem für uns in früheren Epochen Fremden als eine legitime und notwendige gelten: Denn *wir* sind es, die wir – eine erkenntnistheoretische Binsenweisheit – gemäß unseren Reaktionen auf die Botschaften der Quellen unter diesen auswählen, womit wir uns beschäftigen wollen, und wir sind es, die wir an sie unser eigenes, kulturspezifisches Apriori herantragen, nach dem wir unsere Darstellungen strukturieren und formulieren. „Wir müssen unsere heutigen Erfahrungen ganz bewusst zum Vergleich heranziehen und sie nicht hinter dem Streben nach Objektivität verstecken; Fremdes begreifen wir erst, indem wir uns begreifen." (Arno Borst).[11]

Um vom Thema des Fremden und des Verwandten in der Geschichte überhaupt sprechen zu können, muss ich freilich einen Konsens voraussetzen, nämlich den, dass die meisten der in der abendländischen Bildungstradition stehenden heutigen Betrachter des Mittelalters in der Mehrzahl der Fälle ähnlich wie ich selbst auf die jeweiligen Quellen reagieren würden. Strenggenommen müsste dieser angenommene Konsens durch eine breite Umfrage unter Fachkollegen und Leserpublikum bestätigt werden. Doch ist darauf hinzuweisen, dass jeder Historiker bei jeder seiner Äußerungen etwa über das Mittelalter immer schon stillschweigend von einem solchen Konsens ausgeht, sobald er annimmt, von seinen Lesern, aber jedenfalls wenigstens von seinen „*pairs*", der mediävistischen Fachwelt, verstanden zu werden, und dies trotz aller individueller Divergenzen. Denn intersubjektive Verständlichkeit und Überprüfbarkeit sind und bleiben Kriterien für Wissenschaftlichkeit.[12] Dass z. B. auf den Betrachter protestantischer oder agnostischer

---

10 Vgl. die Einleitung bei Dinzelbacher, Mentalitätsgeschichte.

11 Borst, A., Lebensformen im Mittelalter, Frankfurt a. M. 1973, 25.

12 In Parenthese sei erwähnt, dass in jüngerer Zeit mancherorts diese Kriterien nicht mehr anerkannt werden, z. B. wenn Schriften als Doktorarbeiten angenommen werden, obwohl sie einer subjektiv-assoziativen „Methode" folgen, so etwa in einem Zweig der feministischen Altgermanistik. Ein Gleiches gilt für Produkte der postmodernen oder sogar „posthistorischen" Richtung, wie sie in Frankreich und den Vereinigten Staaten betrieben wird.

Prägung die ältere Frömmigkeitsgeschichte fremder wirkt als auf den in konservativ-katholischen Traditionen erzogenen bedarf keiner Betonung.

Allerdings – dies verrät schon der Terminus „Mittelalter" im Titel, der ja immerhin eine nur sehr partiell kohärente Zeitspanne von eintausend Jahren unter einen Begriff bringt –, allerdings gehe ich davon aus, dass trotz des Wissens um die Singularität und Komplexität jeder historischen Erscheinung Generalisierungen genauso sinnvoll und legitim sein können, wie in der Kartographie kleinmaßstäbliche Übersichtskarten neben großmaßstäblichen Detailwerken. Verallgemeinerungen sind in der Praxis der Wissensvermittlung letztendlich notwendig, wie allein die Existenz und Nützlichkeit eines wissenschaftlichen Genus *Lexikon/Wörterbuch/Enzyklopädie* bezeugt, wo Informationen nicht anders als generalisierend zusammenzufassen sind. In diesem Sinn sei also ein Konsens unterstellt, wenn im folgenden Ausdrücke wie Kultur, Geist, Fremdes und Eigenes figurieren, ohne dass in diesem Rahmen Begriffsgeschichte und Definitionsvarianten problematisiert werden.

Zwar vergessen wir keineswegs das Empfinden der Andersartigkeit, das z. B. der Anblick einer romanischen Majestas Domini bei uns auslöst, oder jener starr frontalen Marienstatue (*sedes sapientiae*) mit dem schon als Erwachsenen gegebenen Jesuskind, oder das Anhören eines gotischen Hoquetus, jenes stoßweisen Gesangs, bei dem eine Stimme immer in die Pause der anderen einfällt. Doch konzentrieren wir uns im Folgenden nur auf das, was uns schriftliche Quellen über Denkweisen und Denkinhalte, über Emotionen und Verhalten mittelalterlicher Menschen zwischen dem 5. und 12. Jahrhundert verraten oder zu verraten scheinen, ohne die bildende Kunst oder die Musik hier einzubeziehen. Die Texte lesen wir im Sinne der Historik[13] als unwillkürliche Überlieferungen (Mikoletzky), als Überreste (Bernheim): Das heißt, dass wir also nicht nach dem fragen, was der Autor in der eben zitierten Passage bewusst mitteilen wollte (der Langobardenkönig Kunibert plante, zwei seiner Untertanen namens Aldo und Grauso zu vernichten), sondern nach dem, was er unbewusst über sich und seine Umwelt verrät (das Mitgeteilte erschien Paulus Diaconus als historisches Faktum; er mein-

13 Vgl. z. B. Wolf, A., Quellen, Allgemein: Besson, W. (Hg.), Geschichte, Frankfurt a. M. 1961, 269–276.

te, die Zusammenhänge zwischen der verletzten Fliege und dem Hinkenden seien so klar, dass er sie gar nicht weiter erklären müsse usf.).

Bei der Beschäftigung mit verschiedenen mittelalterlichen Quellen variieren unsere Reaktionen in der ganzen Bandbreite von dem Eindruck, das Geschilderte völlig nachvollziehen zu können, bis zu jenem, einer gänzlich anderen Mentalität gegenüberzustehen. Vielfach begleitet die Lektüre (– von den fremden Sprachen abgesehen –) jedoch einfach nur die Empfindung der Vertrautheit: Auch ein Mensch unserer Gegenwart könnte genauso denken, sprechen, handeln – so scheint es uns doch. Wenn etwa der Philosoph Peter Abaelard (1070–1142) (oder wer immer unter seinem Namen die *Historia calamitatum*, seine Autobiographie, schrieb) schildert, wie er die erste Zeit der Verliebtheit mit der ihm zum Unterricht anvertrauten Heloise zubrachte – wer von uns empfände hier einen Eindruck von Fremdheit?

> „Als wir nun die Bücher [zum gemeinsamen Lesen] geöffnet hatten, da schlichen sich mehr Worte über die Liebe als über den Unterrichtsstoff ein, es kam mehr zu Küssen als zu Sentenzen; meine Hände zog es öfter zu ihrem Busen als zu den Büchern; häufiger waren die wechselseitigen Liebesblicke als unser Interesse an der Schriftlesung …“.[14]

Dasselbe gilt weitgehend von den anderen Szenen und Überlegungen, von denen diese Autobiographie handelt: Sie scheint Denken und Empfinden eines modernen Menschen wiederzugeben, und so hat man Abaelard denn auch nicht selten den ersten Vertreter dieser „Spezies“ genannt.

Es wäre m. E. Mystifizierung, nicht zuzugeben, dass auch heute Dichter wie Chrétien de Troyes, Gottfried von Straßburg, Boccaccio, Chaucer übersetzt über viele Seiten hinweg auch ohne mediävistische Begleitung zu lesen – und zu verstehen – sind. Doch gilt dies sogar für den einen oder anderen der früheren Autoren, wie z. B. den an der Schwelle zum Hochmittelalter stehenden Ekkehard IV. von St. Gallen (gest. um 1060). Der Humor, mit dem er etwa die Geschichte von dem

[14] *„Apertis itaque libris, plura de amore quam de lectione verba se ingerebant, plura erant oscula quam sententie; sepius ad sinus quam ad libros reducebantur manus, crebrius oculos amor in se reflectebat, quam lectio in scripturam dirigebat …*“: Ep. 1, 6, ed. Cappelletti Truci, N., Abelardo ed Eloisa, Lettere, Torino 1979, 26.

betrügerischen Romanen und dem heißen Badewasser erzählt, wobei der Gleichklang von romanisch „caldo" und deutsch „kalt" den Knoten schürt, ist ohne weiteres nachvollziehbar.[15]

Viele Stellen in den mittelalterlichen Quellen werfen eben anscheinend keine besonderen Schwierigkeiten auf, da die zugrundeliegende Mentalität nicht wesentlich von der unsrigen abzuweichen scheint. Das mag in manchen Fällen ein Irrtum sein, doch sollte man es vermeiden, „das Mittelalter" summarisch als das gänzlich Andere zu mystifizieren, wie es etwa Gurjewitsch einmal tut, indem von ihm doch ziemlich global „das uns innerlich fremde System von Ansichten und der uns fremde Gedankenaufbau, die in jener Epoche herrschten,"[16] evoziert werden. Befangener noch Krywalski, der apodiktisch erklärt, dem neuzeitlichen Menschen bleibe „nur ein Staunen vor der völligen Andersartigkeit dieser Epoche."[17]

Demgegenüber sei hier eine deutliche Warnung ausgesprochen: Es wäre sachlich nicht zu rechtfertigen, einseitig die Elemente des Fremden in der Vergangenheit übermäßig zu betonen. Allein die biologische Kontinuität zu unseren Vorfahren über gar nicht so viele Generationen hinweg macht eine solche Annahme wenig wahrscheinlich. In dem großen Roman *Die Ahnen* hat Gustav Freytag, durch seine historischen Studien zu den *Bildern aus der deutschen Vergangenheit* wohlgerüstet, dieses Thema dichterisch durchgespielt, wobei er sich aber der „Verschiedenheit, welche durch jede Zeit in die Menschen und ihre Beziehungen gebracht wird"[18] – modern formuliert, der jeweiligen mentalitätshistorischen Situation – durchaus bewusst war. Nur die Anerkennung sowohl der Neuerungen als auch der Kontinuitäten kann ein adäquates Geschichtsbild ergeben. „‚Das' Mittelalter ist ein dialektisches Modell, das gleichzeitig immer fern *und* Boden für das Eigene sein muss, fremd *und* Ausgangspunkt der Tradition, andersartig *und* eigenes Erbe."[19] Deshalb sollte eher vom Fremden *in* vergangenen Mentalitäten die Rede sein, und nicht pauschal von *der* fremden Mentalität etwa des Mittelal-

---

15 Casus S. Galli c. 88

16 Gurjewitsch, A., Das Weltbild des mittelalterlichen Menschen, Dresden 2. Aufl. 1983, 12.

17 Krywalski, D., Das Mittelalter aus heutiger Sicht: Stimmen der Zeit 204, 1986, 676–688.

18 Freytag, G., Karl Mathy / Gedichte / Erinnerungen aus meinem Leben, Leipzig [H. Fikentscher] s.a., 684.

19 Groebner, V., Ungestalten. Die visuelle Kultur der Gewalt im Mittelalter, München 2003, 25.

ters. Es gibt ja auch heute keine außereuropäische Kultur, die nicht auch Elemente des uns Vertrauten enthielte, sonst wäre jede Kommunikation, geschweige denn freundschaftliche oder eheliche Verbindung, unmöglich. Eben das Analoge gilt für die früheren Kulturen, deren Erben wir sind.

Vielmehr zeigt sich, dass nicht *die* Mentalität *des* Mittelalters fremd ist, sondern diese oder jene Denk- und Verhaltensweise. Auch vergangene Mentalitäten bildeten nie so etwas wie für sämtliche Individuen verbindliche Normsysteme, genauso wenig wie heute. Denn oft haben wir es mit Phänomenen zu tun, von denen wir annehmen können, dass sie für eine Gruppe Geltung hatten, selten aber mit solchen, bei denen wir beweisen könnten, dass sie für die Gesellschaft insgesamt galten. Sobald die Quellen zahlreicher werden, also ab dem 12. Jahrhundert, kann man fast immer die eine oder andere Gegenstimme zitieren. Finden sich nicht schon in der Karolingerzeit vereinzelte „Abweichler" von der *Communis Opinio,* ein Gottschalk der Sachse, der gegen die *Oblatio puerorum* auftritt (s. S. 306), oder ein Agobard von Lyon (s. S. 110), der gegen die Möglichkeit von Wetterzauber und die Erlaubtheit des Duells als Gottesurteil polemisiert?[20] Das Problem der Vorläufer, die nach einem bissigen Ausspruch von Benedetto Croce nicht dafür gesorgt haben, in der richtigen Epoche geboren zu werden, kann auch in der Mentalitätsgeschichte nicht übersehen werden. Es ist also epochentypisch Fremdes zu unterscheiden von Formen individueller Devianz. Letztere manifestiert sich im historisch progressiven Sinn – d. h. nach dem, was sich in der Geschichte durchsetzen sollte – etwa an dem genannten Gottschalk, der darauf bestand, Kinder sollten nicht aufgrund des Schwures ihres Vaters ohne eigene Entscheidungsmöglichkeit dazu gezwungen werden, ihr ganzes Leben als Mönche in einem Kloster verbringen zu müssen. Das sieht auch die heutige Gesellschaft, auch die Kirche, so, aber im 9. Jahrhundert war das eine von sonst so gut wie niemandem geteilte Einzelmeinung. Eine solche individuelle Devianz manifestiert sich auch in seinem philosophischen Zeitgenossen Johannes Scotus Eriugena, in dessen Hauptwerk *Periphyseon* sich Stellen finden, die eine Mystik der Vergottung der Seele anklingen lassen, wie wir sie ansonsten erst im 14. Jahrhundert bei Meister Eckhart wiederfinden und die erst danach weiter rezipiert werden wird.[21]

---

[20] Liebeschütz, H., Wesen und Grenzen des karolingischen Rationalismus: Archiv für Kulturgeschichte 33, 1951, 17–44, 33 ff.

[21] Dinzelbacher, P., Christliche Mystik im Abendland, Paderborn 1994, 86 ff.; 281 ff.

Bei diesen Beispielen handelt es sich also um Denk- und Verhaltensweisen, die nicht als zeittypisch gelten können. Es wirkt auf uns zwar befremdlich, dass der hl. Abt Benedikt von Aniane seine Mönche zu exkommunizieren pflegte, sobald einer auch nur ein Lauch- oder Kohlblättchen seiner Mahlzeit nicht aufgegessen hatte, und sein Biograph Ardo dies zum Lob der sollicitudo (Sorgfalt) preist, mit der er sein Amt verwaltet habe.[22] Doch wird man hier mangels Parallelen auf persönlichen Rigorismus schließen müssen, freilich getragen von jener allgemein antiken und frühmittelalterlichen Härte, die schon die *Regula Benedicti* und mehr noch die *Regula magistri* mit ihren Prügelvorschriften kennzeichnet.

Wir müssen jedoch auch damit rechnen, dass sich eine Person in einer Situation epochen- bzw. gruppentypisch verhält, in einer anderen dagegen nicht. Es war derselbe Karl der Große, der einerseits das Gottesurteil als verbindliches Instrument der Beweisführung vor Gericht anzuwenden befahl, ja mehr noch, befahl, „dass alle ohne Zweifel daran glauben müssen", *Ut omnes judicio Dei credant absque dubitatione*[23], womit er einer verbreiteten und epochentypischen Ansicht folgte und diese noch weiter befestigte. Es war aber auch derselbe Herrscher, der andererseits nichts von der allegorischen Bibelauslegung wissen wollte, die vollkommen charakteristisch für die Theologie seiner Zeit war, als er seinen Hofgelehrten Dungal nach dem Wesen von Finsternis und Nichts befragte.[24]

Solche Einschränkungen legen es nahe, von Tendenzen zu sprechen, die ob ihrer Häufigkeit epochen- oder gruppentypisch sein können, nicht aber quasi absolut verpflichtend.[25] Dies sollte im Folgenden stets bewusst bleiben, auch wo es nicht ausdrücklich wiederholt wird. Sogar im Mittelalter gab es – extrem vereinzelt, aber doch – Gelehrte, die Dämonenerscheinungen nicht als faktische Manifestationen der Unterwelt auffassten, sondern als von physiologischen Gehirnveränderungen verursacht erklärten und an der Existenz solcher Wesen zweifelten (wie im 13. Jahrhundert der schlesische Jurist Witelo[26]). Tatsächlich gab es auch im „Zeitalter des Glaubens" Atheisten und Leugner der Unsterblich-

---

22 Vita 21, MGH SS 15/1, 209.

23 Cap. 62, 20, MGH Capit. I, 150. Vgl. Bartlett, R., Trial by Fire and Water. The Medieval Judicial Ordeal, Oxford 1986, 9 ff.

24 MGH Epp. Kar. aevi IV, 552, 570.

25 Graus (wie Anm. 5) 29 ff. macht daraus einen Hauptpunkt seines Beitrags.

26 Dinzelbacher, Angst 97 f.

keit (Dante füllte den 6. Höllenkreis seiner *Divina Commedia* mit denen, die den Tod der Seele annahmen, *che l'anima col corpo morta fanno*[27]). Ja, es gab sogar Verfechter der Möglichkeit einer gewissen Toleranz anderen Religionen gegenüber, die damit implizit vom Dogma des alleinseligmachenden Katholizismus abwichen, wie Wazo von Lüttich, Wolfram von Eschenbach, Ramon Llull oder Nikolaus von Kues.[28]

Und es gab selbstverständlich gleichzeitig Strömungen und Gegenströmungen, von denen wir besonders jene als fremd beurteilen, die im Laufe der Geschichte unterlagen. Diese Dialektik kann eine Nachricht in der Autobiographie des späteren Kaiser Karl IV. (1316–1378), für dessen Nüchternheit wir genug Zeugnisse haben, beleuchten: Als er aufgrund eines „bloßen" Traumes beschloss, ein Kloster zu erbauen und die Prager Liturgie zu ändern, was er auch tat, dann folgte er hier einer ausgesprochen verbreiteten Tendenz seiner Zeit, nach der Träume nicht wie für uns aus dem Inneren der Seele aufsteigen, sondern von außen durch Engel (oder Dämonen) geschickt werden.[29] Ein solcher Traumglaube war charakteristisch für sein Jahrhundert, aber kein anderer als Karls eigener Vater Johann von Böhmen hat ihm ausdrücklich widersprochen und seinen Traumglauben kritisiert, war also in diesem Punkt Exponent einer genauso existierenden, damals aber schwächeren Gegentradition.[30] Eben diese wurde jedoch später zu der bis heute herrschenden. Und trotz dieses Gegensatzes gehörten Vater und Sohn beide so nahe wie nur möglich zu derselben sozialen Gruppe und müssen sonst in vielem dieselbe Mentalität geteilt haben.

---

27 I, 10, 15. Vgl. Dinzelbacher, P., Étude sur l'incroyance à l'époque de la foi: Revue des sciences religieuses 73, 1999, 42–79; ders., Unglaube im „Zeitalter des Glaubens". Atheismus und Skeptizismus im Mittelalter, Badenweiler 2009; ders., „dy, dy an got nicht gelaubent" – Eine Spurensuche in der Lebenswirklichkeit des hohen und späten Mittelalters, in: Susan Richter ed., Verfolgter Unglaube, Frankfurt a. M. 2018, 63–92.

28 Dinzelbacher, P., Kritische Bemerkungen zur Geschichte der religiösen Toleranz und zur Tradition der Lessing'schen Ringparabel: Numen 55, 2008, 1–26.

29 Vgl. etwa Classen, A., Die narrative Funktion des Traumes in der mittelhochdeutschen Literatur: Mediaevistik 5, 1992, 11–37.

30 Dinzelbacher, P., Der Traum Kaiser Karls IV.: Ders., Welt 239–251.

Schließlich ist noch zu bedenken, dass die Europäer der Vergangenheit sich oft in einer Situation ebenso verhielten, wie wir dies auch tun würden, in einer anderen aber ganz anders als wir heute. Wenn z. B. Bauern ein Holzhaus, Bauhandwerker ein Steinhaus errichteten, dann gingen sie praktisch kaum anders vor, als das ihre Kollegen im 21. Jahrhundert beim gleichen technischen Stand tun würden, nämlich zweckrational. Balken und Stämme, Steine und Ziegel müssen in einer gewissen Weise geschichtet und miteinander verbunden werden, um zu halten. Die Ergebnisse zeigen, dass die Methoden einander gleichen. Wenn aber dieselben Bauern überzeugt waren, dass sie durch das Anbringen von zwei gekreuzten, aus Holz geschnitzten Pferdeköpfen am Giebel den Blitz am Einschlagen hindern könnten, wenn sie beim bischöflichen Gericht einen Prozess gegen die ihre Felder vernichtenden Engerlinge anstrengten, oder wenn dieselben Handwerker zum guten Gelingen ein Tier ins Fundament einmauerten oder durch das Schwemmen einer Frau herauszufinden versuchten, ob sie eine Hexe war, dann bewegten sie sich in einer mentalen Sphäre, die nicht mehr die unsrige ist. Es sind somit dieselben Menschen, deren Mentalität uns bald nah und bald fern erscheint.[31]

III. Vom Harz bis Hellas immer Vettern?

Genauso wenig wie als zu bestaunende Fremdwesen sollte man aber mittelalterliche Menschen so schildern, als ob man von Europäern des 19. oder 20. Jahrhunderts spräche, die bloß in einem gesellschaftlich, wirtschaftlich und politisch anders strukturierten „Land" lebten. Als ob wir, bildlich gesprochen (Goethe, *Faust* II, 2), in der Vergangenheit nur auf lauter nahe Verwandte träfen. Denn wir können nicht mehr, wie einst Jakob Burckhardt und die allermeisten seiner Zeitgenossen, vom Menschen, „wie er ist und immer war und sein wird"[32] ausgehen: Das Verfahren der Geschichtsschreibung des 19. Jahrhunderts (und des historischen Romans sowie Films bis in die Gegenwart, aber man könnte auch viele wissenschaftliche Biographien zitieren) war und ist es ja anzunehmen, dass alle Denk- und Verhaltensweisen früherer Menschen mit den Denk- und

[31] Im Prinzip ähnliche Sicht bei Goetz, Moderne 30 f.

[32] Weltgeschichtliche Betrachtungen, Köln 1954, 9.

Verhaltensmustern der Zeit des sie Darstellenden übereinstimmten. Deswegen wurden z. B. Investiturstreit und Romzüge so oft als Ergebnisse rein realpolitischer Überlegungen gedeutet, ohne die emotionellen oder religiösen Momente zu berücksichtigen, die die Akteure dieses Dramas ohne Zweifel mitbestimmten. Offensichtlich hat ein antiker oder mittelalterlicher oder frühneuzeitlicher Mensch in einer vergleichbaren Situation jedoch nicht immer ebenso gedacht, gefühlt und reagiert wie ein gegenwärtiger. Dass eine unveränderliche Kontinuität zu unserem Denken, Fühlen und Reagieren existiere, war freilich eine in der Geschichtswissenschaft sehr lange so gut wie nie in Frage gestellte Voraussetzung, von der die Historiker i. d. R. unreflektiert ausgegangen sind und viele noch ausgehen.

Risse und Sprünge in diesem Mittelalterbild wurden einfach wertend unter Rubriken wie „Aberglaube“ oder „Primitivismus“ eingeordnet und eingeebnet, nicht aber als Zeugnisse einer unterschiedlichen Mentalität reflektiert. Doch gerade jene Zeugnisse, die uns nicht mehr unmittelbar verständlich sind, bleiben erklärungsbedürftig und verdienen die Aufmerksamkeit des Historikers. Johan Huizinga, Aaron Gurjewitsch und Charles Radding sind vielleicht diejenigen Mediävisten, die bisher am deutlichsten darauf hingewiesen haben, aber auch Marc Bloch, Wolfram von den Steinen, Georges Duby u. a. könnten erwähnt werden. Dass wir diese Frage im Unterschied zu den Generationen des 19. Jahrhunderts überhaupt stellen, deutet wohl auf eine erhöhte Sensibilisierung hin, zu der uns vielleicht nicht nur die internationalen kommerziellen und touristischen Beziehungen zu anderen Völkern verholfen haben, sondern auch die moderne Kunst, die vielfach von den außereuropäischen „Primitiven“ beeinflusst ist wie auch (besonders im Surrealismus) von der Tiefenpsychologie.

Wir werden also beim Studium mittelalterlichen Lebens mit einem Nebeneinander von fremden und vertrauten Elementen konfrontiert. Es gibt kein Gesetz, nach dem eine zeittypische Mentalität in sich widerspruchsfrei sein müsste, vielmehr sind – auch heute, man denke an die zahlreichen immer noch existenten Formen von Aberglauben – logisch inkompatible Elemente nebeneinander anzutreffen. Freilich handelt es sich dabei in Wirklichkeit nicht um zwei konträre Blöcke, zwei säuberlich getrennte Kategorien „fremd“ und „vertraut“, sondern es finden sich alle denkbaren Abstufungen zwischen diesen Gegensätzen. Zum Zweck der Verdeutlichung dürfte es aber erlaubt sein, bei der Analyse mittelalterlicher Äußerungen von diesen zwei Kategorien als homogenen Einheiten auszugehen, um jene Phänomene auszuwählen, von denen allein wir hier sprechen wollen, also denen, die für uns Fremdheit implizieren.

D. Mittelalterliches Recht

Im folgenden Teil dieses Buches werden zwei Erscheinungen behandelt, an denen sich die Fremdheit in der Mentalität des Mittelalters besonders deutlich konturiert zeigt, die Gottesurteile und die Tierprozesse. Beide gehören in den Bereich des Rechtslebens, über dessen zeitspezifische Ausformungen daher einleitend einiges gesagt werden soll.

Ganz anders als in der Gegenwart waren viele Erscheinungen des mittelalterlichen Rechts Ausdruck religiöser Vorstellungen der Epoche und erscheinen ohne Kenntnis dieser nicht verständlich. Wir beschränken uns hier nur auf die Verbindungen von christlicher Religion und Recht in der Epoche nach der Völkerwanderung bis zur Reformation. Auch für diese tausend Jahre, die wir, problematisch genug, mit dem *einen* Periodenbegriff „Mittelalter" umfassen, gilt noch vielfach, dass die beiden Kategorien Religion und Recht nicht geschieden waren.

Drei Traditionen waren für das Rechtsleben des mittelalterlichen Europa – wie für seine Kultur überhaupt – entscheidend, die germanische, die christliche und die römische. Es sei jedoch angemerkt, dass auch keltische und slavische Vorstellungen im Mittelalter zumindest regional von gewisser Bedeutung sein konnten, was hier jedoch nicht verfolgt werden soll.

Soweit sich die rechtlichen Vorstellungen der Germanen[33] in etwa rekonstruieren lassen, bildeten sie keine Einheit, obwohl in wissenschaftlicher Abstraktion oft

---

[33] Es sei nur angemerkt, dass der Germanenbegriff aus verschiedenen, v. a. wissenschaftsgeschichtlichen und ideologischen Gründen von manchen Historikern und fast allen Volkskundlern in den deutschsprachigen Ländern abgelehnt wird, vgl. Schneider, R., Germanen II, LThK 4, 1995, 528 f. Es fällt aber auf, dass regelmäßig auch die Kritiker des Germanenbegriffs diesen in der Praxis ihrer Darstellungen durchaus verwenden, nachdem sie ihn bis zur Eliminierung problematisiert haben. In anderssprachiger wissenschaftlicher Literatur und auch bei vielen Rechtshistorikern und Philologen herrschen diese Bedenken nicht. U. E. ist der Begriff genauso wenig vermeidbar wie andere eingeführte, aber problematische, z. B. Mittelalter, Feudalismus, Volkskultur etc. Ohne ein alle Stämme übergreifendes Eigenbewusstsein anzunehmen, kann man doch nicht

von germanischem Recht gesprochen wurde, als hätte es sich um eine konstante Erscheinung gehandelt, von der Zeit der *Germania* des Tacitus aus dem ersten Jahrhundert bis zu den erst zwölf bis dreizehn Jahrhunderte später aufgezeichneten altnordischen Sagas. Vielmehr existierten bei den einzelnen Stämmen und Gruppen eigene und unterschiedliche Rechtsbräuche, die allerdings auch manche gemeinsamen Konzepte widerspiegeln. Da in der archaischen Mentalität Recht, Sitte und Religion noch kaum geschieden sind – was es für uns so schwer macht, die Mentalität jener Epochen adäquat zu erfassen, da wir über sie nur mit unserem durch Scholastik, Renaissance, Aufklärung und Naturwissenschaften geformten Denk- und Sprachvermögen handeln können –, müssen wir sehr wohl von religiösen Vorstellungen der Germanen als Basis auch rechtlicher Erscheinungen ausgehen. Tatsächlich hat man ja bereits mehrfach Gegebenheiten des späteren Rechts auf die germanische Religion (auch dies partiell eine wissenschaftliche Konstruktion) zurückgeführt, ein berühmtes Beispiel ist die Interpretation der Todesstrafen, namentlich des Hängens, als Weihungen an Götter oder als Abwehr- und Reinigungszauber.[34]

Was das kanonische Recht der katholischen Kirche betrifft, so sind es die in ihm präsenten allgemeinen christlichen Vorstellungskomplexe, die hier zu bedenken sind. Wesentlich ist in unserem Zusammenhang das Religiöse an sich, nicht Details seiner Organisation durch Instanzen der Amtskirche. Die Einflüsse des Christentums auf den Rechtsbereich waren vielgestaltig, nachdem diese Religion um 380 definitiv zur Staatsreligion geworden war. Sie wirkten manchmal mildernd, so in den Fällen, wo eine Berücksichtigung der Intention bei einem Rechtsbruch aufgenommen wurde,[35] bei religiös begründeten Begnadigungen oder im Sklavenrecht. Sie wirkten jedoch mehrheitlich verschärfend, zumal jede Abweichung von den katholischen Lehren im Bereich der Glaubensvorstellungen nun unter Sanktion

leugnen, dass es deutliche sprachliche und kulturelle Gemeinsamkeiten gab, die die (selbstredend wertfreie) Weiterverwendung des Begriffs erlauben. Zusammenfassend vgl. etwa Wolfram, H., Die Germanen, München 2. Aufl. 1995; Pohl, W., Die Germanen, München 2. Aufl. 2004.

34 Amira, K. v., Die germanischen Todesstrafen, München 1922; Rehfeldt, B., Todesstrafen und Bekehrungsgeschichte. Zur Rechts- und Religionsgeschichte der germanischen Hinrichtungsbräuche, Berlin 1942; HDA 3, 1438 ff.; Hentig I, 206 ff.

35 Plöchl, W. M., Geschichte des Kirchenrechts II, Wien 2. Aufl. 1962, 384.

gestellt wurde.[36] In der germanischen Kultur waren Glaubensvorstellungen ein wohl ganz rechtsfreier Bereich gewesen, ebenso wie weitgehend in der römischen, solange nicht Zauberei bzw. als solche interpretierte kultische Praktiken eine angenommene Gefahr für den Staat oder den Herrscher darstellten. Die Religionen der Germanen, Römer und Kelten waren ja polytheistisch und somit tolerant. Wie auch die anderen monotheistischen Religionen waren dagegen das Juden- und Christentum prinzipiell intolerant: Jahwe duldet keine anderen Gottheiten neben sich.

> „Das Christentum hat von Anfang an eine Tendenz zur *Intoleranz*, die in seinem religiösen Selbstbewusstsein begründet ist … Christsein ist ‚Wandeln in der Wahrheit' (3. Joh 4), die christliche Verkündigung ist ‚der Weg der Wahrheit' (2 Petr 2, 2). Der Wahrheit gegenüber gibt es keine Indifferenz. Wer die Wahrheit nicht anerkennt, ist ‚Feind des Kreuzes Christi' (Phil 3, 18) … ‚Wer nicht für mich ist, der ist wider mich' (Matth 12, 30)."

So die Analyse des Dogmenhistorikers Ernst Benz.[37]

Es genügt hier, daran zu erinnern, dass die Inquisition für viele Jahrhunderte Abertausende von Menschen bedrohte, quälte und vernichtete. Diese päpstliche Behörde (eine wenig aktive bischöfliche Inquisition, die sich v. a. mit Vergehen innerhalb des Klerus beschäftigte, hatte schon früher bestanden) war im frühen 13. Jahrhundert „nur" dazu gegründet worden, religiöse Abweichler, namentlich die Albigenser in Südfrankreich, zu bekämpfen. Doch dann dehnten Päpste wie Johannes XXII. (1316–1334) ihre Befugnisse auch auf andere Verbrechen aus, speziell auf Zauberei und Dämonenpakt; weitere Rechtsbereiche kamen hinzu, wie die Aufsicht über den Ablasshandel u. a. m. Häretiker- und Hexenprozesse sind also eine Erfindung des Katholizismus, die erst von ihm durch die weltlichen Machthaber und dann auch die reformierten Kirchen übernommen wurden.[38]

---

36 Dinzelbacher/Heinz 140 ff.

37 Benz, E., Beschreibung des Christentums, München 1975, 158. Vgl. generell auch Broer, I., Schlüter, R. (Hgg.), Christentum und Toleranz, Darmstadt 1996.

38 Die Literatur dazu ist sehr umfangreich, am besten immer noch die Darstellung von Lea, Geschichte; unverzichtbar das vierbändige Dizionario storico dell'Inquisizione, diretto da A. Prosperi, Pisa 2010.

Auch die Einführung der Folter als reguläres Mittel der Wahrheitsfindung im Strafprozess erfolgte auf ausdrückliche päpstliche Anordnung: Innozenz IV. ermächtigte 1252 mit der Bulle *Ad extirpanda* die weltlichen Gerichte, von der Folter Gebrauch zu machen. 1259, 1260 und 1262 wurde den Inquisitoren – also Geistlichen – gestattet, bei der Tortur anwesend zu sein, was von Klemens IV. 1265 und Pius V. 1569 neuerlich bestätigt wurde.[39] Die Übernahme in das weltliche Kriminalverfahren hat dann diese grausame Praxis auch bei Vorgehen gegen andere als Religionsvergehen alltäglich gemacht, und das bis ins 18. und frühe 19. Jahrhundert.

Der dritte Traditionsstrang, der des römischen Rechts, bleibt für unser erstes Thema, die Gottesurteile, nur von marginaler Bedeutung, spielt aber bei den Tierprozessen eine Rolle. Zwar wurzelte auch das römische Recht ursprünglich vielfach in religiösen Vorstellungen, diesen kam jedoch in der Praxis der Republik und der Kaiserzeit und damit auch bei der Rezeption während des Hochmittelalters und dann verstärkt am Ende der Epoche keine besondere Bedeutung zu. Vielmehr erscheint das römische Recht letztlich als ein förderlicher Faktor für die prinzipielle Trennung von Heiligem und Profanem, Religion und Recht, denn seine Vorgangsweise folgt innerweltlichen und rationalen Überlegungen. Diese Trennung sollte sich nicht zuletzt seit der Wiederentdeckung des römischen Rechts im 11. Jahrhundert zwar langsam und mit Rückschlägen, schließlich aber unaufhaltsam vollziehen. Denn das *Ius Romanum* ist eine weitestgehend profane Schöpfung, ein staatliches System, das die Menschen sich selbst ihres Nutzens wegen geschaffen haben, kein göttlich sanktionierter Kanon. Die daraus resultierende Entflechtung von Kirche und Staat als äußerliche Manifestation dieser Entwicklung seit der Aufklärung dürfte im Europa der Gegenwart – anders als heute in den islamischen Ländern zu beobachten – kaum rückgängig zu machen sein (obwohl es derartige Bestrebungen gibt, Stichwort: Gottesbezug in der Europäischen Verfassung). Da für uns Heutige aber eben die Sphären des Heiligen und des Profanen, des Kirchlichen und des Weltlichen in der Regel säuberlich getrennte Bereiche darstellen, ist es für das Verständnis des Mittelalters umso wichtiger, an konkreten Beispielen zu zeigen, dass jene Epoche dies noch ganz anders sah, bedachte und empfand.

---

[39] Plöchl (wie Anm. 35) II, 360; Chevaillier, L., Torture: DDC 7, 1965, 1293–1314, 1299 f.; Schild, W., Folter: LexMA 4, 614–616.

Dass die Sphäre des Rechts in jeder Mentalitätsgeschichte eine besonders ausführliche Berücksichtigung verdient, ist plausibel: Hier handelt es sich um eine Kategorie, die sehr viele Bereiche der Lebenswirklichkeit mitgestaltet, und das oft entscheidend. Sieht man von den Fällen ab, in denen einem Kollektiv fremde Gesetze aufgezwungen werden, wie bei unterworfenen Völkern oder in Diktaturen, können die aufgestellten Normen und zu vollziehenden Praktiken schließlich im Alltag nur dann wirksam werden, wenn sie gesellschaftlich so weitgehend akzeptiert sind, dass ein Konsens unter den meisten Mitgliedern einer Gemeinschaft (einer Stadt, eines Stammes oder Volkes) herrscht. Recht, Sitte und Brauch waren deshalb in frühen Gemeinschaften weitgehend identisch, und ihre Verletzung wurde gleichermaßen geahndet.

Manche Fragestellungen bzw. Darstellungen der jüngeren Rechtsgeschichte laufen durchaus auf eine Art Mentalitätsgeschichte hinaus, auch wenn der Terminus nicht fällt. Fehr schrieb schon 1950: „Die Rechtsgeschichte hat erkannt, dass außerrechtliche, irrationale Elemente viel stärker herangezogen werden müssen."[40] Schild bemerkte:

> „Auch diese Irrationalität [des frühen Rechts] muss auf ihre Strukturen hin untersucht werden, die sie zu einem System von Irrationalität gemacht haben (zu einem irrationalen Weltbild), weshalb sie nur uns Heutigen und unserer modernen Rationalität als irrational erscheint. Was uns heute als widersprüchlich oder unvereinbar vorkommt, war für die damals Lebenden (vielleicht) konsequent und einheitlich, weil sie eben in einer anderen Weltstruktur lebten und so auch ein anderes Recht (er)lebten."[41]

Damit spricht er geradezu die Raison d'être der Mentalitätsgeschichte an, nämlich die Erfahrung von Fremdheit, die wir heute so oft machen, wenn wir Ideen, Empfindungen oder Verhaltensweisen von Menschen der Vergangenheit betrachten, wie sie in den Quellen früherer Epochen geschildert werden. Zwar sollte man m. E. nicht von Irrationalität sprechen, da auch die Menschen des „finstersten

---

40 Tod und Teufel im alten Recht: ZRG GA 67, 1950, 50–75, 74.

41 Schild, W., Verwissenschaftlichung als Entleiblichung des Rechtsverständnisses: Brieskorn, N. u. a. (Hgg.), Vom mittelalterlichen Recht zur neuzeitlichen Rechtswissenschaft, Paderborn 1994, 247–260, 247 f.

Mittelalters“ sehr wohl logisch zu denken vermochten, sondern von einer andersgearteten Rationalität, aber einer, die wir nicht mehr *tel quel* nachvollziehen können.

Diese andere Mentalität im Mittelalter wird gerade im Rechtsleben besonders deutlich: Für uns sind Erscheinungen wie die Gottesurteile, die Prozesse gegen Tiere, die Gleichsetzung von Gott und Recht schlichtweg fremd. Wir wissen eigentlich nicht, wie wir es einordnen sollen, wenn wir damit konfrontiert werden, dass hochgelehrte und intelligente Juristen des 13. bis 18. Jahrhunderts, geistliche wie weltliche, deren Überlegungen wir sonst weitestgehend ohne Schwierigkeiten folgen können, immer wieder regelrechte Prozesse u. a. gegen Mäuse führten, denen verschiedene Fristen zum Verlassen eines von ihnen befallenen Feldes gesetzt werden (junge und schwangere haben einige Tage länger Zeit) etc., was man ihnen alles auf Gerichtskosten durch einen Boten formell vor Ort verkündete und wogegen ihnen ein Verteidiger konzediert wird (s. S. 155, 161 f., 171, 174, 200, 231). Glaubten die Intellektuellen in jenen Jahrhunderten in der Tat, dass Mäuse die menschliche Sprache verstünden und rationalen juristischen Argumenten zugänglich wären?

Betrachten wir hier die europäische Rechtsgeschichte unter mentalitätsgeschichtlichem Aspekt, dann sind wir konfrontiert mit den folgenden Kategorien von Fremdheit: Es finden sich a) Phänomene, die es kontinuierlich gab und gibt, die aber völlig unterschiedlich bewertet wurden bzw. werden, z. B. Kindestötung, Folter und Leibestrafe; und b) Phänomene, die es erst ab dem Früh- oder Spätmittelalter gab, namentlich die Gottesurteile für den ersten Zeitraum, die Hexen- und Tierprozesse für den zweiten. Letztere existierten bis zur Aufklärung weiter, teilweise als Relikterscheinungen bis ins 19. Jahrhundert.

Es ist hier nur möglich, zwei jener historischen Phänomene zu behandeln, die mit unserem Denken unvereinbar wirken und bei denen beiden die Zusammenhänge zwischen Recht und Religion besonders deutlich erscheinen. Jedes Mal werden dabei drei Quellen-Bereiche heranzuziehen sein: Normative, narrative und diskursive Texte, oder, einfacher gesagt, Rechtsvorschriften, Berichte über die Rechtspraxis und theoretische Erwägungen zu den jeweiligen Rechtsinstituten. Doch muss bemerkt werden, dass es noch manch andere mittelalterliche Erscheinungen gibt, die hier ebenfalls zu erwähnen wären, wirken sie für uns doch fremdartig genug: So etwa, um hier nur ein Beispiel zu geben, die Vorladung vor Gottes Gericht ins Tal Josaphat (wo nach *Joel* 3, 7 der Herr Gericht halten wird), die teilweise formell ausgesprochen wurde und in einigen Fällen tatsächlich den plötzlichen Tod des so Zitierten zur Folge gehabt haben soll. So forderte der Großmeister des Templerordens Jaques Molay vor seiner Verbrennung 1313 König Philipp den Schönen und Papst Clemens V. binnen Jahresfrist vor Gott; beiden starben tatsächlich 1314. Königin Margarete von Dänemark wurde 1412 von einem Priester, den sie zum Galgen verdammt hatte, vor das Gericht des Herrn gefordert, innerhalb von drei Tagen verschied sie. Es gibt auch aus Deutschland ähnliche Berichte.[42]

[42] Rühle, Gottesgericht: HDA 3, 1931, 972–975; Peuckert, E., Josaphat, Tal: HDA 4, 1932, 770–774; Fehr, Sagen 37 f.; Dinzelbacher, Handbuch II, 194 f.

E. Gottesurteile[43]

I. Das Phänomen

Drei Texte, einer aus der Gesetzgebung, einer aus der Geschichtsschreibung und einer aus der Dichtung, sollen uns das Thema zunächst vor Augen führen. Ein rechtlich-normatives Beispiel für das Gottesurteil liest man z. B. im Volksrecht der Bayern, das 741/44 aufgezeichnet wurde. Es heißt dort kurz, dass, wenn einer der Zeugen bei einem Verfahren wegen Verschwörung gegen den Herzog von einem anderen als unglaubwürdig verworfen wird, „dann das Gottesurteil anzunehmen ist. Sie sollen auf das Feld hinausgehen, und jenem soll geglaubt werden, dem Gott [im Zweikampf] den Sieg geben wird [… *et cui Deus dederit victoriam, illi credatur.*][44] Gott entscheidet, was der Richter nicht wissen kann. Ganz ähnlich formuliert im selben Jahrhundert etwa die *Lex Alamannorum*.[45] Dass das so lakonisch bestimmt wird, ergibt sich nicht nur aus der i. d. R. überhaupt knappen Sprache dieser Textsorte, sondern v. a. daraus, dass jedermann wusste, was mit *Dei iudicium*, Gottesurteil, in Zusammenhang mit Sieg auf dem Kampffeld gemeint war.

[43] Zu den Ordalien existiert eine umfangreiche Literatur, s. u. S. 357 ff.; das Wesentliche war bereits Ende des 18. Jahrhunderts bekannt. Doch lassen sich in den mittelalterlichen Quellen immer noch Stellen finden, die bisher in diesem Zusammenhang nicht zitiert wurden, was auf die Häufigkeit dieses Mittels zur Wahrheitsfindung verweist. – Ich verzichte auf eine Diskussion der einschlägigen Erklärungsversuche bzw. die Erörterung der Gründe, warum mir etwa die funktionalistischen Theorien von Colman oder Brown keine wesentlichen Verständnishilfen zu sein scheinen (vgl. die Kritik von Radding, Superstition, und von Van Caenegem, Reflexions). Natürlich konnte ein Ordal einen gesellschaftlichen Konflikt beenden – wie jedes andere Gerichtsverfahren auch.

[44] II, 1, MGH LL nat. Germ. 5/2, 292.

[45] Ed. Schott, C., Augsburg 1993, I, 52 ff.

Viele Fälle von tatsächlich vollzogenen Ordalien finden sich in den mittelalterlichen Urkunden und Geschichtswerken. Anshelms *Berner Chronik* beispielsweise berichtet über einen Mord im Jahre 1503, der Anlass zu folgendem Vorgehen gegen den Landsknecht Hans Spieß gab, der im Luzerner Gebiet lebte: Als man seine Frau erstickt im Bett auffand, wandte sich der Verdacht sogleich gegen ihn, und er wurde der Tortur übergeben. Da der Mann trotz aller Qualen nicht bekannte, ließen die Richter die bereits vor 20 Tagen bestattete Leiche der Frau ausgraben und schritten zum Gottesurteil der Bahrprobe: Geschoren und nackt musste Spieß seine Rechte auf den Leichnam legen und einen Eid darauf schwören, an diesem Tod unschuldig zu sein. „ … je näher er hinzuging, je mehr warf sie wie würgend einen Schaum aus, und da er gar hinzukam und sollte schwören, da entfärbte sie sich und fing an zu bluten, dass es durch die Bahre niederrann. Da fiel er nieder auf seine Knie, bekannte öffentlich seinen Mord und begehrte Gnade.“[46] Wenn der Mörder sich seinem Opfer nähert, so der allgemein verbreitete Glaube, brechen dessen Wunden auf und sein Blut beginnt wieder zu fließen. Gott überführt durch dieses Wunder den Täter, davon waren auch die Schweizer Richter überzeugt, und das noch am Beginn des 16. Jahrhunderts. Um möglicher Zauberei vonseiten des Beschuldigten durch versteckte Amulette etc. vorzubeugen, musste er das Ritual ganz nackt vollziehen.

Ausführlich geschildert wird ein Gottesurteil in einem der bekanntesten Epen des Mittelalters, dem altfranzösischen *Rolandslied*,[47] dessen früheste erhaltene Fassung unterschiedlich, meist um 1100, datiert wird, das inhaltlich aber ins späte 8. Jahrhundert zurückgeht. Von dem Grafen Ganelun verraten, fällt der Held Roland, der Neffe Kaiser Karls des Großen, im Kampf gegen eine sarazenische Übermacht. Der Monarch will Ganelun verurteilen, doch erreichen seine Verwandten, unter denen sich ein besonders guter Kämpfer befindet, eine Prüfung durch ein Ordal, nämlich den Zweikampf. Beide Parteien stellen Geiseln, der Duellplatz wird abgesteckt, die Kontrahenten gehen zur Messe, Beichte und Kommunion. Als sie einander gegenüberstehen, kommentiert der Dichter: „Gott weiß ge-

---

[46] Glitsch 38 f.

[47] Vgl. Mickel, E., Ganelon, Treason and the „Chanson de Roland“, University Park 1989.

wiß, wie das Ende sein wird."[48] Die Menschen keineswegs. „Oh Gott, erhellet Ihr hier das Gerechte!" Das ist in einer kurzen Formel das Wesen des Gottesurteils: Gott macht klar, was gerecht ist. Das tut er auch tatsächlich, indem er eingreift, als der Verfechter der guten Sache einen heftigen Schwerthieb ins Gesicht erhält: Nur Gott verhindert, dass ihn das das Leben kostet. Mit einem Schlag spaltet der Verwundete seinem Gegner daraufhin den Schädel. „Da schreien die Franken: ‚Gott hat hier seine Wunderkraft gezeigt.'" Denn das Gottesurteil impliziert ein Wunder. Damit ist das Recht gefunden: Kaiser Karl lässt Ganelun samt seinen dreißig Verwandten hinrichten.

Eine deutsche Bearbeitung dieser Dichtung, ebenfalls unterschiedlich, aber jedenfalls ins 12. Jahrhundert datiert, wurde von einem Priester namens Konrad gedichtet. Hier sind die religiösen Momente noch deutlicher. So wird der Verrat noch viel klarer als Frevel gegen Gott bezeichnet, wenn der Gegner Ganeluns zu diesem sagt:

> ez wirdet dir huite uil lait,
> daz du wider gote hîe stast
> unt der warheit uerlougint hast.
> …
> der guote sent Dionisíí dich hiute uelle.

(Es wird dir heute sehr leid tun, dass du hier gegen Gott stehst und die Wahrheit verleugnet hast! … Der gute heilige Dionysius soll dich heute zu Fall bringen.)

Hier wird die Gebetshilfe ausführlich erwähnt, mit der jede Partei ihren Kämpen begleitet: Der Kaiser und sein Hofstaat beten die ganze Zeit über (vs. 8924) auf den Knien, Gott möge die Wahrheit offenbaren. Auch die Nonnen flehen zum Himmel, viele Tränen werden vergossen, Messen und Psalmgesang unterstützt die Wahrheitsfindung. Der Dichter, ganz Vertreter seines Standes, kommentiert: „Das half ihm [dem Kämpen des Kaisers] sehr … zu Recht musste es ihm wohl gelingen."[49]

---

[48] „Deus set asez cument la fins en ert." „E Deus! … le dreit en esclargiez!" „Escrient Franc: ‚Deus i ad fait vertut.'" vs. 3873, 3891, 3923, 3931, ed. Hilka, A., Halle 3. Aufl. 1948, 106 ff.

[49] vs. 8852 ff., hg. v. Kartschoke, D., Frankfurt a. M. 1970, 384 ff.

Ritterlicher Zweikampf zu Pferd: Holzschnitt von Albrecht Dürer (?) in der Erziehungsschrift „Der Ritter vom Turm“, Michael Furter, Basel 1493

Wie sehr viele außereuropäische Völker – teilweise bis heute, es existieren sogar Filmaufnahmen[50] –, so kannten also auch die europäischen des Mittelalters ein offizielles prozessuales Verfahren zur Rechtsfindung, das auf der Annahme eines unmittelbaren Eingreifens der Gottheit basierte. Die Quellen der Zeit sprechen v. a. von *iudicia Dei* oder *ordalia* bzw. *ordala*, Gottesurteilen. Das Wort ist eine frühmittelalterliche Latinisierung eines zu erschließenden germanischen Wortes, auf das auch *Urteil* und *austeilen* zurückgehen. Dieses Verfahren wurde sowohl in Streitfällen benützt, die wir heute zum Zivilrecht zählen würden – meist ging es um den Besitz von Land oder von Unfreien –, als auch in heute als Fälle des Strafrechts be-

[50] Lit. z. B. bei Lea, Superstition 203 ff.; Lévy 422 Anm. 1. Ein Beispiel von 1995 bietet Verdier, R., L'epreuve de l'anneau et le verdict du feu: Hoareua-Dodinau 799–807. Vielfach sind solche Angaben jedoch nicht nachprüfbar, z. B. bei Couret, A., Daigueperse, C., Le tribunal des animaux, Paris 1987, 59 f.; Jamieson 58 usw.

trachteten Angelegenheiten. Es wurde in der Regel dann angewandt, wenn andere Methoden, die Wahrheit zu eruieren, nicht zugelassen waren oder nicht sinnvoll schienen bzw. wenn ein Eid oder Urteil gescholten (angefochten) wurde. Deshalb heißt in einigen Volksrechten die entsprechende Formel ausdrücklich: „Wenn du es wagst, dann schilt meinen Eid, und kämpfe mit den Waffen mit mir!"[51] Auch wenn nicht genügend Eideshelfer für einen Reinigungseid zu finden waren oder eine Partei von vornherein den Eid ablehnte und ein Gottesurteil verlangte, wurde es angewandt. Die sonst üblichere Prozedur war es nämlich, dass sieben oder zwölf Männer, bisweilen aber auch noch mehr, den Reinigungsschwur eines Angeklagten vor Gericht durch ihren Eid bekräftigten. Dies erfolgte ganz unabhängig von ihrem Wissen oder Unwissen in der Streitsache, vielmehr bestätigten sie damit im Prinzip den guten Leumund des von ihnen Unterstützten. Das war offenbar sinnvoll, solange die Gesellschaft noch in wenig zahlreiche Kleingruppen gegliedert war, wo man einander gut kannte, war aber bei den gewandelten Verhältnissen des Hochmittelalters sicher problematisch. Eine Untersuchung mit Verhör und Beweisaufnahme, wie wir sie kennen, war im älteren profanen Recht nicht das normale Vorgehen, die Eideshelfer schworen keineswegs, dass sie etwas über die streitige Tat wussten, sondern dass sie den Angeklagten nicht für sie verantwortlich hielten.[52]

Es lässt sich statistisch kaum ermitteln, wie häufig oder selten Gottesurteile im Vergleich zu anderen Methoden der Wahrheitsfindung in einem bestimmten Gerichtssprengel zu einer bestimmten Zeit angewandt wurden. Hier ist mit vielen lokalen und zeitlichen Differenzen zu rechnen. Mehrere Untersuchungen konvergieren jedoch dahin, dass in den meisten Fällen der Zeugenbeweis entscheidend war, dann Urkunden, dann der Eid und erst am Schluss das Ordal.[53] In vielen Fällen drohte eine Partei auch nur mit dieser Ultima Ratio, um die Widersacher zu einem Kompromiss oder zum Nachgeben zu veranlassen. Nicht ganz selten zog dann auch eine Partei zurück, wenn schon ein Ordal vereinbart war. Insofern war die Androhung dieses Verfahrens auch ein taktisches Mittel in einer Auseinandersetzung, ein Schritt zu einer möglichen außergerichtlichen Vereinbarung.[54]

---

51 Lex Burgundiorum 8, Baiuvariorum 16, 2, Frisionum 14,5, zit. Alvarado Planas 194.

52 Die Literatur zum mittelalterlichen Eid ist umfangreich, vgl. z. B. die Anmerkungen bei Nehlsen.

53 Köbler 104 f.

54 White.

Durch verschiedene, meist am Körper des oder der Verdächtigen vollzogene Verfahren suchte man im einseitigen Gottesurteil eine übernatürliche Weissagung über ein vergangenes Geschehen zu erhalten. Im zweiseitigen Gottesurteil mussten sich sowohl Kläger als auch Beklagter einer Probe unterziehen. Vereinzelt musste auch der Kläger dasselbe Ordal auf sich nehmen wie der von ihm Beschuldigte, so dass dann eine doppelte Probe vorlag.[55] Gott wurde beim offiziellen Verfahren durch die feierliche Anrufung geradezu gezwungen, sich zu äußern, weswegen man von einem gesuchten oder provozierten Gottesurteil sprechen muss. Denn er greift ja nach mittelalterlicher Vorstellung sehr häufig auch von sich aus in die Geschichte ein, was als unberufenes Gottesurteil bezeichnet werden kann (z. B. wenn der Wanderstab Tannhäusers zu grünen beginnt, wiewohl ihn der Papst abgewiesen hat, und durch dieses Wunder bezeugt, dass bei Gott sogar sein Vergehen Gnade finden kann[56]). Der archaische religiöse Hintergrund besteht darin, die unmittelbare Ursache für das Verhalten von Dingen wie des lebenden oder toten menschlichen Körpers, von Naturelementen, aber auch von Büchern, nicht in natürlichen Prozessen oder gar dem blinden Zufall, sondern im direkten und gezielten Wirken der Überwelt zu sehen.

II. Siedendes Wasser und blutende Leichen – Die Arten der Ordalien[57]

Die vermutlich ursprünglichste, vielleicht auch häufigste Form des Ordals bestand im gerichtlichen Zweikampf. Manche Herrscher wie etwa Kaiser Otto I. scheinen darin sogar fast etwas wie ein Allheilmittel für Rechtsstreitigkeiten gesehen zu haben, wie sein Gesetz von 967 zeigt.[58] Man könnte nun meinen, das Duell sei nur eine Art der Fehde, geregelt durch eine Rechtsform. Wenigstens im altnordischen

---

55 Z. B. im altnordischen Dritten Gudrunlied, im mittelenglischen Athelston (Frenzel 303) usw.

56 Gröchenig 28 ff.

57 Die ausführlichsten Schilderungen bieten Grimm, Rechtsaltertümer II, 563 ff.; Franz II, 307 ff.; Pijper 105 ff.

58 Lea, Superstition 154 f.; Gfrörer, A., Pabst Gregorius VII. und sein Zeitalter V, Schaffhausen 1860, 424 ff.

Bereich scheint die „Hólmganga", der oft auf einer Insel *(holm)* abgehaltene Zweikampf, ein legales Procedere innerhalb einer Fehde gewesen zu sein, wobei vor der Christianisierung nicht unbedingt die Vorstellung herrschte, dass der siegen würde, dessen Sache gerecht war. Es handelte sich eher um ein Verfahren, mit dem ein lange dauernder Kampf zwischen ganzen Sippen durch den zwischen Einzelnen verhindert wurde. Der Tod eines der Kontrahenten galt als legale Exekution. Schon ein paar Jahre nach der Übernahme des Christentums in Island um 1000 wurde der Holmgang als heidnisch abgeschafft.[59] Wenn im frühmittelalterlichen Volksrecht der Alamannen die Kämpfer zuvor mit den Schwertern den Boden berühren und danach Gott zum Zeugen und Richter anrufen müssen,[60] so ist hier wohl klar eine Kombination eines heidnischen Brauches mit dem Gebet zum Christengott zu erkennen.

Für uns ist klar, dass nicht der Gott gefälligere Kämpfer, sondern der bessere und stärkere den Sieg davontragen musste. Dem wurde vom Gericht nur sehr selten Rechnung getragen, da üblicherweise jede Partei ihren Vertreter auf dem Duellfeld selbst auswählen konnte. Das bayerische Volksrecht schreibt allerdings vor, dass ausgelost werden sollte, welcher Kämpe für wen fechten solle.[61]

Diese Form des blutigen Gottesurteils wurde (ähnlich wie die ritterlichen Turniere) von Seiten der Kirche mehrfach verboten, ohne dass das die Praxis viel geändert hätte.[62] Trotz dieser Verurteilungen gab es Formeln für Priester, die Waffen zu weihen und den Sieg des jeweiligen Kämpen zu erflehen, ein Vorgehen, dass an die Waffenweihen erinnert, die in den Kriegen des 20. Jahrhunderts die Geistlichen derselben Religion je nach ihrer Nationalität an den deutschen, englischen, französischen Kanonen vornahmen. Außerdem war die Nachtwache in der Kirche vor dem Gottesurteil ganz üblich (s. S. 89); manche Kämpfer beichteten auch vor einem Duell,[63] was die faktische Akzeptanz dieses Ordals durch die Priesterschaft beweist. Schließlich schrieb Bischof Burchard von Worms, der bedeutendste Kirchenrechtler um 1000, sie sogar für die Angehörigen seiner *familia*,

59 Jones; Bö, O., Holmgang: KLNM 6, 653–656.

60 Lex Alamannorum 81.

61 IX, 2, MGH LL nat. Germ. 5/2, 369.

62 Michel 1150 f.

63 Merk, C. J., Anschauungen über die Lehre und das Leben der Kirche im altfranzösischen Heldenepos, Halle 1914, 117.

d. h. seines Untertanenverbandes, vor, wenn es zu Streitigkeiten um Land, Sklaven oder Geld kam. Der, dessen Kämpfer verlor, sollte gehängt werden.[64] Andererseits galt in Frankreich nach einem Dokument von 1056 das heiße Eisen als den monastischen „Gesetzen" zugehörig, im Gegensatz zu „Schild und Keule", die Sache der Laien waren.[65] Dies nur als Beispiele für die stets mitzudenkenden regionalen Differenzen.

Nicht jedes Gottesurteil durch Kampf endete allerdings eindeutig, zumindest nach dem Ausweis spätmittelalterlicher Texte wurde auch nach längerem unentschiedenem Streit ein Kompromiss durch eine Autoritätsperson durchgesetzt. Wichtig schien dabei vor allem, dass beide Seiten ihre Ehre auf dem Duellfeld gewahrt hatten.[66] Der unterlegene Kämpe freilich kam oft nicht mit dem Leben davon oder nur verstümmelt. Dazu drohte ihm nach dem Tod die ewige Hölle, wenn er den Unterlegenen vertreten hatte. In einer niederrheinischen Urkunde von 1095 empfängt ein Kämpe Ländereien, weil er „seine Seele [!] geradezu dem Tod ausgesetzt hat, um uns Treue zu erweisen (*posuit quasi in mortem animam suam pro nostra fidelitate*").[67] Hier ist mit dem Tod auch und vor allem der „zweite Tod", d. h. die Hölle, gemeint.

Während nur wenige Gesetzestexte vorsahen, dass die Art des Gottesurteils vom Angeklagten gewählt werden konnte (so nach einigen Kapitularien und dem *Sachsenspiegel*[68]), war beim Zweikampf die Wahl der Waffen vom Stand abhängig: Das Schwert oder der Speer blieb üblicherweise den Adeligen und Freien vorbehalten, die Unfreien und Bürgerlichen mussten mit Keulen kämpfen, anscheinend eine Einführung der Karolingerzeit.[69] Es gibt viele Darstellungen dieses Keulenkampfs in der Bauplastik sowie der Wand- bzw. Gewölbemalerei mittelalterlicher Kirchen (s. S. 58, 105 ff.), wahrscheinlich ein Hinweis darauf, dass in diesen die Waffen zum Kampf geweiht wurden, wohl auch eine allgemeine Erinnerung an Gottes

---

64 Binterim V/3, 86.

65 Barthélemy, D., La société dans le comté de Vendôme de l'an mil aux XIVe s., Paris 1993, 679.

66 Green 427 f.

67 Grimm, Rechtsaltertümer II, 592.

68 Alvarado Planas 134, Anm. 119.

69 Coulton, Centuries III, 530; Schreiber 463 Anm. 1.

Eingreifen. Übrigens ist vermutlich das aus Siena und Pisa bekannte mittelalterliche Schild-Keulen-Spiel (*Giuoco del Mazzascudo*) eine verharmloste Variante dieses Duells auf Leben und Tod. Manche Gesetze, wie der *Sachsenspiegel* (*Landrecht* 1, 63) oder die Konstitutionen Kaiser Friedrichs II. für Sizilien enthalten eingehende Vorschriften dazu, wie sich die Kämpfer zu rüsten und zu verhalten hatten.[70] Auch die Ritterromane des hohen und späten Mittelalters wie *Lohengrin* oder *Reinfried von Braunschweig* enthalten ausführliche Darstellungen gerichtlicher Zweikämpfe. Freilich müssen lokale Abweichungen und spontane Verfügungen des Richters zu einer gewissen Variationsbreite geführt haben.[71] Bei Nichterscheinen eines der Kombattanten galt dieser als unterlegen und verfiel der Acht, konnte aber eventuell einen Stellvertreter schicken; wer von den Zusehern sich einmischte verlor, je nach Stand, ein Körperglied oder den Kopf.[72] Bemerkenswert ist dagegen, dass es im hohen und späten Mittelalter nicht wenige zwischen Fürsten getroffene Vereinbarungen zu Zweikämpfen gab, die politische Zwistigkeiten, ja Kriege entscheiden sollten. Kein einziges dieser Duelle kam aber zustande, da immer eine Partei gar nicht oder nicht zur rechten Zeit am festgesetzten Ort eintraf – zumeist mit Absicht.[73]

Mehrere Formen der Ordalien basierten auf der Hitze des Feuers. Das Gottesurteil des glühenden Eisens, das man über eine gewisse Strecke zu tragen hatte, scheint ziemlich häufig gewesen zu sein. Dem Üblichen entsprechend, doch besonders ausführlich, sind hier die Anweisungen in einem von den Deutschen in Polen verwendeten Rechtsbuch aus dem 13. Jahrhundert, das noch um 1400 abgeschrieben wurde:

> „… man legt ein [glühendes] Eisen mit beiden Enden so auf einen Stein oder ein Eisen, dass der Mann darunter greifen und das Eisen aufheben kann, das er drei Schritte tragen soll. Wirft er es eher nieder, ist er dessen überführt, wessen man ihn beschuldigt hat; dasselbe ist er auch, wenn er sich verbrennt. Die Hand soll man ihm [drei Tage lang] einbinden …

70 Schultz 158 ff.; Nottarp 271 ff.

71 Z. B. Green, Crisis 78 f.

72 Schultz 160 f., 168.

73 Goez.

> Die … Eisen soll man glühend machen, und es soll sie ein Priester mit seinem Segen segnen … Wenn der Priester an die Stelle kommt, wo man das Eisen glühend macht, so soll er die Stätte und die Eisen mit Weihwasser besprengen, um die Betrügereien der Teufel zu vertreiben. Früher pflegte man dabei eine Messe zu singen … Wenn das Gericht getan ist und dem Mann die Hände mit geweihtem Wachs verbunden sind, so ist es gut, dass der Mann zuallererst Weihwasser zu sich nehme und danach, bis das Gericht zu Ende ist, ist es gut, dass er zu allen seinen Speisen geweihtes Salz und geweihtes Wasser menge und zusammen zu sich nehme."[74]

Das war die allgemein übliche Prozedur; wie sonst auch, gingen ihr Messe, mehrfache Segnung des Ordalmittels, Beschwörung des Probanden und dessen Eid voraus.[75] Natürlich gab es eine Menge lokaler Varianten, in England etwa kam es auch vor, dass das Eisen nur einen Schritt weit zu tragen war,[76] usw.

Die Redensart, „für etwas die Hand ins Feuer legen", kommt daher kaum von den Gottesurteilen, wie oft zu lesen,[77] da hier (mit nur einer frühen, aber wahrscheinlich nicht authentischen Ausnahme[78]) immer das Tragen des glühenden Eisens vorgeschrieben wird, nicht das Hineinstrecken der Hand in den Brand. Vielmehr kommt dieser Ausdruck von dem antiken Exempel des Römers Mucius Scaevola, der seine Hand im Feuer verbrennen ließ, um dem 507 v. Chr. angreifenden etruskischen König Porsenna den Mut und die Todesverachtung seines Volks zu beweisen.[79] „Ein heißes Eisen anfassen" erinnert dagegen in der Tat an die Ordalien.

Die Probe der glühenden Pflugscharen bestand darin, dass der (oder wohl öfter die) Angeklagte barfuß über im Feuer erhitzte Pflugeisen schreiten musste, ohne sich ernstlich zu verletzen. In dem bereits zitierten Text aus Polen heißt es dazu:

---

74 MGH Formulae 721 f.

75 Schwerin, Rituale 29 f.

76 Green, Crisis 108.

77 Z. B. Erler 53; Röhrich/Meinel.

78 *igneum*: Lex Ripuaria 32 (30), 1, MGH Leges nat. Germ. 3/2, 85. Aller Wahrscheinlichkeit nach ist nicht *ignem* gemeint, sondern *inneum*, d. h. *aenum*, Kessel (Pijper 132).

79 Titus Livius, Ab urbe condita 2, 12 f. Ob dahinter ein von dem römischen Historiker nicht erkanntes etruskisches Ordal steckt (Lévy 421, Anm. 5), bleibe dahingestellt.

> „man legt die [drei] Eisen jegliches von dem anderen einen Schritt entfernt, nicht zu weit, sondern dass man normal darübergehen kann … Die Eisen sollen wie die Sohle eines Mannes von der Ferse bis zum Mittelfuß gemacht sein. Verbrennt sich der Mann, ist er überführt. Tritt er nicht auf die Eisen und macht er einen unrechten Schritt, ist er überführt. Mann soll ihm aber die Verbrennung bis zum dritten Tag mit Wachs verbinden und den Mann genau bewachen, dann kann man beurteilen, ob er verbrannt ist oder nicht. Den Mann, der auf die Eisen treten soll, müssen zwei Männer gut führen und zu der Reihe bringen, die er betreten soll, damit er es wohl zur richtigen Zeit tun kann und nicht herausfalle.“[80]

Ebenfalls auf der Hitze des Feuers basierte der Kesselfang, bei dem aus einem Kessel voll siedenden Wassers ein Stein oder Ring mit bloßer Hand herauszuholen war. Die älteste Beschreibung des Vorgangs durch Bischof Gregor von Tours (gest. 594) in seinem *Liber in gloria martyrum* 1, 80 macht deutlich, wie man vorging:

> „Durch Tatsachen sollte die Wahrheit der Angelegenheit bewiesen werden: Feuer soll unter einem Kessel angemacht und irgendjemandes Ring in das kochende Wasser geworfen werden … Das Volk läuft zu dem Spektakel zusammen, das Feuer wird entfacht, der Kessel darübergestellt, es siedet heftig, der Ring wird in die siedende Woge geworfen … [Der Proband] entblößt den Arm von der Kleidung und taucht die Rechte in den Kessel. Der hineingeworfene Ring aber war sehr leicht und klein und wurde nicht weniger von der Woge hin- und hergetrieben, als ein Strohhalm vom Wind umhergetragen werden kann … Inzwischen wurde das Feuer unter dem Gefäß heftig genährt, damit der Ring durch das starke Sieden nicht leicht von der Hand des Suchenden erfasst werden könne …“.[81]

Der Grad der Verbrühung und die Schnelligkeit der Heilung der verbundenen und versiegelten Hand entschieden dann über Recht und Unrecht.

80 MGH Formulae 721.

81 MGH SS rer. Mer I/2, 92 f.

Das gab dem Probanden eine gewissen Chance, auch wenn er keinen Trick mit Salben u. dgl. versuchte, denn bei Verbrennungen dritten Grades, wie sie hier zu erwarten sind, kommt es meist erst nach mehreren Tagen zu Entzündungen; auch kann die versengte Haut farblich der gesunden gleichen, so dass sie Laien leicht heil zu erscheinen vermag.[82] Nach Aufzeichnungen über die Gottesurteile mit dem glühenden Eisen, die man im frühen 13. Jahrhundert im ungarischen Varad durchführte, wurde in 210 von 306 Fällen auf „unschuldig" erkannt.[83] Wenn das zu verallgemeinern ist, dann stand die Wahrscheinlichkeit, dieses Ordal zu bestehen, relativ gut.

Das Wasserurteil dagegen wurde mit kaltem Wasser in einem großen Bottich, einem Teich oder Fluss durchgeführt. Viele Kirchen besaßen eigene Teiche für dieses Ordal, eine gute Einnahmequelle (s. S. 67, 86 f.). Erzbischof Hinkmar von Reims gibt 860 folgende Beschreibung:

> „Es wird aber der zu Prüfende mit einem Strick gebunden und in das Wasser hinabgelassen (denn ein jeder wird von den Stricken seiner Sünden gefesselt, wie [Prov 5, 22] geschrieben ist). Aus zwei Gründen wird er anscheinend gefesselt, nämlich, dass er nicht beim Gericht irgendeinen Betrug begehen kann bzw., wenn ihn das Wasser als Unschuldigen aufgenommen hat, er rechtzeitig herausgezogen werden kann, damit er nicht im Wasser Gefahr läuft [zu ertrinken]. … und entweder ist er gereinigt, dann wird er sogleich durch das Urteil der Richter freigesprochen, oder [, wenn nicht], wird er gebunden [wiederholt] bis zur Reinigung durch das Ordal geprüft. Der Leser … wird sich nicht wundern, dass bei der Kaltwasserprobe die Unschuldigen vom Wasser aufgenommen werden, die Schuldigen aber nicht aufgenommen werden, wie auch im heißen Wasser die Verbrecher gekocht werden, die Anständigen aber ungekocht verbleiben, weil auch Christus … Gegensätze mit Gegensätzen, Heißes mit Kaltem, Kaltes mit Heißem heilt."[84]

---

82 Kerr 588 ff., bes. 592 ff.

83 Kerr 589.

84 MGH Conc. IV, Suppl. I, 155, 158 f. vgl. 146; Franz II, 316–8.

Ein englisches Ritual von 1067 definiert noch genauer, dass die Hände des Angeklagten unter den gebeugten Knien zusammengefesselt werden mussten.[85]

Während man im Allgemeinen davon ausging, dass das „reine" Element des Wassers den falsch Schwörenden nicht aufnehmen würde, weshalb nur der eine Chance hatte, der lange genug, d. h. bis man ihm an dem genannten Strick wieder herauszog, unter Wasser zu bleiben vermochte, steht allerdings in einigen spätmittelalterlichen Weistümern genau das Gegenteil: Nur der oben Schwimmende sei unschuldig.[86] Offensichtlich wurde hier das ursprüngliche Prinzip von der ländlichen Bevölkerung missverstanden. Noch bei den Hexenverfolgungen des 16. und 17. Jahrhunderts wurde diese Probe nicht selten angewandt, sozusagen als Vorprobe, ehe man zur Tortur schritt.[87] So z. B. – auf Verlangen der Angeklagten – in Lemgo 1632: Da sie *hefftigh geschwommen*, schritt man zur Folter, die das Gewünschte und mit Todesurteil geahndete Geständnis bewirkte.[88] Inoffiziell kam diese Probe in Deutschland auf dem Land sogar noch im 19. Jahrhundert bei Hexereiverdacht vor.[89]

Auch hier gab es eine gewisse Chance, die Probe zu bestehen, wenn sie korrekt durchgeführt wurde, falls der Angeklagte tief ausatmete und daher eher sank – was schon Kaiser Friedrich II. wusste (s. S. 114 f.). Hier war die Wahrscheinlichkeit, dass nun Männer aufgrund des im Vergleich zu Frauen niedrigeren Fettanteils im Körper untertauchten, höher. Ob man Frauen in England deshalb, wie vermutet wurde,[90] aus „Fairness" nur selten zur Kaltwasserprobe verurteilte, sondern fast immer zum glühenden Eisen, sei dahingestellt.

Das Schluckordal bestand darin, dass ein gesegnetes Stück Brot und/oder Käse ohne Zögern und ohne sonstige negative Reaktion zu verzehren war – wohl oft schwieriger, als es zunächst klingt. Wie verbreitet der Usus war, zuerst die Dinge, um die es ging, also etwa gestohlene Objekte, auf den Brotlaib zu schreiben, von

---

85 Kerr 582.

86 Grimm, Rechtsaltertümer II, 584.

87 Helbing 320 ff.

88 Macha, J. u. a. (Hgg.), Deutsche Kanzleisprache in Hexenverhörprotokollen der Frühen Neuzeit I, Berlin 2005, 67 ff.

89 Helbing 667.

90 Kerr 587 f.

dem der Probebissen abgeschnitten wurde,[91] ist fraglich. Häufiger scheint man Drohworte wie *Psalm* 7, 16 auf den Bissen geschrieben zu haben.[92] Eine der Formeln, die vom Priester vor diesem Ordal gesprochen wurden, macht deutlich, was man erwartete. Sie bittet darum, „dass du dieses Brot oder diesen Käse nicht essen kannst, es sei denn mit entzündetem Mund, mit Schaum und Stöhnen und Schmerz und Tränen".[93] Möglicherweise bestand das Urteil Gottes hier in einer Speise, bei der leicht eine Lebensmittelvergiftung auftritt, worauf die geschilderten Symptome hinweisen könnten.

Eine spezielle Form des Schluckordals war die Abendmahlsprobe. In diesem Fall muss es sich um eine kirchliche Erfindung gehandelt haben, mit der man die schrecklichen Worte des hl. Paulus im *Ersten Korintherbrief* 11, 27 ff. über die Eucharistie in die Praxis umsetzte:

> „Wer also unwürdig dieses Brot isst oder diesen Kelch des Herrn trinkt, wird schuldig sein ob des Leibes und Blutes des Herren. Der Mensch aber möge sich selbst prüfen, und so von jenem Brot essen und von jenem Kelch trinken. Wer nämlich unwürdig isst und trinkt, isst und trinkt sich sein Gericht …".

Bei diesem Ordal war die geweihte Hostie zu verschlucken, also der nach katholischem Denken in ihr real präsente Jesus Christus. Die Abendmahlsprobe konnte aber auch das Blut Christi miteinschließen.[94] Diese Form des Gottesurteils blieb i. d. R. der Geistlichkeit und hochgestellten Laien vorbehalten;[95] eine Wormser Synode aus dem Jahre 868 schrieb es beim Verdacht auf Mord, Ehebruch, Diebstahl und Zauberei vor.[96] So nahm z. B. 1049 der wegen Ehebruchs beschuldigte Bischof Sibicho (Sigebot) von Speyer das Eucharistieordal auf sich, wodurch erwiesen wurde, das er seines Amtes nicht würdig war: Den Rest seines Lebens konnte er

---

91 Keefer 262 Anm. 72.

92 Jacoby 527.

93 *ut panem vel caseum istum non possis manducare nisi inflato ore cum spuma & gemitu & dolore & lacrimis*: Keefer 250 Anm. 58.

94 Rudolf Glaber, Historiae 5, 11, ed. Cavallo, G., Orlandi, G., s.l. 1989, 266.

95 Köstler 217, 219.

96 Pijper 142.

die Kiefer nicht mehr richtig bewegen.[97] 1077 nahm Bischof Embriko von Augsburg den Leib und das Blut des Herrn freiwillig ein zum Beweis dafür, dass die Sache seines Königs Heinrichs IV. die gerechte, die des Gegenkönigs aber die ungerechte sei. Sogleich erkrankte er und starb bald eines schmerzvollen Todes.[98]

Diese Form des Gottesurteils ist die einzige, bei der man mit einiger Wahrscheinlichkeit eine Übernahme aus der heidnischen Antike anzunehmen hat. Denn Schluckproben mit Brot und Käse werden zur Identifikation eines Diebes schon in spätantiken griechischen Papyri aus Ägypten beschrieben und wurden auch in den Ostkirchen üblich. Sie „funktionierten" genauso wie die mittelalterliche Probe des Bissens, verwendeten dasselbe Material und wurden beim selben Delikt, Diebstahl, eingesetzt.[99] Die Vermutung, dieses Ordal sei in Zusammenhang mit den Montanisten des 3. Jahrhunderts entstanden, einer östlichen, ekstatischen Sekte,[100] muss dagegen m. E. als reine Hypothese bezeichnet werden.

Auch die Kreuzprobe kann nur eine christliche Erfindung gewesen sein, zumal sie weitgehend auf Geistliche bzw. Religiose beschränkt gewesen zu sein scheint und offenbar die Stelle *Exodus* 17, 11 zum Vorbild hatte, in der beschrieben wird, wie Moses durch das Hochhalten der Hände den Israeliten den Sieg garantiert. Sie bestand darin, dass die Kontrahenten sich mit ausgestreckten Armen vor einem Kreuz aufstellten; wer die Arme länger oben halten konnte, hatte gewonnen (etwas anderes ist der Schwur, der bei einem auf das Haupt gelegten Kreuz geleistet wurde[101]). Diese Haltung kam im mittelalterlichen Christentum sonst noch bei der Prostratio, dem Niederwerfen auf den Boden zum Gebet, vor;[102] es handelt sich also um eine rein kirchliche Prozedur. Beispielsweise wurde ein Besitzstreit zwischen dem Bischof von Verona und seiner Stadt dadurch entschieden, dass jede der beiden Parteien sich bei der Kreuzprobe von einem jungen unschuldigen

97 Vita Leonis 2, 5, PL 143, 493 B.

98 Berthold von Reichenau, Chronik a.a. 1077, MGH SS rer. Ger. NS 14, 280 f. Hilse pass., bes. 45 ff. leugnet, daß diese und alle anderen einschlägigen Quellen von der Eucharistie sprächen, sondern meint, es seien nur geweihte Brote (Eulogien) gemeint gewesen. Darin ist die Forschung ihm zu Recht nicht gefolgt.

99 Jacoby.

100 Köstler 232 ff.

101 Binterim V/3, 63.

102 Fischer.

Kleriker vertreten ließ.[103] Es scheint, dass man die Kreuzprobe auch innerhalb von Frauenklöstern angewandt hat, um eine Schuldige aus der Schar der Nonnen herauszufinden. Rudolph von Fulda erzählt von der Tauberbischofsheimer Äbtissin Lioba (Mitte 8. Jahrhundert) Folgendes: Als ein getöteter Säugling im Stauweiher des Ortes gefunden wurde, beschuldigte man die Nonnen der Unzucht. Lioba hieß alle Schwestern in die Kapelle gehen und sich während des Psalmgesangs mit in Kreuzesform ausgestreckten Armen aufstellen. Anscheinend dachte sie, so die Schuldige zu finden. „Selbstverständlich" wurde aber bald offenbar, dass das Kind von einer nicht dem Konvent zugehörigen Frau ausgesetzt worden war.[104] Ob Lioba hier einer spontanen Eingebung folgte oder allgemein Übliches praktizierte, ist nicht zu entscheiden. Im weltlichen Bereich wurde die Kreuzprobe bei Eheleuten angewandt, die sich über das *Debitum coniugale* (die ehelichen Pflichten nach 1 Cor 7, 3) stritten.[105]

Rein christlich dürfte weiter die mantische Probe des kreisenden Psalterbuches sein (wenn auch mit antiken Vorläufern). Bei dem Vers „Gerecht bist du, Herr, und gerecht ist dein Urteil" (Ps 118, 137), wird ein Hölzchen eingelegt und dann das Buch zugebunden. Es wird nun vor dem Beschuldigten an einer Schnur aufgehängt, die an einem Querholz befestigt wird. Zwei Personen halten dieses und sprechen abwechselnd: „Er hat die Sache!" – „Er hat sie nicht!". Aus der Bewegung des Psalteriums nach Osten oder Westen wird geschlossen, welche Aussage zutrifft.[106]

Nur bei Todschlag kam die Bahrprobe gegen Verdächtige in Anwendung. Näherte sich der Schuldige der Leiche, dann sollten die Wunden zu bluten beginnen, taten sie das nicht, war seine Unschuld erwiesen. Das Rechtsbuch Ruperts von Freising (1332) schreibt das eindrucksvolle Ritual vor, dass der Beschuldigte den Toten küssen und drei Mal auf Knien umrunden müsse, wobei er Gott und dem Erschlagenen zu versichern hatte, ohne Schuld zu sein.[107] Der Glaube an die Wirksamkeit dieser Probe scheint im Gegensatz zu den sonstigen Ordalien anscheinend erst

[103] Franz II, 346.

[104] Vita S. Liobae 15, MGH SS 15/1, 127.

[105] MG Cap 1, 41; 230.

[106] Franz II, 362 ff.; Dürig.

[107] Grimm, Rechtsaltertümer II, 593 Anm.

seit ca. 1180 zu belegen zu sein; sie wird in der schönen Literatur des Hochmittelalters (Hartmann von Aue, *Iwein; Nibelungenlied*) mehrfach erwähnt. Berthold von Regensburg (gest. 1272) nennt sie ausdrücklich,[108] doch erst im 14. Jahrhundert findet sich das „Totengericht" in Rechtsbüchern (Bayern, Württemberg, Schweiz, Niedersachsen, Visby), und in der Frühneuzeit ist es dann vergleichsweise häufig.[109] Faktisch wurde dieses Bahrrecht mehrfach u. a. von schweizerischen und bayerischen Gerichten verwendet und scheint erst Mitte des 18. Jahrhunderts ganz außer Gebrauch gekommen zu sein.[110] Die „Aktivität" des Leichnams wirkt besonders archaisch, man ist an die zahlreichen Geschichten von Wiedergängern erinnert, Tote, die in ihren Gräbern quasi in reduzierter Weise weiterexistieren.[111] Auffallend ist, dass Gott hierbei oft gar nicht erwähnt wird, primär scheint der Glaube an das Weiterleben des Leichnams gewesen zu sein, jedenfalls solange noch Blut aus ihm fließen konnte.[112] Noch bis zur Aufklärung, als dieses Gottesurteil endgültig aus der Rechtspraxis verschwand, sollte es Stimmen pro und contra geben. Die Vorstellung ging auch in manche Sagen ein. Shakespeare bediente sich einer solchen und sprach von den blutenden Wunden der Leiche König Heinrichs VI. zum Zeichen der Schuld seines Nachfolgers Richard III.[113]

Einige weitere Sondertypen der Gottesurteile waren nur selten bzw. regional üblich. In England soll 941/46 ein Ordal mit einem im Wasser schwimmenden Schild vorgenommen worden sein, auf dem brennende Kerzen angebracht waren.[114] Ein zweiseitiges Kerzenordal (besonders bei Diebstahl anzuwenden)[115] enthält wohl nur der *Fuero de Navarra,* ein spanisches Rechtsbuch von 1250. Das Lebendig-Begraben ist nur einmal in einer aus Worcester stammenden Handschrift von etwa 1025 erwähnt und war offenbar nur lokal beim Verdacht auf Vatermord in Ge-

---

108 Schönbach 114.

109 Grimm, Rechtsaltertümer II, 593 ff.; Müller-Bergström 1046 ff.

110 Grimm, Rechtsaltertümer II, 594 f.; Fehr, Bahrrecht; Helbing 669 ff.; Lehmann; Platelle, Voix.

111 Vgl. Lecouteux, Cl., Geschichte der Gespenster und Wiedergänger im Mittelalter, Köln 1987.

112 Fehr, Bahrrecht 86.

113 Petzoldt 199 f.; Fehr, Sagen 27 ff. – King Richard III, 1, 2.

114 Mayer, Ursprung 310 ff.

115 Pappenheim 161.

brauch.[116] Unter Erzbischof Eberhard I. von Salzburg (reg. 1147–1164) wurde ein Streit um Wiesen gegen einen Ritter und zugunsten der Mönche von St. Peter durch ein *divinum iudicium* entschieden, bei dem man Rasenstücke in Weihwasser schwimmen ließ.[117] Eine vielleicht missdeutete Erinnerung an die Feuerprobe, oder eine seltene Nebenform von ihr, stellt die Erzählung vom Gottesurteil eines – historisch nicht nachweisbaren – Bischofs Poppo dar, der einen Dänenherrscher durch das Tragen eines glühenden Handschuhs bzw. den Durchgang durchs Feuer in einem Wachshemd für den Religionswechsel gewonnen haben soll. Daraufhin hätte dieses Volk den Zweikampf zugunsten solcher Proben abgelehnt. Die auf 962/965 datierte Szene wird von mehreren Geschichtsschreibern des Hochmittelalters berichtet und auf König Harald Blauzahn bezogen, ist aber vielleicht eine Erinnerung an eine viel frühere Bekehrung eines dänischen Häuptlings.[118] Das Wachshemd kommt sonst anscheinend nur in der Legende von Königin Richardis in der *Kaiserchronik* (Mitte 12. Jahrhundert) vor,[119] nicht aber in historischen Ordalen.

Das Zweigurteil dürfte nur bei den Friesen vorgekommen sein: Wenn jemand im Zuge einer Massenauseinandersetzung getötet wurde und man den Täter nicht herausfinden konnte, wurden aus Holzstäbchen bestehende Lose auf den Altar der Kirche gelegt, die der Priester oder ein unschuldiger Knabe ziehen musste; nach einem mehrfachen Ausschlussverfahren blieb zuletzt der Schuldige übrig.[120] Anscheinend rein skandinavisch war der Rasengang: Ein langer Rasenstreifen wurde vom Grund gelöst und in der Mitte durch einen Speer unterstützt; unter dieser gebrechlichen „Brücke“ musste der Angeklagte durchgehen, war er schuldig, stürzte sie dabei zusammen.[121] Doch sind Belege für diesen nordischen Brauch, der mit volksmedizinischen Reinigungszeremonien verwandt ist (wie dem ‚Abstreifen‘ einer Krankheit beim Durchklettern eines Felsloches) in anderer Hinsicht häufiger, nämlich bei der Eidesleistung zur Stiftung einer Blutsverbrüderung.[122]

---

116 Liebermann, Ordal.

117 Salzburger Urkundenbuch 1, hg. v. Hauthaler, W., Salzburg 1910, 483, nr. 425a.

118 Schwerin, Gottesurteil.

119 vs. 15400 ff.

120 Lex Frisionum 41, 1, Grimm, Rechtsaltertümer II, 596 f.

121 Müller-Bergström 1043–1045.

122 Lárusson, M., Jardharmen: KLNM 7, 558 f.

Zwar kein als Teil eines Gerichtsverfahrens fungierendes Gottesurteil, aber doch dem Wesen nach dasselbe, war folgender im hochmittelalterlichen Frankreich im kirchlichen Bußverfahren geübter Brauch. Speziell bei der Tötung eines nahen Verwandten wurde der Schuldige in Eisenringe geschmiedet, die aus eben der Waffe herzustellen waren, mit der er seine Untat verübt hatte. Mit diesen am Leib musste er so lange auf Wallfahrt gehen, bis sie aus Materialermüdung zerbrachen – bis Gott die Ringe zerbrechen ließ, wie man es damals sah.[123] Hier offenbarte der Himmel also nicht die Schuld oder Unschuld eines Angeklagten – die war bereits festgestellt –, sondern das Strafausmaß.

III. Wer war zu prüfen? – Zusammenhänge

Da außerhalb der Fachliteratur gelegentlich die gegenteilige Meinung zu lesen ist, sei zunächst einmal darauf verwiesen, dass die Ordalien an sich nichts mit den Körperstrafen zu tun haben, sondern Mittel zur Wahrheitsfindung im Rahmen eines gerichtlichen Verfahrens darstellten, in dem dann aufgrund des Ausgangs des Gottesurteils ein Richtspruch erging. Sie konnten ja auch durch Stellvertreter absolviert werden, eben da es nicht um die persönliche Bestrafung ging, sondern um ein Ritual zur Ermittlung von Schuld und Unschuld. Dass viele Gottesurteile ausgesprochen schmerzhaft waren, ändert nichts daran, genauso wenig wie dass es einen vereinzelten Beleg von 1072 aus Kastilien dafür gibt, dass ein Ordal als *pena*, d. h. Strafe, bezeichnet wurde.[124] Nur falls sie zu Verstümmelungen führten, bei Zweikämpfen auch zum Tod, konnte dies als Zeichen für Schuld mit gleichzeitiger Bestrafung, beides erteilt von Gott, interpretiert werden. Umgekehrt galt das Misslingen einer Hinrichtung (Zerreißen des Strickes, Verfehlen des Schwertstreiches u. ä.) sehr oft als Eingriff Gottes, der damit ein menschliches Fehlurteil korrigierte, weswegen in einem solchen Fall vielfach ein weiterer Versuch untersagt und der Delinquent freigelassen wurde.[125]

[123] Platelle, pratiques.

[124] Meyer, Ursprung 316 f.

[125] Müller-Bergström, Verurteilter, zum Tode 4: HDA 9, Nachträge 1941, 831 ff.

Dagegen sind die Gottesurteile prinzipiell dem Eid – der wichtigsten Beweisinstitution des früh- und hochmittelalterlichen Rechts – eng verwandt, denn auch der Eid basiert auf der Erwartung, die Gottheit würde rächend eingreifen, falls er unrechtmäßig sei. Er ist eigentlich eine Selbstverfluchung, sollte das Beschworene unrichtig sein.[126] Der wesentliche Unterschied besteht darin, dass es unmöglich war zu sagen, wann eine solche Reaktion des Himmels auf einen falschen Eid erfolgen würde – gleich, in einigen Jahren, erst nach dem Tode in der anderen Welt? Bei den Gottesurteilen dagegen „musste" Gott sofort offenbaren, wer im Recht war, da nur einer Sieger im Zweikampf oder bei der Kreuzprobe sein konnte, die Hand sich nach der Feuerprobe entweder entzünden musste oder nicht, der Verdächtige im Wasser entweder unterging oder nicht.

Verwandt sind die Gottesurteile auch den Orakeln insofern, als auch diese vermittels irdischer Medien von einer Gottheit gegeben werden – nur sind Orakel per definitionem immer auf die Zukunft gerichtet, Gottesurteile immer auf die Vergangenheit. Der Zweikampf schwankte bisweilen zwischen Gottesurteil und Orakel, da er nicht nur zur Ermittlung vergangenen Geschehens dienen konnte, sondern auch zur Vorhersage eines künftigen Schlachtenausganges. Ist der von Tacitus in seiner *Germania* c. 10 erwähnte Zweikampf zwischen zwei Kriegern feindlicher Stämme eindeutig ein solches Orakel, so wird die Aufforderung zum Duell, die dem fränkischen Hausmeier Landerich von dem Burgunder Bertoald gemacht wird, 604 ausdrücklich als Gottesurteil bezeichnet: *a Domino judicemur …*[127] Dass die Germanen im Frühmittelalter den Ausgang einer Schlacht selbst auch als Gottesurteil betrachteten, lässt sich an vielen Beispielen zeigen.[128] Am bekanntesten ist vielleicht der von drei frühmittelalterlichen Quellen tradierte Mythos, nach dem die Langobarden die Vandalen durch das Urteil Wodans besiegt hätten, den seine Frau Freyja geschickt dazu bewogen habe.[129] Hier scheint die Kontinuität zwischen heidnischer und christlicher Zeit besonders deutlich, berichtete doch schon Tacitus an der angegebenen Stelle, die Germanen seien überzeugt, dass eine Gottheit den Fechtenden helfe. In ihm den Kriegsgott zu ver-

[126] Vgl. die Lemmata „Eid" im LexMa und LThK.

[127] Fredegar, Chron. 4, 25, MGH SS rer. Mer. 2, 130.

[128] Scheibelreiter 333 ff.; Cram.

[129] Capo, L. ed., Paolo Diacono, Storia dei Longobardi, s.l. 1992, 379 f.

muten, ist naheliegend, und die Bemerkung in zwei voneinander unabhängigen höfischen Epen, der Dienstag (von Ziu, dem Kriegsgott, vgl. lat. *dies Martis*) sei von alters her der Tag der Wahl für solche Duelle,[130] könnte dies widerspiegeln.

Einige sozialgeschichtliche Aspekte seien hervorgehoben, welche die Abhängigkeit der Anwendung dieses Verfahrens von der Stellung der Beteiligten in der Gesellschaft zeigen: Deutlich ist die erfolgreiche Selbstprivilegierung des Klerus, der sich vor weltlichen Gerichten prinzipiell ganz von den Gottesurteilen ausnehmen konnte, zumal die Tonsurierten das *Privilegium fori* davor schützte, überhaupt vor einem anderen als einem kirchlichen Gericht erscheinen zu müssen (wenn das auch nicht immer und überall von den weltlichen Gewalten akzeptiert wurde). Dabei zeigt eine Reihe von Fälschung schon des 9. Jahrhunderts, dass die Geistlichkeit mit allen Mitteln bestrebt war, sich dem Gottesurteil zu entziehen.[131] Wenn diese Prozedur doch einmal in einer kirchlichen Rechtssache zur Anwendung kam, hatte der Klerus dafür schmerzfreie Verfahren eingeführt, etwa das Verspeisen der geweihten Hostie. War ein Priester doch ausnahmsweise einmal zum Ordal gezwungen, so konnte er sich in der Regel vertreten lassen.

Es ist überhaupt des Öfteren zu belegen, dass die Reichen einen Vertreter bezahlten oder die Mächtigen einen Untergebenen zur Vertretung zwangen, um nicht selbst die Probe bestehen zu müssen. Viele Rechtsformeln der Gottesurteile beziehen sich daher gleich auf „diesen Mann oder seinen Stellvertreter: *hunc hominem vel vicarium eius*“[132] (oder ähnlich). Speziell bei Anordnung des Zweikampfes tat sich geradezu die Möglichkeit für einen eigenen „Berufsstand“ auf, die Lohnkämpfer (*campiones*, *athleatae*, *gladiatores* oder *pugiles*[133]). Im Falle ihrer Niederlage wurden sie statt ihres Auftraggebers bestraft; ihr sozialer Status war außerordentlich gering und in vielen Gesetzsammlungen gelten sie als rechtlos.[134] In England kamen auch als Kriminelle verurteile Männer zum Einsatz, die sich zu einer gewissen Zahl von gerichtlichen Zweikämpfen verpflichteten, um begnadigt

---

130 Schultz 164 f.

131 Michel 1146 f.

132 MGH Formulae 657 f.

133 Schaer, A., Die altdeutschen Fechter und Spielleute, Straßburg 1901; Aylward, J., The English Master of Arms, London 1956, 10 ff.

134 Hils.

zu werden.[135] Ziemlich ungewöhnlich ist jedoch, was die (teilweise von Bischof Hinkmar geschriebenen) *Annales Bertiniani* zum Jahre 876 melden: Ludwig der Deutsche ließ damals, als es zum Streit mit seinem Onkel Karl dem Kahlen um die Teilung des karolingischen Reiches kam, vor versammeltem Hof an je zehn Männern das Kaltwasser-, Kessel- und Eisenordal vollziehen, um seine Ansprüche durch diese Gottesurteile zu beweisen.[136] Kollektive Verfahren kamen freilich dann und wann vor, etwa gegen Gruppen von Häretikern (s. S. 75, 78, 97) oder, so unter König Wilhelm II. von England (gest. 1100) gegen 50 angebliche Wilddiebe.[137]

Doch ist die Stellvertretung eine Eigenheit nicht nur des kanonischen und des weltlichen Rechts, sondern der mittelalterlichen Frömmigkeit generell, bei der es auf das *opus operatum*, das Gott Geleistete, ankam. Erst ab dem 12. Jahrhundert legte man mehr und mehr Wert auf die innere Einstellung des Einzelnen, und mit der Verbreitung der zu einer intim-persönlichen Beziehung mit Gott neigenden Mystik trat dieser Leistungsaspekt zurück, ohne deswegen generell obsolet zu werden. Bußen konnten so durch andere abgegolten werden, was nicht nur die frühmittelalterlichen Bußbücher vorsehen, sondern auch z. B. bei strafweise auferlegten Wallfahrten üblich war. Die grundlegende Idee der stellvertretenden Strafableistung, der Glaube, für andere Sünder mitbüßen zu können, wie sie v. a. die Dritten Orden der Franziskaner und Dominikaner beseelte, führte im Spätmittelalter zu enormen freiwilligen Askeseleistungen. Sie stand aber auch hinter den seit dem frühen Mittelalter beliebten Gebetsverbrüderungen oder karitativen Einrichtungen wie Spitälern, denn die dort Aufgenommenen hatten – ein Teil der Hausordnung – für den Stifter zu beten. Schließlich geht jede Klostergründung davon aus, dass die Mönche durch ihre objektive Gebetsleistung die Gründer von ihren Sünden befreien würden.[138]

Zum glühenden Eisen oder kalten Wasser gezwungen wurden offenbar vor allem unterprivilegierte bzw. ausgegrenzte Gruppen, nämlich Häresie- und Magieverdächtige, Fremde, Sklaven und Frauen. Frauen und Unfreie waren zum Eid in der Regel nicht zugelassen, sie bedurften des Schwurs ihres Muntherrn oder mussten

135 Janin 18.

136 MGH SS 1, 501; MGH SS rer. Germ. 5/III, 132.

137 Green, Crisis 107.

138 Dinzelbacher, Handbuch II, 311 f.; ders., Spätmittelalterliche Askesepraktiken als Ausdruck des epochentypischen Dolorismus: Saeculum 69, 2019, 1 ff.

das Ordal auf sich nehmen.[139] Doch stößt man bisweilen schon auf Menschen aus den höheren Schichten, sogar aus königlichen Dynastien, die andere Gottesurteile als das ohnehin vornehme Duell abzulegen hatten: Wenn ein Adeliger, wie etwa 979 der nordthüringische Graf Gero von Alsleben, sich einem Ordal unterziehen musste – und sogar hingerichtet wurde, als er wegen Schwäche den Zweikampf abbrach –, dann stand wohl immer entsprechender politischer Druck dahinter.[140] Oder der feste Glaube an Gottes Gerechtigkeit bei den Probanden selbst: So bestanden in der 1. Hälfte des 11. Jahrhunderts Graf Hugo von Egisheim und seine Gattin die Kaltwasserprobe zum Erweis dessen, dass sie den Zehnt richtig gezahlt hatten.[141] In Norwegen hat man die legitime Geburt des künftigen Königs Haakons IV. noch 1218 durch das Ordal des heißen Eisens festgestellt, dem sich seine Mutter Inga von Varteig in Bergen auf der Reichsversammlung unterziehen musste, wozu der Erzbischof die Initiative ergriffen hatte. Nachdem sie die Probe bestanden hatte, bedrohte der Prälat alle mit der Exkommunikation, die noch Zweifel äußerten.[142]

Wie vieles im alten Recht kannten auch die Gottesurteile eine geschlechtsspezifische Zuordnung der anzuwendenden Form, die freilich regional unterschiedlich war. So verlangte man die Probe der glühenden Pflugscharen anscheinend besonders von Frauen, wie bereits nach dem ältesten Beleg aus Nordthüringen von 802;[143] in Norwegen hatten die Männer das glühende Eisen zu tragen, während der Kesselfang eine Frauenprobe war;[144] beim Zweikampf, zu dem Frauen nur sehr selten zugelassen waren, wurden ihnen besondere Vergünstigungen eingeräumt (der Gegner wurde zur Hälfte eingegraben[145]). Im hochmittelalterlichen England scheinen Frauen geradezu prinzipiell der Eisenprobe unterworfen worden zu sein, Männer dagegen dem Kaltwasserordal.[146]

---

[139] Z. B. Köbler 100.

[140] LexMA 4, 1349 f.

[141] Vita Leonis 1, 2, PL 143, 467 f.

[142] Hákonar saga Hákonsonar, ed. M. Mundt, Oslo 1977; Nedkvitne, A., Lay Belief in Norse Society 1000–1350, Copenhagen 2009, 252 f.

[143] Lex Angliorum 55.

[144] Müller-Bergström 1020.

[145] Meyer, Zweikampf; Glitsch 54 ff.; Schultz 173 f.

[146] Kerr 581 f.

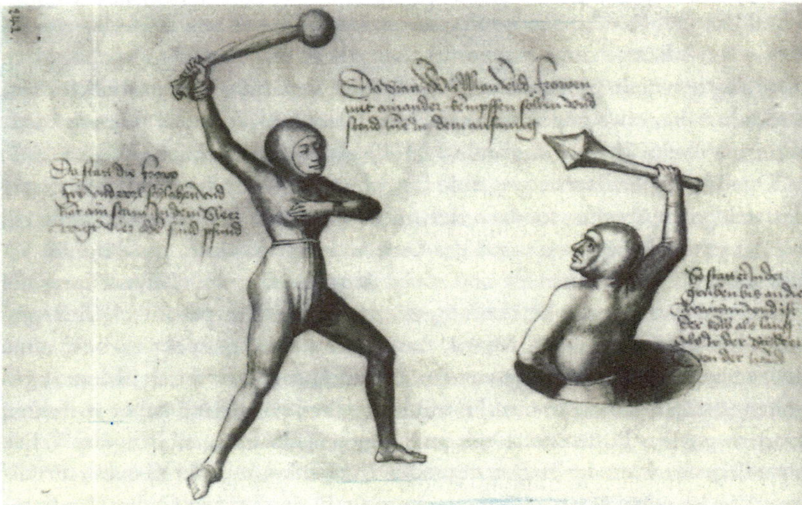

Zweikampf von Mann und Frau: Federzeichung von Hans Thalhoffers Fechtbuch (1467). Cod. icon. 394a, fol. 122v, Bayerische Staatsbibliothek, München

Für Verheiratete konnte schon die bloße Untreuevermutung des Gemahls genügen, dass sie das Eisen tragen oder über die Pflugscharen schreiten mussten[147] (es ist erstaunlich, dass bei dem vorliegenden Material und dem Boom der feministischen Mediävistik noch keine Geschichte der Gottesurteile aus Sicht der „Herstory“ geschrieben wurde).

Nicht selten gab es soziale Abstufungen: In Mainz und Tribur gestatteten die Statuten dem Adeligen den Reinigungseid, wogegen der Unfreie das glühende Eisen tragen musste. Als 1070 der bayerische Herzog Otto von Northeim sich durch einen Zweikampf gegen den Ankläger vom Verdacht eines Mordversuchs am König reinigen sollte, entzog er sich diesem Ordal, da er nicht mit einem Mann handgemein werden wollte, der sozial tief unter ihm stand. Dies gaben wenigstens die ihm gewogenen Fürsten als Grund an, warum er nicht vor dem Königsgericht erschien.[148] In Reims wurde 1119 das Gottesurteil für alle Angeklagten festge-

[147] Bartlett 19 f.

[148] Borchert, S., Herzog Otto von Northeim, Hannover 2005, 86 ff.

legt, die nicht dem Wehrstand angehörten.[149] Die Abendmahlsprobe war generell Geistlichen und weltlichen Großen vorbehalten.

IV. Macht der Elemente? – Entstehung

Ein Problem stellt nach wie vor die Frage dar, wie es in Europa zur Entstehung der Gottesurteile kam. Verschiedene Möglichkeiten sind zu erwägen. Liegt bei ihnen Zwingmagie vor, die unabhängig von einem Hochgottglauben praktiziert wird und nicht für eine bestimme Kultur typisch ist? Haben wir es also mit Vorstellungen zu tun, wie sie etwa bei sogenannten „abergläubischen" Verfahren zum Erkennen eines Diebes vermittels verschiedener Orakel gelegentlich bis heute vorkommen? Wenn dem so ist, wären religiöse Gedanken erst sekundär zu dieser Einrichtung hinzugekommen und hätten die magische Grundlage überformt.[150]

Ist von spezifisch indoeuropäischen oder gemeingermanischen Vorstellungen auszugehen, wie sie sich ebenso im Losbrauch und im Zweikampf zeigten? Für letzteren liegt das Zeugnis des Tacitus vor, nach dem die Germanen bei Auseinandersetzungen zwischen verschiedenen Stämmen erzwungene Einzelkämpfe zwischen zwei Angehörigen jeder Volksgruppe veranstalteten, aus denen sie auf den Ausgang des Krieges schlossen.[151] Derselbe Römer sagt, dass nach ihren Vorstellungen beim Krieg zwischen Völkern wie beim Kampf Einzelner eine Gottheit anwesend sei,[152] was jedoch noch nicht heißt, diese würde wie der Christengott auch als oberster Richter[153] eingreifen. Vielmehr ist daran zu denken, dass Tyr, Wodan, oder wen immer man sich als Schlachtenhelfer wünschte und deshalb mit Opfern verehrte, als Bestärker des jeweiligen Kämpfers anwesend gedacht wurde. Erst mit dem Monotheismus konnte wohl von einem kampfentscheidenden Gott die Rede sein, für dessen Eingreifen die Gerechtigkeit des Anliegens den Ausschlag geben sollte.

---

[149] Michel 1144.

[150] Müller-Bergström 997 ff.

[151] Germania 10.

[152] Ebd. 7.

[153] Grimm, Rechtsaltertümer II, 588.

Dass Kämpfe einen religiösen Aspekt hatten, zeigen – etwa in den Sagas von Kormak und Egil – Schilderungen der heidnischen Riten beim Zweikampf (u. a. Stieropfer);[154] auch wurde der Holmgang in Island schon 1004 als widerchristlich abgeschafft, also als Bestandteil der alten Religion empfunden. Im altnordischen *Thorvalds Tháttr vídhförla* c. 4 (geschrieben um 1200 nach einer lateinischen Quelle?) kommt folgende Episode aus der Bekehrungszeit Islands zur Sprache: Der sächsische Missionsbischof Friedrich nimmt an einer Hochzeitsfeier teil, bei der heidnische und christliche Gäste anwesend sind, in der Halle durch einen Vorhang getrennt. Zwei Brüder, Berserker, die von den alten Göttern überzeugt sind, fordern ihn zu einem Gottesurteil heraus: Wenn er auf seinen Gott vertraue, solle er wie sie durch das große Feuer in der Mitte des Gebäudes laufen. Friedrich legt sein Pontifikalgewand an, besprengt das Feuer mit Weihwasser und segnet es. Dann laufen die beiden Berserker, denen Feuergänge nichts Neues waren, mit bloßen Schwertern heulend ins Feuer, stürzen jedoch und verbrennen. Der Kirchenfürst hingegen durchschreitet nach einem Kreuzzeichen die Glut, ohne dass seine Gewandung auch nur angesengt wird.[155] (Ähnliche zweiseitige Ordale, bei denen sich zeigen sollte, wer den stärkeren Gott habe, werden aus der Bekehrungszeit des Öfteren berichtet[156]). Das in unserem Zusammenhang Beachtliche an diesem Mirakelbericht ist, dass der Wunsch nach einem Ordal – wie in der Geschichte Poppos (s. o. S. 52, 60, 104) – von den Heiden ausgeht und dass es ein Feuerordal ist, wie es auch später von Christen untereinander verwendet wurde, die sich wohl auf *Jesaja* 34, 2 verließen: „Wenn du durchs Feuer gehst, wirst du nicht versengt …".

So im Falle des Petrus Bartholomäus auf dem 1. Kreuzzug 1098. Er hatte angeblich vom hl. Andreas in einer Vision den Ort gezeigt bekommen, an dem die Heilige Lanze, die einst Christi Seite durchbohrt hatte, vergraben lag. Um die Echtheit der Reliquie zu bezeugen, erbot er sich, einen 14 Fuß langen Scheiterhaufen aus brennendem Olivenholz zu durchschreiten. Das überlebte er jedoch nur kurze Zeit. Je nachdem, ob die Quellen von ihm günstigen oder feindlichen Autoren stammen, berichten sie, er habe die Probe bestanden, sei aber vom jubelnden

[154] Grimm, Rechtsaltertümer II, 588 Anm. 2.

[155] Hreinsson, V. (Hg.), The Complete Sagas of the Icelanders V, Reykjavík 1997, 362 f.

[156] Padberg.

Volk danach erdrückt worden, bzw. er habe sich bei diesem Gottesurteil tödliche Brandwunden zugezogen.[157]

Ähnlich spektakulär sollte die Feuerprobe Savonarolas werden, die aber nicht zustande kam (s. S. 73 f.). Bemerkenswerterweise wurde diese Feuerprobe auch in die alttestamentliche Zeit zurückprojiziert: Danach soll der Prophet Moses als Kind einmal mit der Krone des Pharaos gespielt und diese fallen gelassen haben; um zu prüfen, was dies bedeute, soll ihn der Herrscher der Feuerprobe unterzogen haben. Moses bestand sie, führte aber eine glühende Kohle zum Mund, wovon er einen Sprachfehler erlitt. Im Westen scheint diese Legende anscheinend zum ersten Mal in der gereimten volkssprachlichen Bibel-Paraphrase des Hermann von Valenciennes (12. Jahrhundert) vorzukommen, später auch in anderen Texten und in der bildenden Kunst.[158]

Von einer anderen Form des vorchristlichen Ordals berichten u. a. Kaiser Julian in einem Brief an den Philosophen Maximus sowie ein Epigramm in der *Anthologia Graeca*, wobei allerdings unklar bleibt, ob germanische oder (wohl eher) keltische Stämme gemeint waren. Danach wurde die Legitimität eines Kindes dadurch geprüft, dass es der Vater auf einem Schild im Rhein aussetzte. Vom Flussgott erwartete man, dass er die Frucht eines Ehebruchs untergehen lassen würde, wogegen ein eheliches Kind auf den Wellen schwimmen müsse.[159] Ein Text der *Poetischen Edda, Gudhrúnarkvidha thridhja* (Das Dritte Gudrunlied), führt dramatisch die des Ehebruchs beschuldigte Gudrun vor, die sich mit dem Ordal des Kesselfangs reinigt, da keiner ihrer Brüder mehr lebt, der für sie einen Zweikampf ausgefochten hätte. Doch ist der Text erst im 13. Jahrhundert aufgezeichnet und frühestens im 11. Jahrhundert gedichtet worden,[160] so dass die Wahrscheinlichkeit groß erscheint, dass hier bereits der kontinental-christlicher Rechtsbrauch rezipiert wurde.

Gut bezeugt ist schon für die heidnische Zeit das friesische Losorakel,[161] das dann eine Zeitlang auch in einer verchristlichten Variante weiter gebraucht wur-

---

[157] Lea, Superstition 240 f.; Morris, C., Policy and Visions. The case of the Holy Lance at Antioch: Gillingham, J., Holt, J. (ed.), War and Government in the Middle Ages, Woodbridge 1984, 33–46.

[158] BS 9, 634 f.; Spiele, I. ed., Li romans de Dieu et de sa mère, Leiden 1975.

[159] Julian, Ep. 60; Anthologia 9, 125; weitere Stellen Binterim V/3, 62a.

[160] Simek, R., Pálsson, R., Lexikon der altnordischen Literatur, Stuttgart 1987, 125.

[161] Pappenheim 152 ff.; Alvarado Planas 118 f.

de: Zwei Losstäbchen, aus einer Weidenrute geschnitten, wurden in Wolle eingewickelt und auf den Altar oder ein Reliquiar gelegt; eines davon war mit einem Kreuzzeichen versehen worden. Wurde dieses vom Priester oder einem reinen Knaben gezogen, dann galt das als Erweis der Schuldlosigkeit. Wurde das andere gezogen, musste man ein weiteres Losverfahren mit Stäbchen vollführen, die mit den Zeichen der Verdächtigten beschriftet waren. Das letzte vom Altar genommene Los bezeichnete den Täter.[162] Da dieses Verfahren einerseits sehr ähnlich zu dem von Tacitus in der *Germania* c. 10 geschilderten Orakelverfahren ist, bei dem der Priester oder Hausvater den Ritus mit Blick auf die Götter im Himmel vollzog,[163] es andererseits später nicht mehr zur Anwendung kam, dürften sein vorchristlicher Ursprung und seine Aufgabe bei fortschreitender Christianisierung deutlich sein.

Wenn der Langobardenkönig Liutprand 731 sagte, er könne den gerichtlichen Zweikampf ungeachtet seiner persönlichen Zweifel nicht verbieten, da es sich um einen rechtlichen Volksbrauch (*consuetudo gentis nostre*) handle,[164] dann offensichtlich um einen aus der Zeit vor der Christianisierung, ist doch das Waffenordal oft von der Geistlichkeit verworfen worden. Auch ein unter der Regierung Ludwigs d. Frommen geplanter Zweikampf wird als eine alte fränkische Sitte bezeichnet.[165] Manche Formeln sagen, dass der Proband ausdrücklich schwören müsse, er glaube „mehr an den allmächtigen Gott … als an den Teufel und seine magischen Künste".[166] Es ist unumstritten, dass nach der Christianisierung jeder heidnische Gott als Teufel galt, weswegen hier möglicherweise zu verstehen ist: Der Christengott wird jetzt die Wahrheit kundtun, und nicht, wie vormals, der (bzw. ein) Heidengott.

Es bleibt die Frage, ob es kirchliche Vorgaben waren, die den Grund zu dieser Rechtsform gaben. Dies wäre eine Möglichkeit, falls die Gottesurteile wie manch-

---

162 Lex Frisionum 14, 1, vgl. LexMA 5, 2121.

163 Alvarado Planas 139.

164 Edictum Liutprandi 118 (65), MGH LL 4, 156.

165 Aimoin von Fleury, Historia Francorum 4, 13, zit. Mejer 170; vgl. Thegan, Vita Hludovici 38.

166 „*magis credo in deum … quam in diabolum et eius magicas artes credam*": Franz II, 352, Anm. 3.

mal die Folter als Form der Dämonenaustreibung verstanden worden wären. Das ist jedoch an den Texten nicht nachzuweisen. Speziell der Zweikampf kann unmöglich so interpretiert werden. Das heißt jedoch nicht, dass nicht einige wenige späte Formen der Gottesurteile, namentlich die Probe mit dem Psalter, mit der Eucharistie sowie das Kreuzurteil, rein christliche Verfahren gewesen wären, eigenständige priesterliche Analogiebildungen zu den bereits existierenden Prozeduren.[167]

Auffallenderweise wurde die alttestamentliche Fluchwasserprobe im Mittelalter nie angewandt,[168] was prinzipiell gegen einen kirchlichen Ursprung der Ordalien spricht. Gott hatte dem Moses ja befohlen, durch die Priester folgendes Eifersuchtsordal anwenden zu lassen, wenn ein Mann seine Frau des Ehebruchs verdächtigte: Sie musste bitteres, verfluchtes (d. h. wohl: vergiftetes[169]) Wasser trinken, das ihren Bauch aufschwellen, ihre Hüften einfallen und sie unfruchtbar werden lassen sollte, falls sie schuldig war (*Numeri* 5, 11–31).[170] Im apokryphen *Protoevangelium des Jakob* (2. Hälfte 2. Jahrhundert) müssen Joseph und Maria davon trinken, weil sie vor der Hochzeit schwanger wurde, eine Probe, die beide natürlich bestehen.[171] Allerdings scheint diese Vorschrift im mittelalterlichen Judentum fast nicht mehr zur Anwendung gekommen zu sein.[172] Es ist unklar, ob einer Erwähnung dieses Bitterwasserordals als jüdischer Aberglaube in einem spätmittelalterlichen spanischen Lepratraktat[173] sich auf jene Epoche bezieht oder auf das *Alte Testament.*

Weiter findet sich beim Propheten Jesaias eine Stelle (43, 2), die wie eine Aufforderung für ein Ordal wirkt, wiewohl sie in einem ganz anderen Zusammenhang steht und von den Juden eben nicht in eine rituelle Praxis umgesetzt wurde. Aus der *Vulgata* übersetzt, lautet sie: „Wenn du durch die Wasser gehst, werde ich bei dir sein, und die Fluten werden dich nicht bedecken. Wenn du im Feu-

---

167 Köstler, pass.

168 Pappenheim 167.

169 Nach späteren jüdischen Quellen scheinen die Beimengungen allerdings nicht toxisch gewesen zu sein: ERE 9, 521b.

170 Lit.: LThK 4, 1995, 942.

171 Protoevangelium 16; ähnlich Pseudo-Matthäus 12, vgl. Alvarado Planas 115 f.

172 ERE 9, 521b.

173 Garrosa Resina, A., Magia y superstición en la literatura castellana medieval, Valladolid 1987, 342.

er gehst, wirst du nicht verzehrt werden, und die Flamme wird nicht gegen dich brennen …" Auch andere an Ordale gemahnende Passagen der *Bibel* scheinen in der mittelalterlichen Rechtspraxis keine unmittelbare Rolle als Vorbilder gespielt zu haben, so die Otter, die Paulus beißt, ohne ihm zu schaden (Apg 28, 3 ff.). Abgesehen von der genannten *Numeri*-Stelle und einigen allgemeineren Passagen, konnte man den Zweikampf immerhin mit der Geschichte von David und Goliath (1Reg 17) verteidigen, das Durchschreiten des Feuers mit der von den drei „feuerfesten" Jünglingen in Nebukadnezars Glutofen (Dan 3) und dem Herabrufen des Feuers durch Elias, wodurch sich Jahwe gegenüber Baal als der wahre Gott erwiesen hatte (3Reg 18, 16 ff.). Die Kaltwasserprobe mochte mit dem Durchschreiten des Jordans durch Elias verglichen werden (4Reg 2, 8 und 14) und dem Wandeln Christi auf dem See Genezareth (Mt 14, 25 ff.). Die Berufung des Matthias durch das Los (Actus 1, 26) wurde ebenso als göttlicher Wahrspruch verstanden. Doch wird m.W. bei keiner Formel für die mittelalterlichen Gottesurteile und von keinem Theologen der Zeit gesagt, diese seien nach dem Vorbild einer der genannten Stellen eingerichtet worden, was wiederum gegen ein biblisches Vorbild spricht.

Sollten etwa antik-römische Traditionen die Basis für solche Verfahren gebildet haben? Dabei darf man verständlicherweise nur nach den Ordalien im präzisen Sinne fragen, nicht nach verwandten Erscheinungen wie dem Eid oder dem Orakel, die bekanntlich beide in der Antike von großer Bedeutung waren. Schließlich gaben Griechen und Italiker viel auf Auspizien, Orakel, Vorzeichen, göttliche Traumerscheinungen und dergleichen mehr. Immer wieder als Beispiel für die Existenz eines Gottesurteils zitiert wird die völlig isolierte Stelle in Sophokles' *Antigone* vs. 264 ff.: Die Wache, die sich wegen des Verschwindens der Leiche des Polyneikes zu verantworten hat, ist bereit, „mit den Händen rotglühendes Eisen zu tragen und durch das Feuer zu gehen". Doch scheint dies eine ganz vereinzelte Stelle zu sein.

Jakob Grimm bereits verwies auf die *Naturgeschichte* des Plinius (7, 2), der überliefert, Zauberer könnten nicht untergehen, selbst wenn ihre Kleidung beschwert würde.[174] Dies mag auf eine Art Wasserordal hindeuten, wie es v. a. nach dem Mittelalter gegen Hexen angewandt wurde (s. S. 96). Weitere Anspielung auf entsprechende Wahrheitsproben sind nicht unbekannt, aber sehr selten. Nach Hesiod

174 Mythologie II, 899 Anm. 2.

sollen die Götter untereinander ein Trankordal aus dem Wasser des Styx gebraut haben; der Ausgang dieser oder jener Schlacht wurde von den Griechen und Römern als von den Göttern beeinflusst gesehen.[175] In dem hellenistischen Liebesroman *Leukippe und Kleitophon* des Achilleos Tatios aus dem Ende des 2. Jahrhunderts n. Chr. kommt eine Keuschheitsprobe vor, bei der die Probandin mit einem umgehängten Täfelchen, auf dem ihr Schwur steht, in das Wasser des Styx bei Ephesos steigen muss. Er müsste auf der Artemis' Geheiß einer Lügnerin bis zum Hals steigen – sie vermag sich jedoch durch einen formal richtigen, sachlich aber falschen Eid zu retten,[176] wie Isolde im mittelalterlichen Tristanroman (s. S. 99 ff.). Es ist jedoch ganz eindeutig, dass es sich hier um isolierte Einzelphänomene handelt. Vor allem kommt dergleichen nicht im juridischen Kontext vor, es sind vielmehr Sagenerzählungen, wie auch die von den römischen Frauen Tuccia, Aemilia und Claudia, deren Bitten um göttliches Eingreifen in schwieriger Situation, aber nicht während eines Prozesses – erhört wurden.[177]

Das antike Recht historischer Zeit kannte dagegen schlichtweg keine Ordalien.[178] Auch die Tatsache, dass die schon im sehr früh, nämlich ab dem letzten Drittel des 5. Jahrhunderts, aufgezeichneten Gesetze der Westgoten, die damals im heutigen Spanien und Südfrankreich neue Wohnsitze gefunden hatten, erst im 8. Jahrhundert von Ordalien wissen, spricht für sich, denn in ihrem Reich übernahm man das vulgärrömische Recht einlässlicher als bei den sonstigen germanischen Völkerschaften.[179]

Der Scholiast Helenius Acron sagt allerdings zu Horaz, *Epistulae* 1, 1, 10: „Wenn man Sklaven eines Diebstahls verdächtigt, werden sie zum Priester gebracht, der jedem eine Brotkruste gibt, die mit einem Spruch verzaubert wurde (*carmine infectum*). Diese bezeichnet klar, wer der Dieb ist, wenn sie stecken bleibt." Doch herrscht Einigkeit darüber, dass die unter Acrons Namen laufenden Kommentare nicht dem Grammatiker des späten 2. Jahrhunderts zuzuschreiben sind, sondern

---

175 Grimm, Rechtsaltertümer II, 601.

176 Buch 8, Leucippe and Clitophon, ed. Vilborg, E., Göteborg 1955/62.

177 Lévy 410 ff.

178 ERE 9, 521, 528 ff.; vgl. Funkhänel, K., Gottesurtheil bei den Griechen und Römern: Philologus 2, 1847, 385–402; Glotz, G., L'ordalie dans la Grèce primitive, Diss. Paris 1904; Düll, R., Zur Frage des Gottesurteils im vorgeschichtlichen römischen Zivilrecht: ZRG RA 58, 1938, 17 ff.; Lévy.

179 Alvarado Planas 122.

in spätere Zeit gehören, frühestens ins 4./5., wahrscheinlich ins 7. Jahrhundert. Die Handschrift datiert überhaupt erst ins 11. Jahrhundert.[180] Damit beziehen sie sich offensichtlich auf die Gegebenheiten dieser Epoche, in der das Imperium schon eine zahlreiche germanische Bevölkerung aufgenommen hatte bzw. von dieser regiert wurde, und nicht auf die augustäische, in der Horaz lebte, oder die kaiserzeitliche des Kommentators.

Vermutungen, diese Prozeduren stammten aus gemeinsamen indoeuropäischen Vorstellungen oder seien aus dem Orient übertragen,[181] dürfen als eher unwahrscheinlich beurteilt werden. Es stimmt zwar, dass sich in der offiziellen Rechtspflege sonst anscheinend nur in Indien und in Afrika Gottesurteile finden; die Hypothese krankt jedoch daran, dass es bei den anderen Völkern der indoeuropäischen Sprachfamilie, wenn überhaupt, nur die schwächsten Anklänge an ein solches Verfahren gibt. Für eine Übertragung aus dem Osten fehlt jeder Hinweis in den Quellen.

Nach dem Gesagten bleibt der Schluss, dass die ältesten Ordalien, wie sie in den frühmittelalterlichen Volksrechten der germanischen Reiche genannt sind, weder aus dem Kirchenrecht noch aus dem römischen Recht kommen können, da sie dort nicht existierten. Sie sind also offenbar Elemente, die, wenigstens bei den meisten europäischen Völkern, aus dem germanischen Rechtsdenken kommen. Die volkssprachlichen Namen dafür, die aus dem Altenglischen bekannt sind, stammen offenbar keineswegs aus christlichem bzw. kirchlichem[182] Gebrauch. Da keine eindeutigen Quellen über ihre etwaige vorchristliche Existenz vorliegen und sie im Norden nicht ursprünglich gewesen zu sein scheinen, könnte man sie als Schöpfung u. a. der Burgunder und Franken erst nach ihrer Christianisierung ansehen. Da aber die ältesten bezeugten Formen im Zweikampf und in Elementordalien bestehen und kirchliche Varianten wie die Kreuz- und Abendmahlsprobe erst später auftauchen, ist es wahrscheinlicher, dass die Geistlichkeit nur an einer bereits bestehenden Rechtsform mitzuwirken bereit war und sie erst später selbst weiterentwickelte, als dass sie sie erfunden hätte. Auf welcher Grundlage hätte sie das denn tun können? Keine der frühen Quellen nennt eine Bibelstelle als Basis,

---

180 Köstler 227; Lévy 422 Anm.; vgl. schon Patetta 140 f.

181 Müller-Bergström 1001 f.

182 ERE 9, 531a, 532a.

alle betreffen weltliche Streitfälle, die Vielzahl der Verfahren steht im Gegensatz zur generell überregionalen Tendenz des Kirchenrechtes. Besonders schwerwiegend erscheint, dass ein in der *Bibel* ganz ausführlich beschriebenes Gottesurteil, die genannte Fluchwasserprobe, überhaupt nicht angewandt wurde. Auch fällt auf, dass im angelsächsischen England Gottesurteile nicht an Sonn- und Feiertagen angesetzt werden durften[183] – doch wohl, weil man sie als Rest eines vorchristlichen Usus empfand. Die wahrscheinlichste Annahme ist also nach unserem heutigen Kenntnisstand die, dass Zweikampf, Kesselfang, Kaltwasserprobe etc. bereits von den heidnischen Germanen der Völkerwanderungszeit als Entscheidungsmittel in Streitfällen herangezogen worden waren.

Der Beginn dieser Verfahren könnte darin liegen, dass das Ordal zunächst nicht Beweismittel war, sondern ein Orakel, das den Willen der Götter erkunden sollte, „ob ihnen der bereits überführte Verbrecher oder der gefangene Feind als Opfer genehm sei."[184] Ob der wegen seines Verbrechens aus der Gemeinschaft Ausgestoßene in der Wildnis zu Grunde geht, bleibt den Göttern oder dem Schicksal überlassen. Die für die Kaltwasserprobe verwendeten Teiche bei den Kirchen könnten auf jene Teiche zurückgehen, die neben den Tempeln ausgehoben waren, um darin die Oper zu ertränken. Im Scholion 134 zur *Hamburger Kirchengeschichte* 4, 26 des vor 1080 schreibenden Adam von Bremen heißt es über den Tempel von Uppsala: „Dort gibt es auch einen Quell, wo üblicherweise heidnische Opferungen dargebracht werden. Ein lebender Mensch wird dabei untergetaucht. Wenn er nicht wieder auftaucht, wird die Bitte des Volkes erfüllt."[185] Das Untersinken des Geopferten galt also als Voraussage über die Zustimmung der Götter, galt als Gottesurteil. Genau im Gegensatz zum kirchlichen Wasserordal wurde es als positiv gewertet, wenn der Geweihte unterging. Es lässt sich nicht entscheiden, ob in diesem Bericht des 11. Jahrhunderts eine rein autochthone Praxis vorliegt, die auf den germanischen Ursprung der Gottesurteile schließen lässt, oder eine modifizierte Übernahme der kirchlichen Ordalien durch die damals noch heidnischen Schweden.

183 Schwab 513.

184 Golther, W., Handbuch der germanischen Mythologie, Leipzig 1895, 548.

185 *Ibi etiam est fons, ubi sacrificia paganorum solent exerceri et homo vivus immergi. Qui dum non invenitur, ratum erit votum populi.*: AQ 11, 470.

Bei den Völkern keltischer Herkunft kann analog ein vorchristlicher Ursprung angenommen werden. Sulpicius Severus berichtet in einer spannenden Passage der Vita des hl. Martin (um 400), wie dieser sich einem Gottesurteil unterziehen musste, als er einen (anscheinend einer Muttergottheit) heiligen Baum fällen wollte: Er wurde von den Landleuten gefesselt und dort aufgestellt, wohin der Stamm voraussichtlich fallen würde. Dass er ihn verfehlte, wurde als Entscheidung angesehen, dass der Christ die stärkere Gottheit verkünde. Dieser Sieg hatte wie gewöhnlich zahlreiche Konversionen zur Folge.[186] Sein Nachfolger Briccius (gest. 444), bezichtigt, Vater eines unehelichen Kindes zu sein, bewies seine Unschuld vor den Gläubigen von Tours dadurch, dass er glühende Kohlen in seinem Ornat trug, ohne dass dieser anbrannte[187] – eindeutig kein kanonischer Beweis. Ein mittelalterlicher Mönch, der über das Ordal der rotglühenden Krummaxt schrieb, die eine beschuldigte Frau abzulecken hatte (eine auch in Indien häufige Art des Gottesurteils), nannte dies das „druidische Ordal"; auch das altertümliche Metall, nämlich Bronze, spricht für eine vorchristliche Herkunft.[188]

Das Ordal, wie es uns in den mittelalterlichen Quellen entgegentritt, hat etwas von einem ganz mechanisch wirkenden Gotteszwang. Die rituell richtig durchgeführte Zeremonie verpflichtet den wahrhaften Gott, den Körper des wirklich Schuldigen zu zeichnen. Dass im christlichen Monotheismus nur der eine Gott als Herr über den Ablauf dieser Proben infrage kam, ist evident. Wie war es aber vordem? Im frühen Germanischen gab es, nach allem, was wir wissen, keine Gottheit, die speziell für die Wahrheitsfindung zuständig gewesen wäre; Eide konnte man bei jedem Gott schwören bzw. bei der Gesamtheit der Asen. In einer der wenigen erhaltenen heidnischen Formeln werden Freyja, Njörd und „der allmächtige Ase" angerufen. Spät und isoliert ist die Nachricht, der Gott Ullr helfe besonders bei Zweikämpfen.[189] Doch wird vielfach angenommen, dass es sich dabei schon um eine jüngere Entwicklungsstufe handelte, während ursprünglich die Worte selbst, die Elemente oder Objekte (wie das Schwert, bei dem man schwur) durch die ihnen innewohnende Kraft den Meineidigen töteten. So hieß etwa der Bissen von Brot oder Käse, den man

186 Vita Martini 13, ed. Bastiaensen, A., Smit, W., s. l. [Milano] 1975, 32 ff.

187 Gregor von Tours, Historia Francorum 2, 1.

188 ERE 9, 515a.

189 KLNM 3, 517 f.; 19, 280.

bei der Schluckprobe zu sich zu nehmen hatte, im Angelsächsischen *corsnaed*, d. h. wörtlich Kürschnitte, also ein Stück Lebensmittel, dass zwischen schuldig oder unschuldig wählt (d. h. küren).[190] Das Ordal wäre dann ursprünglich ein „Zwingzauber auf die Elemente“ oder eine Befragung derselben gewesen.[191] Man befand sich noch im „Stadium der Kräfte … in dem sich der Mensch alle Dinge, auch Abstracta, im Besitze bestimmter Kräfte vorstellt.“[192] Eine Parallele wären die sogenannten „Sachbeschwörungen“ der katholischen Rituale, bei denen sich der Priester direkt an die zu segnenden Objekte wie an lebende Geschöpfe wandte, also an die *creaturam salis* (Salz), *creaturam raphani* (Rettich), *creaturam cere* (Wachs), *creaturas fructuum* (Früchte), sogar *creaturam casei* (Käse) und *creaturas fontis, mellis et lactis* (Quelle, Honig, Milch) usw.[193] So wird auch beim Kesselfang die „Kreatur des Wassers“[194] beschworen usf. Vielleicht sollte man aber treffender davon sprechen, dass, wer im Ordal siegte, damit eine magische Macht über die Elemente bewies oder eine Verbindung mit der sakralen Sphäre bzw. einer helfenden Gottheit.[195]

Menschlichem Ingenium zugeschrieben wurde diese Art der Wahrheitsfindung nur selten. Im späten Mittelalter berichtet eine der über Vergil erzählten Legenden, in denen der Dichter als Zauberer auftritt, davon, dass er eine automatische Vorrichtung zu diesem Zweck erfunden habe. Es handelt sich um die berühmte *bocca della verità* in Rom, den „Mund der Wahrheit“ an der Kirche Santa Maria in Cosmedin. Dies ist eine steinerne Bauplastik wohl von einem spätantiken Brunnen, der Kopf einer männlichen Gottheit mit offenem Mund. Wenn jemand die Hand hineinsteckt und eine Lüge ausspricht, heißt es noch heute, dann beißt das Unwesen zu. In der mittelalterlichen Überlieferung war die *bocca* speziell zur Wahrheitsfindung gegen untreue Ehefrauen gedacht; als eine den gleichen Trick anwandte wie einst Isolde (s. S. 99 ff.), verlor „das Maul“ seine Kraft, und selbst Vergil musste zugeben, den Frauenlisten nicht gewachsen zu sein.[196] Cranach hat 1534

---

190 Keefer 241, 245.

191 Gröchenig 24 f.; Mayer, Ursprung 316.

192 Trebitsch 171.

193 Franz I, 229, 392, 404, 452, 592, 598.

194 Binterim V/3, 112, 119, 130.

195 Vgl. Alvarado Planas 107.

196 Comparetti, D., Vergil in the Middle Ages, ND Princeton 1997, 337 ff.

eine löwenförmige *bocca* gemalt,[197] und der zu Unrecht wenig gelesenen Klabund in seinem *Bracke – ein Eulenspiegelroman* (1918) dieses Motiv witzig mit der List der Isolde verknüpft.[198]

V. Ohne Zweifel an die Ordalien glauben – Weltliche Gesetzgebung

Die Quellenstellen, die seit der Mitte des ersten Jahrtausends von diesem Rechtsinstitut handeln, sind viel zu zahlreich, um hier vollständig berücksichtigt zu werden. Es wurde zunächst in Texten der weltlichen Gesetzgebung aufgezeichnet. Selbstverständlich ist in einer noch stark von oraler Kommunikation geprägten Gesellschaft mit zahlreichen örtlichen Varianten zu rechnen. Nur einige Beispiele seien zur Skizzierung der Entwicklung herangezogen. Schon um 500 wird der Zweikampf als *iudicium dei* bezeichnet, und zwar in der *Lex Gundobaldi*,[199] dem von dem 516 verstorbenen Burgunderkönig erlassenen Gesetzbuch. Die Anwendung der Heißwasserprobe ist zuerst in der ältesten Fassung der *Lex Salica* (um 510),[200] einer der fränkischen Gesetzessammlungen, bezeugt. In den Volksrechten der anderen Stämme kommen Gottesurteile zwar nicht überall gleichzeitig oder überall in denselben Formen vor, man kann aber sagen, dass ihr Gebrauch im ganzen Rechtsleben Europas jedenfalls bis ins 13. Jahrhundert etwas Wohlbekanntes darstellte. Schließlich waren Ordalien in allen frühmittelalterlichen Leges vorgeschrieben, womit sie ganz deutlich ein typisches Element in der Mentalität dieser Zeit bildeten. Wie in der Beichte die Seele die Wahrheit offenbarte, offenbarte der Körper die Wahrheit durch das Ordal. Die einzelnen Stämme verlangten allerdings verschiedene Formen des Gottesurteils: die *Lex Salica* Kesselprobe, Zweikampf und Losordal, die *Lex Ribuaria* Kesselfang, Los und Schwertkampf, die *Lex Alamannorum* und *Lex Bajuvariorum* Zweikampf, ebenso die *Lex Thuringorum* und *Lex Frisionum*, erstere auch den Gang über die glühenden

197 Schild, Gottesurteil 56.

198 Kirschbaum, S. (Hg.), Klabund, Sämtliche Werke, Kettwig 1999, 288 f.

199 MGH LL 3, 537.

200 Pactus legis salicae 14, 2; 56, 2, MGH Leges nat. ger. 4/1, 64 f.; 211 (*ad inium ambulare*, „d. h. zum Kessel gehen“).

Pflugscharen, letztere noch den Kesselfang und das Los, die *Lex Francorum Chamavorum* das Feuerordal, das *Edictum Liutprandi* der Langobarden den Zweikampf, die *Lex Visigothorum vulgata* den Kesselfang, die *Lex Burgundionum* den Zweikampf.[201]

In zahlreichen anderen normativen Quellen des frühen, hohen und bisweilen sogar noch des späten Mittelalters und der Frühneuzeit sind ebenfalls Gottesurteile vorgesehen. Einzelne Herrscher haben sie auch *expressis verbis* angeordnet. Wie anscheinend schon sein Vater Pippin,[202] hat sich ganz besonders eklatant Karl der Große für diese Institution eingesetzt: In Aachen bestimmte er 809 gesetzlich, dass alle seine Untertanen „ohne Zweifel an die Ordalien glauben müssten" (*Ut omnes iuditium dei credant absque dubitatione.*)[203] Sein Sohn Ludwig der Fromme bestimmte 816 bei gerichtlichen Auseinandersetzungen, bei denen jede Partei Eideshelfer brachte, die das Gegenteil beschworen:

> „Von ihnen sollen zwei ausgewählt werden, d. h. aus jeder Partei einer, die mit Schilden und Knüppeln am Kampffeld ausfechten sollen, welche Partei der Unwahrheit und welche der Wahrheit folgt. Und dem Kämpen, der besiegt wird, soll die rechte Hand abgeschnitten werden wegen des Meineids, den er vor dem Kampf beging. Die übrigen Zeugen derselben Partei, die sich als falsch erwiesen haben, sollen ihre Hände erkaufen."[204]

Im 9. Jahrhundert versiegt die Kapitulariengesetzgebung, durch die die Karolinger geherrscht hatten. Doch auch später haben mittelalterliche Fürsten Ordalien anbefohlen, jedoch eher in punktueller Form, etwa innerhalb der Gewährung bestimmter Privilegien. So verbot Kaiser Heinrich V. 1107, dass jemand, der die

201 Nottarp 50 ff.

202 MGH Leges 1, 43: *Judex unusquisque per civitatem faciat iurare ad Dei iudicia homines credentes …* Es ist nicht ganz eindeutig, dass hier wirklich die Ordalien gemeint sind, vgl. Brunner, H., Abhandlungen zur Rechtsgeschichte, Weimar 1931, 505 ff.

203 Cap. 62, MGH Cap 1, 150; Dinzelbacher, Handbuch I, 219 f.

204 „*eligantur duo ex ipsis, id est ex utraque parte unus, qui cum scutis et fustibus in campo decertent, utra pars falsitatem, utra veritatem sequatur. Et camphioni qui convictus fuerit propter periurium, quod ante pugnam commisit, dextera manus amputetur; caeteri vero eiusdem partis testes, qui falsi apparuerunt, manus suas redimant*": Cap. 134, MGH Cap 1, 268. Vgl. Nottarp 40.

Immunität der Lütticher Kirche missachte, sich mit einem Eid reinige, sondern er musste dies durch das Gottesurteil tun.[205] Friedrich Barbarossa ordnete in der Friedensgesetzgebung für sein Heer auf dem Italienzug von 1158 an, dass bei Körperverletzung Eid oder Zweikampf anzuwenden seien und ein des Diebstahls beschuldigter Knecht sich durch die Probe des glühenden Eisens reinigen solle, wenn sein Herr für ihn keinen Eid zu leisten bereit war.[206]

Auch hochmittelalterliche Gesetze schreiben die Proben immer wieder vor. So heißt es z. B. in den *Leges Edwardi Confessoris*, die im 2. Viertel des 12. Jahrhunderts in England aufgezeichnet und v. a. von geistlichen und städtischen Beamten in weltlichen Rechtsfragen viel verwendet wurden:

> „An dem Tag, an dem ein Ordal stattfinden soll, müssen der Beamte des Bischofs mit seinen Klerikern und die königliche Gerichtsbarkeit mit den Rechtssprechern der Provinz anwesend sein, damit sie sehen und hören, dass alles richtig vor sich geht. Und jene, die der Herr durch sein Erbarmen und ihre Gerechtigkeit retten wird, seien ledig und dürfen frei weggehen. Jene, die ihre Schlechtigkeit und ihr Unrecht verdammen wird, über die soll die königliche Gerichtsbarkeit das Urteil vollziehen lassen … Was jene Barone betrifft, die kein Recht haben, Gottesurteile durchführen zu lassen, so muss die Entscheidung bei der nächsten Kirche erfolgen, wo es ein königliches Ordal gibt …“[207]

Auch der erste Verfasser einer Kompilation weltlichen Rechts in England, Ranulph de Glanville (gest. 1190), sagte ausdrücklich und wohl in Kritik an der Häufigkeit der Gottesurteile in den angelsächsischen Gesetzen, zunächst solle die Wahrheit durch Zeugenvernehmungen erforscht werden; brächten die keine Entlastung, dann erst solle man dem Angeklagten die Möglichkeit einer Reinigung vom Verdacht durch das Gottesurteil geben.[208] Ein Beispiel für die Aufnahme von Gottesurteilen in die Stadtrechte bietet etwa das der Stadt Wien 1221 von Herzog

[205] Bartlett, Trial 96.

[206] Otto von Freising und Rahewin, Gesta Frederici 3, 31, AQ 17, 456, 458.

[207] O'Brien, B. R. ed., God's Peace and King's Peace. The Laws of Edward the Confessor, Philadelphia 1999, 166.

[208] Liebermann, Gesetze 601–604 – Colman 591 Anm. 58.

Leopold VII. verliehene. Dort heißt es: Wenn jemand einen anderen aus Notwehr getötet hat, „so soll er diese Notwehr mit dem glühenden Eisen beweisen. Wenn er es so beweisen kann, sei er frei vom Ankläger und vom Richter."[209]

Dafür, dass diese Vorschriften nicht nur in den Gesetzen standen, sondern auch tatsächlich angewandt wurden, gibt es ebenso viele Belege. So in Urkunden, also Dokumenten, die einen Rechtsvorgang bestätigen. „1214 berichtet eine von 43 Zeugen unterschriebene Urkunde des Bischofs Friedrich von Halberstadt über eine glücklich bestandene Eisenprobe".[210] Gelegentlich wurde der Name eines habituell für Gottesurteile benutzten Ortes auch eben von diesen hergeleitet, so hieß das Feld, auf dem Graf Fulk Nerra (gest. 1040) die Abtei Beaulieu bei Loches gründete, ursprünglich *Belli Locus*, Streitplatz, anscheinend im Sinne von Platz der gerichtlichen Zweikämpfe.[211]

Auch die narrativen Quellen der Zeit nahmen immer wieder von diesen Proben Notiz. Sogar in einem arabischen Bericht des 10. Jahrhunderts findet sich der Zweikampf, die Wasserprobe und die Probe des glühenden Eisens genau als Seltsamkeit der Christen beschrieben.[212] Die *Marbacher Annalen* etwa berichten aus Straßburg zum Jahre 1215, dass dort mehr als 80 Häretiker beiderlei Geschlechts festgenommen und mittels des glühenden Eisens geprüft wurden, „und nur wenige von ihnen erwiesen sich als unschuldig, alle übrigen wurden bei der Kirche überführt und durch die Verbrennung ihrer Hände verurteilt, und im Brand gingen sie zugrunde."[213]

Der berühmteste historische Fall – allerdings ein nicht zustande gekommenes Ordal – ist mit dem Namen Savonarola verbunden. Die Geschichte dieses Reformers aus dem Dominikanerorden ist bekannt genug; er errichtete gegen die Medici ein wenn auch kurzlebiges „Gottesreich" in Florenz. Seine Kritik an dem höchst profanen Papst Alexander VI. Borgia, in dem er den Antichrist zu erkennen glaubte, sollte ihm den Untergang bringen. Im Zuge der Auseinander-

---

209 Gaupp, E. Th. (Hg.), Deutsche Stadtrechte des Mittelalters II, Breslau 1852, 239.

210 Müller Bergström 1019.

211 Bachrach, B., Warfare and Military Organization in Pre-Crusade Europe, Aldershot 2002, IX, 66 f.

212 Jacob, G., Ein arabischer Berichterstatter aus dem 10. Jahrhundert …, Berlin 3. Aufl. 1898, 39–44.

213 MGH SS 17, 174; vgl. Chroniken der dt. Städte 9, 649.

setzungen um seine Person in Florenz forderte ihn ein franziskanischer Prediger auf, den Streit durch ein Feuerordal zu klären. Es gab jedoch zwischen den Angehörigen der beiden Bettelorden so viele Unstimmigkeiten über die Einzelheiten des Verfahrens, etwa darüber, ob der Proband eine Hostie mitnehmen dürfe, dass beide Teile am Abend des anberaumten Termins (7. April 1498) zur großen Enttäuschung der Volksmenge davon Abstand nahmen, den Gang durch die Gasse des mit Öl getränkten Scheiterhaufens zu wagen, wozu sie auch ein plötzlich einsetzender Platzregen bewogen haben dürfte.[214] Auch die von einigen vorgeschlagene Alternative, welcher Mendikant den Arno trockenen Fußes durchqueren könne, ergriff man nicht. Vornehmlich bemerkenswert an dem ganzen Vorgang scheint mir freilich zu sein, dass niemand, weder die Dominikaner und Savonarola, noch seine franziskanischen Gegner, noch die städtischen Autoritäten sich darum kümmerten, dass eine Feuerprobe zwischen Geistlichen dem Gebot des IV. Laterankonzils von 1215 widersprach. So viel man über die Kleidung und das Kruzifix Savonarolas sprach und meinte, er könne beides möglicherweise verhext haben, so wenig kam das kirchenrechtliche Hindernis zu Diskussion – und wurde auch von Alexander VI. nicht eingesetzt. Am nächsten Tag wurde vielmehr Savonarolas Kloster S. Marco gestürmt, der Prophet in den Kerker geworfen und so gefoltert, dass er ein Geständnis ablegte, das zu seiner Hinrichtung ausreichte.

Über welche Fragen sollte Gott im Ordal Auskunft geben? Wenn nach einer Quelle des 11. Jahrhunderts als Ergebnis einer Wasserprobe von den anwesenden Priestern für Laien das Verbot ausgesprochen wurde, sich die Bärte zu scheren,[215] so war das eine nicht zu verallgemeinernde Ausnahme. Üblicherweise angewandt wurden die Ordalien nämlich vielmehr vor allem in ernsten Fällen, in denen eine Eidesleistung nicht möglich oder gewollt war. Dabei scheint man nur im England des 10. Jahrhunderts nach der Schwere der Anklage differenziert zu haben, denn dort musste man je nachdem die Hand bis zum Gelenk oder bis zum Ellbogen in das siedende Wasser stecken bzw. ein ein- oder dreipfündiges glühendes Eisen tragen.[216] Das Spektrum reichte von Diebstählen, die nicht eidfähigen Personen wie Unfreien zur Last gelegt wurden, bis zu grundlegenden religiösen Fragen. Besonders Ketzer glaubte

---

[214] Schnitzer; Cordero, F., Savonarola agonista perdente 1497–1498, Roma 1988, 379 ff.

[215] Riezler, S., Geschichte Baierns I/2, Stuttgart 2. Aufl. 1927, 416.

[216] Janin 14 f.

man, durch den direkten Schiedsspruch Gottes entlarven zu können, wie mehrere Quellen des Hochmittelalters bezeugen.[217] Bernhard von Clairvaux beschreibt eine solche Szene aus Köln, wo Katharer *iudicio aquae*, „von der Wasserprobe" überführt und sodann gelyncht wurden, „weil das Wasser sie nicht annahm."[218]

Doch mussten sich Gottesurteile nicht nur gegen lebende Menschen richten – auch Reliquien konnten so auf ihre Echtheit überprüft werden: Die Synode von Saragossa von 592 ließ sämtliche aus arianischen Kirchen stammenden Heiligengebeine durch das Feuer wandern, um so herauszufinden, ob sich keine Fälschungen unter ihnen befanden.[219] So ging man auch später immer wieder vor, aus dem 10. bis 12. Jahrhundert sind mindestens zwanzig Fälle von derartigen Tests an heiligen Überresten bekannt.[220] Wie das sich abspielte, illustriert die Prüfung der Reliquien des hl. Celsus, die Erzbischof Egbert von Trier 987 vornahm:

> „Im Angesicht des ganzen Klerus wickelte er einen Teil des Heiligenfingers in ein sehr dünnes Tuch und steckte es in die glühenden Kohlen eines Räucherfasses, worin Weihrauch verbrannt wurde. Und eine ganze Stunde lang, während er den gesamten mystischen Messkanon rezitierte, blieb die Reliquie unversehrt und vom Feuer unberührt … Nach Betrachtung dieses Wunders und Vollendung der Messfeier, legte der Bischof das Gott angenehme Pfand zurück, wobei auch die anderen Gebeine auf dem Altar schön geordnet wurden, und erteilte den Segen …"[221]

Die heiligen Gebeine wurden also in der Hitze geläutert wie Gold, wie manche Hagiographen sagten; bisweilen blieben sie nicht nur unbeschädigt, sondern sprangen auch von selbst aus der Glut. Und da die Körper der Heiligen vom Feuer des Endgerichts und der Hölle nicht angetastet werden, kann ihnen auch irdisches Feuer nicht schaden. Umgekehrt brennen Ketzer sowohl hier wie dort: „Die

217 Reimser Synode von 1157; Straßburg 1215 (Müller-Bergström 1019); Ragg, S., Ketzer und Recht, Hannover 2006, 195 ff.

218 *Aqua eos non recipiente*: Sermones super Cantica 66, 5, 12, Opera, ed. Leclercq, J., II, 186, 22 ff.

219 Franz II, 348.

220 Head, Saints 236 ff. Ein solches Gottesurteil erwähnt auch der Roman Fierabras (Rousset, justice 241).

221 Theoderich, Inventio et miracula s. Celsi 22 ff., zit. Head, Saints 222 Anm. 5.

Verbindung zwischen dem menschlichen Leib und der ihn bewohnenden Seele war so stark, dass sowohl die lebenden wie die toten Körper das eschatologische Schicksal einer Person offenbaren würden, wenn man sie im Feuer prüfte …"[222]

Auch Glaubensentscheidungen wurden so vom Himmel angezeigt, und da das Christentum eine Buchreligion ist, auch an den geheiligten Texten. Manche von ihnen wurden in den Flammen getestet: Innerhalb der Catholica wurde dieses Verfahren 1077 angewandt um festzustellen, ob die römische oder die mozarabische Liturgie die gottgefälligere sei,[223] und die Schriften des Ordensgründers Dominikus sprangen aus den Flammen, wogegen die der Häretiker verbrannten.[224] Besonders bekannt ist wohl das Ansinnen des hl. Franz von Assisi, der, vier Jahre nach dem Laterankonzil, auf seiner Missionsreise nach Ägypten im Heer der Kreuzfahrer weilte, die die Stadt Damiette belagerten. Nach ihrer vernichtenden Niederlage am 29. August 1219 entschloss sich Franz in seinem Gottvertrauen, den Kampf durch Bekehrung zu beenden. Nachdem er sich die Erlaubnis des päpstlichen Armeelegaten geholt hatte, überquerte er die Linien und wurde tatsächlich vor den Sultan Melek-al-Kamil vorgelassen. Es folgten mehrere Diskussionen, wobei der Minderbruder anbot, zugleich mit islamischen Derwischen einen Scheiterhaufen zu durchschreiten oder, wenn sich der Sultan danach bekehren wolle, dies auch allein zu tun. Al-Kamil ging nicht darauf ein, ließ den Italiener aber unversehrt ins Lager der Kreuzfahrer zurückkehren.[225] Für Franz war die Feuerprobe also noch ein ganz ernst zu nehmendes Verfahren, durch das Gott unmittelbar die Wahrheit offenbaren würde.

Nach dem Bericht des Jordan von Sachsen, der den zweiten der großen Ordensgründer des frühen 13. Jahrhunderts, Dominikus von Caleruega, noch selbst gekannt hatte, griff auch dieser bei den Disputationen zwischen Albigensern und Katholiken zur Feuerprobe: Seine und die häretischen Schriften wurden gemeinsam auf einen Scheiterhaufen geworfen, wobei letztere wie Zunder verbrannten,

---

222 Head, Saints 235.

223 Franz II, 349; Hitchcock.

224 Etienne de Bourbon (wie S. 177, Anm. 647) 286 f.

225 Lemmens, L., De S. Francisco Christum praedicante coram Sultano Aegypti: Archivum Franciscanum Historicum 19, 1926, 559–578; Powell, J., Francesco d'Assisi e la Quinta Crociata: Schede Medievali 4, 1983, 195–209.

wogegen die des Heiligen aus den Flammen geschleudert wurden, was sich dreimal wiederholte.[226]

Das Gegenteil, das Verbot dieser Probe, ist im profanen Recht vor 1215 nur selten bezeugt. Im Frühmittelalter kam es zwar vor, dass die eine oder andere Form des Ordals untersagt wurde, keineswegs aber dieses Rechtsmittel als solches. Als besonders unsicher erwies sich hier der genannte fränkische König Ludwig der Fromme: Während er 816 die Kreuzprobe für Geistliche, Mönche, Schwache, Kranke und „Furchtsame" (*timidis*) vorschrieb, bestimmte er 818 oder 819, die *examinatio sanctae crucis* habe zu unterbleiben, damit nicht die Passion Christi verächtlich werde.[227] Dies vergessend, ordnete Ludwig eben dieselbe Probe in seiner Reichsteilungsurkunde von 831 wieder an, um etwaige Streitigkeiten zwischen seinen Nachfolgern unblutig entscheiden zu lassen.[228] 876 bestimmte Lothar I. wiederum, die Kreuzproben seien zu unterlassen, „damit nicht das Kreuz, das durch das Leiden Christi verherrlicht worden ist, durch den Mutwillen der Menschen verhöhnt werde".[229] 829 hatte Ludwig die Abschaffung der Kaltwasserprobe verfügt,[230] freilich erfolglos.

VI. Kreuzprobe und Waffensegnung – Die kirchliche Akzeptanz der Gottesurteile

Wie war nun die Stellung der Amtskirche zu diesem offenbar aus der vorchristlichen Zeit übernommenen Rechtsvorgang? Aus der Konzilsgesetzgebung erhellt, dass mindestens 17 Synoden v. a. in Deutschland und Frankreich zwischen dem späten 7. und dem frühen 13. Jahrhundert bestimmten, dass die eine oder andere Form des Gottesurteils bei gewissen Rechtsstreitigkeiten zur Anwendung zu

[226] Jordan, Libellus 21: Dominikanische Quellen und Zeugnisse 3, Leipzig 2002, 43.
[227] MGH Cap NS 1, 495.
[228] Cap. 194, 10, MGH Cap 2, 23.
[229] MGH LL 4, 556.
[230] Cap. 192, 12, MGH Cap 2, 16.

kommen habe.[231] Die Weisungen, die auf den früh- und hochmittelalterlichen Kirchenversammlungen, den Synoden und Konzilien, diesbezüglich erlassen wurden, sind jedoch nicht einheitlich. Viele beschäftigten sich eben nicht mit den Gottesurteilen pauschal, sondern nur mit einer bestimmten Probe. Während die Synoden des 8. Jahrhunderts, und später u. a. die von Mainz 847, Tribur 895, Worms 868, Seligenstadt 1023 und Reims 1119 Formen dieses Beweismittel bejahten, verwarf die Versammlungen von Valence 855 wenigstens den Zweikampf.[232]

Nach der Synode von Tribur mussten sich Unedle und Edle, die schon einmal straffällig geworden waren, mit dem kochenden Wasser oder dem glühenden Eisen reinigen,[233] eine Bestimmung, die in einem Zusatz ins *Decretum* des Gratian (um 1140) aufgenommen wurde, das die Vorgangsweise der geistlichen Gerichte bestimmte. Dieser Kanonist selbst hatte jedoch an anderer Stelle die Gottesurteile abgelehnt.[234] Auch waren bisweilen nur bestimmte Verbrechen betroffen: Die Synode von Seligenstadt bezog das Gottesurteil auf Ehebruch, die von Reims am 25. Oktober 1157 verlangte die Feuerprobe von allen, die der Ketzerei – aktuell war der Katharismus– beschuldigt waren, dies aber abstritten.[235]

Wir sehen also, dass es keine einheitliche Linie in den gesetzgebenden Kirchenversammlungen gab, aber immer wieder punktuelle Zustimmung. Dementsprechend spielten die Gottesurteile auch eine wichtige Rolle in der Praxis. Dies u. a. in den Sendgerichten[236] (das sind die reisenden bischöflichen Gerichte, die in den Diözesen die Kirchenzucht kontrollierten, indem die Gemeindemitglieder zur Denunziation von Sündern verpflichtet wurden). Als Gerichtsherren hatten die geistlichen Großen jedenfalls keine Einwände gegen die Ordalien, empfingen sie doch daraus entsprechende Einnahmen. So beschied z. B. König Heinrich II. von England 1185 bei einem Streit zwischen dem Grafen und der Abtei Vendôme: „Wenn es unter den Leuten des Ortes ein [gerichtliches] Duell gibt, gehört

---

[231] Leitmaier 38 ff. Drei der dort aufgeführten Synoden gehören nicht in diese Kategorie (nr. 6, 7, 20).

[232] Michel 1143 ff.; Nottarp 318.

[233] Decretum Gratiani II, 5, 15, ed. Friedberg I, 459.

[234] Schmoeckel, Wunderwerck 131 ff.

[235] Lea, Geschichte I, 342.

[236] Franz II, 319.

das Ganze der Abtei."[237] Selbst für abgehaltene Duelle, die die Kirche offiziell so verurteilte, nahmen also die Geistlichen als Gerichtsherrn eine Abgabe, und das vielerorts auch noch nach dem Verbot ihrer Teilnahme an den Ordalien 1215 (s. S. 91) und dem Eingang einer entsprechenden Verbotsbestimmung des Papstes Coelestin III. in das allgemeine Kirchenrecht 1234.[238]

Zahllose Beispiele belegen zudem, dass auch geistliche Konvente selbst auf die Dienste von Kämpen zurückgriffen, wenn es um die Entscheidung in Zwistigkeiten, meist um Besitzrechte, ging.[239] Zum Beispiel stellte der Gründer des Klosters Beaulieu bei Loches, Graf Fulko Nerra (gest. 1040), dem Abt das Privileg aus, dass, wenn er in seinen Landen einen gerichtlichen Zweikampf führen ließ, sein Kämpfer auch bei einer Niederlage frei und unbestraft ausgehen sollte.[240] Um 1100 konnte der Bischof von Angers einen der dauernden Streitigkeiten zwischen einem Kloster und einem Laien um ein Grundstück in seiner Diözese nicht selbst entscheiden und verordnete daher ein Gottesgericht in Form eines Zweikampfes.[241] In einer mit 1214 datierten Urkunde (deren Echtheit allerdings nicht unumstritten ist) berichtet der Bischof Friedrich von Halberstadt anlässlich eines Streits um Wertsachen, die die Tempelherren den Zisterzienserinnen angeblich entwendet hatten:

> „Wir haben am Altar des Erzmärtyrers Stephanus das Eisen gesegnet. Dieses ganz glühende und eindeutig feurige Eisen hat die Hand des Propstes [der die Nonnen vertrat] nicht nur gar nicht verbrannt, sondern anscheinend danach noch gesünder gemacht. Auf dieses hinauf jubelte die ganze Menge der Anwesenden und lobte Gott. Die Tempelbrüder aber waren nicht wenig verstört und haben uns ihre Schuld eingestanden … ."[242]

---

[237] Schreiber 475 Anm.; konkretes Beispiel: Caesarius von Heisterbach, Dialogus miraculorum 10, 35.

[238] Liber Extra 5, 35, 1, ed. Friedberg, A., Leipzig 1879, 877.

[239] Coulton, Five III, 525 ff.

[240] Southern 77.

[241] Janin 58.

[242] Urkundenbuch von Halberstadt nr. 19, zit. Schüpferling, M., Der Templerorden in Deutschland, Diss. Fribourg 1916, 94 ff.

Auch wenn das Dokument unecht sein sollte, dann hielten die mittelalterlichen Fälscher(innen) das Gottesurteil selbst jedenfalls für eine Vorgehensweise, die allgemein als üblich akzeptiert werden würde, sonst hätten sie sich nicht gerade darauf berufen.

Ein von der Geistlichkeit gern durch einen gerichtlichen Zweikampf als Gottesurteil „gelöstes" Problem war die Zugehörigkeit eines Unfreien zu dieser oder jener Kirche. Zahlreich sind die gesicherten Fälle, in denen Abteien und Bischöfe solche Streitigkeiten auf diese Weise entscheiden ließen.[243] Einige Bischöfe und Äbte hielten sich sogar ständige Lohnkämpfer für solche Gelegenheiten. So entschied z. B. 1098 ein gerichtliches Duell zwischen ihren mit Keulen und Schilden fechtenden Kämpen über einen Besitzstreit zwischen drei französischen Klöstern.[244] Ein berühmter Fall – viele Jahre nach dem Verbot des IV. Lateranums! – war der des Abtes von Bury St. Edmunds, der noch 1287 einen Besitzstreit vermittels gerichtlichen Zweikampfes ausfechten ließ.[245]

Sogar in die Gesetzgebung kirchlicher Institute wurden die Ordale aufgenommen. Die für den Bischof von Mainz um 900 zusammengestellte Rechtssammlung des Abtes Regino von Prüm z. B. enthält als völlig normal behandelte Bestimmungen die Abendmahlsprobe, das glühende Eisen, die Kreuzprobe, die glühenden Pflugscharen, das kochende Wasser und das Duell.[246] Bischof Burchard von Worms überliefert um 1023 in den Satzungen seines bischöflichen Hofrechts, dass bei Besitzstreitigkeiten, Diebstahl, Verschwörung der gerichtliche Zweikampf bzw. die Proben des siedenden Wassers oder des glühenden Eisens anzuwenden seien.[247]

Was sagte die katholische Zentralgewalt in Rom zu den Ordalien, welche Position formulierten die päpstlichen Lehrentscheidungen? Es scheint, als hätten fast alle Päpste, die sich brieflich zu den Gottesurteilen äußerten, diese ganz oder wenigstens in bestimmten Formen abgelehnt. So Nikolaus I., Stephan V., Alexander II., Alexander III., Innozenz II., Innozenz III., Honorius III., Coelestin III., Gregor IX.

243 Head, T., Hagiography and the Cult of Saints, Cambridge 1990, 180 f.

244 Marchegay.

245 Colman 585.

246 AQ 42, 475.

247 MG Const. 1, 644.

Dokumente, die Zephyrin oder Eugen II. als Befürworter der Kaltwasserprobe nennen, sind sicher nicht authentisch.[248] Andererseits hat Kalixt II. die Gottesurteile gutgeheißen, wie die 1119 unter seinem Vorsitz festgelegten Konzilsakten von Reims zeigen, und Leo IX. erlaubte, dass sich vor ihm ein Bischof durch das Eucharistie-Ordal vom Verdacht des Ehebruches reinigte.[249] Ein Dekret von Nikolaus I. (gest. 867) zum Prozess, den König Lothar gegen seine Gattin Theutberga anstrengen wollte, führt aus, dass es keine Rechtsvorschrift gebe, die einen Zweikampf verlange, auch wenn die *Bibel* den Kampf von David und Goliath erwähne. Den Kesselfang dagegen erkannte derselbe Papst in derselben Sache als Beweismittel an.[250] Sein Nachfolger Hadrian II. dagegen führte 869 mit demselben König, der wegen seiner Ehesache nach Rom gekommen war, ein Gottesurteil durch, das zwar nicht *expressis verbis* als solches bezeichnet, aber von den Zeitgenossen zweifellos richtig als ein solches gesehen wurde.[251] Er reichte dem Herrscher die Eucharistie unter der Bedingung, es sei wahr, dass er nach dem Verbot durch seinen Vorgänger nie mehr mit seiner Konkubine zusammengewesen sei.

> „Wenn Du Dich unschuldig weißt …, so tritt vertrauensvoll herzu und empfange das Sakrament des ewigen Heiles …, wenn aber Dein Gewissen Dich anklagt, … so wage keinesfalls, es zu ergreifen, damit Dir nicht etwa zum Gerichte und zur Verdammnis gereiche, was die göttliche Vorsehung den Gläubigen zur Rettung bereitet hat.“[252]

Was der Papst hier praktizierte, war die Probe der Eucharistie, die sonst nur unter Geistlichen üblich war. Da aber der König vor dem Investiturstreit noch durch eine halbsakrale Aura ausgezeichnet war, stellte dies offenbar kein Problem dar. Tatsächlich wirkte das Ordal, wenn auch nicht sogleich, so doch offensichtlich noch im selben Jahr, denn Lothar erlag in Norditalien einer Seuche. Die allenthal-

[248] Nestlitz-Rieneck; Michel 1146 ff.

[249] Michel 1148, 1150.

[250] MGH Epp 6, 330 f., 345.

[251] Grotz, H., Erbe wider Willen. Hadrian II. (867–872) und seine Zeit, Wien 1970, 192 ff. nach Regino, Chronica a.a. 869, Annales Mettenses a.a. 869.

[252] Regino von Prüm, Chronicon a.a. 869, AQ 7, 225.

ben verbreitete Meinung war: Weil er einen Meineid geleistet hatte! Denn er lebte doch weiterhin mit seiner Geliebten zusammen.

Vielleicht am ausdrücklichsten über die Gottesurteile hat sich Papst Stephan V. (gest. 891) ausgesprochen. In einem Brief, der allerdings erst bei den Juristen Ivo und Gratian in der 1. Hälfte des 12. Jahrhunderts überliefert ist,[253] nimmt er zu einer im ganzen Mittelalter aktuellen Frage Stellung: Wenn Kinder in der Frühe tot aufgefunden wurden, waren sie von ihren Eltern im Schlaf erdrückt worden? In jener Epoche schliefen ja prinzipiell immer mehrere Menschen in einem Bett. War dies mit der Probe des glühenden Eisens oder des kochenden Wassers herauszufinden? So verordnete es ein Kapitular, das am Konzil von Worms 868 erlassen worden war. Der Papst entschied, doch anscheinend nur für die geistliche Gerichtsbarkeit:

> „Dass mit der Probe des glühenden Eisens oder kochenden Wassers von irgend jemandem ein Geständnis erpresst wird (*extorqueri*), bestimmen die heiligen Kanones nicht. Und was nicht durch ein Dokument der heiligen Väter legitimiert ist, darf man sich nicht in abergläubischer Erfindung anmaßen. Durch freiwilliges Geständnis oder Zeugenaussage bekannt gewordene Verbrechen … sind nämlich unserer Herrschaft zur Beurteilung anheimgegeben; verborgene und unbekannte aber sind dem Urteil dessen zu überlassen, der allein die Herzen der Söhne der Menschen kennt …“.[254]

Noch deutlicher wandte sich Alexander II. (gest. 1073) gegen die Ordalien, aber wieder beschränkt auf die Geistlichkeit – es handelte sich um einen Priester, der beschuldigt war, seinen Bischof getötet zu haben.

> „Dass er [der Angeklagte] ein Volksgesetz, das von keiner kanonischen Legitimierung gestützt ist, nämlich die Berührung des kochenden oder kalten Wassers und des glühenden Eisens oder sonst irgend eine volksläufige Erfindung erfülle, oder Du es irgendwie forderst, wollen wir nicht. Denn

[253] Bartlett, Trial 75.

[254] Ep. 6, PL 129, 797 C; Decretum Gratiani II, 2, 5, 20, Corpus iuris canonici, ed. Friedberg, A., Leipzig 1879, I, 462 f.

> dies ist alles Einbildung, fabriziert aus Neid. Vielmehr verbieten wir dies strengstens kraft apostolischer Autorität."[255]

Es wäre denkbar, dass Alexander zu dieser Einstellung erst spät kam, nachdem er die Gottesurteile zuerst befürwortet hatte. Denn aus dem Jahre 1067 ist überliefert, dass von ihm bei einem Streit der Mönche von Vallombrosa gegen den Bischof von Florenz ein Feuerordal gebilligt wurde. Dabei schritt einer der Religiosen barfuß im Meßgewand in der Vorhalle der Kirche unversehrt durch mannshoch lodernde Scheiterhaufen, was ihm der Kirchenfürst nachzutun nicht wagte, weswegen er sein Bistum durch päpstliches Urteil verlor – (*huius iudicii argumento*), aufgrund dieses Gottesurteils.[256] Bei dem Mönch handelte es sich um den dadurch berühmt gewordenen Petrus Igneus, später Kardinalbischof von Albano.

Ähnlich scheint es bei Alexander III. (gest. 1181) gewesen zu sein: Als er ein wertvolles Gefäß vermisste, ließ er den Verdächtigen der Feuerprobe unterziehen, aufgrund derer er schuldig gesprochen wurde; später stellte sich jedoch heraus, dass ein anderer der Dieb gewesen war. Der Papst bereute sein Vorgehen und wandte sich gegen die Ordalien,[257] speziell für Geistliche sollten sie nicht mehr angewandt werden.[258] Man bemerkt also dasselbe Schwanken bei den Päpsten wie oft auf regionaler Ebene bei den Konzilsvätern, bis Innozenz III. dann eine definitive Entscheidung treffen sollte (s. S. 91).

Viele Quellen bezeugen die Mitwirkung der Geistlichkeit an den von weltlichen Gerichten vollzogenen Ordalien in zentraler Funktion. Die Bücher, die den Priestern vorschrieben, wie genau bei der Spendung von Sakramenten und Sakramentalien vorzugehen war, ob nun Rituale, Manuale, Sacerdotale genannt,[259] geben den genauesten Eindruck davon, wie bei Gottesurteilen konkret verfahren wurde, da sie umständliche Beschreibungen der dabei zu sprechenden Gebete und der Zeremonien enthalten.[260] Das Kirchenrecht unterstützte also diesen Usus nur

---

255 PL 146, 1406. Vgl. auch Morris 98.

256 Berthold von Reichenau, Chronicon a.a. 1067, MGH SS rer. Germ. NS 14, 204 ff.

257 Baldwin, Preparation 629; Nottarp 345 f.

258 Ep 979, PL 200, 859.

259 Vgl. Schneider, H., Rituale: LexMa 7, 879.

260 Franz II, 364 ff.

teilweise, die liturgische Praxis jedoch dezidiert. So wurde die Akzeptanz durch den Klerus ganz grundlegend für die Verbreitung und den langen Bestand dieser Institution im frühen und hohen Mittelalter. Die Christianisierung brachte ja den Exklusivanspruch der Priester dieser Religion mit sich, dass alle wesentlichen Beziehungen des Menschen zur Überwelt, vom Gebet abgesehen, nur mehr durch ihre Vermittlung wahrgenommen werden durften. Dies galt nur teilweise in der theologischen Lehre, dafür aber in der Praxis so gut wie vollständig. Es sei nur an das Beispiel der Altarweihe erinnert: Aus dem Spätmittelalter sind nicht wenige Fälle bekannt, in denen Gläubige aufgrund ihrer eigenen Devotion ohne Erlaubnis der zuständigen Geistlichkeit kleine Kapellen errichteten – sie endeten so gut wie stets vor der Inquisition und wurden mit Körper- und Schandstrafen gemaßregelt.[261]

Ebenso undenkbar, wie die Einrichtung eines Gotteshauses ohne Priester vorzunehmen, war es, ein Gottesurteil ohne dessen Mitwirkung durchzuführen (die Zweikämpfe immer ausgenommen). So sehr stand dieser im Mittelpunkt der vor der Probe auszuführenden kirchlichen Zeremonien, dass der Verdächtige nur mehr zum bloßen Zeugen seiner eigenen Schuld oder Unschuld wurde.[262] Nur sehr wenige Geistliche vor dem 12. Jahrhundert glaubten nicht an die Berechtigung, eine solche Probe durchführen zu können, und widersprachen ihrer religiösen Rechtmäßigkeit. Die meisten waren offenbar wie die Laien der Meinung, Gott spreche auf diese Weise. In der Regel dürfte die allgemeine Überzeugung vom unmittelbaren Wirken Gottes in der Welt die ausreichende Grundlage gewesen sein, wie sie jener frühen Religiosität entspricht und v. a. in der Bibel und den Heiligenleben unablässig vorgeführt wurde; Intellektuelle wie Hinkmar von Reims konnten die Ordalien mit einer Fülle von aus allen möglichen Kontexten herausgelösten Bibelstellen untermauern. Erst im 12. Jahrhundert verloren sie in dieser Schicht an Akzeptanz, was ihr Verbot vorbereitete . Mussten in England im letzten Drittel des 11. Jahrhunderts bei die Kirche betreffenden Fällen die Gottesurteile noch zwingend in Bischofskirchen vorgenommen werden, und stellte das Konzil von Lillebonne 1080 diese Prozeduren ausdrücklich unter bischöfliches

261 Christian, W., Apparitions in Late Medieval and Renaissance Spain, Princeton 1981.

262 Cohen 56.

Reglement,[263] so verbot eine Pariser Synode von 1213 eben dieses,[264] was den beginnenden Wandel deutlich macht.

Im Zuge der Unterwerfung und Christianisierung der Slaven in der Mitte des 12. Jahrhunderts wurden diese gezwungen, statt wie bisher bei Bäumen, Quellen und Steinen zu schwören, ihre Verdächtigen „dem Priester zu bringen, damit sie mit dem Eisen oder den Pflugscharen examiniert würden", wie ein Geistlicher triumphierend meldet.[265] Weitere Quellen[266] bestätigen die Durchsetzung dieser Verfahrensmethode bei den Neubekehrten. Ähnlich lobt der dänische Geschichtsschreiber Saxo Grammaticus um 1200, dass sich sein Volk nach dem Beispiel des Poppo (s. S. 52) angewöhnt habe, Streitfälle dem Gottesgericht („*arbitrium divinum*") zu überlassen.[267]

Wie sehr die Kirche selbst sogar bei der Anwendung jener Form der Ordalien mitwirkte, die sie theoretisch bekämpfte, nämlich den Duellen, lässt sich z. B. für Frankreich gut durch die Häufigkeit dieses Motivs in den epischen Texten zeigen. Dass es sich dabei um fiktive Ereignisse handelt, die in ihnen geschildert werden, spricht nicht dagegen, dass die Realien im Prinzip gemäß der zeitgenössischen Wirklichkeit dargestellt wurden, da Erfindungen hier wenig Sinn gemacht hätten. Andere Quellen bestätigen das geschilderte Procedere:[268] So bewilligte etwa 1008 der französische König Robert der Heilige dem Reichskloster St. Denis *legem duelli, quod vulgo dicitur campus* (das Recht, den gerichtlichen Zweikampf durchführen zu lassen, was volkssprachlich „Kampffeld" genannt wird). Noch einige weitere französische Benediktinerklöster und Kathedralkapitel besaßen dasselbe Recht und damit dieselbe Geldquelle.[269]

---

263 Pontal, O., Les conciles de la France capétienne jusqu'en 1215, Paris 1995, 204.

264 Radding, Trial 99.

265 Helmold, Chronica Slavorum 84, AQ 19, 296.

266 Z. B. Visio Godescalci 22.

267 Gesta Danorum 10, 11, 4., ed. Olrik, A., Raeder, H., Hauniae 1931, I, 282.

268 Pfeffer pass.; vgl. auch Udwin, V., Between two armies. The place of the duel in epic culture, Leiden 1999. Es gibt unterschiedliche Forschungsmeinungen darüber, inwieweit die schöne Literatur des Mittelalters realienkundlich und alltagsgeschichtlich brauchbare Informationen enthält. Dem zu großen Vertrauen der älteren Forscher steht eine zur Hyperkritik tendierende „postmoderne" Generation gegenüber.

269 Nottarp 241.

Es waren ganz vorrangig materielle Aspekte, die für die Verchristlichung eines an sich heidnischen Brauches und seine Unterstellung unter die Geistlichkeit sorgten, worauf erst Radding[270] mit Nachdruck aufmerksam gemacht hat, obwohl schon Schreiber und Nottarp zahlreiche Belege gesammelt hatten.[271] Besonders deutlich ist ein 1222 von König Przemysl Ottokar I. bestätigtes böhmisches Statut: „Wenn sich jemand dem Wasserordal unterzieht, darf niemand ihn ins Wasser stoßen außer dem Priester und seinem Helfer. Wenn Gott ihm hilft, muss er dem Richter zwei Denare geben und dem Priester vierzehn."[272] Die priesterliche Mitwirkung an den Gottesurteilen war also eine für die Geistlichkeit lukrative Angelegenheit. Der Besitz eines geweihten Eisens oder eines Teiches gehörte ausdrücklich zu den Rechten und Privilegien bestimmter Kirchen. Zahllose Urkunden enthalten entsprechende Bestätigungen. Als etwa die von St. Peter in Salzburg besiedelte Benediktinerabtei Elsenbach bei Rott 1171 verlegt wurde, ließ sich der Abt vom Erzbischof eine Urkunde ausstellen, in der er neben dem Tauf- und Bestattungsrecht auch „das Recht auf das Feuer- und Wasserordal am Marienberg und in der Johanniskirche" bestätigt bekam.[273] Das Anrecht, Gottesurteile im eigenen Teich, mit eigenem Eisen vollziehen zu dürfen, war ein begehrtes Privileg für ein Gotteshaus.[274] Manche Kirchen hatten in ihrem Gebiet das Exklusivrecht, diese Prozeduren durchzuführen, in Ungarn z. B. nach einem Dekret König Kolomans von 1100 nur die Bischofs- und großen Kollegienkirchen.[275] Wie begehrt die Erlaubnis war, ein Ordal durchzuführen, zeigen auch entsprechende Streitigkeiten darum. Gelegentlich mussten es sich auch zwei Priester verschiedener Pfarren teilen, so im 12. Jahrhundert z. B. in der Erzdiözese Salzburg die von Leibnitz und Muggenau.[276]

Viele Gottesurteile fanden im Kirchenraum selbst statt, die Johanneskirche in Canterbury soll sogar speziell zu diesem Zweck erbaut worden sein. In Friesland

270 Radding, Trial 90 ff.

271 Schreiber pass.; Nottarp 239 ff.

272 *quando aliquis subit iudicium aque, nullus dimittat eum in aquam nisi sacerdos cum suo cooperatore; si Deus iuverit eum, iudici det duos denarios et sacerdoti XIIII*: Nottarp 241.

273 Bartlett 91.

274 Bartlett 90 ff.

275 Bartlett 92.

276 Salzburger Urkundenbuch., bearb. v. W. Hauthaler u. F. Martin, Salzburg 1910–1933, II, 491, nr. 350.

war das glühende Eisen ausdrücklich die Strecke zwischen Taufstein und Altar zu tragen.[277] In einem englischen Dokument von 1201 heißt es:

> „Wenn sich irgendjemand von dieser Grundherrschaft nach dem Recht von England von einem Verdacht reinigen muss, so wird er sich in der St Alban's Kirche und im Teich von St Alban's reinigen; muss er gehängt werden, so am Galgen von St Alban's".[278]

Bei der Kaltwasserprobe war es gebräuchlich, den Probanden in einen extra dafür angelegten Teich bei der Kirche zu stoßen oder in einen großen Zuber im Sakralraum selbst, wie für das 12. Jahrhundert u. a. aus Sens und Soissons überliefert.[279]

Wichtig, wenn nicht sogar entscheidend für diese Form „geistlichen Beistands" waren, wie angedeutet, offensichtlich die konkreten finanziellen Interessen, die alle möglichen theologischen Bedenken suspendierten: Die Priester, Sakristane, Exorzisten (damals ein eigener kirchlicher Weihegrad) und ihre Helfer nahmen bestimmte Gebühren von den zu Prüfenden, die übrigens auch in der weltlichen Gesetzgebung bestätigt wurden. „Erst das Entgeld der Ordalabgabe ließ die berührte Tätigkeit des Ordalpriesters als voll wirksame Leistung erscheinen."[280] Bisweilen spielten allerdings nicht nur pekuniäre Gründe mit: Im späten 10. Jahrhundert schimpfte der Benediktiner Ekkehart IV. von St. Gallen auf die Erzpriester, „die mit schamlosen Augen neugierig hinglotzen, wenn entblößte Frauen ins Wasser getaucht werden, oder sie zwingen, sich um hohe Summen loszukaufen".[281] Auch Petrus Cantor, einer der Gegner der Ordalien im 12. Jahrhundert, spielt auf ein ähnliches Verhalten, gepaart mit finanziellen Interessen, an.[282] Wie mehrere päpstliche Interventionen im 12. Jahrhundert zeigen, waren diese Lösegelder keine ungebräuchliche Geldquelle für Geistliche.[283] Da den Pfarrern von Eigenkirchen die reguläre Besoldung, der von den Gemeindemitgliedern

277 Liebermann, Gesetze 601c – Franz II, 349.

278 Radding 93.

279 Nottarp 244.

280 Schreiber 465.

281 Casus S. Galli 124, AQ 10, 242.

282 Verbum abbreviatum 78, PL 205, 230.

283 Bartlett, Trial 94.

zu entrichtende Zehnt, des öfteren nur zu einem Teil zukam, sondern auch vom Eigenkirchenherrn beansprucht wurde, bildeten diese Gebühren einen nicht ganz unwesentlichen Teil des Einkommens für einen Priester.[284]

Dass die Ordalien bei der Fixierung der Dogmatik im Hochmittelalter nicht zu Sakramenten erklärt wurden, überrascht angesichts der pekuniären Vorteile, die sie dem Priesterstand brachten; zudem bedeutete die Position der Geistlichen beim Gottesgericht auch ein Machtmittel. Denn sie konnten z. B. die liturgischen Formeln schneller oder langsamer sprechen, während das Eisen auskühlte, mehr oder weniger Weihwasser verwenden, vor allem aber entschieden sie darüber, ob etwa eine verbrannte Hand sich nach drei Tagen auf dem Weg der Heilung als Zeichen der Unschuld befand oder auf dem der Entzündung als Beweis der Schuld, und analog dazu bei den anderen Proben.[285] Nur gelegentlich scheint diese Beurteilung in der Kompetenz von Laien gewesen zu sein.[286] Zudem lag die Weihe etwa des Ordaleisens wenigstens in einigen Diözesen in den Händen der obersten Kirchenfürsten,[287] sonst fand die Segnung durch den Priester statt, dessen Gotteshaus das entsprechende Recht für einen bestimmten Bezirk innehatte. Ungeachtet der fehlenden Aufnahme in die Sakramentenlehre der Theologen wurden die Gottesurteile, nach den Formulierungen der Quellen zu schließen, von der breiten Mehrheit der Geistlichen und Laien fast den Sakramenten gleich geachtet. Namentlich in der Gottesfriedensbewegung um die Jahrtausendwende hatte sich der Klerus entschieden für den Gebrauch der Ordalien gegen Laien ausgesprochen, die die *pax Dei* verletzt haben sollten.[288]

Von dieser Voraussetzung aus wird auch die beständige und heftige Ablehnung nur eines bestimmten Ordals, des Zweikampfes, verständlicher. Denn nur dieser konnte auch ohne Beteiligung der Priesterschaft durchgeführt werden, es sei denn, man wollte seine Waffen zuvor segnen lassen (was mancherorts freilich verpflichtend war, s. u. S. 89). Die Kirche „schreckt" ja „vor Blut zurück" (weswegen kirchenrechtlich Verurteilte nie von kirchlichen Organen hingerichtet wurden,

[284] Schreiber.

[285] Schreiber 464; Bartlett 88 f.

[286] Ein Beispiel: Kerr 589.

[287] Morris 100.

[288] Kéry, L., Gottesfurcht und irdische Strafe, Köln 2006, 207 ff.

sondern dies der „weltliche Arm" zu besorgen hatte). Das war zweifellos ebenfalls ein Grund für die Ablehnung eines Gottesurteils, bei dem Blut fließen musste. Ein weiterer ergab sich daraus: Die Geistlichkeit wollte keineswegs einen Bereich des Lebens, der mit der Überwelt zu tun hatte, aus ihrer Kontrolle verlieren und den Laien überlassen; da war es vorzuziehen, diese Art der Rechtsfindung ganz zu verbieten. Deshalb haben wir so viele Zeugnisse positiver Einstellung der Geistlichkeit zu den anderen Ordalformen, die sowohl ihre Macht über die Gläubigen als auch ihre Finanzen verbesserten, und so vergleichsweise wenige für eine negative Haltung. Manchen Kirchen gelang es sogar, wie oben gezeigt, auch das Duell-Ordal unter ihre Obhut zu bringen. Bisweilen werden die Zweikampfoblationen (*oblationes campionum*) sogar in einem Atemzug mit dem Zehnt erwähnt,[289] wurden also als gleichgewichtige Einnahmequelle beurteilt.

Worin bestand nun konkret die Mitwirkung der Priester? Die Kämpfer verbrachten die Nacht vor dem Duell mit dem Beistand ihrer Partei in der Kirche, hörten am Morgen die Messe, kommunizierten und ließen sich von dem Geistlichen die Waffen segnen. Dieser sprach den *Ritus zur benedictio scuti et baculi ad duellum faciendum* (Segnung des Schildes und der Keule zur Durchführung eines Zweikampfes), worin es heißt: „Allmächtiger und ewiger Gott … wir bitten dich flehentlich, dich herabzulassen, diesen Schild und diese Keule mit der Rechten deiner Macht zu segnen …" Dem Kämpfer wurde versprochen, „damit den dir Widerstreitenden niederzuwerfen und den Angreifer zu vernichten" und im Namen des Vaters und des Sohnes und des Heiligen Geistes den Sieg zu erringen. Vor dem Kampf wurde noch der Eid auf die Reliquien oder im Spätmittelalter auf die Eucharistie abgelegt.[290] Schild und Knüttel, die auch bei Darstellungen des gerichtlichen Zweikampfes in nicht wenigen Kirchen abgebildet wurden (s. S. 105 f.), waren die Waffen des Volkes und der Lohnkämpfer. Ritter und Adel bedienten sich zum Unterschied ihrer standestypischen Waffen, also Schwerter, Dolche und Lanzen, fochten auch oft nicht zu Fuß, sondern zu Pferd.[291]

Die meisten Gottesurteile wurden von weltlichen Gerichten angeordnet und mit priesterlicher Mitwirkung vollzogen. Doch auch außerhalb des geregelten Prozessganges wurde bisweilen von Geistlichen auf Ordalien zurückgegriffen. So

[289] Schreiber 479.

[290] Nottarp 275 ff.; Pfeffer pass.

[291] Pfeffer 68.

berichtet der Abt Regino von Prüm um 900, König Lothar II. von Austrasien sei 869 von Papst Hadrian durch die Probe der geweihten Kommunion wegen seines Ehebruchs geprüft worden; da er sich ihr freventlich unterzog, starb er noch im selben Jahr (s. S. 81). Doch handelt es sich hier eigentlich um jene Kommunion, die bei der Wiederaufnahme eines Exkommunizierten gereicht wurde, die der Papst aber mit Drohungen verband, wie sie bei der prozessualen Abendmahls-Probe üblich waren. Ähnlich soll 1077 bei der Lösung Kaiser Heinrichs IV. vom Bann Papst Gregor VII. in Canossa vorgegangen sein, wovon jedoch nur eine von mehreren Quellen zu berichten weiß.[292] Fünf Jahre später soll derselbe Papst ein Kaltwasserordal an einem Knaben vollzogen haben, um in seiner Auseinandersetzung mit dem Imperium Klarheit zu bekommen, benutzte es also für politische Zwecke. Auf die Frage, ob der König die Gerechtigkeit auf seiner Seite habe, sank der Proband ins Wasser, bei der umgekehrten Frage blieb er auf der Wasseroberfläche und konnten nicht einmal gewaltsam untergetaucht werden. Angesichts dieses für den Papst katastrophalen Ausgangs schworen die Anwesenden einen Eid darauf, die Sache geheim zu halten.[293] Dies kann eine prokaiserliche Propagandageschichte gewesen sein, mag aber ebenso einen wahren Kern haben.[294]

Neben den im Prozessverfahren vorgesehenen Typen der Ordalien praktizierte der Klerus jedoch auch noch andere. Sie wurden als Manifestationen der Überwelt spontan eingefordert, wobei hier der Übergang zu sonstigen Formen des Wunders fließend erscheint. So ließ nach Gregor von Tours ein Bischof einen des Raubes Angeklagten den Brief eines Heiligen berühren, um seine Schuld oder Unschuld festzustellen, und prompt brach der Übeltäter ohnmächtig zusammen.[295] Derselbe Geschichtsschreiber erzählte von Bischof Brictius (um 440), dieser habe, als er der Unkeuschheit bezichtigt wurde, von sich aus zum Erweis des Gegenteils glühende Kohlen zum Grab des hl. Martin in Tours getragen, ohne Schaden zu nehmen.[296]

Erst im 13. Jahrhundert, als das kirchenrechtliche Verbot der Ordalien bevorstand bzw. schon galt, hört man bisweilen von Priestern, die von weltlichen Machthabern gezwungen wurden, auch gegen ihren Willen die entsprechenden

[292] Lampert von Hersfeld, Annales a.a. 1077, MGH SS 20, 17.

[293] MGH SS 8, 460 f. Anm. 1.

[294] Morris 108 f.

[295] Vita Nicetii 9, MGH SS rer. Mer. 1/2, 699 f.

[296] Historia Francorum 2, 1, ed. M. Oldoni, Milano 1981, I, 88.

Riten durchzuführen.[297] Zweifellos erwies sich die Laienschaft in diesem Punkt als konservativer als die Geistlichkeit, und man könnte bei jener wohl unbedenklich von einer Kontinuität der Akzeptanz dieses Rechtsmittels sprechen, die sich aus der vorchristlichen Zeit herleitete. Die Kanonisten verdeutlichten diese Differenz, als sie im 12. Jahrhundert eine Unterscheidung zwischen der *purgatio canonica* und der *purgatio vulgaris* trafen; erstere bezeichnete den im Kirchenrecht unentbehrlichen Eid, wohl auch Kreuz- und Eucharistieprobe, letztere die in der Sicht der geistlichen Juristen vom „Volk" verlangten Ordalien des Zweikampfes, des Wassers und Feuers. Man nannte diese daher auch *iudicia peregrina*,[298] dem kirchlichen Recht sozusagen „fremde" Urteile.

Diesen Beweisgang sollte allerdings erst das IV. Laterankonzil von 1215 zum Er löschen bringen, also eine für die Gesamtkirche zuständige gesetzgebende Versammlung. Sie schaffte die Möglichkeit zur Durchführung der meisten Ordalien ab, indem den Priestern die Mitwirkung an ihnen verboten wurde. Statistisch gesehen, ist der vielfach vertretenen Meinung zu widersprechen, die bekannten Veränderungen in der Geistesgeschichte des 12. Jahrhunderts hätten auch schon zuvor einen Rückgang der Ordalien impliziert; im Gegenteil, diese Praxis scheint sich auf einem Höhepunkt befunden zu haben, ehe sie das IV. Lateranum untersagte. Für 1166 registriert z. B. das englische *Pipe Roll* ca. 600 Fälle![299] In einer schon ins 13. Jahrhundert zu datierenden Predigt heißt es, dass die Proben des kalten Wassers und des glühenden Eisens „fast täglich" zu sehen seien.[300]

Dass in der neuen „rationaleren" urbanen Mentalität ein in Richtung auf ihre Abschaffung wirkender Faktor zu sehen sei, hat wenigstens Bartlett bestritten: „A few exemptions from the ordeal in the twelfth century no more signify a general decline in the practice or an efflorescence of scepticism than the numerous fiscal exemptions granted to townsmen in this same period imply a general crisis of faith in taxation."[301] Allerdings gab es doch eine generell zunehmende Tendenz in den Stadtrechten vom 12. zum 14. Jahrhundert, Bürgern Befreiung vom gerichtlichen

297 Bartlett, Trial 98.

298 Franz II, 323 Anm. 2.

299 Bartlett 65.

300 Franz II, 333, Anm. 1.

301 Bartlett 62.

Zweikampf zuzugestehen; Kaufleute wollten verständlicherweise entsprechende Privilegien, um nicht in der Fremde zu einer solchen Probe aufgefordert werden zu können.[302] Die Implementierung des Verbotes von 1215 erfolgte freilich, wie auch die der anderen Bestimmungen dieses Konzils,[303] selbst in den Städten nur langsam; bei weitem am schnellsten reagierte England, wo schon 1219 ein staatliches Verbot erlassen wurde.[304] Kirchenrechtler handelten von den Gottesurteilen noch bis zur Jahrhundertmitte als von bestehenden Praktiken,[305] Konzilien mussten sie noch in der 2. Hälfte des 13. und im frühen 14. Jahrhundert neuerlich verbieten.[306]

Wiewohl gut zehn Jahre nach dem IV. Lateranum verfasst, schreibt der *Sachsenspiegel* des Eicke von Repgau in seinem *Landrecht* (1, 39, vgl. 1, 63; 2, 3) bei Raub und Diebstahl die gewohnten Ordalien vor – Papst Gregor XI. (1370–1378), ein bedeutender Kanonist, hat daher die Bestimmung des *Sachsenspiegels* ausdrücklich verworfen.[307] Nach dem Spiegel hat der Angeklagte die dreifache Wahl, *Daz heize isen zu tragene adir in einen wallenden kessel zu grifene biz zu dem ellenbogen, adir deme kemphen sich zu werende.* („das heiße Eisen zu tragen, oder bis zum Ellbogen in einen Kessel wallenden Wassers zu greifen, oder sich gegen einen Kämpen zu wehren“).[308] Dieses Werk sollte die wichtigste Rechtsquelle für das deutsche Spätmittelalter werden: Wiewohl ursprünglich nicht als normgebende Verordnungen verfasst, sondern nur zum privaten Gebrauch, wurde es in Laufe der Rezeption normgebend, da viele Richter sich daran hielten wie an ein Gesetz. Auch der das Werk Eikes für Oberdeutschland adaptierende *Schwabenspiegel* (um 1275) hält wie einige andere Rechtsbücher an Zweikampf, Wasserprobe und heißem Eisen fest. Wiewohl also sechzig Jahre nach dem römischen Konzil verfasst, heißt es da: „Deshalb ist der Kampf gesetzt, weil es niemand weiß, als Gott

[302] Schnell, Dichtung 55; Nehlsen.

[303] Pixton, P., German Episcopacy and the Implementation of the Decrees of the Fourth Lateran Council, 1216–1245, Leiden 1994.

[304] Nottarp 385.

[305] Nottarp 276.

[306] Lea, Superstition 316.

[307] Michael I, 313 Anm. 2.

[308] Ed. Schwerin, Cl. v., Stuttgart 1974, 40.

allein; und darum sollen wir auf Gott vertrauen, dass er es recht entscheide."[309] Schließlich hieß es auch in einer friesischen Rechtsregel, wer zu arm zum Kämpfen sei (d. h. einen Kämpen zu bezahlen), müsse zum Kessel gehen.[310] Auch der im 1. Drittel des 14. Jahrhunderts tätige Glossator des *Sachsenspiegels*, Johannes von Buch, hielt Gottesurteil und Zweikampf noch für zulässig, wenn auch nur als letzten Ausweg.[311]

Erst im 15. Jahrhundert bezeichnen geistliche Autoren die Ordalien dann als Aberglaube und stellen sie zur Zauberei.[312] *Hastu ir kein heysz eisen besprochen oder das wasser. Hastu ymanden dortzu betzwungen, das er das heysz eisen tragen muste,* lauten z. B. zwei Fragen in der Aberglaubensliste eines 1495 zu Leipzig gedruckten Beichtspiegels.[313] Der Kesselfang war so außer Gebrauch gekommen, dass der Verfasser des *Hexenhammers* ihn als Trankprobe missverstand.[314] Im *Buch aller verbotenen kunst* des Johannes Hartlieb von 1455 wird der Aberglaube an ein wahrsagendes Feuer erwähnt, in dem ein Engel des Feuers die gesuchten Antworten erscheinen lasse,[315] was in etwa an die Funktion der Feuerprobe erinnert.

Eigentlich mussten die Regierungen zentralistisch organisierter Staaten, und das war insbesondere Frankreich bereits im 13. Jahrhundert, aber auch sonst jeder Landesherr, ein Interesse am Verbot der gerichtlichen Ordalien und besonders der Zweikämpfe haben, da so eine Reihe weiterer lukrativer Streitsachen vor ihre Gerichtsbarkeit kommen würde, anstatt ohne ihr Zutun durch Gott direkt entschieden zu werden. Die weltliche Gesetzgebung folgte der kanonischen trotzdem nur zögerlich. Der überaus fromme König Ludwig IX. von Frankreich untersagte den Zweikampf erst 1260, Philipp der Schöne wiederholte dies 1296, 1303 und 1314, während ihn sein Nachfolger für bestimmte Fälle wieder erlaubte.[316]

---

309 Nr. 314, III, 226, zit. Michael I, 316.

310 Pijper 127.

311 Nehlsen 29.

312 Franz II, 327, Anm. 3.; Hasak 106.

313 Hasak 192.

314 Malleus maleficarum 3, 17.

315 c. 80, zit. Grimm, Mythologie III, 430

316 Pfeffer 7 f.

Ein wohl zwischen 1328 und 1350 kompiliertes fränkisches Rechtsbuch, das sogenannte *Kleine Kaiserrecht*, erklärte das Verbot des Zweikampfes rationalistisch damit, dass zwei Menschen nie gleich stark sein können und meist die Stärksten die Schwächsten herausfordern. Daher wird das gerichtliche Duell hier ein „Mutwillen unwissender Leute“[317] genannt.

Herrscher und Gerichte bedienten sich auch im Spätmittelalter tatsächlich noch dieses Beweismittels. So verhängte z. B. 1386 das Parlament von Paris einen solchen Kampf zwischen zwei Rittern, von denen einer den anderen der Vergewaltigung seiner Frau beschuldigt hatte;[318] Philipp der Gute von Burgund reiste 1455 extra zu einem solchen anscheinend damals schon rar gewordenen Kampf nach Valenciennes und ließ den nach einem besonders brutalen Kampf schwer verwundeten Unterlegenen aufhängen.[319] Die spanischen Könige allerdings erteilten noch bis 1522 immer wieder Genehmigungen zum gerichtlichen Zweikampf, und das Konzil von Trient hatte ihn abermals zu verbieten (1563).[320] Ja, faktisch wurden diese Proben gelegentlich – mit oder ohne legalen Hintergrund – bis in die Frühneuzeit weiter gebraucht.

Das Parlament von Paris (damals ein Gerichtshof) registrierte noch bis ins ausgehende 13. Jahrhundert die Durchführung von Wasserproben und Zweikämpfen, welche sogar teilweise von den Geistlichen der Kathedrale beaufsichtigt wurden.[321] Das glühende Eisen ist z. B. noch 1350 für Wittenberg, (illegal) 1412 für Südtirol, 1428 für Riga bezeugt,[322] usw. Der gerichtliche Zweikampf scheint zwar seltener geworden zu sein, aber kam wohl nie ganz außer Gebrauch und lebte auch in der Dichtung fort, bis zu den Duell-Schilderungen der Romane des 19. Jahrhunderts.

Auch im Spätmittelalter, als der Inquisitionsprozess gegen Häretiker und Hexen schon längst die übliche Vorgangsweise war, wurde die Feuerprobe wenigstens

[317] Glitsch 62 f.; Michael I, 318 f.

[318] Froissard, Chroniques 24, 74.

[319] Huizinga 110 f.

[320] Frenzel 307.

[321] Cohen 56.

[322] Die Chroniken deutscher Städte 19, 521; Schwob, A., Oswald von Wolkenstein, Bozen 1977, 88; Leitmaier 43 f.

von Laien offenbar als weniger belastende Alternative zur Tortur gefordert. Der *Hexenhammer*, den der dominikanische Generalinquisitor Institoris 1487 veröffentlicht hatte, beschäftigt sich ausführlich mit der Frage der Anwendbarkeit von Gottesurteilen zur Entscheidung darüber, ob eine Frau eine Zauberin sei: In scholastischer Manier werden Pro und Kontra abgewogen: Wenn ein frommer Heiliger wie Kaiser Heinrich II. es gegen seine Gattin Kunigunde einsetzte, kann es dann Unrecht sein? Andererseits, heißt diese Probe nicht, Gott zu versuchen? Der oder die Verfasser entscheiden sich in allerdings sehr gewundener theologischer Argumentation schließlich gegen die Ordalien, wobei ihnen – studierten Dominikanern – das Verbot des IV. Lateranums jedoch nicht bewusst gewesen zu sein scheint! Die ausschlaggebende Überlegung für sie war es vielmehr, der Dämon könne entweder bei der Feuerprobe unsichtbar etwas Schützendes zwischen die Hand und das glühende Eisen legen, oder seine Adeptin schon im Voraus mit einer entsprechenden Kräutersalbe versorgen. Das habe man ja an einer Hexe in der Diözese Konstanz gesehen, der von einem unerfahrenen jungen Grafen die Probe des glühenden Eisens gestattet wurde und die das Eisen freiwillig drei Schritte mehr als gefordert getragen hatte und daher freigesprochen worden war.[323] Die Gottesurteile waren verständlicherweise gefürchtet, weswegen es als Beweis guten Gewissens zählte, wenn sich jemand freiwillig dazu bereitfand, was im „Zeitalter des Glaubens" auch tatsächlich bisweilen vorkam.[324]

Obwohl der *Hexenhammer* den Richtern nur in (allerdings zahlreichen) lateinischen Ausgaben zur Verfügung stand, wirkte er auch auf die dieser Sprache unkundigen Laienrichter. Denn der Landvogt Ulrich Tenngler schloss sich in der zweiten Auflage seines im 16. Jahrhundert viel verwendeten *Layenspiegels*, eines Handbuchs für Laienrichter, dem *Hexenhammer* an und riet: *Wolt sie [die Unholdin] aber ir kätzerliche boßheyt … ye not bekennen / und so ihr für gehalten würde / das heiß eisen dafür zu tragen / darinn ist ir auch not zu wilfarn / wann der böß geyst sie behüten weyßt / das ir sollichs not schaden möcht.*[325] Bemerkenswerterweise lehnte der ja durchaus gelehrte Autor das Ordal für Hexen also nicht ab, weil es kirchlich verboten war, sondern, in Abhängigkeit von Institoris, weil der Teufel

323 Malleus 2, 17.

324 Wie unten S. 49.

325 Straßburg 1538, cvi f. Vgl. VL 9, 690 ff.

die Angeklagte hätte vielleicht schützen können. Tatsächlich sind Fälle bezeugt, in denen sich eine als Hexe verleumdete Frau mit einer solchen Probe reinigen konnte, so 1485 in Röthenbach im Schwarzwald.[326]

Hexenbad: Titelholzschnitt von Hermann Neuwaldt, Bericht von der Erfoschung, Prob und Erkenntnis der Zauberinnen durch kalte Wasser, Helmstedt 1584

In diesem Zusammenhang blieb die Wasserprobe in Form des Hexenbads, des Hexenschwemmens, auch die Hexenwaage noch in der Neuzeit an verschiedenen Orten üblich: obrigkeitlich verordnet im 16. Jahrhundert, gegen 1600 obrigkeitlich in einigen Territorien verboten, aber weiterhin bis ins 18. und noch 19. Jahrhundert volksläufig, wenn auch obrigkeitlich bekämpft.[327]

---

326 Müller-Bergström 1019 f. Möglicherweise handelt es sich aber um denselben Fall, wie der im Hexenhammer erwähnte. Vgl. Schnyder, A., Malleus Maleficarum, Kommentar, Göppingen 1993, 407.

327 Soldan, W. u. a., Geschichte der Hexenprozesse I, ND Köln 1999, 380 ff.; Müller-Bergström 1029 ff.

Die Vermutung, Gottesurteile könnten manipuliert werden, entsprach freilich der Realität, wenn auch menschliche Schlauheit und nicht teuflischer Trug dafür verantwortlich war. In der Praxis versuchte man, mit Tricks, Salben und verschiedenen magischen Mitteln, einer Verwundung zu entgehen,[328] wogegen sich u. a. Bußbücher und Kapitulare wandten.[329] Auch die liturgischen Formeln, die der Priester bei dem Verfahren sprach, bitten Gott darum, eventuell vom Probanden verwendete Magie oder „geheimnisvolle Kräuter" unwirksam zu machen.[330] Karl der Große verfügte 809 sogar, dass dem Priester, der das heilige Chrisma *donaverit ad iudicium subvertendum*, zur Fälschung des Gottesurteils zu Verfügung stellte, eine Hand abgehauen werden sollte![331] Zauberei zur Beeinflussung der Gottesurteile war ihrer häufigen Erwähnung nach zu schließen sehr gefürchtet, ohne dass man sich klar gemacht hätte, dass diese doch nichts gegen Gott vermochte hätte, würde er sich wirklich durch diese Prozeduren offenbaren. Sogar Ketzer sollen ordalienähnliche Wunder der Unversehrtheit durch Feuer und Wasser vollbracht haben, weil sie mit einem unter der Haut eingenähten Teufelspakt ausgestattet waren, erzählt der Heisterbacher Zisterzienser Caesarius im 2. Viertel des 13. Jahrhunderts.[332]

VII. Kunigunde und Isolde – Ordalien in Legende und Dichtung

Dass auch zahlreiche fiktive Texte des Mittelalters Ordalien schildern, zeigt, wie eindrucksvoll und der Mentalität entsprechend dieses Geschehen gewesen sein muss; in Dichtungen, Märchen und Sagen ist der Rechtsbrauch der Gottesurteile eingegangen.[333] Die meisten mittelalterlichen Werke der schönen Literatur erwähnen ihn ohne eine Kritik an seiner Sinnhaftigkeit oder Erlaubtheit und lassen mit wenigen

[328] Franz II, 328 ff.; Nottarp 277.

[329] Müller-Bergström 1013 f.

[330] Z. B. MGH Formulae 604.

[331] Cap. 61, 10, MGH Cap 1, 149.

[332] Caesarius, Dialogus miraculorum 5, 18.

[333] Gröchenig; Frenzel.

Ausnahmen stets das Gute siegen.[334] Dabei ist zu unterscheiden zwischen Werken, die dem Mittelalter als Träger authentischer historischer Überlieferungen galten, von der modernen Kritik aber als fiktiv „entlarvt" wurden (wie z. B. Heiligenlegenden), und solchen Texten, deren Fiktivität schon Autor und Publikum zu ihrer Zeit klar war (wie z. B. höfischen Romanen). Doch ist bei einer Reihe von Quellen damit zu rechnen, dass die Beurteilung je nach Rezipienten so oder so ausfallen konnte.

Gemeinsam ist beiden Gruppen, dass sich besonders häufig des Ehebruchs beschuldigte Frauen selbst oder durch einen Stellvertreter einem Gottesurteil unterziehen mussten. Dies geht wohl auf faktische Rechtsbestimmungen etwa in karolingischen Kapitularien und im Volksrecht der Angeln zurück,[335] die tatsächlich angewandt wurden. Hier einige Beispiele, über deren Authentizität kaum Zweifel herrscht: Teutberga von Lothringen versuchte ihr Gatte König Lothar 858 wegen Ehebruchs aufgrund eines Heißwasserordals verurteilen zu lassen, doch ihr Vertreter bestand die Probe; Judith (gest. um 986), Herzogin von Bayern, wurde der Unzucht mit dem Bischof von Freising bezichtigt, weswegen der Geistliche mit der Hostienprobe geprüft wurde. Umgekehrt konnte ein bestandenes Gottesurteil für Frauen die Funktion der heutigen DNA-Probe haben und einen bestimmten Mann als Vater ihres Kindes erweisen.[336]

Sagenhaft sind dagegen u. a. die folgenden Berichte, wiewohl ebenso in Geschichtswerken überliefert: Kunigunde (gest.1033), Gattin Kaiser Heinrichs II., hatte ihre Keuschheit in einem in den Flammen aufgehenden Wachshemd, oder nach anderer Überlieferung, durch den Gang auf den glühenden Pflugscharen zu erweisen – ein Motiv, das besonders dadurch verbreitet wurde, dass man die Herrscherin nach ihrem Tode als Heilige verehrte (Kanonisation im Jahre 1200). Zu diesem Anlass entstand eine deutsche Bearbeitung der Legende von Ebernand von Erfurt,[337] wie die Fabel auch in die *Legenda Aurea* einging, das für Kunst und Literatur maßgebliche Kompendium des Mittelalters über Heilige.[338] Nach den um 1200 verfassten Annalen von Winchester soll ebenso die englische Königin Emma (gest. 1054) wegen der Anklage des Ehebruchs mit einem Bischof neun

[334] Green 426 ff.

[335] Grimm, Rechtsaltertümer II, 571.

[336] Bartlett 13 ff. – Liebermann, Gesetze 604a.

[337] Ziegler 150.

[338] c. 113, Iacopo da Varazze, Legenda aurea, ed. Maggioni, G., Firenze 2. Aufl. 1998, 764.

glühende Pflugscharen betreten haben müssen (vier für sich und fünf für den Geistlichen); durch die Hilfe des heiligen Swithun blieb sie unversehrt und stiftete ihm zum Dank neun Güter, der Bischof desgleichen.[339]

Rein literarische, profane Texte, die ebenso von Gottesurteilen handeln, waren etwa, wie bereits genannt, das altnordische *Gudrunlied* III und das altfranzösische und mittelhochdeutsche *Rolandslied.* Speziell die häufigen ritterlichen Zweikämpfe in den höfischen Romanen werden gern ausdrücklich oder implizit als Gottesgerichte verstanden.[340] Die Bahrprobe wird kurz u. a. auch im *Nibelungenlied* und im *Iwein* des Hartmann von Aue erwähnt.[341] Eine besonders bedeutende Rolle spielt ein Gottesurteil jedoch in der seit dem 12. Jahrhundert so beliebten und in die meisten Volkssprachen übersetzten Geschichte von Tristan und Isolde.[342] Durch den Liebestrank mit Tristan in unstillbarer Leidenschaft verbunden, betrügt die König mit ihm ihren Gatten Marke immer wieder. Als ihre Untreue zum Gespräch des ganzen Hofes wird, glaubt der König, nur durch ein Gottesurteil die Wahrheit erfahren zu können. Wiewohl nun Isolde zuvor einen Eid leistet, der eindeutig unaufrichtig ist, besteht sie die Probe. Die Behandlung des Themas (das übrigens noch in einigen anderen mittelalterlichen Erzählstoffen wiederkehrt[343]) durch die verschiedenen Autoren ist dabei lehrreich. In einer der ältesten Fassungen, der wohl um 1175 geschriebenen des Thomas von Angleterre, wird gezeigt, wie sich eine Gruppe der Edlen darum bemüht, den Eid so zu formulieren, dass er Isolde zu Fall bringen muss, während eine andere eine für sie günstige Formulierung anstrebt – eine bemerkenswerte Information darüber, was sicher auch bei wirklichen Gerichtsverhandlungen vor sich ging. Isolde hat nun dafür vorgesorgt, dass sie einen zwar inhaltlich falschen, formal jedoch richtigen Schwur ablegen kann: Sie hat sich von dem als armen Pilger verkleideten Tristan aus dem Boot heben lassen, wobei dieser „zufällig" auf seine Geliebte stürzt. So kann sie schwören, dass ihr kein Mann außer dem Gemahl und dem Pilger je körperlich nahegekommen sei. Furchtlos und unversehrt trägt sie

[339] Bartlett 17 f.

[340] Die Stellen in den Artus-Romanen bei Guerreau-Jalabert, A., Index des motifs narratifs dans les romans arthuriens français, Genève 1992, 94 ff.

[341] Nibelungenlied 1044; Iwein 1355 ff.

[342] Dallapiazza, M. ed., Tristano e Isotta. La fortuna di un mito europeo, Trieste 2003.

[343] Hexter.

daraufhin das glühende Eisen, was sie in den Augen aller – auch Gottes – rechtfertigt. Thomas sieht in ihrem zweideutigen Vorgehen keinerlei Ironie.[344]

Ganz anders Gottfried von Straßburg in seinem ungefähr eine Generation jüngeren Tristan-Roman (um 1210), in den der Dichter einen sehr persönlichen Kommentar einflicht, als er die (von der Tradition vorgegebene) Episode von Isoldes Gottesurteil gestaltet. Die Königin wird am Hof sehr zu Recht des Ehebruchs beschuldigt und soll sich durch Eidschwur und die Probe des glühenden Eisens rechtfertigen. Kein Mann, so schwört sie, habe sie berührt oder sei bei ihr gelegen, als ihr Gatte König Marke und ein armer Pilger, der sie aus dem Schiff gehoben habe und dabei mit ihr zu Boden stürzte. Im wörtlichen Sinn war das die Wahrheit, denn der Pilger war niemand anderer, als ihr verkleideter Geliebter Tristan. Aufgrund dieses „vergifteten Eides" kann Isolde das glühende Eisen tragen, ohne sich zu verbrennen, womit Markes Verdacht zerstreut ist. Denn Gott ist derartig „höfisch/höflich, die Heuchelei mitzumachen. Da wurde es wohl deutlich", sagt Gottfried dazu, „dass der so tugendhafte Christus sich wie ein Ärmel nach dem Winde dreht … Er ist allen Herzen bereit zur Aufrichtigkeit und zum Trug. Ist es ernst, ist es Spiel, er ist immer so, wie man will."[345] Schließlich hat ihn, könnte man hinzufügen, die Königin zuvor auch mit wertvollen Opfergaben „bestochen".[346] Ohne auf die Fülle altgermanistischer Kommentare zu dieser wohl umstrittensten mittelhochdeutschen Stelle einzugehen,[347] sei nur bemerkt, dass sie zu zwei hauptsächlichen Interpretationsrichtungen Anlass geboten hat: Gottfried sei ein (katharischer oder waldensischer) Ketzer gewesen, der sich über die katholische Christus-Vorstellung lustig gemacht habe,[348]

---

344 Green, literature 413 f.

345 Vs. 15703 ff. (15737 ff.), ed. Scherabon Firchow, E., Stuttgart 2004, 207.

346 Vgl. McBride 34.

347 Vgl. etwa York; Kerth; Kucaba; Schnell; Uther; Meyer; McBride; Dembeck; Schild, Gottesurteil; Ziegler 114–145; Krohn, R., Gottfried von Straßburg, Tristan, Kommentarband, Stuttgart 1980, 145 ff.; Okken, L., Kommentar zum Tristan-Roman Gottfrieds von Strassburg I, Amsterdam 1984, 526–539; III, 1988, 93–96; Grubmüller, K., „ir unwarheit warbaeren": Philologie als Kulturwissenschaft, FS K. Stackmann, Göttingen 1987, 149–163; Hattenhauer, H., Der gefälschte Eid: Fälschungen im Mittelalter II, Hannover 1988, 661–689; Kolb, H., Isoldes Eid: Zs. f. deutsche Philologie 107, 1988, 321–335.

348 Diese allgemein und zu Recht abgelehnte Spekulation wird vertreten von Bayer, H., Gral. Die hochmittelalterliche Glaubenskrise im Spiegel der Literatur, Stuttgart 1983; Ders., Gottfried von Strassburg und der „Archipoeta": die literarischen Masken eines Ehr- und Namenlosen, Hildesheim 1996.

– oder er habe ganz im Sinne des damals schon gegen die Gottesurteile eingestellten Papstes Innozenz III. die Szene ironisiert. Erstere Interpretation findet jedoch im Gesamtwerk keine nachvollziehbare Stütze; außerdem wäre *Tristan und Isolde* nicht in so vielen Handschriften erhalten, wenn es sich um das Werk eines Häretikers gehandelt hätte; solche Texte sind nur selten überliefert, da die kirchliche Obrigkeit natürlich Jagd auf sie machte und sie verbrennen ließ.[349] Da der Papst sich 1212 mit einem Brief an den Bischof von Straßburg gewandt hatte, in dem er aus aktuellem Anlass die Anwendung der Ordalien bei der Ketzerverfolgung ablehnte, liegt die letzterwähnte Möglichkeit nahe, denn Gottfried schrieb sehr wahrscheinlich gerade zu dieser Zeit und in dieser Stadt an seinem Roman. Jedenfalls spiegelt diese Passage der berühmten Liebesdichtung die Skepsis, die viele Intellektuelle der Zeit mit oder ohne Kenntnis der päpstlichen Position bereits erfasst hatte; Gottfried gehörte als Magister zu ihrem Kreis, wie auch immer seine Einstellung dem Katholizismus und den Häresien gegenüber gewesen sein mag. Diese Skepsis traf aber auch das traditionelle Verständnis des Eides, bei dem es ganz auf die Korrektheit der Formel ankam, und nicht, wie die damals sich entwickelnde Intentionalethik verlangte, auf die Übereinstimmung mit dem Gewissen.[350] Da er seinen Roman ausdrücklich nur für die „edelen herzen", also die seine Liebes- und Lebenskonzeption Teilenden, verfasst hat, mögen auch nur diese ihn wirklich verstanden haben.[351]

Weniger bekannt ist das Gottesurteil, das im selben Roman schon vorher stattfindet, nämlich ein Zweikampf auf Leben und Tod zwischen Tristan und dem riesenhaften Morolt auf einer Insel (wie ein skandinavischer Holmgang, vgl. S. 41, 60). Dieser wird von Gottfried besonders eigenartig gestaltet, indem er Gott selber, aber auch Personifikationen wie Recht und Mut an Tristans Seite streiten lässt, der dann auch den Sieg davonträgt. Dieses Gottesurteil schildert der Dichter wie ein ganz berechtigtes Verfahren (zumal der Gegner Tristans mit einem heimtückisch vergifteten Schwert focht), so dass es schwer fällt, Gottfried eine grundsätzlich ablehnende Haltung zuzuschreiben.[352] Anscheinend beurteilte er einen Sieg, der

---

349 Vgl. z. B. Speyer, W., Büchervernichtung und Zensur des Geistes bei Heiden, Juden und Christen, Stuttgart 1981; Rohmann, D., Christianity, Book-Burning and Censorship in Late Antiquity, Berlin 2016.

350 Vgl. Ziegler 5 u. ö.

351 Dembeck 500, 502.

352 6707 ff., ed. cit. 89 ff., vgl. Ziegler 116 ff.

auf ritterlicher Kühnheit und Tüchtigkeit beruhte, anders als den Ausgang eines einseitigen Elementordals. Allerdings sind die Gotteserwähnungen im *Tristan* Gottfrieds generell oft frivol und dient Gott gern „als unverfänglichstes Tarnungsmittel zur Deckung vielfacher Lügen",[353] so dass eine prinzipielle religiöse Skepsis des Dichters durchaus denkbar ist.

Immerhin sei an dieser Stelle daran erinnert, dass schon Chrétien de Troyes eine kritische Haltung einnahm, da er in seinem Roman *Ywain* (um 1180) den Titelhelden mit seinem besten Freund Gawein einen gerichtlichen Zweikampf ausfechten lässt, in dem sich Gott aber nicht offenbart, da keiner der beiden Helden – die einander nicht erkennen – den anderen zu besiegen vermag. Hier muss die irdische Gerichtsbarkeit in der Person des Königs Artus eingreifen, um den Konflikt zwischen den beiden Schwestern zu schlichten, deren Kämpen die beiden Ritter der Tafelrunde sind.[354]

Spätere höfische Dichtungen wie der *Engelhard* des Konrad von Würzburg (eine Version der lateinischen Geschichte *De Amico et Amelio*, um 1275) werden dann dieses Motiv des Duells, und nicht mehr die Probe des glühenden Eisens, einsetzen, mit dem die Keuschheit einer Frau zu beweisen ist. Hier geschieht dies allerdings ebenfalls durch eine List, da der Liebhaber, der eigentlich den Kampf bestehen sollte, von seinem Doppelgänger vertreten wird, der nun in der Tat schuldlos war.[355] Auch der anonyme Verfasser des bald danach entstandenen *Lohengrin* bedient sich dieses Themas, wenn der gottgesandte Schwanenritter die Herzogin von Brabant durch einen gerichtlichen Zweikampf rettet und für sich gewinnt.[356] Im *Athelston*, einem kurzen fabulösen mittelenglischen Geschichtsroman um 1350, taucht dagegen die in diesem Königreich längst abgekommene Probe des Ganges auf glühenden Pflugscharen (hier auf Steinen oder Kohlen) wieder auf.[357]

Schwankhafte Abwandlungen finden sich auch; sie zeigen die besonders nach 1215 verbreitete Skepsis gegen diese ja immer noch gelegentlich tatsächlich an-

---

353 Weber, G., Gottfried von Strassburg. Tristan und die Krise des hochmittelalterlichen Weltbildes um 1200, Stuttgart 1953, I, 105.

354 Ywain 6106 ff., vgl. Arthur.

355 Schnell, Wahrheit.

356 Frenzel 37 ff., 670 ff.

357 Green, Crisis 107.

gewandte Methode. Bisweilen wird hier aber nicht Gott angerufen, sondern ein magisches Objekt übernimmt dessen Rolle als Wahrheitsfinder, ein bei vielen Völkern zu findendes Motiv. Im *Lai du cor* des Robert Bicket (2. Hälfte 12. Jahrhundert) etwa und dem darauf basierenden Fastnachtsspiel *von künig Artus, wie er siben fursten mit iren weyben zuo seinem hoff geladen het* … ist es ein Trinkhorn, aus dem nur ein Mann mit einer treuen Gattin einen Schluck nehmen kann, ohne einen Tropfen zu verschütten. Die meisten Frauen werden so durch diesen Zaubergegenstand des Ehebruchs überführt – wie es ihnen in der Realität auf schmerzhaftere Weise durch ein Gottesurteil hätte passieren können.[358] In dem deutschen Schwank *Das heiße Eisen* des Strickers (1. Hälfte 13. Jahrhundert) verlangt eine eifersüchtige Frau von ihrem Gatten, zum Beweis seiner Treue das glühende Eisen zu tragen, was dieser auch ohne weiteres tut, da er unbemerkt einen Holzspan aus dem Ärmel darunter schieben kann. Die Gegenprobe geht freilich anders aus, denn die Frau ihrerseits verbrennt sich vollkommen die Hand.[359] Vielleicht eine Generation nach dem Werk des Gottfried von Straßburg entstand ein anonymes Episodengedicht, genannt *Tristan(t) als Mönch*, in dem Marke auf das Eisenordal Bezug nimmt. Hier werden die bekannten tragischen Personen in einer schwankhaften Situation gezeigt: Tristan möchte Ysots Liebe dadurch prüfen, dass er die Leiche eines Ritters als die seine ausgibt, während er selbst listig als Mönch verkleidet die Reaktionen der anderen beobachtet. Marke zeigt sich hier ganz begeistert über die Reinheit seiner Frau, die das schreckliche Urteil bravourös bestand, als sie *das glüejende ysen troug.*[360] Dass keine weiteren Erläuterungen gegeben werden, zeigt, wie bekannt das Motiv gewesen sein muss.

Schließlich sei als Beispiel einer ahistorischen Sage noch die Legende der Witwe erwähnt, deren Mann Kaiser Otto III. enthaupten ließ, da er ihn fälschlich des Ehebruchs mit seiner Gattin bezichtigte. Die Witwe aber beweist das Gegenteil, indem sie von sich aus den Kopf des Hingerichteten in die eine und das heiße

358 Robert Biket, Il corno magico, ed. Lecco, M., Alessandria 2004; vgl. bes. Rider, J., Courtly Marriage in Robert Biket's Lai du cor: Romania 106, 1985, 173–197; Walsh, M., Arthur Cocu: Fifteenth-Century Studies 15, 1989, 305–321.

359 Grimm, Rechtsaltertümer II, 574 f., Glitsch 11 f.; Ziegler 168 ff.

360 vs. 1642, Tristan als Mönch, ed. Classen, A., Greifswald 1994, 39.

Eisen in die andere Hand nimmt, ohne dass es ihr schadet.[361] Die malerische Behandlung des Themas durch Dirk Bouts und die Dramatisierung durch Hans Sachs (1551) haben die Erinnerung an die Eisenprobe aufrecht gehalten.[362] Dass dieser schaurige Vorgang auch in der historisierenden Literatur der Moderne bisweilen aufgegriffen wurde, ist hier nicht weiter zu verfolgen; als Beispiele seien immerhin Walter Scotts *Ivanhoe* (1820) oder Werner Bergengruens (1892–1964) *Die Feuerprobe* genannt. Gerade diese historische Novelle scheint die gespannte Atmosphäre der Situation besonders gut zu treffen.

VIII. Von der Romanik bis Riemenschneider – Darstellungen in der mittelalterlichen Kunst

Die Prozedur der Gottesurteile spiegelt sich auch in der bildenden Kunst.[363] Die ältesten Darstellungen scheinen die des *Rituale Lambacense* zu sein, einer um 1200 entstandenen Handschrift des Klosters Lambach in Oberösterreich,[364] es sei denn eine unklare Zeichnung in einem fränkischen Rechtskodex aus dem 9. Jahrhundert zeigt wirklich ein Feuerordal.[365] Um 1200 wird das kupfergetriebene und vergoldete Altarfrontale aus Tandrup im Kopenhagener Nationalmuseum datiert, das Poppos Probe mit dem glühenden Handschuh zeigt.[366] Die verschiedenen Handschriften des *Sachsenspiegels* aus dem 14. Jahrhundert enthalten die Heißwasserprobe und den Zweikampf als Randilluminationen. Einige Abbildungen sind auch in Manuskripten historiographischer Quellen zu finden, so die eines gerichtlichen Duells um 1249 in England, samt der nachfolgenden Hinrichtung des Unterlegenen durch Erhängen.[367] Wo Heiligenlegenden

[361] Glitsch 12 ff.; Gebrüder Grimm, Dt. Sagen (wie S. 15, Anm. 6), 453–455.

[362] Frenzel 569.

[363] Fehr, H., Das Recht im Bilde, Erlenbach 1923, Abb. 39 ff.; Pleister/Schild 52 ff.

[364] Österreichische Kunsttopographie 34/2, 1959, 242, Abb. 246 f.; 900 Jahre Klosterkirche Lambach (Katalog), Linz 1989, 209, Nr. VIII. 33.

[365] Janin 15.

[366] Johansson 546.

[367] Janin 19 ohne Angabe des Manuskriptes.

das Thema berühren, konnte es auch z. B. auf einer Tafel eines Flügelretabels gestaltet werden, am bekanntesten ist wohl Dirk Bouts Version der oben erwähnten Geschichte der Witwe vor Kaiser Otto III., ein Beispiel für die Probe mit dem glühenden Eisen (um 1470).[368] Illuminationen mit dem Pflugschargang der hl. Kunigunde wurden u. a. in die Handschrift der *Vita Henrici* des Adelbert von 1146 aufgenommen und dann in Werke mit dem Leben der Herrscherin. Das Thema erscheint auch auf einer Tafel von Wolfgang Katzheimer (um 1495) und wurde auf der berühmten Tumba des Kaisers im Bamberger Dom von Riemenschneider plastisch dargestellt. Die Kaiserin erhielt auch eine Pflugschar als Attribut.[369] Die hl. Königin Richardis, Gründerin des Klosters Andlau, wurde besonders im Elsass bei der Feuerprobe gezeigt.[370] Die des hl. Franziskus hat Giotto in Santa Croce in Florenz noch wenig spektakulär gestaltet (1316/20);[371] sie kommt auch in illuminierten Lebensbeschreibungen des Ordensgründers vor,[372] vor allem aber in den Zyklen der Wandmalerei, die seine Vita wiedergeben.[373]

Besonders deutlich wird die Beziehung von Recht und gerichtlichem Zweikampf zur Religion auch durch die zahlreichen Darstellungen dieses Verfahrens im Inneren von Kirchen und öffentlichen Gebäuden, und zwar in Form von Gewölbemalereien, Mosaiken oder Skulpturen. Meist sind es eher grob gezeichnete (und daher schwierig zu datierende) Figuren von Duellanten mit Rundschilden und Keulen, die an diesem Ort dargestellt wurden (runde Schilde schrieb das friesische Recht ausdrücklich vor[374]). Diese Bilder bedürfen noch einer eigenen ikonographischen Untersuchung, zumal nicht alle Zweikämpfe einen Bezug auf den Rechtsvorgang haben müssen, sondern auch eine Etymachie, der Kampf zwischen

368 Pleister/Schild 52 f.

369 Merzbacher 507; Raggi, A., Cunegonda, Iconografia: BS 4, 397–399; Kiesel, G., Kundigunde: LcI 7, 357–360, 358.

370 BS 11, 158.

371 Pleister/Schild 55.

372 Z. B. Gieben, S., Criscuolo, V., Francesco d'Assisi attraverso l'immagine, Roma 1992, f. 55 v.

373 LcI 6, 287.

374 Schwab 514.

Tugend und Laster, gemeint sein kann oder eine andere Allegorie, da Bewaffnete in Kunst und Literatur in spätantiker Tradition oft mit symbolischen Bedeutungen befrachtet wurden.[375]

Zweikampf mit Keulen: Fresko, Novarra, Broletto (13. Jahrhundert)

Zweikampf mit Keulen: Kapitellrelief, Kirche von Cunault (1. Hälfte des 12. Jahrhundert)

375 Dinzelbacher, Mentalität 276–312.

Einige Beispiele: Schon aus der Wikingerzeit datieren schwedische Steinritzungen, die den Holmgang mit Schild und Schwert auf dem „gehaselten" (eingefriedeten) Kampfplatz zeigen.[376] Ganz den Beschreibungen von im Zuge eines Verfahrens zum Duell angetretenen Kämpfern entsprechen die Figuren in der Krypta der Kathedrale von Chartres mit ihren Keulen und viereckigen Schilden, die aber auf dem Dach eines großen Gebäudes miteinander kämpfen (Ende 13. Jahrhundert).[377] Sehr ähnliche finden sich auf einem gemalten Fries im Palazzo dell'Arengo (Broletto) von Novara (1. Hälfte 13. Jahrhundert?), sie halten die Schilde schützend über den Kopf, während sie einander mit den Keulen bearbeiten.[378] Auch in Skandinavien kommt das Motiv weiterhin vor, z. B. im dänischen Tveje-Merlöse (um 1225)[379] und als Kapitell des Domes von Uppsala (14. Jahrhundert) sowie mehrfach in gotländischen Kirchen.

Zweikampf mit Schwertern: Uppsala, Dom, Kapitell (1. Hälfte des 14. Jahrhunderts)

---

[376] Schwab 508.

[377] Deschamps, P., Thibout, M., La Peinture en France au début de l'époque gothique, Paris 1963, 35, Pl. XII/3.

[378] Gavazzoli Tomea, M., Villard de Honnecourt e Novara: Arte Lombarda NS 52, 1979, 31–52, 42 ff., Abb. 36.

[379] Nørlund, P., Lind, E., Danmarks romanske kalmalerier, København 1944, 101, Fig. 103, vgl. 99, 302 ff.

Gerichtlicher Zweikampf mit (damals veralteten) Rundschildern: Taufbecken der Kirche von Hejde, Gotland (12. Jahrhundert).

Besonders eigenartig sind die mit Rundschilden ausgestatteten und in Schuppenpanzer (?) gekleideten Figuren in Westerwijtwerd bei Groningen (2. Hälfte 13. Jahrhundert).[380] Um 1164 entstand eine Mosaikdarstellung solcher Kämpfer auf dem berühmten Fußboden des Domes von Otranto.[381] Auch in plastischer Form wurde dies gelegentlich gestaltet, so auf einem der Kapitelle in Cunault (1109/44), wo die Kämpfer tunikaartige Gewänder tragen und mit Keulen und ovalen Schilden bewaffnet sind;[382] ähnlich die ausdrucksstarke Gruppe auf einer reliefierten Konsole in St. Pierre-de-l'Isle (12. Jahrhundert).[383] Im Museo de Navarra befindet sich ein romanisches Kapitell, das zwei mit langen Normannenschilden und Keulen bewehrte Männer, in Ketten- oder Haarhemden gekleidet,

380 Hoogewerff, G., De Noord-Nederlandsche Schilderkunst, s' Gravenhagen 1936, I, 46 ff., Afb. 12.

381 Willemsen, C., Das Rätsel von Otranto, Sigmaringen 1992, T. II.

382 Brincaud, B., Cunault, ses chapiteaux du XIIe s., Paris 1937, 55, 109, Pl. xlviii.

383 Garnier, F., La guerre au moyen âge, Poitiers 1976, 55, nr. 46.

miteinander konfrontiert.[384] In der Gotik konnte das Motiv der mit Rundschildern und Keulen Kämpfenden auch ohne nähere Funktion dekorativ zu anderen Elementen wie Tieren und Fabelwesen gestellt werden, wie man es auf den Balkenmalereien im Schönen Haus in Basel sieht; ähnlich im Wandmalereiprogramm in Schloss Brandis, Maienfeld.[385]

Selbstverständlich finden sich gerichtliche Zweikämpfe auch als Buchillustrationen in der Spätgotik, ein bekannteres Beispiel wäre die 1493 in Basel gedruckte Geschichtensammlung des Ritters vom Turn, *Von den Exempeln der gotsforcht und erberkeit*, die Dürer mit Holzschnitten versehen hat. Bei der Geschichte eines Ritters, der eine unschuldig zum Flammentod verurteilte Jungfrau durch einen gerichtlichen Zweikampf rettet, sieht man neben den beiden Kombattanten sowohl den von einem Geländer umhegten Duellplatz als auch den Richter mit seinem Stab (s. S. 38).[386]

Selbst wenn mit diesen Darstellungen eine Allegorie der Tapferkeit vorgeführt werden sollte, was die Inschrift *Fortitudo* in einer solchen Szene des Mosaiks in S. Savino zu Piacenza nahelegt,[387] gibt sie doch zweifellos eben die in der Tat Mut erfordernde Situation eines gerichtlichen Zweikampfes wieder. Ob formale Vorbilder bis zu den antiken Gladiatorenmosaiken zurückreichen, bleibe hier dahingestellt, desgleichen, ob manche der zahlreichen Darstellungen von kämpfenden Rittern in Rüstung auf gerichtliche Zweikämpfe gedeutet werden können oder stets – wie in den Psalter-Illustrationen – metaphorische Bedeutung haben.[388]

---

[384] Martínez de Aguirre Aldaz, J., Menéndez Pidal de Navascués, F., Emblemas Heráldicos en el Arte Medieval Navarro, Pamplona 1996, 323.

[385] Literatur und Wandmalerei II. Hg. v. Lutz, E. u. a., Tübingen 2005, Abb. 84; 102.

[386] Hütt, W. ed., Albrecht Dürer, Das gesamte graphische Werk II: Druckgraphik, München 1970, 1322. Der Text ist ediert von Harvey, R., Marquard vom Stein, Der Ritter vom Turn, Berlin 1988, 196 ff.

[387] Willemsen (wie Anm. 381) 112.

[388] Rothe, E., Rytterkampbilled i Aal kirke samt andre middelalderlige kampscener i Danske kirke: Aarbøger for nordisk oldkyndigheid og historie II.r., 23, 1908, 77–116; Dinzelbacher, Mentalität 276–312.

IX. Man darf den Herrn nicht versuchen – Das Ende der Gottesurteile

1. Skeptische Stellungnahmen von Geistlichen

Wiewohl die Häufigkeit der Anwendung von Gottesurteilen eindeutig ihre Anerkennung durch die ganz überwiegende Mehrheit der Menschen im frühen und hohen Mittelalter bezeugt, gab es auch gegen sie eine, wenn auch dünne, Gegenströmung – wie bei fast allen Erscheinungen der Mentalitätsgeschichte. Gegenstimmen aus der Geistlichkeit erhoben sich vornehmlich gegen den Zweikampf, an dem sie selbst ja nicht oder nur vorbereitend beteiligt war. Schon Bischof Avitus von Vienne (reg. 490–518), aus einem römischen Senatorengeschlecht stammend, kritisierte, dass ja bloß der Stärkere oder Raffiniertere gewinnen würde.[389] Erzbischof Agobard von Lyon (reg. 816–840), den man als Vertreter eines „karolingischen Rationalismus" bezeichnet hat, war in vieler Hinsicht eine Ausnahmegestalt in seiner Zeit. Er verwarf nicht nur die landläufige Meinung, Unwetter könnten durch Zauber verursacht oder verhindert werden, er wandte sich auch gegen die Verehrung von Heiligenbildern und die falsche Erklärung von Tierkrankheiten u. a. Einen eigenen, aber kaum rezipierten Traktat widmete er den Gottesurteilen, insbesondere den Zweikämpfen. Er argumentiert gegen sie vor allem auf bibeltheologischer Grundlage: „Niemals hat [sie] Gott vorgeschrieben, niemals gewollt … Als ob der allmächtige Herr den Feindseligkeiten oder Kniffen der Menschen dienen müsste!"[390] Keineswegs wird Gott da eingreifen, wo um so profane Dinge wie Äcker, Pferde und Schweine gestritten wird![391] Seine natürlich mit vielen aus dem Zusammenhang gerissenen Bibelstellen untermauerten Argumente wurden wiederaufgenommen vom anonymen Dichter (Erchambert?) eines nur in einer Handschrift tradierten *Carmen de Timone comite* (Lied vom

389 Agobard, Contra iudicia 6, MGH Epp 5, 160 Anm. 1. Vgl. Shanzer, D., Wood, I., Letters and Selected Prose of Avitus of Vienne, Liverpool 2002.

390 CCCM 52, 32.

391 Ebd. 31–49.

Grafen Timon, nach 834),[392] scheinen aber sonst ungehört verhallt zu sein. Von den karolingischen Autoren wesentlich einflussreicher war Erzbischof Hinkmar von Reims, dessen Schrift, wie erwähnt, das genaue Gegenteil verfocht (s. S. 46).

Erst in der Renaissance des 12. Jahrhunderts sollte es zu mehr und mehr Zweifel an der Vernünftigkeit und Gottgefälligkeit der Ordalien kommen. Schon Guibert von Nogent, der um 1115 seine Autobiographie schrieb, zerbrach sich den Kopf darüber, warum bei einem Zweikampf der Schuldige gewinnen konnte, und bot zwei Möglichkeiten an: Entweder hatte der andere wirklich auch ein Vergehen begangen, oder der Zweikampf war eine illegitime Vorgangsweise (was er nach dem Kirchenrecht ja auch tatsächlich war). Drei Sätze weiter beschreibt derselbe Guibert jedoch ohne Spur von Zweifel, wie der Schuldige dann doch noch durch das Kaltwasserordal überführt wurde.[393]

Ivo von Chartres, der bedeutendste Kirchenrechtler des beginnenden 12. Jahrhunderts, zeigte sich noch schwankend: Er sprach sich in fünf seiner Briefe gegen die Ordalien aus, in vieren akzeptierte er sie für bestimmte Fälle. Jedenfalls galten sie ihm als letztes Mittel, die Wahrheit herauszufinden, wenn alles andere versagte.[394] Der freilich in vielem eigenwillige Reformer Robert von Arbrissel (gest. 1116) verbot den Nonnen der von ihm gegründeten Kongregation von Fontevraud, den Eid für eine Feuerprobe abzulegen, denn dies hieße, Gott zu versuchen.[395]

Bemerkenswert ist die Argumentation – oder Skepsis – des Bischofs Eckbert von Münster (1127–1132), als sich einer seiner Höflinge von selbst anbot, die Probe des glühenden Eisens auf sich zu nehmen, um einen vom Christentum schon halb überzeugten Juden zur Konversion zu motivieren. Gott dürfe nicht versucht werden, ein äußeres Zeichen zu setzen, er könne ja ohnehin im Herzen wirken, und der auf einem Wunder basierende Glaube sei wenig verdienstlich.[396] Eckbert nahm hier die Argumentation voraus, mit der die Ordalien 1215 abgeschafft wer-

[392] Grimm, Rechtsaltertümer II, 564 f.; Franz II, 315; Manitius, M., Geschichte der lateinischen Literatur des Mittelalters, München 1911 ff., I, 598 f.; II, 812.

[393] De vita sua 3, 15, Guibert de Nogent, Autobiographie, ed. Labande, E., Paris 1981, 418 ff. Vgl., 3, 17.

[394] Michel 1145.

[395] Dalarun, J., L'impossible sainteté. La vie retrouvé de Robert d'Arbrissel, Paris 1985, 261.

[396] Hermannus quondam Iudaeus, Opusculum c. 5, MGH Qu. z. Geistesgesch. 4, 84 f.; Schmitt, J.-C., La conversion d'Hermann le Juif, Paris 2003, 260 ff.

den sollten, da er es offensichtlich nicht wagte, es in einer so spektakulären Sache darauf ankommen zu lassen.

Der wesentliche Widerstand gegen diese Verfahrensform kam aber erst von Petrus Cantor (gest. 1197), einem einflussreichen Pariser Theologen, der sich hauptsächlich mit Problemen der Moral befasste. In seinem *Verbum abbreviatum* weist er die Unsinnigkeit der Gottesurteile nach, wobei er sich auch auf den Reimser Bischof Samson (1140–1161) beruft, der ähnlich gedacht habe: Einmal wäre zur theologischen Legitimation dieses Vorgehens höchstens das biblisch vorgeschriebene Fluchwasser heranzuziehen, was jedoch nicht geschah, dann zeige die Erfahrung, dass immer wieder Unschuldige unterlägen, wofür Beispiele genannt werden. Durfte man wirklich jedes Mal ein Wunder annehmen, wenn sich die Natur des Wassers so veränderte, dass ein schwerer Körper nicht mehr sank, oder die des Feuers, wenn es Fleisch nicht verbrannte? Wenn die Ordalien wirklich Gottes Willen verkündeten, warum bekehrte dann die Kirchen nicht alle Heiden durch sie? Warum verbot das Kirchenrecht, bei der Bestellung eines neuen Bischofs Lose zu gebrauchen? Und wie unterschiedlich doch die Proben in der Praxis angewandt würden![397] Hier wird also eine ganz rationale, scholastische Skepsis vorgetragen, die bereits sehr der Argumentation entsprach, die auch wir heute gegen die Gottesurteile anwenden würden. Bezeichnenderweise zählte der spätere Papst Innozenz III. in seiner Pariser Studienzeit zu den Hörern dieses Gelehrten. Auch andere Kanoniker, so der gefeierte Huguccio von Pisa (gest. 1210), bezeichneten Ordalien als Methoden, die gegen die Vernunft verstießen.[398] Eine 1212 abgehaltene Pariser Synode verbot dann zum mindesten die Teilnahme von Bischöfen an diesem Rechtsinstitut und ihren Vollzug an geweihten Orten.[399] Übrigens wurde es auch durch die rapide zunehmende Verschriftlichung in einem Zusammenhang immer weniger bedeutsam, in dem es früher oft angewandt worden war, nämlich bei Grundstreitigkeiten. Nun trat vielmehr der Urkundenbeweis seine Nachfolge an.[400]

---

397 PL 205, 226–233; Franz II, 323 ff.; Baldwin, Preparation.

398 Baldwin, Preparation 625.

399 Leitmaier 42.

400 Southern 86.

Erwartungsgemäß verwerfen dann fast alle Theologen diese „Versuchung Gottes“ nach der Abschaffung der priesterlichen Teilnahme an den Ordalien durch das IV. Laterankonzil 1215. Es genüge, den bis ins 20. Jahrhundert maßgeblichen katholischen Gottesgelehrten, den hl. Thomas von Aquin, zu erwähnen. Er bespricht die Ordalien unter dem Stichwort „Wahrsagerei“ und führt aus: Hier werde ein mirakulöses Eingreifen Gottes erwartet, doch handle es sich um etwas Geheimes, was nur Gottes Beurteilung vorbehalten ist, und dem nachzuforschen gäbe es keine göttliche Erlaubnis. Thomas zitiert als Beleg freilich bloß die Argumentation Papst Stephans V., wie er sie aus Gratian kannte.[401] Die Ausführungen späterer Theologen bewegen sich auf dieser Linie.

2. Kritische Stellungnahmen von Laien

Nur recht gelegentlich sind auch Stimmen von Laien überliefert, die einen Zweifel oder eine Kritik an den Ordalien ausdrückten. Als vielleicht frühestes bezeugtes Beispiel wurde bereits die Skepsis des Langobardenkönigs Luitprand erwähnt (S. 62). Zum Jahre 1026 erzählt der isländische Gelehrte Snorri Sturluson in der *Heimskringla* (um 1225), wie der hl. König Olav von Norwegen einen Wikinger wegen eines Mordes anklagte, und sich dieser mit dem Gottesurteil reinigen wollte. Doch wurde er sich bald dessen bewusst, „dass es für den König eine Leichtigkeit ist, das Urteil mit dem Eisen zu fälschen“,[402] also offenbar bei der Begutachtung der Verbrennung dafür zu sorgen, dass diese als Zeichen der Lüge interpretiert würde. Ob diese Nachricht authentisch ist, muss freilich ungewiss bleiben, schrieb Snorri doch erst 200 Jahre danach.

Der generell wenig fromme normannische König Wilhelm Rufus (reg. 1087–1100) äußerte unverhohlen, ein Ordal könne nach dem Willen eines jeden so oder so gedreht werden; Gott wisse entweder nicht um die Taten der Menschen oder wolle sie gar nicht beurteilen.[403] Ein Einzelfall ist es auch, wenn um 1100 die Lohnkämpfer der Abteien Vendôme und Marmoutier das Duell mit dem modern klingenden Argument verweigert haben sollen, es sei eigentlich Wahnsinn, wenn

---

401 Summa Theologiae II II, 95, 8, ad 3, ed. Cinisello Balsamo 2. Aufl. 1988, 1490.

402 c. 145, übers. Laing, S., Simpson, J., London 1964, 280.

403 Eadmer, Historia Novorum 2, RS 81, 102.

zwei einander keineswegs feindliche Männer ihr Leben für sie nicht im mindesten berührende Besitzinteressen dieses oder jenes Klosters riskierten.[404]

Gegen den jahrhundertealten Usus der Ordalien richtete sich erst seit der zweiten Hälfte des 12. Jahrhunderts mehr und mehr intellektuelle Kritik, die darauf basierte, den Kausalnexus von Gott weg auf irdische Gegebenheiten zu verlegen. Die prominenteste Figur war hierbei der bereits erwähnte Pariser Theologe Petrus Cantor (gest.1197), aber deutlich wird die neue Einstellung auch bei jenen nicht geistlichen Intellektuellen, als die die Verfasser der weltlichen Dichtungen anzusprechen sind. So zeigt auch die Art, wie sie im Tristanroman Isolde und im Lanzelot-Roman den Titelhelden zweideutige, von der Sache her falsche Eide schwören lassen, die trotzdem von Gott gedeckt werden, dass sie kaum daran glaubten, dieser würde sich im Gottesurteil manifestieren.[405] Schon knapp vor das IV. Lateranum fällt dann die spöttische Skepsis, die Gottfried von Straßburg in seinem *Tristan zeigte* (s. o. S. 101 ff.), ohne freilich die Ordalien direkt anzugreifen. Dass sich im römischen Recht keine vergleichbaren Bestimmungen befanden, dürfte auch die immer einflussreicher werdenden weltlichen Juristen, die an den jungen Universitäten danach ausgebildet wurden, nicht eben zu Unterstützern der Ordalien gemacht haben.

Nach der Abschaffung der priesterlichen Mitwirkung an den Gottesgerichten durch Innozenz III., was in der Praxis ihr Ende bedeutete, finden sich dann zahlreiche Verdammungen dieser Rechtseinrichtung. Besonders wichtig erscheint hier Kaiser Friedrich II., der in den *Konstitutionen von Melfi* (1231), mit denen er die juristischen Verfahrensweisen seiner Beamten im Königreich Sizilien regelte, nicht auf das Kirchenrecht rekurrierte – lag er doch andauernd mit dem Papsttum im Streit –, sondern ausdrücklich auf die Vernunft:

> „Wir halten dafür, dass deren Gesinnung nicht nur zu korrigieren, sondern eher auszutilgen ist, die darauf vertrauen, dass sich die natürliche Hitze des glühenden Eisens mindere oder, was noch dümmer ist, es erkalte, wenn es dafür keinen richtigen Grund gibt; oder die behaupten, dass ein eines Verbrechens Angeklagter nur wegen seines schlechten Ge-

[404] Coulton, Five III, 530 nach einer Publikation von 1834/35, deren Quellentreue mir nicht nachprüfbar ist.

[405] Baldwin, From 197.

wissens vom Element des kalten Wassers nicht aufgenommen werde, wiewohl es ihm doch nur die entsprechend zurückgehaltene Luft nicht erlaubt unterzugehen.“[406]

Hier wird das Wirken der Elemente ausschließlich auf natürliche, ihnen immanente Eigenschaften zurückgeführt, die Verbindung in die Überwelt ist überflüssig. Nicht, dass man sich solche natürlichen Gründe früher nicht hätte vorstellen können, aber man war ungemein rasch dazu bereit, die Kausalkette ins Jenseits zu verlängern, überirdische Ursachen anzunehmen und physikalische nicht zu beachten. Dieser traditionellen Mentalität zu widersprechen, gehört zu der vielmals berufenen „Modernität“ des Staufers, der die Einrichtung der Ordalien „gewissen Einfältigen“ zuschreibt, „die weder die Natur der Dinge beachten, noch die Wahrheit anstreben“. Friedrich II. war sich auch möglicher Betrügereien beim gerichtlichen Zweikampf bewusst, wiewohl er diesen nicht zur Gänze abschaffte. Doch versuchte er, z. B. Absprachen zwischen den Kämpfenden zu verhindern oder zu starke Ungleichheiten zwischen ihnen auszuschließen.[407] Bei diesem Herrscher spielte zweifelsohne auch sein eingehendes und nüchternes Interesse für naturkundliche Fragen überhaupt eine Rolle, das ihm in der Wissenschaftsgeschichte einen besonderen Platz sichert.[408] Bemerkenswerterweise konnte aber auch er sich bei besonders schweren Rechtsbrüchen wie Gewalttaten gegen Frauen, Majestätsbeleidigung und heimlichem Mord nicht anders helfen, als doch gerichtliche Duelle als „außerordentliches Beweismittel“ zuzulassen, wiewohl er sie in demselben Paragraphen als „weniger ein Urteil denn ein Übel“ bezeichnete.[409]

Unter den Laien sind sonst v. a. Stimmen von Dichtern erhalten. Viel Skepsis zeigten Gottfried von Straßburg und der Stricker, indem sie auf die Manipulierbarkeit dieser Probe hinwiesen, ein Thema, das noch Hans Sachs aufgegriffen und als Fastnachtsspiel bearbeitet hat. In der 2. Hälfte des 14. Jahrhunderts drückte etwa

[406] Liber Augustalis 2, 31: Conrad, H. u. a. ed., Die Konstitutionen Friedrichs II. von Hohenstaufen für sein Königreich Sizilien, Köln 1973, 216 ff.

[407] Liber Augustalis 2, 39 f., ed. cit. 230 ff.

[408] Stürner, W., Friedrich II., Darmstadt 1992/2000.

[409] Liber Augustalis 1, 22, ed. cit. 32 ff.

der Autor der Chanson de geste *Li bastars de Buillon* seine Missachtung für diese Art der Entscheidung aus.[410]

Vor einem solchen Hintergrund erscheint es umso erstaunlicher, wenn einer der schärfsten Denker des Mittelalters, Dante Alighieri, in seiner 1310 entstandenen politischen Schrift *De monarchia*, die die Autarkie der weltlichen Macht gegen das Papsttum betont, den Kampf als Gottesurteil verteidigte (2, 9). Es ging dem Dichter hier darum, die Rechtmäßigkeit und Gottgefälligkeit des römischen Imperiums zu erweisen. Da dieses nach der Überlieferung Vergils von Aeneas im Kampf gegen den Latiner Turnus begründet worden war, durfte daraus kein etwaiger moralischer Angriffspunkt werden. Als Prinzip wird daher aufgestellt: *Et quod per duellum acquiritur, de iure acquiritur.* („Und was durch einen Zweikampf gewonnen wird, wird rechtmäßig gewonnen.") Als Begründung folgt:

> „Denn wo immer menschliches Urteil unzureichend ist, sei es, da in Dunkelheit und Nichtwissen gehüllt, sei es, da richterlicher Schutz nicht zu haben ist, muss man, damit die Gerechtigkeit nicht im Stich gelassen wird, sich an jenen wenden, der sie so liebte, dass er sterbend mit dem eigenen Blut das erfüllte, was sie verlangte",

also an Christus. Eine Reihe von Beschränkungen macht ganz klar, dass Dante allerdings den Kampf nur als *ultima ratio* anerkannte: Er bedarf der freien Zustimmung der Parteien, und allein der Eifer um die Gerechtigkeit darf ihn motivieren. Wiewohl Dante dabei ausdrücklich auf die römischen Klassiker rekurriert, hebt er auch das christlich-religiöse Moment sehr hervor: Sind die Kämpfer

> „nicht im Namen Gottes versammelt? Und wenn dem so ist, ist dann nicht Gott in ihrer Mitte? … Und wenn Gott anwesend ist, ist es nicht Unrecht zu meinen, die Gerechtigkeit könne unterliegen? … Und wenn die Gerechtigkeit im Zweikampf nicht unterliegen kann, wird dann nicht rechtmäßig erworben, was im Zweikampf erworben wird?"[411]

---

410 Pfeffer 74.

411 Blasucci, L. (Hg.), Dante, Tutte le opere, Firenze 2. Aufl. 1965, 284 f.

Die Kämpen dürfen außerdem nicht von pekuniären Interessen, sondern nur von Gerechtigkeitsliebe geleitet sein. Diese scholastische Argumentation mit ihren unrealistischen Voraussetzungen ist freilich gezwungen genug und deutlichst dem propagandistischen Zweck untergeordnet, die Legitimität des Imperiums zu untermauern.

Wie eingewurzelt die Vorstellung vom Kampf als Gottesurteil doch noch blieb, mag man daran erkennen, dass selbst der „französische Macchiavell", Philippe de Commynes (1446–1511), beim Schlachtentod König Richards III. fragte, ob hier Fortuna am Werk war, um sich dann ausdrücklich dagegen zu entscheiden: Es war vielmehr ein wahres Gottesurteil.[412] Ähnliche Meinungen findet man auch im späten Mittelalter nicht ganz selten über entscheidende Kriegsereignisse.

Wie schon mehrfach angedeutet, legte für die Abschaffung der Gottesurteile erst das IV. Laterankonzil von 1215 die Grundlagen. Diese Kirchenversammlung unter dem starken Papst Innozenz III., einem ausgewiesenen Juristen, brachte zahlreiche einschneidende Neuerungen[413] für das rechtliche wie religiöse Leben, unter denen der bis heute für Katholiken gültige jährliche Beichtzwang am bekanntesten sein dürfte. Das Konzil judizierte in Kanon 18 zwar nicht direkt gegen die Ordalien, verbot aber allen Geistlichen formell, an einem Gottesurteil, sei es das kochende oder kalte Wasser oder das glühende Eisen, mit Weihe und Segnung teilzunehmen. Das traditionelle Verbot, bei Zweikämpfen anwesend zu sein, wurde erneuert. Ein geistlicher Richter, der noch Gottesurteile anordnete, konnte sein Amt verlieren.[414] Da im selben Kanon zuvor den Geistlichen untersagt wurde, ein Urteil zu fällen, das zu Blutvergießen führt, oder bei einer solchen Bestrafung dabei zu sein, oder Kampftruppen anzuführen, oder chirurgisch tätig zu sein, scheint primär die Einhaltung einer Tabuvorschrift angezielt gewesen zu sein. Das Verbot an der Teilnahme bei diesen Praktiken steht im Zusammenhang mit dem kirchenrechtlichen Prinzip, Geistliche überhaupt davor zu bewahren, Blut zu vergießen.[415] Es ging also um jene aus dem *Alten Testament* übernommene Forderung nach ritueller Reinheit, die in der mittelalterlichen Religiosität eine so große Rolle spielte.[416] Als Innozenz 1214

412 Memoires 5, 20.

413 Fraher.

414 Constitutiones Concili quarti Lateranensis, ed. García y García, A., Città del Vaticano 1981, 66.

415 Michel 1149.

416 Höing, A., „Gott, der ganz Reine, will keine Unreinheit", Altenberge 2000.

einen Bischof absetzte, der am Gottesurteil des heißen Eisens mitgewirkt hatte und dann an der Exekution des Unterlegenen,[417] dürfte letzteres der für den Papst ausschlaggebende Grund für dessen Amtsenthebung gewesen sein.

Damit hatten Innozenz und seine Bischöfe die damals nicht mehr zu entbehrende kirchliche Heiligung des Vorgangs unterbunden. Benediktionen oder Konsekrationen bei den Proben des kochenden bzw. kalten Wassers oder des glühenden Eisens zu spenden, war künftig jedem Priester untersagt; auch verschärfte man erneut das Verbot der Präsenz von Geistlichen bei Zweikämpfen. Damit hatte sich die vom römischen Recht beeinflusste Tradition im Kirchenrecht durchgesetzt; die römische Antike kannte ja nur den Beweis durch Zeugen, Geständnis oder Eid. Die theologische Begründung des Verbots wurde in der Versuchung Gottes durch dieses Verfahren gesehen, wie der Papst an anderer Stelle bemerkt hatte.[418] Als entscheidend für das Ende dieses Rechtsbrauches erscheint, von der kirchlichen Organisation her betrachtet, die fehlende kirchenrechtliche Grundlage angesichts des immer stärkeren Einflusses der Kanonistik. Dass gleichzeitig in der Theologie die Betonung der Beichte als Sakrament erfolgte und im Inquisitionsprozess die Betonung des Geständnisses, verweist auf einen generellen Umschwung: Nicht das äußerliche Zeichen am Körper soll entscheidend sein, sondern das aus der Seele kommende Bekenntnis. Auch die Exempelliteratur des 13. Jahrhunderts, die als Predigtvorlage diente, z. B. Caesarius von Heisterbach, betonte allenthalben die Kraft der Beichte und wertete damit das Ordal ab.

Umso befremdlicher ist es – und erweist wiederum die Differenz zwischen priesterlicher Theorie und Praxis -, dass Innozenz III. im Jahre 1200 das bestandene Gottesurteil als eines der für die Kanonisation Kunigundes notwendigen Wunder anerkannte[419] und als Herrscher des Kirchenstaates sehr wohl die Statuten von Benevent approbiert hat, die den gerichtlichen Zweikampf vorsahen![420] Freilich zeigen sich bei diesem berühmten Papst auch sonst manche Differenzen zwischen seiner Theorie und seiner Praxis.[421]

---

417 Dec V, 31, 10; Hirte, M., Papst Innozenz III., das IV. Lateranum und die Strafverfahren gegen Kleriker, Tübingen 2005, 128, 130, 157 f.

418 Hurter, F., Geschichte Papst Innozenz des Dritten IV, Hamburg 1842, 426 nach Innozenz, Ep. XIV, 138.

419 Ziegler 151.

420 Michel 1151.

421 Moore, J., Pope Innocent III (1160/61–1216), Leiden 2003.

Die Gesetzgebung des Konzils wurde freilich ganz generell nur zögerlich implementiert,[422] obwohl sie Herrschern wie Richtern entgegenkommen musste, wurden sie doch wieder ganz zu Herren des Verfahrens, in das Gott nun nicht mehr unmittelbar eingriff.[423] Faktisch kamen die jahrhundertelang üblich gewesenen Gottesurteile nur langsam außer Gebrauch, denn die Umsetzung der Konzilsbeschlüsse in den einzelnen Bistümern brauchte naturgemäß einige Jahre oder Jahrzehnte, wie sich auch hinsichtlich anderer Bestimmungen erweisen lässt.[424] Die nachfolgenden Provinzialkonzile haben diese Satzungen dann verbreitet, wobei aus dem Verbot der priesterlichen Benediktionen ein Verbot der Ordalien überhaupt werden konnte.

So hat Papst Honorius III. 1225 die Gottesurteile auf Bitten der vom Deutschen Orden damit gequälten Livländer ganz untersagt.[425] Die Dekretalen Gregors IX. von 1234 sagen dann klar: „Duelle und andere profanrechtliche Reinigungen (*purgationes vulgares*) sind verboten, weil durch sie oftmals der verurteilt wird, der loszusprechen wäre, und Gott offenbar versucht wird".[426] Das nehmen die späteren Kirchenjuristen auf; Raimund von Pennaforte (gest. 1275) z. B. erklärt, diese Proben seien vom Volk erfunden (*a vulgo inventa*) und vom Teufel verursacht (*diabolo fabricante*).[427] Doch die Tatsache, dass spätere Kirchenversammlungen das Verbot wiederholen mussten, verweist darauf, dass es eben oft doch nicht befolgt wurde. Die Synode von Valladolid vom Jahre 1322 z. B. erklärte die Ordalien „für verabscheuenswert und verhängte die Exkommunikation über alle bei deren Vollzug beteiligten Personen."[428] Doch viele Gerichtsherren, auch geistliche wie die deutschen Tempelritter, hielten sich vorerst offenbar nicht daran. Ein im späten 13. Jahrhundert verfasstes Handbuch, das Andrew Horne zugeschriebene *Mirror of Justices*, bedauert sogar ausdrücklich, dass keine Gottesurteile mehr durchgeführt werden.[429] In Weistümern findet sich manche Kontinuität; so verfügt das

---

422 Pixton (wie oben Anm. 303); Schmoeckel, Wunderwerck pass.

423 Ebd. 156 f.

424 Pixton (wie Anm. 303).

425 Lea, Superstition 316.

426 Decr. V, 35, 1, Corpus iuris canonici, ed. Friedberg II, 877.

427 Zit. Schmoeckel, Wunderwerck 136 Anm. 58.

428 Franz II, 326 f.

429 Green, literature 427.

des Lorcher Wildbanns von 1423, bei Wildfrevel die Kaltwasserprobe in einer Maischbuttel an dem Gefesselten zu vollziehen; geht er unter (!), ist er schuldig.[430] Doch sogar in großen Städten kam dergleichen noch vor: Nach Akten des Rates von Hannover sprach dieser noch 1436 in einer Rechtsbelehrung von der Möglichkeit der Reinigung durch das glühende Eisen oder den wallenden Kessel,[431] wobei man offensichtlich dem *Sachsenspiegel* folgte.

Was im späten Mittelalter im Unterschied zu den anderen Proben fast überall in Gebrauch blieb, und als Duell bis ins 20. Jahrhundert blieb, war der Zweikampf. Noch die Ordnung des Kampfrechts am Landgericht zu Franken von 1515 – den Vorsitz hatte der Bischof von Würzburg (!) – legte ausführliche Bestimmungen für den gerichtlichen Zweikampf fest. Da mehrfach vorgeschrieben wird, bei den einzelnen zeremoniellen Schritten sei bis an die Schranken das Lied *In Gottes Namen fahren wir* anzustimmen,[432] war man sich des Charakters als Gottesgericht wohl durchaus bewusst, wenn sonst auch mehr und mehr der profane Aspekt der persönlichen Waffentüchtigkeit in den Vordergrund zu treten scheint.

X. Gott in der Welt – Mentalitätsgeschichtliche Interpretation

„… eine höchst merkwürdige und sonderbare Erscheinung in der früheren Gerichtsverfassung unseres Vaterlandes“, durch deren Kenntnis wir „in den Stand gesetzt werden, die moralische und religiöse Kultur unserer Vorfahren aus einem neuen und nicht unwichtigen Gesichtspunkte zu beurtheilen“, nannte Friedrich Majer die „Gerichte Gottes“ in seiner schon recht umfassenden Studie von 1795.[433]

430 Marx-Cruse, M./Campe, E. v., Chronik der deutschen Jagd, Ebenhausen b. München 1937, 107 f.

431 Majer 93 ff.; Müller-Bergström 1049.

432 Glitsch 50, 52.

433 Geschichte der Ordalien, insbesondere der gerichtlichen Zweikämpfe in Deutschland, Jena 1795, ND Leipzig 1970, 4.

Das um 1150 im bayerisch-österreichischen Raum entstandene Gedicht *Vom Rechte* gibt uns einen überaus klaren Einblick in die zeitgenössische Einstellung; es lohnt sich, diese Passage ganz im Originaltext zu zitieren:

Nieman ist so here
so daz reht zware.
des megen wir uns wol entstan,
swa wir zu rehte schulen gan.
swie harte sich der muoet,
der daz isen gluoet
und ez danne hin treit,
einem an die hant leit,
ist er rehte dar chomen
(daz han wir diche wol vernomen),
daz viur in nine brennet.
wie wol in got erchennet,
wie verre er da gelobet stat,
der daz reht da begat!
so sint si alle betrogen,
die in an habent gelogen.
swie ez dar nach gevare,
so ist ir iegelichem gare
ein isen also heiz,
daz ir neheiner weiz,
reht an die hant
daz brennet als ein brant.
hei, wie ez dem gluot,
der in unschuldigen muoet,
der in des bedwinget,
an daz reht bringet.
von diu sint di lugenaere
got viel unmaere.[434]

---

[434] vs. 239 ff., ed. Händl, C., Pisa 1998, 62.

("Wahrlich, niemand ist so hehr, wie das Recht. Dessen können wir uns gut bewusst werden, wenn wir zu Gericht gehen sollen. Wie sehr sich der auch bemüht, der das Eisen glüht und es dahin trägt, einem anderen auf die Hand legt – ist dieser im Recht hingekommen (das haben wir oft vernommen), brennt ihn das Feuer gar nicht. Wie gut ihn Gott erkennt! Wie sehr er da gelobt wird, der da das Rechte tut! So sind sie alle zuschanden geworden, die ihn angelogen haben. Wie immer es danach geht, so ist jeglichem von ihnen ein so heißes Eisen eben für seine Hand bereit, wie es keiner von ihnen kennt: das brennt wie ein Brand. Hei, wie es für den glüht, der einen Unschuldigen quält, der ihn dazu zwingt und vor Gericht bringt. Daher sind die Lügner Gott sehr zuwider.")

Wer „das Recht begeht", tut, praktiziert, den erkennt Gott als Gerechten und hebt für ihn die natürliche Eigenschaft des Elements Feuer auf – also ein Wunder. Dagegen wartet auf die, die ihn durch ihre ungerechte Anklage vor Gericht gebracht und dadurch Gott angelogen haben, selber das glühende Eisen, das sie heftiger verbrennen wird, als sie es sich vorstellen können. Impliziert ist hier der ewige Brand, der sie in der Hölle bestrafen wird.

Das bis etwa in die Mitte des 12. Jahrhunderts kaum angezweifelte Denkmodell, das die Existenz einer Einrichtung wie der Ordalien ermöglichte, basierte auf der Bildung einer Kausalkette in die Überwelt: Gott greift in den Naturablauf ein, um Schuldige oder Unschuldige anzuzeigen. Er stärkt den, der für die gerechte Sache kämpft, er verhindert, dass das glühende Eisen den Schuldlosen verbrennt oder das reine Wasser den Schuldigen aufnimmt. Man könnte von einer Magie der Unschuld sprechen, die dem Zeitalter auch sonst selbstverständlich schien. Eine mittelalterliche Anekdote z. B. erzählt von einem unschuldigen Mönch, der zunächst zufällig und dann absichtlich beim Schmied ein glühendes Hufeisen angreift, ohne sich zu verbrennen. Nachdem er sich von der Frau des Handwerkers hat verführen lassen, verletzt er sich jedoch in der zu erwartenden Weise, als er noch einmal nach dem Eisen greift[435] – nur die sexuelle Unschuld ermöglichte das Wunder.

Im Prinzip steht solches Denken auch hinter der ganzen Geschichtsauffassung des Mittelalters, die von dem Glauben an eine dem Sein immanente Vergeltung

435 Bühler, J., Klosterleben im Mittelalter, Frankfurt a. M. 1989, 519 f.

durchdrungen ist.[436] Gott straft und belohnt auch in dieser Welt schon seine Geschöpfe je nachdem, ob sie Sünder oder Gerechte sind. Die rechtmäßige Sache siegt nach mittelalterlichem Denken regelmäßig. Auch wenn alle Fakten für das Gegenteil sprachen, versuchte man, diese Überzeugung zu wahren, indem man annahm, auch eine an sich gerechte Sache könne trotzdem ihr Ziel verfehlen, wenn sie Ungerechte betrieben. Der Zweite Kreuzzug z. B., so erklärte nach seinem Scheitern sein hauptsächlicher Propagator, Abt Bernhard von Clairvaux, war ein Gott im Prinzip wohlgefälliges Unternehmen, aber die Sünden der Kreuzfahrer bestimmten ihn dazu, diese zugrunde gehen zu lassen.[437] Dieses Schema der Entlastung der Gottheit durch das Wirken des Teufels und die Verfehlungen der Menschen beherrscht das ganze christliche Denken, da eine Theodizee sonst nicht möglich ist. Anders würde man die Nichtexistenz oder Machtlosigkeit oder das Desinteresse der Gottheit an der Welt zugeben müssen.

Dieser tiefe Glaube an die Aufmerksamkeit Gottes gegenüber dem rechtsrituellen Handeln des Menschen kommt etwa in der Argumentation eines Priesters zum Ausdruck, der sich 1103 in Mailand dem Feuerordal unterzog: Weltliche Richter, sagte er, erwiesen sich als bestechlich. „Daher habe ich Gott als Richter erwählt, der weder um Geld noch auf eine andere Weise ein falsches Urteil fällen kann.“[438] Typisch für das Vertrauen des frühen und hohen Mittelalters in diese Institution ist auch etwa die Argumentation des gebildeten Notars Galbert von Brügge, der um 1128 schrieb:

> „Wenn ein Mann, der gerecht handelt, ein Verfahren gegen einen anderen Mann eröffnet, der böse handelt, und Gott als Richter zwischen beiden angerufen wird, unterstützt Gott den Glauben dessen, der gerecht handelt. Den ungerechten Mann wirft er in seiner Rechtssache nieder und macht ihn in seiner Widerspenstigkeit zunichte. So geschieht es, dass der eine Schuldige im Kampf erschlagen wird, während der Schuldige beim Wasser- oder Eisenordal nicht unterliegt, falls er Reue zeigt.“[439]

[436] Rousset, croyance.

[437] Dinzelbacher, Bernhard 328 f.

[438] Landulf Junior, Historia Mediolanensis 10, zit. Morris 104 Anm. 28.

[439] Galbert von Brugge, De multro, traditione et occisione gloriosi Karoli comitis Flandriarum c. 108, CCCM 131, 153 f.

Der Glaube an die Wirksamkeit des Gottesurteils machte nicht einmal vor Toten halt: Thomas von Chobham berichtet um 1216 von Leuten, die das Kaltwasserordal dazu benutzten um herauszufinden, ob ein plötzlich Verstorbener im Stande der Gnade gewesen war und somit ein christliches Begräbnis angebracht war oder nicht.[440]

Diese Art der Wahrheitsfindung wurde den Probanden also keineswegs immer aufgezwungen, vielmehr suchten Angeschuldigte im Vertrauen auf ihr gutes Gewissen und die Sinnhaftigkeit des Verfahrens selbst das Gottesurteil. Gottschalk der Sachse (gest. um 870) z. B., der von Erzbischof Hinkmar von Reims als unverbesserlicher Ketzer verfolgt und fast getötet wurde, bat darum, nacheinander in vier Kessel mit kochendem Wasser, Öl, Fett und Pech zu steigen und zusätzlich einen brennenden Scheiterhaufen zu durchqueren, um sich von diesem Vorwurf zu reinigen, was jedoch nicht angenommen wurde.[441] Ein rheinländischer Priester namens Albero bot sich in der Mitte des 12. Jahrhunderts an, durch das Feuer seine theologischen (katharischen?) Sondermeinungen zu beweisen, was jedoch ebenfalls nicht zugelassen wurde.[442] Caesarius von Heisterbach berichtet von einem Sakristan, der verdächtigt wurde, ein Missale gestohlen zu haben. Sowohl der Priester als auch das Volk verlangten die Probe des glühenden Eisens. „Da er ein gutes Gewissen hatte, verweigerte er sich dem Ordal nicht".[443] Freilich – hätte er es gekonnt? Kirchenrechtlich schon, aber unter dem Druck seines Vorgesetzten und der Gemeinde?

Die Gottesurteile verlieren ihre irritierende Einzigartigkeit erst, sobald man bemerkt, dass sie für Christen nichts anderes als rituell erflehte Wunder darstellen – und solche werden auch in den angelsächsischen Formeln ausdrücklich genannt. Der Sünder, heißt es etwa in einer Formel für die Probe des geweihten Brotes und Käses, „soll erstickend fühlen, dass der Herr, dem nichts verborgen bleibt, in seiner Schöpfung [Brot und Käse] Wunder wirkt (*miracula operari*)".[444] Bei der

440 Baldwin, From 205.

441 Nottarp 111 f.

442 Lea, Geschichte I, 69.

443 Libi VIII miraculorum 22, 1, ed. Hilka, A., Publikationen der Gesellschaft für rheinische Geschichtskunde 43, 1937, 46.

444 Liebermann, Gesetze 602b – Franz II, 387.

Kaltwasserprobe rezitierte man die Wasserwunder der *Heiligen Schrift*[445] offenbar eben deswegen, weil man ein neues Wasserwunder erwartete. Der Gegner der Gottesurteile, Petrus Cantor, weist deswegen darauf hin, dass die Priester solch mirakulöse Taten nicht wirken können.[446] Ebenso erkannten die Scholastiker, dass man Gott hier zu einem Wunder zwingen wollte, ihr wichtigster Vertreter, Thomas von Aquin, wies darauf hin (s. S. 113).

Nicht nur Gott selbst, glaubte man, auch seine Heiligen konnten bei dieser Gelegenheit mit einem Wunder eingreifen: In der metrischen Lebensbeschreibung des hl. Swithun von Wulfstan Cantor (um 1000) ist von einer Probe mit dem heißen Eisen die Rede, die die Hand des Verdächtigten verbrennt. Doch müssen die Ankläger ihn trotzdem für unschuldig erklären, da sie durch das Eingreifen des Heiligen die Hand unverletzt sehen.[447] Nach den *Miracula* des hl. Lifard (12. Jahrhundert) lähmte dieser den Kämpfer, der ihm Abgaben vorenthalten hatte, im gerichtlichen Duell, womit das Gottesurteil entschieden war.[448] Als Meleageant im Lanzelot-Roman des Chrétien von Troyes (um 1180) sich auf einen gerichtlichen Zweikampf vorbereitet, „streckt er seine Hand auf die Heiligenreliquien aus und schwört: ‚Also möge mir Gott helfen und der Heilige' …"[449]

Auch das um 1200 aufgezeichnete *Nibelungenlied* nennt die Bahrprobe, durch die sich die Schuld Hagens an Siegfrieds Tod erweist, ausdrücklich ein Wunder, das sowohl in der Vorzeit, von der das Lied handelt, bezeugt ist, als auch in der Gegenwart des Autors:

> Daz ist ein michel wunder; vil dicke ez noch geschiht:
> swâ man den mortmeilen bî dem tôten siht,
> sô bluotent im die wunden, als ouch dâ geschach.[450]

---

[445] Franz II, 357.

[446] Verbum abbreviatum 78, PL 205, 228.

[447] McBride 20 f.

[448] Coulton, Five III, 529.

[449] vs. 4976 f., Poiron, D. et al., ed., Chrétien de Troyes, Œuvres complètes, Paris 1994, 629.

[450] 1044, 1–3, hg. v. Bartsch, K., de Boor, H., Wiesbaden 19. Aufl. 1967, 172. Das Motiv ist vielleicht aus dem Iwein übernommen.

(Das ist ein großes Wunder, und es geschieht noch sehr oft: Wenn man den Mordbefleckten bei dem Toten sieht, so bluten dem die Wunden, wie es auch dort geschah.)

Ein Prediger des 13. Jahrhunderts meinte, dass die Gläubigen in Gottes Namen Wunder zu wirken vermöchten (*agant miracula*), „was wir fast täglich sehen, wenn die Priester dem fließenden Wasser befehlen, den Schuldigen nicht in sich aufzunehmen, und dem glühenden Eisen verbieten, den Unschuldigen zu verbrennen".[451] Der gebildete Dichter Konrad von Würzburg (gest. 1287) bezeichnete im Epilog seines *Schwanenritters* den Sieg im Zweikampf ausdrücklich als Wunder Gottes[452] – usf.[453]

Dass die Menschen des Mittelalters fast ausnahmslos nicht bezweifelten, Gott greife bei allen möglichen Anlässen immer wieder durch Wunder unmittelbar in das irdische Leben ein, ist derartig oft in Heiligenviten und Geschichtswerken bezeugt, dass es unnötig erscheint, Beispiele anzuführen. Zahlreiche Texte zeigen, wie sehr man überzeugt war, Heilige reagierten entsprechend, falls jemand bei ihren Reliquien einen falschen Schwur abzulegen wagte; schon der Spitzentheologe der Alten Kirche, Augustinus, glaubte so fest daran, dass er einmal Kläger und Beklagten an das Grab des hl. Felix in Nola schickte, dessen Reliquien viele Wunder zugeschrieben wurden, um einen Rechtsstreit auf diese übernatürliche Weise zu klären.[454] Trotzdem meinten der Burgunderkönig Gundobald um 500 und Karl der Große um 800, Meineide würden so häufig geschworen, dass man lieber auf die Gottesurteile zurückgreife[455] – sie wurden also Jahrhunderte lang als sicherste Entscheidungsmethode bei schwierigen Fällen empfunden, erst im 12. Jahrhundert verkehrte sich diese Sicht ins Gegenteil. In Summe darf man somit den Ausgang eines Gottesurteils in der Mentalität der Zeit als Wunder bezeichnen, das zur Behebung eines Rechtsstreits immer dann erfolgte, wenn eine bestimmte rituelle Organisation hergestellt wurde.

---

451 Franz II, 333 Anm. 1.
452 Schnell, Dichtung 59 f.
453 Franz II, 311 f.
454 Franz II, 311 f.
455 Franz II, 313.

Denn schon in der für die Religiosität der Zeit grundlegenden *Bibel* las man an nicht weniger als 97 Stellen,[456] dass Gott höchster Richter der Welt sei. In der *Vulgata* sagt der Herr der Heerscharen z. B. laut dem Propheten Malachias (Malechi): „Und es wird euch, die ihr meinen Namen fürchtet, die Sonne der Gerechtigkeit aufgehen …" (*Et orietur vobis timentibus nomen meum sol iustitiae* … 4, 2 = 3, 20 f.). Hier erscheint der Gottesname „Sonne der Gerechtigkeit". Die Exegese, namentlich Augustinus, bezog diesen Titel dann besonders auf die Zweite Person der Trinität, die ja im *Johannes-Evangelium* als „Licht der Welt" gefeiert wird. In der Kunst der christlichen Antike und des Frühmittelalters wurde Christus dementsprechend bisweilen als Sonne dargestellt, um Helios zu verdrängen, auf dessen Geburtstag bekanntlich im Zuge des Programms der Verdrängung der heidnischen Feste durch den christlichen Festkalender auch der des Gottessohnes gelegt wurde. So wurde ab dem 4. Jahrhundert die Weihnacht am Datum des *Dies Natalis Solis Invicti* gefeiert, ursprünglich fiel die Geburt Christi ins Frühjahr. Der Titel *sol justitiae* ersetzte den heidnischen des *sol invictus*, obwohl der Sonnengott, da alles sehend, auch bei heidnischen Schriftstellern mit der Gerechtigkeit verbunden wurde. Das schon in den altrömischen Zwölftafel-Gesetzen zu findende Verbot, nach Sonnenuntergang Recht zu sprechen, wurde auch in das *Corpus Iuris Civilis* aufgenommen.[457] In einer seiner zu Karthago gehaltenen Predigten spricht Augustinus in einem den dortigen Verhältnissen angepassten Bild von der Sonne der Gerechtigkeit, *iudex sol iustitiae*, deren Hitze beim Gericht die Bösen verbrennt und die Guten erquickt. Dies ist das *iudicium aestatis*, das Sommerurteil. Die geistlichen Schriftsteller des Mittelalters verwendeten *sol justitiae* oft als Epitheton Ornans für den Erlöser, ohne seinen Bezug zur Gerechtigkeit auszuführen.[458] Gelegentlich ging das Bild auch in die weltliche Dichtung ein. Der Schulmeister von Eßlingen erwähnt die aus den Tierkunden der Zeit wohlbekannte Adlerprobe – dieser Vogel vermag ohne Schaden in die Sonne zu sehen, und er nimmt seine Jungen nur an, wenn sie das Gleiche vermögen. König Rudolf, der doch den Reichsadler im Schild führt, kann aber diese Probe nicht bestehen, er

---

[456] Köbler 107 Anm. 93.

[457] Dölger, F. J., Die Sonne der Gerechtigkeit und der Schwarze, ND Münster 1971; Dermott, J., Soleil: DS 14, 981–999; LThK 10, 984 ff.; Laag, H., Sonne: LcI 4, 175–178.

[458] Poque, S., Le langage symbolique dans la prédication d'Augustin d'Hippone I, Paris 1984, 379, 383 f.; II, 214 f.

kann nicht der Sonne der Gerechtigkeit standhalten.[459] Überflüssig zu betonen, dass dem Mittelalter der „verus iudex", der wahre Richter, natürlich nur der *omnipotens Deus*, der allmächtige Gott, ist.[460] *Christ, der dir rihtet alla, die er kiscouf, also der hûshêrro rihtet die imo untertanen.*[461] (Christus, der da alle richtet, die er erschuf, so wie der Hausherr seine Untertanen richtet).

Berühmt ist der Anfang des *Sachsenspiegels* (um 1225): „Gott selber ist das Recht. Darum ist ihm das Recht lieb."[462] Ein anderes Beispiel bieten die 1251 begonnenen *Siete Partidas*, das offizielle Gesetzeswerk des Königs Alfons X. von Kastilien-León. Sie beginnen mit dem Satz: „Gott ist der Anfang, die Mitte ... aller Dinge, und ohne ihn kann nichts existieren ..." Der König zieht sodann den Vergleich zwischen den irdischen Königen und ihrem Richteramt mit dem himmlischen und seinem Richterspruch, dem auch sie nicht entgehen können. Nachdem der Prolog immer wieder auf Gott verwiesen hatte, beginnt auch der 1. Titel mit: „Zum Dienst an Gott und der Allgemeinheit der Völker haben wir dieses Buch verfasst ..."[463] Und Dürer hat die personifizierte Sonne der Gerechtigkeit unter Einbeziehung astrologischer Elemente als auf einem Löwen thronenden Richter mit Schwert und Waage dargestellt.[464]

Aus solchen Beispielen wird deutlich genug, wie unterschiedlich die leitende Rechtsvorstellung des hohen Mittelalters sowohl von der der Antike als auch der der Zeit nach der Aufklärung war. Nicht, dass Konzepte wie „allgemeines Gut" oder „Herrscherwille" im Hochmittelalter unbekannt gewesen wären, aber sie bildeten nicht den Kern der Sache.

Eine weitere Differenz im Vergleich zur Mentalität der Gegenwart, deren Wichtigkeit sich für das ganze Mittelalter erweisen lässt, war eine größere Bedeutung

[459] Schleusener-Eichholz, G., Das Auge im Mittelalter, München 1985, 308 f.; vgl. LcI I, 71.

[460] Benzo von Alba, Ad Henricum 2, 16: MGH SS. rer. Ger. 65, 248.

[461] Kroeschell, K., Studien zum frühen und mittelalterlichen deutschen Recht, Berlin 1995, 131 ff.

[462] Prologus, ed. cit. 19.

[463] „Dios es comienco, e medio, e acabamiento de todas las cosas, e sin el ninguna cosa puede ser ..." Prologo, ed. Ramos Bossini, F., Primera partida, Granada 1984. Vgl. Las siete partidas del sabio rey Don Alonso el Nono / nueuamente glosadas pro el licenciado Gregorio Lopez I, ND Madrid 1974.

[464] Panofsky, E., Das Leben und die Kunst Albrecht Dürers, ND München 1977, 105 f.

des Körperlichen an sich. Sie wird deutlich, wenn man z. B. die Recht schaffende Wirkung von Gesten betrachtet oder den Glauben an die Realpräsenz der Heiligen in ihren Reliquien, etc. (s. S. 290 ff.). Es gab eine ganz starke Tendenz, in Bereichen materiell-konkrete Handlungen zu setzen, wo für uns das Wort als Träger des Gedankens und des Willens genügen würde.

So war auch körperliche Reinheit nötig, um sich der von Gott zu offenbarenden Wahrheit zu nähern, wie die Vorschriften erweisen, man müsse vor dem Ordal fasten oder die Kleidung wechseln u. ä. Denn die Wahrheit, so interpretierte man es im Mittelalter, manifestiert sich am Körper – oder richtiger: wird von Gott am Körper manifest gemacht. Dass materielle Stoffe des Alltags sowie der lebende oder tote Leib das von Gott als Kommunikationsmittel mit den Menschen verwendete Medium ist, wird in Hinsicht auf die Ordalien deutlich, wenn es etwa in einer fränkischen Beschwörungsformel heißt, Gott solle das Brot und den Käse mit seinen Kräften heiligen, solle „himmlische Kraft hineinlegen, damit sie die Kehle und Gurgel dessen schließen und zuschnüren, der dieses Verbrechen begangen hat".[465] Es wird also nicht an eine unmittelbare Einwirkung Gottes auf den Leib des Missetäters gedacht, sondern Gott „läd" zuerst einen konkreten Gegenstand mit seiner Kraft (*virtus, nomen*) „auf", und erst der Kontakt mit diesem materiellen Objekt verursacht die entsprechenden körperlichen Reaktionen: Der Sünder „erscheint mit blutigem Schaum vor dem Mund und zugeschnürter Kehle als Besiegter",[466] wie es ausdrücklich in einem Ritual erfleht wird. Oder „mit anschwellendem Mund, mit Schaum, Stöhnen, Schmerz und Tränen",[467] wie es in einem anderen englischen Gebet bei der Schluckprobe heißt. Oder: Er „erscheine bebend und erzittere wie eine Zitterpappel und habe keine Ruhe, bis er vor Dir bekennt, Retter der Welt."[468]

Ähnlich betont materiell bzw. körperbezogen war die Vorbereitung, die in Frankreich beim Kesselfang befolgt wurde: Der Angeschuldigte legte seine Kleider ab und zog die eines Exorzisten oder Diakons an,[469] womit offensichtlich auch

[465] MGH Formulae 645 f.

[466] Franz II, 387.

[467] Keefer 250.

[468] Franz II, 386.

[469] Franz II, 355; Pijper 130.

dessen vermittels der Weihe erhaltene Segnung auf ihn übertragen und dämonische Einflussnahme ausgeschaltet werden sollte.

Das Gottesurteil vollzieht sich also keineswegs so, dass Gott in der Seele eines der Kontrahenten eine *conversio* bewirken würde, sondern er verwendet die Körper als Kommunikationsmittel: Der vom Kesselfang verbrühte Arm heilt ab oder entzündet sich, der geweihte Bissen wird verschluckt oder bleibt stecken, die zum Kreuz gestreckten Arme fallen herab oder halten sich oben … Gott greift, nochmals sei dies betont, nicht in die Seele ein, er macht den Körper zum Zeichen. Dieses Zeichen ist für die Gemeinschaft, die es angeht, unmittelbar lesbar, denn das Gottesurteil wird *in medio populi circo*,[470] mitten im umstehenden Volk, vollzogen.

Es ist auch für Heutige nachvollziehbar, dass diese Methoden faktisch so wirksam sein konnten, wie man sich das im Mittelalter vorstellte, wenn auch aus anderen, nämlich nicht religiös, sondern medizinisch und psychologisch zu erklärenden Gründen. Man kann sich vorstellen, in welcher erregten Atmosphäre diese Proben vor sich gingen; in Friesland musste der Proband zuvor sogar seiner eigenen Totenmesse beiwohnen,[471] was an den eben auf dieselbe Weise vollzogenen Ausschluss von Leprösen aus der Gesellschaft erinnert,[472] Symbol des sozialen Todes. Einen guten Eindruck von der gespannten Atmosphäre, in der ein Ordal stattfand, bekommt man, wenn man der ältesten deutschen Formel für dessen Vollzug folgt und dazu die Bilder im bereits erwähnten *Lambacher Rituale betrachtet* (Abb. 104, 139 f.), beides aus dem 12. Jahrhundert. In der Kirche wird die Messe „Gerecht bist Du, Gott“ angestimmt. Die Lesung kommt aus dem Propheten Isaias: „Suchet den Herrn, während er zu finden ist.“ Das Graduale bittet: „Beschütze mich, Herr, meine Zuflucht.“ Das Evangelium nach Lukas (recte Markus 11, 22) zitiert das Wort Christi, nach dem der Glaube Berge versetzt (also Wunder bewirkt) usf. Dann gehen alle zu dem Gewässer, in dem die Probe stattfinden wird. Alle werden mit Weihwasser besprengt. Kläger und Beklagter werden mit dem Blick nach Osten aufgestellt (also nach Jerusalem und zur aufgehenden Sonne, die mit Christus gleichgesetzt wurde, s. S. 127). Beide halten den *sunnestab* (Schwurstab) mit der Hand. Der Geistliche fungiert als Vorsprecher, der Ankläger wiederholt:

---

470 Adam von Bremen, Gesta Hammaburgensis Eccl. 2, 35, AQ 11, 270.

471 Pijper 137.

472 Binterim VII/3, 203, 208.

„‚Konrad (oder wie immer du heißt), ich spreche zu dir wegen meines Pferdes, das mir gestohlen wurde. Ich zeihe dich dieses Diebstahls und bitte dich [oder: gebiete dir] wegen Gottes und wegen des Rechts, es mir wiederzugeben. Und zeihst du mich dessen, dass ich das mutwillig von dir fordere, so entbiete ich darum meinen Voreid.‘ Der Angeklagte soll antworten: ‚Den Voreid, den will ich verwerfen um Gott, dass er mir zu diesem meinem Recht desto gnädiger sei.‘ … Dass mich der Rudolf, der hier gegenwärtig steht, um sein Pferd angesprochen hat, dass ich ihm das gestohlen hätte – das habe ich keineswegs getan und entbiete ihm in seiner Gegenwart rechtmäßigen Widerspruch bei dieser gesegneten Woge, wenn er es geloben und glauben will. ‘ … Dann wird der Knabe, der anstelle des Angeklagten ins Wasser geworfen werden wird, mit dem Evangelium gesegnet …“.[473]

Die vor allem lateinischen Formeln, die der Priester zu sprechen hatte, waren noch viel ausführlicher. Wesentlich war dabei stets die Anrufung Gottes, genauer: das Herabwünschen seiner Gegenwart: *Adesto, quesumus, omnipotens Deus, in huius examinationis actione* („Wir bitten, allmächtiger Gott, sei bei dem Vorgang dieser Prüfung anwesend“); Gott möge *dignare illabi cordibus nostris* („sich herablassen, in unsere Herzen zu kommen“), wie es z. B. im *Lambacher Rituale* heißt.[474] Diese Riten wurden je nach lokaler Gepflogenheit noch um andere Gebete und Beschwörungen erweitert.

Es ist verständlich, dass die meisten Ordale unterschiedlichen Auslegungen offenstanden: War eine verbrannte Hand nach drei Tagen auf dem Weg der Besserung oder nicht? Schwamm der Eingetauchte mehr über als unter der Wasseroberfläche? Wie oft sollte man diese Probe wiederholen? – usf. Eine Stelle in der Chronik des Hugo von Poitiers verdeutlicht dies: Nachdem man in Vézelay 1167 eine Gruppe von Häretikern gefangen und längere Zeit über eingesperrt hatte, wurden zwei der Gefangenen abtrünnig und erboten sich, ihren katholischen Glauben durch die Kaltwasserprobe zu beweisen.

> „Einer von ihnen wurde nach allgemeinem Urteil durch das Wasser gerettet – wiewohl es nicht wenige gab, die sich darüber keine eindeutige Meinung bilden konnten. Als aber der andere unter das Wasser getaucht wurde, wurde er durch die Aussage fast eines jeden verurteilt. Er wurde

473 Wilhelm, F., Denkmäler deutscher Prosa, ND München 1960, 109.

474 MGH Formulae 674 f.

> daher ins Gefängnis gesperrt, aber da es sogar unter dem Klerus verschiedene Meinungen gab, auf eigenen Wunsch neuerlich zur Wasserprobe geführt …“.[475]

So klingt die Probe des geweihten Bissens zunächst ganz unproblematisch. Ein Stück Brot oder Käse war dabei ohne Stocken zu verzehren. Nun sind aber Lebensmittel aus unpasteurisierter Milch oder schlecht getrockneter Gerste gar nicht so leicht zu sich zu nehmen; das aus letzterem gebackene Brot war höchstwahrscheinlich „grobkörnig, zäh, unschmackhaft und äußerst hart zu kauen“.[476] Auch muss eine mögliche Toxizität etwa durch Pilze angesichts der unhygienischen Zubereitung in Betracht gezogen werden, sowie, möchte ich hinzufügen, die absichtliche Vergiftung dieser Speisen, wenn die Gegenpartei irgendwie an sie herankommen konnte oder der Ordal-Priester bestochen war. Auch wird es sich nicht um einen Gabelbissen gehandelt haben, sondern schon um einen ordentlichen Brocken, der da zu verschlingen war (Größenangaben fehlen in den Quellen mit einer Ausnahme, wo von einer Unze die Rede ist, anscheinend ein Zwölftel eines Brotleibs[477]). Nimmt man noch hinzu, dass in Stresssituationen der Mund austrocknet und der Angeklagte zuvor drei Tage fasten musste, kann man sich eine konkrete psychosomatische Wirkung der Schluckprobe schon vorstellen.[478]

Die erregte Ausnahmesituation mag in einigen Fällen vielleicht wirklich dazu geführt haben, dass die mit dem heißen Eisen oder dem siedenden Wasser durchgeführten Proben zeitweise die Schmerzen so unterdrückten, dass sie den Probanden nicht zum Abbruch des Ordals zwangen; man hat hier den Vergleich zu religiös motivierten Feuerläufern gezogen[479]; man könnte auch an jene Kriegsverletzten denken, die sich sogar des Verlusts eines Gliedes erst nach Beendigung des stärksten Stresses bewusst werden (sog. Unfallschock).

Generell wird man dazu noch annehmen müssen, dass die Schmerztoleranz der mittelalterlichen Bevölkerung wesentlich höher war, als die in der Gegenwart. Nicht über Schmerzen zu klagen, gehörte zu den Idealen jedenfalls der Männer-

---

[475] Chronica maior 4, 78, CCCM 42, 607.

[476] Keefer 238, 249 f.

[477] Keefer 253, 255.

[478] Keefer 252 f.

[479] Bürg.

welt (und das bekanntlich bis noch vor nicht allzu langer Zeit auch bei uns). Das heißt auch, dass gemeldete Schmerzreaktionen von der sozialen Umwelt weniger durch Aufmerksamkeit „belohnt" wurden als heute und daher auch in geringerem Ausmaß erlernt wurden.[480] Anders formuliert: Auch wenn der Schmerz sensorisch gegeben war, blieb seine emotionale Unannehmlichkeit aufgrund weniger intensiver Reaktion des Betroffenen geringer und wurde der Umwelt weniger deutlich signalisiert.

Als seit dem beginnenden Spätmittelalter die Gottesurteile langsam zurückgingen und stattdessen ein Geständnis für ein Urteil vorliegen musste, war dies ein Sieg eines Denkens, das dem Inneren mehr Gewicht beimaß, als dem Äußeren, der Ratio mehr als der Tradition, womit dieser Wandel in jener globalen Mentalitätsveränderung stand, die im späten 11. Jahrhundert einsetzte.[481]

Nur der Zweikampf, der in seiner Ausführung meist ohne priesterliche Assistenz vonstatten ging, lebte dagegen in wohl ganz Europa wesentlich länger fort.[482] Eine Konsequenz des Verbots der Gottesurteile war es, dass sich andere Methoden der Wahrheitsfindung durchsetzten: Nämlich im kirchlichen Recht der *ordo iudicarius*, ein am römischen Recht und der *Bibel* orientiertes Procedere,[483] im weltlichen Recht die Geschworenengerichte und vor allem die Folter.[484] Im Sinne Bartletts könnte man weiter argumentieren, dass die Einführung der Tortur genauso unvernünftig ist, wie das Gottesurteil, wenn man Wahrheit erfahren will. Die chronologische Reihe lautet vielmehr idealtypisch (denn in Praxis bestanden ja eine gewisse Zeit die älteren und die neueren Formen nebeneinander): 1. Gott greift zur Offenbarung der Wahrheit in den Prozess ein (Gottesurteil), 2. der Teufel greift zur Verheimlichung der Wahrheit in den Prozess ein (so im *Hexenhammer*), 3. die Wahrheitsfindung muss ohne über-/unterweltliches Eingreifen erfolgen: durch Folter oder Mehrheitsurteil. Der Wandel heißt also eigentlich nicht irrationales vs. rationales Procedere, sondern Procedere ohne statt mit außermenschlicher Instanz. Dabei ist es freilich Definitionssache, ob man den Ver-

---

480 Zimbardo 573; Städtler 344 f., 955 ff.

481 Dinzelbacher, Europa pass.; ders., Structures, bes. 120 f.

482 Bartlett 102 ff.

483 Pennington 310 ff.

484 Trusen.

zicht auf außermenschliches Wirken als konstitutives Element von „Rationalität" begreift. Wenn man an die Tierprozesse und Hexenverfolgungen seit dem späten Mittelalter denkt, müsste man die skizzierte Evolutionslinie noch weiter problematisieren bzw. nach dem 13. Jahrhundert geradezu wieder umkehren (s. S. 312 ff.).

Abschließend sind folgende Fragen zu stellen: Warum hielten es auch die doch noch in römischer Tradition stehenden Intellektuellen seit dem 5. Jahrhundert für effizient, diese barbarischen Prüfungsweisen anzuwenden, wenn es in schwierigen Fällen darum ging, die Wahrheit herauszufinden, anstatt bei den Methoden des römischen Rechts zu bleiben? Wieso dauerte es dann mehr als ein halbes Jahrtausend, ehe die Ineffizienz dieser Prüfungsweisen deutlich genug geworden war, um zu ihrer Abschaffung zu führen? Vereinzelte Zweifel an der „Christlichkeit" der Ordalien hatte es wenigstens seit der Karolingerzeit immer wieder gegeben (z. B. Agobard von Lyon), sie scheinen unter kirchlichen Intellektuellen aber erst mit dem Durchbruch der Intentionalethik und der Verrechtlichung der Kirche so gravierend geworden zu sein, dass dieses Verfahren zur Wahrheitsfindung schließlich aufgegeben wurde.

So wird auch das juridische „Theater des Schreckens" vom 13. bis ins 18. Jahrhundert trotz Gegenstimmen in Kontinuität immer wieder aufgeführt werden. Es handelt sich um die öffentlich vollzogenen Körperstrafen und Hinrichtungen, die zu betrachten so beliebt war, dass zum Tode verurteilte Delinquenten einer Stadt von dem Magistrat einer anderen um teures Geld abgekauft wurden, um den eigenen Bürgern diese „pädagogische Vergnügen" zu verschaffen. Es ist kein Zufall, dass Hexen- und Tierprozesse, gerichtliche Tortur und Leibesstrafen synchron im späten Mittelalter beginnen und am Ende des Barocks aufhören. Erst die Aufklärung sollte sowohl den Resten des Gottesurteils ein Ende bereiten als auch dem Teufelsglauben, dem Hexenwahn und den Tierprozessen. Das Duell wurde zu einer rein innerweltlichen Ehrensache uminterpretiert. Diese Beurteilung des Zweikampfes setzte schon im späten Mittelalter ein, es wurde aber noch im 16. Jahrhundert in Frankreich ganz offiziell als *iudicium dei* bezeichnet.[485] Dass wie bei jeder anderen Erscheinung der Mentalitätsgeschichte einzelne fundamentalistisch gesonnene Individuen und Kleingruppen bis in die Gegenwart an einem unmittelbaren Ein-

[485] Schmoeckel, Wunderwerck 142.

greifen Gottes in die Welt oder der Existenz von Hexen festhalten, hat, aufs Ganze gesehen, nur den Wert der Ausnahme, die die Regel bestätigt. „Survivals", Resterscheinungen, existieren in Mentalitäten ebenso wie sonst in der Geschichte. Ein Blick auf die umfassenden Veränderungen der europäischen Mentalität zwischen der Spätantike und der Aufklärung dürfte für die Beantwortung der am Beginn dieses Absatzes gestellten Fragen hilfreich sein, aber erst, nachdem das zweite große Thema dieses Buches diskutiert wurde, die Tierprozesse.

Gottesurteile und Tierprozesse hängen jedoch nicht unmittelbar zusammen. Nur extrem selten findet sich die Anwendung dieses Verfahrens auf Tiere. Eine burgundische Handschrift des 13. Jahrhunderts enthält liturgische Formeln, um durch Ordal festzustellen, ob Tiere zum Geschlechtsverkehr mit Menschen verwendet wurden. Man trieb sie dabei offenbar durch ein tiefes Gewässer, worin sie ertrinken sollten, wenn sie befleckt waren (genau die umgekehrte Interpretation wie bei der Kaltwasserprobe für Menschen, die als schuldlos galten, wenn sie untersanken). Eine Formel heißt etwa:

> „Ich beschwöre euch, oh Tiere, beim Vater und Sohn und Heiligen Geist und bei der heiligen Maria, der Mutter unseres Herrn Jesu Christ und bei allen Engelsgeistern und bei den Propheten Gottes und bei allen Aposteln [usf., es folgen u. a. Dornenkrone, Milch Mariae, Blut Christi], dass die, die unter euch dieses Verbrechens schuldig (*culpabiles*) und beschmutzt sind, dieses Wasser nicht zu überschreiten vermögen, sondern vor allen Umstehenden in der Tiefe untergehen, damit, wenn die Wahrheit der Sache erwiesen ist, das wahre Urteil Gottes erkannt und anerkannt werde. Die unter euch aber unberührt und rein sind von diesem frevelhaften Verbrechen mögen dieses Wasser durch Gottes Erbarmen durchschreiten, so wie die Söhne Israels das Rote Meer unversehrt durchschritten. Amen. Vater unser."[486]

Von diesem augenscheinlich nur ein einziges Mal bezeugten Verfahren zur Feststellung der Wahrheit ist offensichtlich keine Kontinuität zu den institutionalisierten Prozessen gegen tierische „Verbrecher" anzunehmen.

---

[486] Thoma.

Nichts mit den Tierprozessen zu tun hat auch ein in vielen Fassungen im Mittelalter verbreiteter legendärer Erzählstoff. Er handelt von der Königin Sibylla, der rein sagenhaften Gattin Kaiser Karls des Großen.[487] Diese wird von einem Schurken begehrt, und als sie sich ihm verweigert, verleumdet, worauf der Herrscher sie verstößt. Ein Ritter, der sie beschützt, wird ermordet, doch sein Hund macht auf den Täter aufmerksam. Dieser muss sich dem Tier im gerichtlichen Zweikampf stellen – und unterliegt. Diese Szene ist in dem Antwerpener Druck der *Historie van Sibilla* (1538) auch mit einem Holzschnitt illustriert. Gerichtliche Kämpfe zwischen Menschen und Tieren waren jedoch u. W. nie als Gottesurteile Bestandteil des wirklichen Rechtslebens.

Tiere waren jedoch sehr wohl in ganz eigenartiger Weise in das Rechtsleben des späteren Mittelalters verwickelt, nämlich als Angeklagte in formellen Prozessen. Wie die Ordalien ein für uns besonders fremd wirkendes Phänomen des ersten Teils jener Epoche darstellen, so tun dies die Tierprozesse für ihren zweiten Teil und für die frühe Neuzeit. Es mag ein Zufall der Überlieferung sein, aber aus demselben 13. Jahrhundert, in dem die Ordalien weitestgehend verschwinden, datieren die ältesten Nachrichten für gerichtliche Verfahren dieser Art. Ihnen wendet sich das nächste Kapitel zu.

[487] Frenzel, Stoffe 679 f.; Gerritsen 301 ff.

Gerichtlicher Zweikampf mit damals veralteter Bewaffnung (Rundschilder und sog. Normannenhelme): Außenrelief an der Kirche von Grötlingbo, Gotland, Meister Sigraf zugeschrieben (um 1200).

Heilige Kunigunde bei der Pflugscharenprobe: Buchmalerei, Bamberg, Staatsbibliothek, RB. Msc 120 f. 32v (Anfang des 13. Jahrhunderts)

Probe des glühenden Eisens: Buchmalerei im Lambacher Rituale, Stiftsbibliothek Kloster Lambach (Oberösterreich) Cml LXXIII, f. 64v, 72r (Ende des 12. Jahrhunderts)

Wasserprobe: Buchmalerei im Lambacher Rituale, Stiftsbibliothek Kloster Lambach (Oberösterreich) Cml LXXIII, f. 64v, 72r (Ende des 12. Jahrhunderts)

Wasserprobe:
Buchmalerei in einer Handschrift des Sachsenspiegels (Ldr 3, 2, 1), Heidelberg, Universitätsbibliothek, Cpg 164, f. 15v (14. Jahrhundert)

Gottesurteile des Zweikampfs, Kesselfangs und glühenden Eisens: Buchmalerei im Sachsenspiegel, Wolfenbüttel (14. Jahrhundert)

Feuerprobe des heiligen Franziskus: Fresko von Giotto, S. Francesco, Assisi, Oberkirche (Ende des 13. Jahrhunderts)

Die Probe des glühendes Eisens von Kaiser Otto III.: Tafelbild von Dirk Bouts, Musée Royal des Beaux-Arts, Brüssel (1470/75)

Bahrprobe des Gattenmörders Hans Spieß: Buchmalerei in der Luzerner Chronik des Diebold Schilling, Luzern, Burgerbibliothek (1513)

Ein erlegter Bär wird, wohl zur Warnung der Artgenossen, auf einen Baum gehängt: Hieronymus Bosch (gest. 1516), Christophorus, Rotterdam, Museum Boymans-van Beuningen

F. Tierprozesse

I. Das Phänomen

Ein in der griechischen Antike erzählter Schildbürgerstreich der Abderiten lautet: „In Abdera war ein Esel unbemerkt in die Sporthalle gelaufen und hatte das Öl umgeschüttet. Die Bürger versammelten sich und ließen alle Esel, die es in der Stadt gab, herbeiholen und sie an einen Ort zusammentreiben. Dann ließen sie, um sich (für die Zukunft) zu sichern, den (schuldigen) Esel vor den Augen der anderen auspeitschen."[488] Die Überlieferungsträger dieses Schwankes sind die Hierokles und Philagrios zugeschriebene Witze-Sammlungen.

In einem Urteil der Räte des Herzogs zu Jülich gegen ein Schwein, das 1582 ein Kind getötet hatte, – also in einer archivalisch-juristischen Quelle, einem Überrest des wirklichen Lebens im Sinne der Historik – liest man: *Dieweil dan sollich factum fast [sehr] erschrecklich und straflich*, soll das Tier hingerichtet und aufs Rad geflochten werden *zue gedechtnis und anderen zum abschewlichen exempel.*[489] Im späten Mittelalter und in der Frühneuzeit war Realität, was die Antike als Scherz belachte: faktisch vollzogene Strafen an Tieren, die ihren Artgenossen zur Abschreckung gereichen sollten.[490]

Mit diesem Gegensatz könnte man einen Essay über die Unterschiede der Mentalitäten des Altertums und der Frühneuzeit einleiten. So könnte man antiken Rationalismus gegen spätmittelalterliche und frühneuzeitliche „magische" oder (trotz Max Webers Gegenthese[491]) immer noch „verzauberte" Denkweisen ausspielen. Ein solcher Kontrast wäre jedoch eine irreführende Konstruktion, denn auch die uns tatsächlich in so vielen mentalen Bereichen näherstehende Antike kannte sehr wohl

---

488 Philogelaos 111, ed. Thierfelder, A., München 1968, 70 f.

489 Wehrhahn, Detmolder 70.

490 Zu antiken Tierstrafen s. u. Anm. 493.

491 Winckelmann, J., Die Herkunft von Max Webers „Entzauberungs"-Konzeption: Kölner Zs. f. Soziologie und Sozialpsychologie 32, 1980, 12–53.

das Phänomen der Tierprozesse und –strafen, wenn sie auch selten waren und unsystematisch angewandt wurden. Vor dem Athener Rathaus, dem Prytaneion, tagte ein zeremonielles Gericht über Menschen, Tiere und Gegenstände, die einen Todesfall verursacht hatten.[492] Platon macht in den *Nomoi* 9, 12 (617) den Vorschlag, gegen ein Tier (oder auch ein Ding), das einen Menschen tödlich verletzte habe, solle Anklage erhoben werden, es sei zu töten und der Kadaver außer Landes zu bringen. Selbst Verträge mit Tieren sind gelegentlich bezeugt.[493]

Auch den Römern waren ähnliche Verfahrensweisen nicht ganz unbekannt: So überliefert Plinius, dass jedes Jahr lebende Hunde an den Beinen auf Holundergabeln gehängt wurden, *vivi in furca sabucea armo fixi*[494], und zwar in Form der Sippenhaftung zur Erinnerung an ihr Versagen beim Gallierangriff von 387 v. Chr. auf das Kapitol. Und doch sollte es das römische Recht sein, das den ganz mit der Auffassung der Gegenwart übereinstimmenden Grundsatz entwickelte: „Pauperies [eigentl. Armut] heißt ein Schaden, der ohne Unrecht von Seiten des Verursachers entstand, denn ein Tier kann kein Unrecht tun, weil es des Verstandes entbehrt".[495]

Von den antiken Vorläufern ist jedoch, soweit irgend zu sehen, keine Linie ins christliche Mittelalter zu ziehen: Die in Europa erst seit dem 13. Jahrhundert nachzuweisenden Tierprozesse[496] sind ein autochthones Phänomen ohne Kontinuität mit der griechisch-römischen Epoche und ohne erkennbare Tradition

---

492 Aristoteles, Ath. polit. 57; Demosthenes, Kata Aristork. 76; Pollux 8, 90; 8, 120; Pausanias 1, 28, 11.

493 Vgl. Hyde 696 ff.; Düll, R., Zum Anthropomorphismus im antiken Recht: ZRG RA 64, 1944, 346–350; Ders., Archaische Sachprozesse und Losverfahren: ZRG RA 61, 1941, 1–18; Jaehningen, F., Die Haftung für den ohne menschliches Verschulden durch ein Tier angerichteten Schaden nach römischem Recht, Diss. Hannover 1905.

494 Naturalis historia 29, 57 (4, 14).

495 *pauperies est damnum sine iniuria facientis datum: nec enim potest animal iniuria fecisse, quod sensu caret*: Digesten 9, 1, 3, Corpus iuris civilis, ed. Krueger, P., Mommsen, Th., ND Dublin 1973, I, 155.

496 Angebliche frühere Beispiele sind unzutreffend. So sehen etwa Beach und De Waardt, J. M., Voedselvoorschriften in Boeteboeken. Motieven voor het hanteren van voedselvoorschriften in vroeg-middeleeuwse Ierse boeteboeken 500–1100, Rotterdam 1996, 115, 165 im von frühmittelalterlichen Bußbüchern und Kanones erlassenen Gebot, Bienen zu vernichten, die einen Menschen getötet haben, keine präventive oder rächende Maßnahme, sondern eine Frühform der Tierprozesse, was unhaltbar ist, denn es fehlt die gerichtliche Vorgangsweise.

ins germanische oder keltische Altertum, soweit dies bei der bekannt spärlichen Quellenlage gesagt werden kann.

Prozesse gegen Dinge[497] scheinen im Mittelalter überhaupt nicht bekannt gewesen zu sein; von Strafen gegen sie scheinen nur schwache Spuren überliefert zu sein. Wenn der 1310 verstorbene italienische Richter Albertus Gandinus schrieb, die Zerstörung der Mauern einer unterworfenen Stadt kommen ihrer Enthauptung gleich,[498] so ist dies wohl nur metaphorisch und nicht als wirkliche Bestrafung einer Sache gedacht. Geschädigt wurden ja die Einwohner.

Anders steht es wohl mit einer Nachricht des Alexander Neckam aus dem späten 12. Jahrhundert: Er erwähnte in *De naturis rerum*[499] nicht nur die auch anderswo belegte Glockentaufe, sondern behauptete auch, dass, wenn eine Glocke aus irgendeinem Grund niederfällt und dabei einen Menschen erschlägt, sie sieben Jahre lang innen mit Dornen gefüllt wird. Dies geschieht *quasi in signum poenitentiae*, sozusagen als Zeichen der Buße. Erst danach dürfe sie wiederverwendet werden. Dass dieses Ding eine Person habe, sagt er nicht, nur, sie „bezeichne" (*repraesentat*") das Officium des Predigers, der auch getauft sein müsse.

Eine ähnliche Personalisierung einer Glocke ist bekannter: Nachdem Savonarola gestürzt und hingerichtet worden war, beschloss die ganz unter dem Druck des Papstes und der Medici stehende Signoria von Florenz am 29. Juni 1498 die große Glocke des Dominikanerkonvents S. Marco, genannt *la Piagnona* (Weinerin, Klagefrau), ebenfalls zu bestrafen, da sie die Bürger zum Aufruhr aufgerufen habe. Sie wurde vom Glockenturm geholt, durch die Stadt geführt und dabei vom Henker ausgepeitscht (die Beschädigungen sind noch heute an der Glocke zu sehen). Dann erfolgte die Verbannung aus Florenz nach der einsamen Kirche S. Salvatore al Monte, was die davon tief getroffenen Predigerbrüder zu Bittgesuchen nach Rom veranlasste. Jedoch erst 1509 erreichten sie die Rückgabe an den angestammten Platz; eigentlich aber hätte sie 50 Jahre den mit ihnen verfeindeten Franziskanern gehören sollen.[500]

---

497 Hentig I, 70 ff.; Carbonnier, J., Les choses inanimées ont-elles une âme?: Hoareau-Dodinau, J. u. a. (Hg.), Anthorpologies juridiques. Mél. P. Braun, Limoges 1998, 135–144 hilft nicht weiter.

498 Maihold 149.

499 1, 22, ed. Wright, Th., Rerum Britannicarum Scriptores 34, 1863, 69.

500 Carocci, G., La campana di S. Marco di Firenze: Bollettino d'Arte 2, 1908, 256–264; Cordero, F., Savonarola, agonista perdente, Roma 1988, 684 ff.

Eine weitere Glockenverbannung wurde 1591 in Russland vollzogen, nachdem ein Prinz bei einem Aufruhr, zu dem die Stadtglocke von Uglich das Zeichen gegeben hatte, ermordet worden war. Die Begnadigung und Rückführung erfolgte erst 1892.[501] In La Rochelle wurde bei der Rekatholisierung im Zuge der Hugenottenkriege 1685 jene Glocke ausgepeitscht und begraben, die von den Protestanten in ihrer Kirche geläutet worden war. Erst nach einer katholischen Taufe konnte sie wieder, und nun in einer Kirche der ‚wahren Religion', verwendet werden.[502]

Nur sehr gelegentlich kam es auch zu entsprechenden offiziellen Handlungen gegen sonstige in unserem Sinne tote Dinge. 1721 verfügten die Schöffen von Sint-Jansteen in Flandern, eine Schmähschrift einige Zeit an den Galgen zu hängen, sie vom Scharfrichter mit Ruten streichen und endlich öffentlich verbrennen zu lassen.[503] Solche Maßnahmen werden gern als (unterschwelliger) Animismus verstanden, also als Zeichen eines Glaubens an eine Art von Ding-Beseelung.[504] Nur widerspricht dies der offiziellen Kultur sowohl der Renaissance als auch des Barock, und es waren offizielle Stellen, die solche Strafen ganz bewusst verhängten. Näher liegt die Deutung als symbolische Demonstration einer Strafe, die auch Menschen im Falle analoger Vergehen zu erwarten hätten.

Im Gegensatz zum Thema der Gottesurteile, die seit dem 19. Jahrhundert oft behandelt worden sind,[505] finden sich die mittelalterlichen und frühneuzeitlichen Tierprozesse in Rechts- und Kulturgeschichten nur mit wenigen Worten am Rande erwähnt, wenn nicht in der Regel ganz übergangen[506] (als ob das Problem durch Wegschauen verschwinden würde). Auch die Behandlung der Materie in einem im späten Mittelalter angesiedelten Film von 1993 unter der Regie von L. Megahey, *The Hour of the Pig* (auch: *The Advocate; Pesthauch des Bösen*), rief kein

501 Evans 175.

502 Frazer 443.

503 Stokvis 407.

504 MacCormack 331.

505 Die Literatur ist unten S. 357 ff. zusammengestellt.

506 Die umfangreiche, fünfbändige Geschichte des Kirchenrechts von W. Plöchl (Wien ²1960 ff.) z. B. erwähnt das Thema mit keinem Wort, genausowenig die zweibändige Darstellung des mittelalterlichen Rechts in Italien von E. Cortese (Rom 1995) oder die über achthundertseitige Europäische Rechtsgeschichte von H. Hattenhauer (Heidelberg 2. Aufl. 1994) usf.

neues historisches Interesse hervor. Daher muss das Faktum der Tierprozesse[507] im christlichen Europa ein bislang (v. a. von Antiquaren und Rechtshistorikern) nur sporadisch und unzulänglich behandeltes Problem der Mentalitätsgeschichte genannt werden. Das Standardwerk zu diesem Thema stellt das ganz aufklärerischer Kritik verbundene Buch des neapolitanischen Advokaten Carlo D'Addosio dar (1892),[508] das bereits einen sehr großen Teil der auch heute bekannten Quellen erwähnt; leider entspricht es wegen der durchgängig mangelhaften Zitierweise und des journalistischen Stils keineswegs wissenschaftlichen Ansprüchen. Angesichts der auch in der gelehrten Welt damals wie heute verbreiteten Unkenntnis der Sprache Dantes hat aber nicht diese Publikation die Basis für die weiteren Studien abgegeben, sondern das (D'Addosio vielfach verpflichtete) Buch von Edward P. Evans. Es datiert von 1906,[509] auf ihm beruht nahezu die gesamte folgende Literatur, und das meist sehr weitgehend. Es ist ebenso die Arbeit eines Autors, der zwar akademisch gebildet war, aber im historischen Bereich Dilettant, und leider mit nicht wenigen Ungenauigkeiten und nicht belegten Angaben versehen. Dessen ungeachtet bleibt man ihm dankbar, alldieweil er zahlreiche schwer zugängliche Schriften des 16. bis 19. Jahrhunderts zitiert. Im deutschsprachigen Bereich, wo sich Ende des vergangenen Jahrhunderts immerhin ein Karl von Amira für das Thema interessiert hatte,[510] erschien 1937 die letzte monographische Zusammenfassung, die beachtliche rechtshistorische Dissertation von Albert Berkenhoff.[511] Der 1991 publizierte knappe Artikel im *Handwörterbuch der deutschen Rechtsgeschichte* geht weder inhaltlich noch bibliographisch in die Tiefe,[512] und das jüngere

---

[507] Die Terminologie wird verschieden gehandhabt. Da in beiden der weiter unten unterschiedenen Formen von öffentlichen weltlichen und geistlichen Gerichten in aller juridischer Form gegen Tiere vorgegangen wurde, gebrauche ich „Tierprozess" für beide Erscheinungen.

[508] D'Addosio, C., Bestie delinquenti, Napoli 1892 = ND 1992.

[509] Evans, E. P., The Criminal Prosecution and Capital Punishment of Animals, London 1906 (ND London 1987; italienische Übersetzung: Animali al rogo, s.l. 1989).

[510] Amira, K. v., Thierstrafen und Thierprozesse: Mitteilungen des Instituts f. österreichische Geschichtsforschung 12, 1891, 545–601.

[511] Berkenhoff, H. A., Tierstrafe, Tierbannung und rechtsrituelle Tiertötung im Mittelalter, Straßburg 1937.

[512] Kaufmann, E., Tierstrafe: Handwörterbuch der deutschen Rechtsgeschichte 33, 1991, 239–241.

Lexikon der europäischen Rechtsgeschichte enthält das Lemma überhaupt nicht.[513] Eine kurze ungedruckte Wiener Magisterarbeit von Markus Feigl (1994) ist der einzige spätere Beitrag in deutscher Sprache,[514] abgesehen von der im Dezember 2005 erschienen rechtssoziologischen Deutung der Tierstrafen und Tierprozesse durch Michael Fischer.[515] Wiewohl auch er nur von der von Evans gebotenen Quellenbasis ausgeht, handelt es sich um eine innovative Interpretation auf bemerkenswertem Niveau, deren kontrolltheoretische Ansätze berücksichtigenswert erscheinen.

In Frankreich, dem „klassischen" Land der Tierprozesse neben der Schweiz, erschien im 19. Jahrhundert, verstreut über lokalgeschichtliche Periodika, eine Reihe von antiquarischen Arbeiten mit Quellenpublikationen; die einzigen Monographien aus dem 20. Jahrhundert stellen jedoch die veterinärmedizinische Thèse von Dietrich[516] (1961) und das eher als Unterhaltungswerk konzipierte Buch von Vartier (1970)[517] dar. Erstere ist nur ein historisch unbrauchbarer und verwässerter Aufguss des Buches von Evans; letzteres eine populärwissenschaftliche Sammlung von Tier-Kuriositäten ohne Anmerkungen und mit manchen Irrtümern. Das über Dietrich Gesagte gilt in noch höherem Maß von den Publikationen Rousseaus (1964/98)[518] und dem Artikel Nadals von 1977/80.[519] Die Lausanner Dissertation von Catherine Chène (1995), auf Originalquellen basierend,[520] beschränkt sich weitgehend auf eine Untersuchung und den Druck (großteils bereits bekannter) lokalgeschichtlicher Dokumente, dies mit großer Genauigkeit. Trotz des Titels „Tierprozesse" ist schließlich die Publikation von Gennaro Francione von 1996

---

513 Köbler, G., Lexikon der europäischen Rechtsgeschichte, München 1997.

514 Feigl, M., De homicida. Eine Untersuchung zur mittelalterlichen und frühneuzeitlichen Rechtsmentalität anhand von Dokumenten über die strafrechtliche Verfolgung von Tieren, Mag. Arb. Wien 1994.

515 Fischer, M., Tierstrafen und Tierprozesse. Zur sozialen Konstruktion von Rechtssubjekten, Münster 2005.

516 Dietrich, G., Les procès d'animaux du moyen-âge à nos jours, Diss. Lyon 1961.

517 Vartier, J., Les Procès d'Animaux du Moyen Age à Nos Jours, Paris 1970.

518 Rousseau, M., Les Procès d'animaux, Paris 1964; Rousseau, M., Les Procès d'animaux: Couret, A., Oge, F. (Hgg.), Histoire et animal, Toulouse 1989, I, 89–98.

519 Nadal, A., Les procès d'animaux au Moyen Age et sous l'Ancien Régime: Mémoires de l'Académie de Nîmes Ser. 7, 60, 1977/80, 230–259.

520 Chêne, C., Juger les vers. Exorcismes et procès d'animaux dans le diocèse de Lausanne (XVe–XVIe s.), Lausanne 1995.

nur eine ausgesprochen oberflächliche Schilderung des Mensch-Tier-Verhältnisses in allen Zeiten und Ländern.[521]

Weiterhin sind im 19., 20. und 21. Jahrhundert einzelne Aufsätze in verschiedenen Sprachen erschienen, jedoch im Vergleich mit anderen Aspekten der Thematik Religion und Recht im Mittelalter wenig zahlreich und nicht immer sachkundig. Auffällig ist, dass die meisten dieser Beiträge von englischsprachigen Verfassern stammen, obwohl es gerade in deren Heimatländern keine (oder so gut wie keine) Tierprozesse gab. Dass sie sich durchgehend auf die Zitate und Paraphrasen von Evans' verlassen, ohne die Originaleditionen der Quellen einzusehen, entspricht einer für breiter Kreise v. a. amerikanischer Geisteswissenschaftler typischen Haltung. Vielfach beschränken sie sich auf Zusammenfassungen des Bekannten, besonders unoriginell J. Girgen (2003). Innovativ war dagegen der in diesen Kreisen beliebte Rückzug auf eine funktionalistische Behandlung;[522] freilich führte er kaum weiter. Gewiss waren Tierprozesse wie alle anderen ritualisierten Vorgänge in einer Gesellschaft für diese beruhigend und gemeinschaftsstiftend, wie sonstige rechtliche Maßnahmen auch, da sie die durch das Verbrechen gestörte Ordnung wiederherstellten. Aber das erklärt nichts von ihren Besonderheiten oder von ihrem Ursprung oder ihrer Beschränkung auf eine bestimmte Epoche.

Das „wenig sachkundig“ gilt auch für manche Bemerkung in der allgemeinen Literatur. Wenn ein Rechtshistoriker noch ca. 1970 meinte: „Bezeichnend für die skurrile Rechtsauffassung des Mittelalters sind die Tierprozesse“,[523] dann trägt das zum Verständnis der Sache rein gar nichts bei, sondern unterstreicht bloß ihre Erklärungsbedürftigkeit. Auf dieser Ebene der Beurteilung war man schon mehr als hundert Jahre zuvor, als etwa Agnel schrieb, die Umstände dieser juristischen Kuriosität wären „so bizarr, dass wir heutzutage Schwierigkeiten haben, zu verstehen, wie diese gesetzten Justizorgane in solchen Angelegenheiten vernünftigerweise auftreten konnten“ („si bizarres, que nous avons peine à comprendre, de nos jours, comment ces graves organes de la justice ont pu raisonnablement

[521] Processo agli animali, Roma 1996.

[522] So besonders Berman und Beirnel.

[523] Lentze, H., Geschichte der Strafrechtspflege: Strafrechtssammlung (Katalog des NÖ. Landesmuseums NF 37), Wien s. a. 4–14, 9.

figurer dans de telles affaires").[524] Auch der berühmte Ethnologe Sir James Frazer kam über eine Beurteilung als „mental confusion" und „intellectual fog" nicht hinaus,[525] und ein Schweizer Forscher sprach 1904 in völliger Verkennung seines Themas gar von einem „mittelalterliche[n] Kinderspiel".[526] Schlichtweg falsch ist, was man noch 1990 in einem Fachorgan wie der *Deutschen Richterzeitung* lesen konnte: Die Tierprozesse seien Ausfluss der „unreflektierten Volksanschauung des Mittelalters"[527] – faktisch wurden sie durchgehend von universitär gebildeten Juristen durchgeführt!

Die Tierprozesse stellen freilich auch den heutigen Mentalitätshistoriker vor schwierige Probleme.[528] Geht man davon aus, dass seine Aufgabe besonders darin besteht zu versuchen, jene Elemente in den Überlieferungen der Vergangenheit zu erklären und zu verstehen, die bei uns den Eindruck der Fremdheit evozieren, dann gehören die juridischen Verfahren gegen Nutztiere und Schädlinge sicher zu den auf uns am exotischsten wirkenden Phänomenen früherer Epochen, zu jenen Verhaltensweisen, Gefühlen, Anschauungen, Phantasien, Denkstereotypen etc., die vom Verhalten, Denken, Vorstellen und Fühlen unserer Zeit so sehr abweichen, dass sie in uns den Eindruck auslösen, die Art und Weise des früheren Denkens und Empfindens einfach nicht mehr nachvollziehen zu können. Denn man betrachtete Tiere als Rechtssubjekte, nicht als rechtliche Objekte, unterstellte ihnen Motive, Absichten, Willen, statt ihr Verhalten auf Instinkte und Impulse zu beschränken, konzedierte ihnen Vernunft und Willensfreiheit, moralische Verantwortung und Schuldfähigkeit, und ging davon aus, es sei sinnvoll, Tiere zu kriminalisieren und zu bestrafen, was uns als sinnlos und ineffektiv vorkommt.[529]

---

524 Agnel, E., Curiosités judiciaires et historiques du Moyen Age. Procès contre les animaux, Paris 1858, 5. Fast wörtlich (doch ohne Quellenangabe) nachgeschrieben noch von Nicolaus, J. R., Uomo-animale-natura nell'evolversi dei secoli: Atti della Accademia Pontaniana, Napoli, NS 43, 1994, 55–96, 66.

525 Frazer 445.

526 Wymann 128.

527 Hülle.

528 Deutlich ist die Ratlosigkeit, die auch der jüngste einschlägige Lexikonartikel verrät: Sellert, W., Tierprozesse(-strafen): LexMA 8, 1996, 784 f.: „Schwierig und noch keineswegs gelöst ..."

529 Fischer 51.

Tierprozesse hat man unter Beachtung aller juristischer Formalien vom 13. bis ins 19. Jahrhundert besonders in frankophonen, aber auch schweizerischen, westdeutschen, flämischen und anderen Territorien durchgeführt. Zentren scheinen die Gegend um Paris und Lausanne, auch Lothringen gewesen zu sein,[530] selten kamen sie in Italien und England vor. Man führte sie sowohl vor kirchlichen als auch vor weltlichen Gerichten. Erstere konzentrierten sich auf Schädlinge wie Mäuse, Heuschrecken oder Engerlinge und hatten v. a. präventive Ziele, letztere auf Haus- und Nutztiere, die einen Menschen verletzt oder getötet hatten; in ihnen ging es um die Bestrafung der Täter.

Es steht völlig außer Frage, dass dieses Procedere absolut ernst gemeint war und auch nicht von irgendwelchen vielleicht einem magischen Weltbild verhafteten Landleuten durchgeführt wurde, sondern von professionellen, studierten Juristen im Auftrag der Obrigkeiten, dass es von Bischöfen sanktioniert und von Universitätsprofessoren ernsthaft diskutiert wurde – und vor allem, dass es Geld kostete! Denn die Richter, Verteidiger, Büttel oder Gerichtsboten walteten nicht umsonst ihres Amtes, sondern baten die Kläger zur Kasse.[531] Es sind Rechnungen erhalten, in denen etwa der Henker von Falaise in der Normandie seinen Lohn für die Hinrichtung einer Sau und den Kauf neuer Handschuhe quittiert[532] (wahrscheinlich, um so von dem Verfahren „unbefleckt" zu bleiben) oder der Kerkermeister eines königlichen Gefängnisses in Frankreich bestätigt, die vom 21. Juni bis 13. Juli 1408 angefallenen Kosten für Ernährung und Fesselungsstrick eines in Untersuchungshaft genommenen Schweins erstattet bekommen zu haben.[533] Oder die Experten, die ein Grundstück besichtigt haben, das Schädlingen zur Verfügung gestellt werden soll, müssen entlohnt werden, oder die Schreiber für Aufzeichnung und Besiegelung der Akten[534] u.v.m.

Die ganze Terminologie der juristischen Dokumente gleicht völlig der, die sich auf menschliche Verbrecher bezieht, z. B. ist im Urteil des Gerichts von Savigny von 1457 von Gefangenen, von in flagranti Ertappten, von vollbrachtem Mord und Schuld die Rede. Es handelte sich um Schweine:

---

[530] Oger 332.

[531] Z. B. Chêne 90, 162 ff.; Ménabréa 419; Feigl 6 ff.; für Glurns s.u. Anm. 637.

[532] Evans 287; vgl. Berriat-Saint-Prix, Rapport 434, Sorel 276.

[533] Berkenhoff 17 f.

[534] Evans 49.

> „Eine Muttersau und sechs säugende Frischlinge, die gegenwärtig Gefangene der genannten Dame sind, alldieweil sie in flagranti ertappt wurden: Sie haben – die genannte Muttersau selbst – Mord und Tötung an der Person des fünfjährigen Jehan Martin begangen und vollbracht … Wenn man findet, dass sie an dem Verbrechen schuldig sind …“.[535]

Das Tier wurde dann wie ein menschlicher Delinquent auf dem Schinderkarren zum Richtplatz geführt. Als Herzog Philipp der Kühne 1379 eine *lettre de grace* (Begnadigungsurkunde) ausstellte, in der er zwei Schweineherden amnestierte, die wegen Menschenmordes gefangengesetzt worden waren, *pour en faire raison et justice en la manière qu'il appartient*[536] („um in der entsprechenden Weise Rechenschaft und Gerechtigkeit zu vollziehen“), handhabte er diesen Fall nicht anders, als sonst eine Rechtsfrage, indem er die am meisten schuldigen Tiere hinrichten, die anderen dagegen frei ausgehen ließ. Norddeutsche juristische Dokumente des 14. und 15. Jahrhunderts gehen so weit, ein Pferd, durch das jemand zu Tode gekommen ist, expressis verbis als „Mörder“ zu bezeichnen: *Also reken ik dat brune perd vor enen morder des mannes …*[537] (1466).

Das Formelbuch des Lausanner Offizialats im frühen 16. Jahrhundert spricht davon, dass die exkommunizierten Insekten sich verhärteten „wie das Herz des Pharao“ (Exod 7, 13) und dass ihre Bestrafung verschärft werden müsse, weil ihre Bosheit wachse, *crescente eorum malicia.*[538] Bisweilen erhielten die Tiere auch einen (anscheinend vom Gericht bezahlten) Prokurator, der sie verteidigte, indem er die Abweisung der Klage beantragte. Regelmäßig wurde aber der Anklage stattgegeben.

Auch die Form der Strafen zeigt oft eine Gleichstellung des tierischen mit dem menschlichen Verbrecher: Üblich war die öffentliche Exekution. Sie konnte durch

---

535 *une truye, et six coichons ses suignens, que sont présentement prisionniers de ladite dame [der Gerichtsherrin], comme ce qu'ils été prins en flagrant délit, ont commis et perpetré mesmenent ladicte truye murtre et homicide en la personne de Jehan Martin en aige de cinq ans … s'il estoit trouvé qu'ils feussions culpables du délict …*: Berriat-Saint-Prix, Rapport 441 ff., Sorel 304 ff.; Evans 298 f., 302; vgl. etwa ebd. 310 f. und Berriat-Saint-Prix, Rapport 434 f. die Formulierungen eines Urteils von 1499.

536 Sorel 278 f., Evans 342 f.

537 Pappenheim 118.

538 Chène 172 ff.

Kostümierung noch mehr der menschlichen angeglichen werden, so wurde 1386 ein Schwein in Falaise nach dem *ius talionis* so verstümmelt, wie es das Kind verletzt hatte, und dann sogar in Menschenkleidern öffentlich in der Nähe des Rathauses gehängt und der Vorgang später in der Kirche durch ein Wandgemälde verewigt[539] (was jedoch beweist, dass er nicht alltäglich gewesen sein kann, denn es ist dies fast der einzige Beleg für eine mittelalterliche Bilddarstellung einer Tierstrafe[540]). Mit einem Wort: Alles ging formal nicht anders zu als bei einem Verfahren gegen menschliche Angeklagte[541] – *„ut fuerit iuris"*,[542] *„servato juris ordine"*.[543] Vereinzelt fürchtete man sogar, dass eine bestimmte Behandlung des tierischen Delinquenten unerwünschte Präjudiz für den Umgang mit menschlichen Delinquenten schaffen könnte.[544] Wenn es stimmt, dass Schweine auch gehängt werden konnten, weil sie eine Hostie gefressen hatten oder es wegen des Fastenbruchs als verschärfend galt, wenn sie ein Kind freitags anfraßen,[545] wären dies weitere Hinweise auf die Gleichstellung von menschlichem und animalischem Delinquenten.

Mindestens zwei Fragen sind es, die bislang keine schlüssige Antwort gefunden haben:

1. Wieso war es gelehrten Theologen und Juristen möglich, es gegen jede Alltagserfahrung und jede wissenschaftliche Überlieferung für plausibel zu halten, die angeklagten Kreaturen würden beim Prozess sowohl die menschliche Sprache verstehen, als auch die vermittels dieser an sie gerichteten Weisung befolgen? Nicht die Maxime, dass alle Kreaturen etwa dem kanonischen Recht unterworfen seien oder man ihr Recht als Geschöpfe Gottes berücksichtigen müsse, ist vorab

539 Evans 140 f.; Berkenhoff 16 f.

540 Pastoureau (2004) 37 f. Eine in unserem Zusammenhang bisweilen abgebildete Radierung des 19. Jahrhunderts nach Léon-Augustin Lhermitte (Sorel 270; Vartier, Umschlagbild; Nadal 238) ist freie Erfindung.

541 Wie Chêne 49 ff. mehrfach zu Recht betont, war man bestrebt, „à intégrer les procès d'animaux dans le cadre des règles judiciaires même si cela devait se faire au détriment de la raison" (86).

542 Monitio des Dekans von Fribourg, 1. Hälfte 15. Jahrhundert, Chêne 120.

543 Prozess gegen Insekten in Pont-du-Château, Auvergne, 1690: D'Addosio 63.

544 Evans 145.

545 Evans 156 f. In dem ebd. 288 f. abgedruckten Dokument zu diesem Fall findet sich jedoch keine diesbezügliche Angabe.

erklärungsbedürftig, sondern die Voraussetzung einer Kommunikationsmöglichkeit zwischen Mensch und Tier, wie sie sonst nur im Märchen auftritt. – Dagegen scheint mir die notwendige Unterstellung eines freien Willens bei den Tieren wenig problematisch, da dieser bei den Säugetieren im Alltagsleben durchaus manifest ist (wie jeder Hunde- und Katzenbesitzer weiß) und in einer Epoche vor der Entdeckung der Instinkte wohl auch in der Praxis kaum infrage gestellt wurde.

2. Wieso gab es Tierprozesse augenscheinlich erst ab dem 13. Jahrhundert – das älteste bekannte Beispiel stellt die Verbrennung eines Schweins 1266 oder 1268 in Fontenay bei Paris dar?[546] Vor dem Hintergrund der allgemeinen mentalitätshistorischen Entwicklung betrachtet, würden sie ja wesentlich besser in die frühmittelalterliche Epoche „passen", die m. E. zu Recht als der uns fremdeste Abschnitt jener 1000 Jahre gilt, die wir (doch wohl vornehmlich aus Herkommen) zu einer einzigen Periode der abendländischen Geschichte zusammenfassen. Aber gerade die so archaisch wirkenden Tierprozesse waren ein Phänomen des Spätmittelalters und der Frühneuzeit – mit einer Häufigkeitskurve, die ähnlich wie bei den Hexenprozessen verläuft, d. h. einen Höhepunkt im 16. Jahrhundert[547] aufweist, wenn die Verfahren gegen die animalischen Angeklagten auch seltener waren als die gegen Hexen und Zauberer.

Also handelt es sich um ein Phänomen, das im Zeitalter der Scholastik entsteht, der Epoche des intensiven Urbanismus, der „gotischen Rationalität", ja gerade der Epoche, in der nach Max Weber die Entzauberung beginnt (vgl. oben S. 147). Dass sich die Tierprozesse dann bis in die Epoche der Aufklärung hinzogen, ist weniger erstaunlich, blieb doch vieles aus der spätmittelalterlichen Mentalität während der ganzen „alteuropäischen" Periode in Kontinuität (oder moderner: als *longue durée*) erhalten, und namentlich im Bereich des Rechts (Partikularismus, Tortur, Körperstrafen …). Späte Fälle stellen die des 1789 in Baardwijk (Brabant) zum Tode verurteilten Stieres, der Schweizer Prozess von 1906 und Verfahren in Kentucky sowie Tennessee 1916 dar.[548] „Eine bescheidene Weiterexistenz" führten sie in der Literatur, und auch ein – bereits erwähnter – Film thematisierte die Tierprozesse.[549]

[546] Evans 140, 266; Berkenhoff 26.

[547] Gijswijts-Hofstra 57.

[548] Ebd. 55 f.; Jamieson 45.

[549] Girgen 107 Anm. 65.

Das Ende dieser Verfahren dürfte wenigstens teilweise in Analogie zu dem der Hexenprozesse zu verstehen sein, nämlich im Fortschreiten von naturwissenschaftlichem, hier biologisch-medizinischem Wissen, das rein physische Zusammenhänge in den Vordergrund stellte. Waren auch im Einzelfall in diesem und jenem Territorium unterschiedliche Faktoren dafür verantwortlich, warum man aufhörte, für Hagelwetter und Krankheiten nach zauberischen VerursacherInnen zu fahnden,[550] kann doch die prinzipiell realitätsgerechtere Weltsicht der Aufklärung als der wesentliche geistes- und mentalitätsgeschichtliche Hintergrund für das Obsolet-Werden beider Phänomene angegeben werden. Wenn man mit Descartes und anderen Tiere nur als gefühllose Maschinen betrachtete,[551] konnte man sie kaum mehr als Subjekte innerhalb einer Rechtsgemeinschaft behandeln. Während sich freilich bei den häufigeren Hexenprozessen auch einzelne Persönlichkeiten namhaft machen lassen, die entscheidend zu ihrem Verschwinden beigetragen haben wie u. a. Friedrich von Spee, ist eine solche Persönlichkeit in Bezug auf die Tierprozesse nicht bekannt.

Im frühen Mittelalter dagegen gab es, so weit irgend zu sehen, keine Tierprozesse und auch keine nur entfernt ähnlichen Vorgangsweisen gegen Tiere. Vielmehr verbietet etwa das Edikt des Langobardenkönigs Rothari (643), einen von einem Tier angerichteten Schaden als Grund für eine Fehde zu nehmen, mit der Begründung: *quia muta res fecit, nam non hominis studium*[552] („weil es eine stumme Sache tat, und nicht menschliche Absicht"). Das burgundische Volksrecht qualifiziert es ausdrücklich als Zufall (*casus*), wenn etwa ein Rind ein anderes umbringt, ein Hund beißt etc. Dies entspricht der Haltung des römischen Rechts, von dem die sog. Volksrechte der Germanen vielfach abhängig waren. In den genannten Fällen wird das Tier bloß als Entschädigung dem Geschädigten übereignet, nicht aber bestraft.[553] Auch die anderen frühen Gesetze beschäftigen sich mit der Höhe der in solchen Fällen gebührenden Bußzahlungen, nicht aber mit einem Vorgehen gegen die schuldigen Wesen![554] Es gibt im langobardischen und in nordischen Rechten ausdrückliche Hinweise darauf, dass Tiere nur als stumme und daher

---

550 Lorenz, S., Bauer, D. (Hgg.), Das Ende der Hexenverfolgung, Paderborn 1995.

551 Suutala, M., Zur Geschichte der Naturzerstörung, Frankfurt a. M. 1999, 167 ff.

552 c. 326, vgl. Brunner 512.

553 Lex Burg. 18, 1, MGH LL 3, 540. Vgl. Feigl 27 ff.

554 Grimm, Rechtsaltertümer II, 234 f.

vernunftlose Dinge betrachtet wurden.[555] Analog dazu sahen frühmittelalterliche Rechtsdokumente ja auch im Hexereivorwurf wenig Substanz; im fränkischen Reich wurde 782 demjenigen die Todesstrafe angedroht, der eine männliche oder weibliche Person als Hexe bezeichnet und verbrennt;[556] der karolingerzeitliche *Canon episcopi* tat Nachtfahrten u. ä. als Hirngespinste ab; um 1100 dekretierte der ungarische König Koloman, es gäbe keine Hexen, weswegen auch keine zu verfolgen seien[557] usw. Summa summarum zeigt sich das archaische, „verzauberte" Frühmittelalter also viel skeptischer gegenüber der Realität und der Macht der Unholdinnen als die folgenden Epochen. Und ebensowenig brachte es Tiere als Angeklagte vor Gericht.

Was das Hexereidelikt betrifft, änderte sich die Situation seit dem 13. Jahrhundert völlig.[558] Im späten Mittelalter drohten in Umkehrung zum frühen demjenigen Exkommunikation und Tod, der eben nicht an Realität und Macht der Unholdinnen glaubte. Ein Theologe, der die Faktizität der Hexenfahrten bestritt, der Prior Wilhelm Adeline (Edleine) von St Germain en Laye, wurde 1453 sogar so lange gefoltert, bis er seine Meinung korrigierte, und starb im Gefängnis.[559] Der päpstlich empfohlene *Hexenhammer* bezeichnet bekanntlich Zweifel an der Wirklichkeit des Zauberwesens ohnehin als Ketzerei,[560] wovon Luther ebenso überzeugt war,[561] aber auch ein Reformator wie Calvin wollte alle Gegner der Hexenverbrennungen aus der Gesellschaft ausstoßen[562] usw.

Die Parallele zwischen dem Fehlen von Tierprozessen und Hexenverfolgungen im früheren Mittelalter einerseits und der Ausbreitung dieser beiden Phänomene im späten andererseits drängt sich auf. Wie analog bei der Verfolgung der Hexen wird in der Frühneuzeit sogar gelegentlich derjenige bedroht, der nicht an die Verhängung von Anathema und Exkommunikation gegen Tiere glaubt, denn er zwei-

---

555 Amira 584.

556 Cap. de part. Sax. 6, MGh Leges 2/1, 68 f.

557 Dinzelbacher, Heilige 130 f., 237.

558 Zu den Gründen ebd. 128 ff.

559 Ostorero, M., Un prédicateur au cachot. Guillaume Adeline et le Sabbat: Médiévales 44, 2003, 73–96.

560 Malleus 1, 1.

561 Dinzelbacher, Heilige 136.

562 Pfister, O., Das Christentum und die Angst, ND Frankfurt a. M. 1975, 358 f.; Dinzelbacher, Heilige 131 f.

felte angeblich an der Autorität der Heiligen Kirche.[563] Dass Tiere auch wie Hexen wegen Magie verurteilt worden seien, ist jedoch eine unbelegte Behauptung.[564]

Wiewohl in der Literatur nicht immer scharf geschieden, sind doch zwei verschiedene Formen von Tierprozessen zu trennen, und zwar sowohl nach den Angeklagten, als auch nach der Gerichtszuständigkeit und dem juristischen Vorgehen; sie werden im Folgenden gesondert behandelt.

II. Erhängte Schweine und begrabene Ochsen – Verfahren gegen einzelne Haus- und Nutztiere

Tierprozesse wurden anscheinend zuerst gegen Einzeltiere, und zwar immer domestizierte Säugetiere, geführt, die Menschen verletzt oder getötet hatten. Diese Verfahren werden von manchen Autoren terminologisch als „Tierstrafen" von den unten behandelten kirchlichen Prozessen getrennt. Doch heißt es auch hier in den Akten z. B. „den Stier festnehmen und gegen ihn seinen *Prozess* führen".[565] Diese stets von weltlichen Gerichten vollzogenen Verfahren richteten sich am häufigsten gegen Schweine (so schon der älteste bekannte Fall von 1266/68),[566] die Kinder an- oder aufgefressen hatten, sicher ein wirklich immer wieder vorkommender Unfall und weniger, wie man gemeint hat, die Folge der „Dämonisierung" dieser Tiere durch Jesus[567] (Mt 8. 28 ff.). Auch Ochsen, Hunde und andere Tiere standen vor den Schranken der Gerichte, häufiger waren es wohl weibliche Tiere.[568] Gelegentlich ist Untersuchungshaft (sogar für eine ganze Schweineherde)[569] sowie die Tätigkeit eines Advokaten bezeugt, der als Verteidiger für den animalischen

563 So Gaspard Ba[i]lly, Traité des Monitoires, Lyon 1669, zit. Evans 102 f. (nach D'Addosio 65: 1668).

564 Aufgestellt von Veper 6.

565 Vgl. Agnel 14.

566 Berkenhoff 26.

567 So Clodd, E., Execution of Animals: ERE 5, 628 f.

568 Oger 332.

569 Berkenhoff 17 ff.

Angeklagten fungierte.[570] Die Prozesse endeten in der Regel mit einem Todesurteil, meist mit der Galgenstrafe oder dem Lebendigbegraben. Nur sehr selten sind Verstümmelungen allein oder zusätzlich belegt.[571] Im Unterschied zu den geistlichen Gerichten ließen die weltlichen Richter, wenigstens in Frankreich, die Tiere jedoch anscheinend nicht ins Gerichtsgebäude selbst bringen.[572]

Die in den Akten – erhalten sind meist nur die Urteilssprüche – verwendeten Formulierungen entsprechen völlig denen gegen menschliche Übeltäter, z. B.: „Und was das genannte Schwein betrifft, haben wir es verurteilt und verurteilen es aufgrund der in dem genannten Prozess enthaltenen und festgestellten Gründe, der Gerechtigkeit halber aufgehängt und exekutiert zu werden im Hoheitsbereich meiner genannten Herren, nach unserem definitiven Spruch und mit Recht." (Sèves 1499).[573] Tatsächlich ging man so vor, „wie Recht und Vernunft es erfordern" (Clérmont-les-Montcornet 1494).[574] Man erstattete in aller Form Anzeige, veranstaltete eine eidliche Zeugenvernehmung, ließ ein schriftliches Urteil ergehen und dieses durch den Nachrichter vollziehen.[575]

Bemerkenswerterweise scheint es ausschließlich dann zu einem Tierprozess gekommen zu sein, wenn ein Mensch verletzt oder getötet worden war, also eine Art Hierarchieverletzung[576] geschehen war, denn normalerweise sind es die Ochsen und Schweine, die von den Menschen getötet werden, nicht umgekehrt. Lag dagegen nur eine Beschädigung oder Zerstörung von unbelebten Dingen vor, wurden im Prinzip bloß Zivilprozesse um Schadenersatz geführt. Solche Fälle waren im agrarischen Mittelalter viel häufiger als Tierprozesse, da immer wieder Rinder auf fremdes Gebiet eindrangen und dort weideten, Schweine das Korn des Nachbarn fraßen,

570 So in Savigny 1457: Agnel 11, Feigl 73.

571 Amira 553 mit Anm. 1.

572 Cohen, E., The Rituals of Inclusion: Animals, in: Dies., The Crossroads of Justice, Leiden 1993, 100–133, 111.

573 *Et en tant que touche le dict pourceau, pour les causes contenues et établies audict procès, nous les avons condampné et condampnons à être pendu et executé par justice, en la jurisdiction des mes dicts seigneurs, par notre sentence définitive, et à droit.*: Feigl 78; ganz ähnlich Barr 446 (von 1496).

574 *comme justice et rainson le desiroit et requeroit:* Berkenhoff 18.

575 Z. B. Berkenhoff 19.

576 Fischer 104 ff.

Kaninchen bebaubares Land verwüsteten, Tauben Kornvorräte plünderten usf.[577] Schon die Rechte der Germanen beschäftigten sich damit, ob man solche Schadensverursacher nur vertreiben oder doch töten dürfe, und sie enthalten bisweilen ganz differenzierte Lösungen. Nach westgotischem Recht z. B. musste, wer ein fremdes Tier in seinem Besitz fand, bei der Vertreibung darauf achten, dass sich dieses nicht verletzte,[578] nach burgundischem durfte man es erschlagen, bei Schweinen war jedoch der Eigentümer zuvor zwei Mal zu ermahnen[579] – usw. Auch in Burgund, aus dem die älteste Nachricht über Tierprozesse stammt, so ist zu betonen, war es jedoch zumeist üblich, schädliche Nutztiere einzusperren und Schadenersatz zu verlangen, bzw. gemäß der *actio de pauperie* (s. S. 148) des römischen Rechts das Tier zur Nutzung oder Tötung dem Geschädigten zu übergeben.[580]

Es ist fernerhin festzuhalten, dass meines Wissens sämtliches gesetzte Recht (Landrechte, Stadtrechte, Rechtsbücher usw.) nichts davon weiß, dass ein Tier, falls ein Mensch durch es zu Tode kommt, vor Gericht gestellt werden soll. Üblich war laut den normativen Texten vielmehr durchgehend die sogenannte Sachhaftung des Besitzers. Eine privatrechtliche Wiedergutmachung bei Schäden von Tieren an Menschen durch diese sahen wie das römische auch die frühmittelalterlichen Volksrechte und das nordgermanische Recht vor. Sie bestand i. d. R. in einer Geldzahlung; alternativ konnte das Tier dem Geschädigten zur Rache oder zur Nutzung übereignet werden;[581] auch die Verpflichtung des Besitzers, das Tier fortzujagen, kommt vor.[582]

In diesem Sinne ging auch die spätere Gesetzgebung vor: So heißt es etwa in den *Siete Partidas*, dem großen Gesetzeswerk König Alphons X. von Kastilien (reg. 1252–1284): Wenn ein Reittier jemanden verletzt, so muss der Besitzer entweder den Schaden abgelten oder das Tier dem Verletzten zur Kompensation ausliefern; war es die Schuld eines anderen Menschen, der es misshandelt hatte, dann

---

[577] Williams, Liability pass., z. B. 238 ff. (Kaninchen), 248 ff. (Tauben).

[578] Leg. Wisig. 8, 3, 13.

[579] Lex Burg. 64 bzw. 23, 4.

[580] Blétry, J., Des mésus causées par les animaux en droit burgonde et dans le duché de Bourgogne, Diss. Dijon 1908, 53 ff. , 101 ff., 119 ff.

[581] Froehner, Kulturgeschichte II, 173 f.; MacCormack; Jackson; Amira, K. v., Nordgermanisches Obligationenrecht I, Leipzig 1882, 396 ff.

[582] Brunner 512 f. sieht darin wegen der Analogie zum Friedlosen ein Zeichen von Tierpersonifikation.

zahlte dieser.[583] Wenn jemand ein wildes Tier hält, einen Löwen, Bären, Leoparden usw., auch eine Schlange, und dieses verletzt einen Menschen, so muss der Besitzer ihn auf seine Kosten medizinisch behandeln lassen; stirbt der Verletzte, sind 100 Goldstücke an seine Erben und dieselbe Summe an den königlichen Fiskus zu bezahlen.[584] Ein deutsches Beispiel bietet das hier sehr explizite Freiberger Stadtrecht § 10 (13./14. Jahrhundert): *Tretit ein wagen ein kint oder ein swin oder waz ist, der wagen ist unschuldig unde di pferd; ienre, der den wagen furet, der ist schuldig, und der muz antworten vor den schaden.*[585] Die Formulierung impliziert immerhin, dass es Leute gab, die die Sache oder das Tier für verantwortlich hielten. Dass der Rachegedanke wichtig war, wird aus dem Auslieferungsgebot eines schädlichen Tieres zur Tötung an die Verwandten des Betroffenen ersichtlich.[586] Ein Flurschaden (*damnum datum*), ein besonders häufiges „Verbrechen", war im alten Recht immer vom Besitzer zu vergüten,[587] so gut wie nie sah die Gesetzgebung deswegen ein Vorgehen gegen die Tiere vor (s. jedoch S. 218 f.).

Die Juristen des späten Mittelalters und v. a. des 16. Jahrhunderts dagegen diskutierten die Verfahren gegen Tiere teilweise ausführlich. So schrieb z. B. der französische Advokat Guido Papa in der Mitte des 15. Jahrhunderts in Hinsicht auf Schweine, die Kinder anfressen, aber auch andere vernunftlose Tiere: „Und wenn sie einen Mord begehen, müssen sie durch ihren Herrn der Gerechtigkeit überantwortet werden, auf dass sie sterben".[588] Damit formulierte er, was ihm ohnehin aus eigener Erfahrung aus Burgund bekannt war: Das Erhängen von Schweinen wegen Kindermordes.[589] Besonders ein anderer französischer Rechtswissenschaftler, Chassenez, sollte auf diesem Gebiet Berühmtheit erlangen (s. S. 173).

Erwähnt sei hier noch, dass eine am letzten Donnerstag des Karnevals vollzogene brauchtümliche Form eines Tierprozesses schon für das 12. Jahrhundert berichtet

---

583 7, 15, 22, ed. cit. (wie S. 128, Anm. 463), IV, 277.

584 7, 15, 23, ebd.

585 Froehner, Kulturgeschichte II, 174.

586 § 204.

587 Z. B. Cortonesi, A., Ruralia, Roma 1995, 92 ff. Gegen Brunners Theorie von der strikten Verantwortung des Besitzers für seine Tiere im ältesten Recht vgl. Williams, Liability 285.

588 *Et si homicidium committant, debent per suum dominum tradi iustitiae ut moriantur*: Decisiones 238, zit. Stokvis 402.

589 Chasseneux 13 v (I, 108).

wird. Es handelt sich freilich um einen isolierten venezianischen Brauch, bei dem zwar Tiere verurteilt und exekutiert wurden, jedoch Menschen gemeint waren. Darin eine Parodie auf damals bereits existierende echten Tierprozesse zu sehen, würde nicht angehen, da es keinen Hinweis auf eine Nachahmung gibt und solche Verfahren später gerade in Italien nicht üblich waren. 1162 hatte die Republik einen wichtigen Sieg über den Patriarchen von Aquileia, Ulrich von Treffen, errungen. Der kriegerische Kirchenfürst war zusammen mit 12 Kanonikern als Gefangener in die Lagunenstadt gebracht worden. Eine Bedingung für die Freilassung war es, künftig jährlich 12 Schweine nach Venedig zu liefern. Diese wurden feierlich von drei Richtern zum Tode verurteilt und von den Gilden der Schmiede und Schlächter hingerichtet (durch Sturz vom Campanile?). Anscheinend erst später kam noch ein Stier dazu, den man feierlich enthauptete; das Fleisch wurde verteilt. Die Schweine sollten die 12 Kanoniker versinnbildlichen, der Stier den Patriarchen. Hier handelte es sich um einen jährlich auf diese Weise bis ins 16. Jahrhundert vollzogenen Brauch,[590] der eher in den Zusammenhang der satirischen Tierepen gehört, die ja gerade im 12. Jahrhundert beliebt wurden, als in den der juristisch ernstgemeinten Verfahren gegen Haustiere.

Angemerkt sei auch, dass es bei dem bekannten franziskanischen Volksprediger Berthold von Regensburg eine Stelle[591] gibt, die möglicherweise auf Tierprozesse schon in der ersten Hälfte des 13. Jahrhunderts verweist. In einem lateinischen Text sagt er, Gott habe Strafen für Tiere nur in zwei Fällen vorgesehen: Bei Sodomie (s. S. 180 f.) und wenn ein Tier einen Menschen töte. Dafür verhänge er die härteste aller Strafen, also den Tod. Berthold spricht von *paenitentiam*, was besser zu einer gerichtlich verhängten Buße als zu einer bloß prophylaktischen oder rächenden Tiertötung passen würde. Andererseits erwähnt er sowohl Nutz- wie auch wilde Tiere als davon betroffen, und gegen letztere wurden später nie Prozesse geführt.

Wie gesagt, fielen Verfahren gegen einzelne Tiere in den Kompetenzbereich der weltlichen Gerichte, da sie auf die Exekution des „Täters“ abzielten und die Kirche theoretisch keine Blutgerichtsbarkeit ausübte. Der anscheinend einzige Fall, wo ein geistliches Gericht gegen ein Schwein prozessiert haben soll, wird aus Chat-

---

590 Tassini, G., Feste, spettacoli, divertimenti e piaceri degli antichi Veneziani, Venezia 3. Aufl. 1961, 23 f.; Reato, D., Storia del Carnevale di Venezia, Venezia 1988, 23 ff. Für die Übersendung von Kopien danke ich Fr. Dr. Birgitt Weichmann.

591 Schönbach 112 f.

tens, Diözese Lausanne, berichtet: Dort habe das bischöfliche Gericht 1364 ein solches Tier wegen Tötung eines Kindes verurteilt und durch den Schlächter hinrichten lassen.[592] Selbstverständlich konnten aber die Vögte kirchlicher Grundherrschaften auch Tierprozesse führen (so z. B. 1499 der des Zisterzienserklosters Beaupré[593]), da sie ja ganz generell die weltliche Gerichtsbarkeit für die geistlichen Herrn ausübten.

Wohl nichts mit den offiziellen Prozessen zu tun haben tierquälerische Handlungen, die durch quasi-rechtliche Formen für die beteiligten Menschen noch vergnüglicher gestaltet wurden. Zwischen 1471 und 1648 entzündete jeder französische Monarch das Sankt-Johannis-Feuer auf der Place de Grève in Paris, worin ein oder zwei Dutzend in einen Sack eingeschlossene Katzen verbrannt wurden,[594] was man auch im Volk nachahmte: So veranstalteten dort Lehrlinge um 1740 spontan ein Katzenmassaker, wobei die Opfer vor ein Spotttribunal gestellt wurden und sogar einen „Beichtvater" gestellt bekamen. Katzenmassaker waren besonders in Frankreich brauchtümlich; das Johannisfeuer wurde vielen der wehrlosen Tiere zum Verhängnis.[595] Norbert Elias hat übrigens an diesem Beispiel sehr klar gezeigt, wie sich im „Prozess der Zivilisation" früher ganz offiziell und in aller Ehrbarkeit Lustvolles in heute als abnorm und verwerflich Geltendes verwandeln kann.[596]

III. Exkommunizierte Engerlinge – Die Verfahren gegen Kollektive von Schädlingen

Insekten, besonders Engerlinge und Heuschrecken, sowie Feldmäuse und Maulwürfe waren in einer Landwirtschaft, die noch ohne Pestizide auskommen musste, eine sehr konkrete Bedrohung. Das beste Beispiel dafür ist vielleicht die „En-

592 Jones, W., Credulities Past and Present, London 1880 = Detroit 1968, 302, nach Ruchat (nicht weiter spezifiziert).

593 Berriat-Saint-Prix, Rapport 428.

594 Nadal 252 ohne Beleg.

595 Darnton, R., Das große Katzenmassaker, München 1989, 92, 106 f.

596 Elias I, 281 f.

gerlingsbulle", die sich die Herren von Uri 1492 vom apostolischen Stuhl erbaten. In diesem unter Papst Alexander VI. ausgestellten Dokument heißt es, sie wüssten sich gegen die dramatischen Schäden durch diese „Würmer" nicht mehr zu helfen, wenn ihnen nicht die *censura ecclesiastica*, also die feierliche priesterliche Verfluchung der Tiere beistehe.[597] Ähnliches galt in der der Fischerei in Küstengebieten für Blutegel und Raubfische.[598]

Diesen Schädlingen versuchte man nun mit den Mitteln des geistlichen Gerichts beizukommen, und zwar mit dem Exorzismus und der Exkommunikation. Hierbei ging es stets nicht gegen ein einzelnes Tier, sondern gegen das „Kollektiv" aller an einem bestimmten Ort anwesenden der entsprechenden Rasse, die für die Landplage verantwortlich war. Diese Prozesse scheinen etwas später bezeugt zu sein, als die vorher behandelten; doch nicht erst im 15. Jahrhundert, wie man noch in der neuesten Literatur liest.[599] Denn als Südtirol 1338/39, zu einer Zeit, die als Heuschreckenjahr in die mitteleuropäischen Annalen eingegangenen ist,[600] von riesigen Insektenschwärmen heimgesucht wurde, die alles kahl fraßen (wie freilich schon mehrfach zuvor), ließ sie der Pfarrer von Kaltern durch Geschworene aburteilen und bannte sie dann feierlich von der Kanzel. Wie eine in den lokalen Angaben als zuverlässig geltende Chronik des 14. Jahrhunderts berichtet, die leider nur in jüngeren Abschriften überliefert ist:[601] *vnnd kam der Pann auf sy mit ainer Vrtl, die der Pfarer von Kaltern frage alle die sein Aitschweren waren, vnnd wart Vrtl also von dem ersten Aidtschweren, der gefragt ward: So lanngkh verre also dieselben Hewschrecken Lannd vnd Leuten dem schedlichen kundten werden, so deucht in recht, das sy der Pfarer auf der Kannzel verschiessen solt mit prinenden Kerzen in dem Namen des Vatters vnd des Sons vnd des Hailigen Gaists. Des wart*

597 Der Geschichtsfreund. Mittheilungen des historischen Vereins der fünf Orte 44, 1889, 192–194. Für Auskünfte und die Zusendung einer Kopie danke ich lic. Hans Kuhn von der Bildungs- und Kulturdirektion des Kantons Uri.

598 Chène 41 Anm. 2; 126.

599 Cohen 119.

600 Graus, F., Pest, Geißler, Judenmorde. Das 14. Jahrhundert als Krisenzeit, Göttingen 1988, 23.

601 Riedmann, J., Die sog. Bozener Chronik aus der Mitte des 14. Jahrhunderts als Geschichtsquelle: Bolzano fra i Tirolo e gli Asburgo. Atti ..., Bozen 1999, 11–27.

geuolgt vnnd geschach also, vnnd flugen alle von dem Lannde …“[602] (… und es kam der Bann über sie mit einem Urteil, das der Pfarrer von Kaltern von allen seinen Geschworenen erfragte. Und so lautete das Urteil des ersten Geschworenen, der gefragt wurde: Alldieweil also dieselben Heuschrecken Land und Leuten weiter schädlich werden können, so deuchte ihm Recht, dass sie der Pfarrer auf der Kanzel verderbe mit brennenden Kerzen und im Namen des Vaters und des Sohns und des Heiligen Geistes. Dem folgte man, und so geschah es, und alle flogen aus dem Land …). Die Frage an die Geschworenen entspricht dem Procedere eines normalen gerichtlichen Verfahrens. Das angewandte Mittel ist die feierliche Exkommunikation, d. h. der Kirchenbann.

Genauso brauchbar schien der Exorzismus. Eine typische Formel für diesen Zweck, je nach Tierart und Ort des Geschehens zu modifizieren, lautet in einer vom bischöflichen Gericht von Lausanne verwendeten Fassung von 1452: „Ich exorziere euch, Krankheit bringende Würmer oder Mäuse, beim allmächtigen Gott, dem Vater, und Jesus Christus, seinem Sohn, und dem Heiligen Geist, der aus beiden hervorgeht, damit ihr sogleich von diesen Gewässern, Feldern oder Weinbergen usf. verschwindet und nicht weiter in ihnen wohnt, sondern zu solchen Örtlichkeiten umzieht, wo ihr niemandem schaden könnt. Ich verfluche euch vonseiten des allmächtigen Gottes und des ganzen himmlischen Hofes und der Heiligen Kirche Gottes, dass ihr, wohin auch immer ihr gehen werdet, verflucht seid, dass eben ihr von Tag zu Tag abnehmt und schwindet, bis von euch an keinem Ort mehr Überreste zu finden sind, ausgenommen solche, die dem Heil und Gebrauch der Menschen nützlich sind. Dies zu gewähren möge sich der herablassen, der kommen wird zu richten die Lebendigen und die Toten und die Welt durch das Feuer.“[603] Auch in der Folgezeit benutzte man ähnliche Formeln, um die Schädlinge zu exorzieren, z. B. im *Manuale Exorcismorum* des Maximilian von Eynatten aus dem frühen 17. Jahrhundert.[604] 1596 soll so der Hafen von Marseille von Delphinen befreit worden sein, die die Schiffe blockierten: Der Kardinal-Legat Aquaviva schickte den Bischof von Cavaillon zum

---

602 Mahlknecht, B., Die sog. „Bozner Chronik“ aus dem 14. Jahrhundert: Schlern 70, 1996, 643–678, 665. Vgl. Ladurner, P. J., Chronik von Bozen 1844, hg. v. B. Klammer, Bozen 1982, 242 f.

603 Ed. 1497 (wie Anm. 702) LXXVII v f.; auch bei Chène 130.

604 Desnoyers 45. Vgl. Chène 14 ff.

Meer, um die Tiere mit Weihwasser zu exorzieren, die daraufhin ins Meer hinausschwammen.[605]

Nun waren diese Malediktionen und Bannungen in Spätmittelalter und Frühneuzeit eingebaut in regelrechte kanonische Prozesse (in der Frühneuzeit natürlich nur im Katholizismus, die Reformation führte in den Territorien, in denen sie sich durchsetzen konnte, zur Abschaffung dieses „abergläubischen" Vorgehens, das ein Mittelding zwischen liturgischem und kanonischem Handeln darstellte). Wie z. B. in den für das bischöfliche Gericht von Lausanne erhaltenen Fällen von 1452, 1477/79, 1503 und 1519 wandte sich die weltliche Obrigkeit an die geistliche, um Hilfe gegen die die Ernte verwüstenden Engerlinge zu erhalten. Die Vorgehensweise hierfür[606] war nach den Lausanner Quellen zunächst die Ernennung eines Prokurators, der die Tiere persönlich vor Gericht zu zitieren hatte. Ein amtlicher Bote begab sich zu ihnen und forderte sie auf, zum gesetzten Termin zu erscheinen. Bei der Verhandlung nimmt der Richter ein oder mehrere Exemplare der Schädlinge in die Hand und befiehlt ihnen, binnen von drei Tagen das Gebiet, in dem sie sich aufhalten, zu verlassen. Halten sich die Tiere an den Spruch, dankt man Gott im Gebet; bleiben sie trotzig, muss der Prozess angesichts solcher Widerspenstigkeit (*in contumaciam*) weitergeführt werden. Der Richter verflucht die Schädlinge; eine Prozession zieht aus, und es wird im betroffenen Gebiet obige Formel rezitiert. Ziel ist die Vertreibung oder Vernichtung, wie es z. B. in einer Sentenz von 1481 aus Mâcon heißt: „sie sollen ganz verschwinden und weichen und zu nichts werden!"[607]

Es lohnt sich, aus diesem Urteil etwas ausführlicher zu zitieren, um zu zeigen, dass hier sehr wohl eine regelrechte Exkommunikation,[608] ja sogar das noch schrecklichere Anathema ausgesprochen wurde, obgleich es sich bei den Tieren kirchenrechtlich nicht um Angehörige der katholischen Kirche handeln konnte: „Weil sie auf diese Weise unserem Gebot, nein, viel mehr dem der Kirche und dem Gottes, auf Betreiben Satans nicht gehorchen …, verfluchen und exkommunizie-

---

605 Vartier 152 f.

606 Franz II, 124–175, 150 ff.; Chène pass.

607 *desistant penitus et recedant et in nihilum reducantur.*: Franz II, 157.

608 Vodola, E., Excommunication in the Middle Ages, Berkeley 1986, ist für unser Thema nicht hilfreich.

ren wir sie vonseiten des allmächtigen Gottes und aller seiner Heiligen. Und gegen die so verfluchten und exkommunizierten Tiere bringen wir in diesen unseren Schriften das Urteil des Anathemas ein. Und Ihr, ihr Kapläne und Kirchenleiter, sollt vonseiten und im Auftrag des allmächtigen Gottes selbst, unseres Herrn Jesus Christus und seiner Passion, der seligen Jungfrau Maria, seiner Mutter, und aller seiner Heiligen sie verfluchten und mit dem Anathema belegen und ihnen den Fluch und das Anathema verkünden und sie so als verflucht, exkommuniziert und anathematisiert verlautbaren …".[609]

Wenn das Offizialat eines Kardinalbischofs, also die Rechtsbehörde der Diözese, mit derartigem Formelapparat vorging, dann wusste es wohl, was es meinte, und es ist kein Hinweis darauf zu sehen, dass die kirchlichen Behörden den Akt nicht ernstlich als eine wirkliche Exkommunikation betrachtet haben sollten, wie Amira, Mengis und Franz apologetisch wollen.[610] Und wie anders denn als eine regelrechte Exkommunikation hätten die einfachen Kapläne und Pfarrer diesen Text, der ihnen vom bischöflichen Gericht feierlich vorzutragen befohlen wurde, verstehen sollen?

Das Lausanner Formelbuch des frühen 16. Jahrhunderts potenziert die Exkommunikation noch: „Wenn die genannten Tiere in den sechs Stunden [in denen sie hätten reagieren sollen], die von jetzt an folgen, [nicht gehorchen], beschweren wir sie wieder mit verschärfter und nochmals verschärfter Exkommunikation, und ihr sollt sie als exkommuniziert und beschwert und wiederbeschwert öffentlich verkündigen …"[611] Ein schweizerischer Chronist formuliert, 1477 habe der

---

609 *Quodsi precepto nostro huiusmodi, imo uerius ecclesiastico et diuino instigante sathana [non obediant] … ex parte dei omnipotentis et omnium sanctorum eius maledicimus et excommunicamus et in eas [sc. bestias] sic maledictas et excommunicatas anathematizationis sententiam ferimus in his scriptis uosque [sc. capellani et ecclesiarum rectores] ex parte et in uirtute ipsius omnipotentis dei, domini nostri Iesu Christi eiusque passionis, beate Marie uirginis, eius matris, et omnium sanctorum eius maledicatis et anathematizetis ac eisdem maledictionem et anathema proferatis et sic maledictas, excommunicatas et anathematiziatas nuncietis …*: Franz II, 157, nach D'Addosio 54 datiert 1488.

610 Amira 19; Mengis 934; Franz II, 159; dieser spricht bei den folgenden Beispielen dann selbst wieder von Exkommunikation (160).

611 *ipsa animalia lapsis dictis sex horis immediate sequentibus excommunicando aggravando et reaggravando reaggravamus excommunicataque aggravata et reaggravata … publice nuncietis …*: Chène 172. Zu diesem bombastischen Formelapparat vgl. Hageneder, O., Peccatum ariolandi est non obedire: Ebert, K. (Hg.), Festschrift N. Grass, Innsbruck

Bischof *craft siner gebotsbriefen bevohlen, dieselben würm und enger bi gehorsam und pflicht der heiligen kirchen hoch und tief zuo ermanen …* .[612] Der Kirche Gehorsam schulden jedoch nur getaufte Katholiken; hätte man wirklich geglaubt, die Macht der Kirche erstrecke sich über alle Welt, warum hat man dann nie versucht, etwa die Muslime mit solchen kirchenrechtlichen Geboten und liturgischen Strafen zu bekehren? „Das Ritual des Ausschlusses erstaunt, weil es auf eine uns nicht nachvollziehbare *Zugehörigkeit* verweist."[613]

Die Exkommunikation ist eine Überantwortung an den Teufel und insofern das genaue Gegenteil des Exorzismus, der den Dämon aus dem Besessenen vertreibt.[614] Hätte man geglaubt, die Tiere würden den Lauf der von Gott vorgesehenen natürlichen Entwicklung verlassen und sich auf Betreiben des Teufels schrankenlos vermehren, wie Jubainville argumentiert,[615] hätte man sie nur exorzieren müssen, nicht exkommunizieren.

Akten des ausgehenden Mittelalters und der Frühneuzeit lassen erkennen, dass die geistlichen Prozesse zu kontradiktorischen Verfahren ausgebaut wurden, bei denen die Schädlinge durch Verteidiger vertreten waren,[616] die ihre Interessen wahrnahmen. „Oft kam es aus formalen Gründen zu einem wiederholten Schriftwechsel, der den Tieren zu ihren Verwüstungen reichlich Zeit gewährte."[617] Diese wurden folglich nicht nur als im juristischen Sinn verantwortliche Geschöpfe betrachtet, sondern auch als Rechtspersonen mit schützenswerten Bedürfnissen, was durchaus eine Innovation gegenüber ihrer traditionellen Einstufung nur als dem Menschen unterworfene Objekte bedeutete. Darin ist freilich keine prinzipiell tierfreundlichere Haltung zu sehen, wie sie erst im Gefolge der Tierschutz- und Ökologiebewegung des 19. und 20. Jahrhunderts aufkam, sondern die Akzeptanz der inneren Logik dieser Verfahren. Die Parteistellung der Tiere erfolgte aus Systemzwang – man wollte ein formal korrektes Verfahren –, nicht aus naturschüt-

1986, 221–243.

612 Chène 136 f.

613 Fischer 117.

614 Dinzelbacher, Angst 54 ff.

615 Darbois d'Jubainville 279.

616 Z. B. Chur (s.o.), Troyes 1516 (Evans 37), St. Julien 1545 (Evans 38) u. ö.

617 Franz II, 154.

zerischen Gründen (worauf die heutigen Tierrechtsbestrebungen basieren[618]), die sonst in jenem Zeitalter, wenn überhaupt, dann nur um der Ressourcen der Menschen willen angedacht wurden.

Die Prokuratoren der Schädlinge beantragten meist die Abweisung der Klage und spielten alle denkbaren Argumentationen durch: So machten sie geltend, vernunftlose Geschöpfe könnten weder der kirchlichen noch der zivilen Strafgewalt unterliegen;[619] auch seien sie als Geschöpfe Gottes berechtigt, sich ihr Futter zu besorgen, wobei sie keine böse Absicht verfolgten (vgl. Gen 1, 30). Wie schon bei den Lausanner Prozessen im 15. Jahrhundert, so sprachen auch französische Juristen des 16. Jahrhunderts ausdrücklich von einem bei der Schöpfung mitgegebenen Recht der Tiere auf entsprechende Ernährungsmöglichkeiten.[620] Deswegen wies man ihnen dafür auch bisweilen in Anerkennung ihres Existenzrechts als Geschöpfe Gottes wirklich ein unkultiviertes Grundstück zu ihrem Gebrauch zu.[621] Als Argument wurde für die Engerlinge neben ihrer Kleinheit außerdem angeführt, dass sie noch nicht erwachsen wären, sondern strafunmündig wie Kinder.[622] In S. Giuliano di Moriana (und anderswo) wurde 1587 darauf verwiesen, die Tiere würden nur dem Naturrecht folgen, wenn sie ihre Nahrung fräßen, weswegen man sie nicht bestrafen dürfe[623] (die klassische Definition des römischen Rechts sah ja im Naturrecht die Mensch und Tier gemeinsamen biologischen Zwänge[624]). Schädigungen des Menschen seien als Prüfungen Gottes zu ertragen[625] – Heuschrecken und Würmer wurden schließlich nach der *Bibel* von Moses ausdrücklich als Strafen Gottes über den Feind herabbeschworen (Deut 28, 38 f.). Allerdings hat man sich davor gehütet, diesen Punkt konsequent geltend zu machen, denn wenn man wirklich davon ausgegangen wäre, Tierplagen seien Strafen Gottes, wäre es blasphemisch gewesen, dagegen Methoden des Kirchenrechts einzusetzen.

618 Dazu Fischer 74 f. u. ö.

619 Z. B. Evans 43.

620 Evans 38, 43, 45

621 Z. B. Evans 46; Chène 112 f.

622 Hemmerlin LXXVIII v.

623 D'Addosio 61; vgl. Evans 42 f.

624 Digesten 1, 1, 1, 3.

625 Franz II, 153.

Trotzdem soll ein führender französischer Jurist des 16. Jahrhunderts, Bartholomé de Chassenée (Chasseneux etc., 1480–1542), seine Karriere damit gemacht haben, dass er jede Art von Verzögerung für seine Klienten, die Ratten der Diözese Autun, erreichte: U. a. habe er mit dem Bedenken interzediert, die Nager hätten nicht genug Zeit gehabt, vor Gericht zu erscheinen, da sie die Hinterhälte der Katzen zu umgehen hätten, und er erreichte Fristverlängerung und mehrfache Zitation.[626] Für seine Zwecke personifizierte er die Tiere so weit, dass er ausführlich dartat, sie seien als Laien, nicht als Kleriker zu betrachten.[627] Auch verteidigte er angeblich 1520 in Mamirolle bei einen Prozess die dortigen Holzwürmer.[628] Wie schon aus diesen Angaben hervorgeht, war Chassenée ein Sophist, der bei Gelegenheit auch die genau gegenteiligen Argumente gebrauchen konnte.[629] Eventuell liegt bei dieser Nachricht jedoch eine Verwechslung zwischen seiner eigenen juristischen Praxis mit Fällen vor, die er ausführlich in seinen *Consilia* diskutierte; auch wird die Meinung vertreten, seine Abhandlung über die Verfluchung vernunftloser Wesen (*Tractatus de maledictione creaturarum irrationabilium*) sei nur eine theoretische Übung aus seiner Jugendzeit gewesen.[630] Aber sein späteres Werk, die zwischen 1531 und 1638 wenigstens sechs Mal gedruckten *Concilia*[631] mit ihrer detaillierten Argumentation von Pros und Contras bezüglich der Möglichkeiten, Tiere vor Gericht zu zitieren und zu exkommunizieren, zeigt, wie ernst auch hervorragende Rechtsgelehrte der Zeit diese Sache nahmen.[632] Er sammelt ja in seinem I. Consilium dafür eine Fülle an Belegen aus *Bibel*, Kirchenrecht, Theologie, antiker Dichtung und allgemeiner Erfahrung, sammelte auch die tatsächlich von Bischöfen und Juristen verwendeten Formeln. Auch diskutiert er die Frage, ob kanonisches Recht so wie auf Geistliche auf Tiere anwendbar wäre, oder

---

626 Leguin; Desnoyers 53; Evans 18 ff.; Cohen 121; D'Addosio 56 ff.; ausführlich, doch ohne Belege, Vartier 169 ff.

627 Evans 32 f.

628 McCartney, E., Queenship in Late Medieval France: Carpenter, J., MacLean, S.-B. (Hgg.), Power of the Weak, Urbana 1995, 178–219, 191.

629 D'Addosio 58 f.

630 Leguin 12.

631 Leguin 371.

632 Pignot 212 ff., 303 f., 315 f. Kerdaniel 113 fragt sich, ob „Chassanée s'efforcat-il de cacher ses débuts et de faire oublier la cause véritable …" – die einzige innovative Idee in diesem oberflächlichen Büchlein.

sie von Laienrichtern zu justifizieren seinen, und entscheidet sich für letzteres, „da ihnen niemand eine geistliche Weihe übertragen könnte".[633] Nur extrem selten hört man jedoch von einer wirklichen gerichtlichen Initiative der weltlichen Gewalten gegen Ungeziefer, wie die des Podestà (Stadtrichters) von Strambino im Piemont 1633.[634]

Ein anderer, ebenfalls bekannter französischer Advokat, der in Savoyen tätige Gasprard Bally, veröffentlichte 1688 ein Musterformular für Tierprozesse vor geistlichen Gerichten, wo er in ergreifenden Formulierungen (und mit passenden lateinischen Zitaten aus Geschichtsschreibung und Recht) die Argumente beider Parteien gegeneinanderstellt. So beginnt das Plädoyer für die Einwohner mit: „Meine Herren, diese armen Einwohner, die mit Tränen in den Augen [vor Euch] auf den Knien liegen, flüchten sich zu Euerem Gericht … Ihr habe stärkere Waffen als die Soldaten des Kaisers, um die armen Bittflehenden vor dem Hunger und der Not zu bewahren, von denen sie durch die Verwüstung, die diese kleinen Bestien anrichten, bedroht sind … [nämlich] die ausgesuchten und nötigen Beschwörungen, die von unserer Mutter, der Heiligen Kirche, vorgeschrieben werden …".[635] Der Verteidiger der *pauures bestioles* (armen kleinen Tiere), der ihnen ob ihrer Stummheit bestellt wurde, bringt dann in aller Ausführlichkeit die Latte der bekannten theologischen und rechtlichen Gründe für die Unanwendbarkeit eines kirchenrechtlichen Verfahrens und der Exkommunikation und endend mit einem langen Zitat aus den Metamorphosen des Ovid.[636] Ihm antwortet der Vertreter der Einwohner mit einer Replik, dem schließt sich der Prokurator des Bischofs an, bis endlich der Richter den Spruch mit der bekannten Androhung des Anathems fällt.

Die berühmte Verbannung der Feldmäuse durch den Richter Conrad Spergser und elf Geschworene in Glurns im westlichen Südtirol (2. Mai 1520), bei der u. a. Jugendlichen und schwangeren Weibchen besondere Fristen gesetzt werden

---

633 Chasseneux 6 r.

634 Frazer 433 f.

635 *Messievrs, ces pauures Habitans qui sont à genoux les larmes à l'oeil, recourent à votre Iustice … vous aués des armes plus fortes que les Soldats de cét Empereur pour garantir les pauures supplians de la faim et necessité de laquelle ils sont menacés, par la rauage que font ces bestioles … les execrations requises et necessaires, ordonnées par nostre Mere Sainte l'Eglise …*: Ménabréa 527 ff.

636 Ebd. 529 ff.

sollten und sicheres Geleit geboten wurde, wirkt schon wie eine Parodie auf die Tierprozesse. Doch muss es sich, wenn eine archivalische Überlieferung vorliegt, wie in der älteren Literatur stets behauptet wird,[637] um einen faktischen Prozess gehandelt haben. Freilich wurde auch die Vermutung geäußert, „dass es sich bei diesem ganzen Prozess möglicherweise um eine Art Persiflage jener strengen Jagdgesetzgebung durch Maximilian I. handelte, die bekanntlich die Tötung frei lebender Tiere grundsätzlich verbot – auch wenn sie Flurschäden anrichteten".[638] Die Klärung und v. a. Gesamtpublikation der wahrscheinlich noch erhaltenen Dokumente muss der örtlichen Forschung vorbehalten bleiben; die Gemeinde Stilfs, die die Klage erhoben hatte, verpflichtete sich jedenfalls 1550 zu einer Wallfahrt, da das juristische Procedere keinen Erfolg gezeitigt hatte.

Darf man aber das Phänomen der Tierprozesse nur der Spitzfindigkeit profilierungssüchtiger Juristen zuschreiben? Keinesfalls, da ja die Prozesse i. d. R. nicht von ihnen, sondern von geschädigten Laien angestrengt wurden. Die geistlichen Verfahren scheinen auch unabhängig von den weltlichen gegen Haus- und Nutztiere aufgekommen zu sein. Eine Verbindung zu ohne kirchenrechtlichen Apparat versuchten Tierbannungen, wie sie bereits früher von einigen Heiligen berichtet werden,[639] lässt sich zwar schlagen. Doch das entscheidende Moment war hier nicht ein juridisches Procedere, sondern das Charisma des Wundertäters, auf dessen Bitten hin Gott die Schädlinge vernichtete. Als im Vergleich zu Erzbischof Ekbert von Trier (977–993)[640] besser belegtes Beispiel sei Bernhard von Clairvaux (1090–1153) zitiert, von dem sein Sekretär berichtete, dass er Tiere regelrecht und

[637] Statt der Zusammenfassungen von Berkenhoff 98 ff. oder Feigl 17 ff. ist hier die lokalgeschichtliche Literatur heranzuziehen: Zani, K. F., Der große Tierprozeß von Glurns vom Jahre 1520: Schlern 22, 1948, 203–204; Pardeller, J.: ebd. 23, 1949, 113; Ders., „Der Gemain Stillfß Verlob Brief: ebd. 28, 1954, 466–467.
Wiewohl die Akten (das ‚Gerichtsbuch') laut Bonkalo 30 Anm. 4 noch 1948 in Glurns aufbewahrt wurden, wurde mir am 22.9.2004 von der Gemeindeverwaltung brieflich versichert, dass diese im Ort nicht mehr vorhanden seien und ihr Verbleib unbekannt. Ich danke dem Gemeindesekretär J. Dietl für diese Auskunft. Schriftliche Nachforschungen in süd- und nordtiroler Archiven bzw. Bibliotheken ergaben bislang keine Hinweise.

[638] Rampold, J., Vinschgau, Bozen 3. Aufl. 1986, 253.

[639] Vgl. Franz II, 141 ff.; Desnoyers 47 f.

[640] Wehrhan, Zum Tierprozess.

wirkungsvoll exkommunizierte. Bei der Weihe der Kirche von Foigny (1124?) störten Fliegen in ungewöhnlich großer Zahl. Bernhard erledigte sie im Handumdrehen, und zwar, indem er sie bannte. Das überlebten die Insekten nicht, und am folgenden Tag konnte man die teuflischen Tiere allesamt tot aus dem Gotteshaus schaufeln. Bernhard hatte also ein magisches, kirchenrechtlich eigentlich gegen Menschen vorgesehenes Mittel gegen sie angewandt, die Exkommunikation (*Excommunico eas*). Nach den Zeitzeugen erlagen die Fliegen dieser Verfluchung (*maledictio*).[641] Kam Bernhard ein plötzlicher Kälteeinbruch entgegen – die Szene spielte am 11. November? Gab es eine plötzliche Erkrankung der Insekten? Beschwörungen von schädlichen Tieren haben gelegentlich frühere Heilige auch vollzogen; Bernhard scheint jedoch einer der ersten zu sein, der das Mittel der Malediktion überschreitet und zu diesem Procedere aus dem Bereich der Kirchenstrafen greift.[642] Hätte das ein Kirchenrechtler seiner Zeit gutgeheissen? Exkommunizieren kann man doch nur, wer Mitglied der Catholica ist. Das Vorgehen des Abtes zeigt aber, was für eine intensiv magische Aura diese Kirchenstrafe auch im 12. Jahrhundert besaß. Dass Fliegen, die als Teufelstiere galten (Beelzebul heißt Herr der Fliegen[643]), besonders gut mit dieser Verwünschung zu treffen waren, erscheint verständlich. Bernhards Insekten-Wunder wurde geradezu sprichwörtlich.[644] Später wurde auch dem zu seiner Zeit hochberühmten Dominikanerheiligen Vinzenz Ferrer (1350–1419) ein ähnliches Mirakel zugeschrieben.[645]

Ein anderes Beispiel für den Einsatz der Exkommunikation erzählt der Augustiner-Eremit Gottschalk Hollen (gest. 1481): „Ein Rabe stahl den Ring des Abtes

---

641 Gottfried von Auxerre, Fragmenta de vita et miraculis S. Bernardi 24, ed. Lechat, R.: Analecta Bollandiana 50, 1932, 83–122, 102; danach Ders., Vita prima 1, 11, 52, PL 185, 256 BC. Vgl. Dimier, A., Le miracle des mouches de Foigny: Cîteaux in de Nederlanden 8, 1957, 57–62.

642 Franz II, 144 f. Doch wird angeblich von seinem älteren Zeitgenossen Hugo von Grenoble (1053–1132) ein ähnliches Vorgehen gegen Schlangen berichtet: Evans 103. Die 1120 vom Bischof von Laon vorgenommene Exkommunikation gegen Raupen und Mäuse, die Agnel 32 nach Saint-Foix zitiert, konnte ich nicht verifizieren.

643 Kühnel, H., Die Fliege – Symbol des Teufels und der Sündhaftigkeit: FS H.-F. Rosenfeld, Göppingen 1989, 285–305. Doch kommt das Insekt auch in apotropäischer Funktion auf spätgotischen Tafelbildern vor: Pigler, A., La mouche peinte, un talisman: Bulletin du Musée Hongrois des Beaux-Arts 24, 1964, 47–64.

644 Fragmenta 24; Vita Ia 1, 6, 58 (wie Anm. 641).

645 Desnoyers 48.

von Corbie; dafür wurde er exkommuniziert. Dem Tier gingen daraufhin die Federn aus, und es verlor seinen Appetit …"[646] Auch der Dominikaner Etienne de Bourbon (gest. 1260/61) bringt in seinem bekannten Predigthandbuch mehrere Exempel, die die Macht der Exkommunikation über Tiere behandeln; so sei die Vinzentius-Kirche in Mâcon durch den Kirchenbann des Bischofs Landerich von Sperlingen befreit worden und der Genfer See von Schlangen bzw. Aalen.[647] Letztere Nachricht muss sich auf Bischof Wilhelm von Ecublens beziehen, der von 1221 bis 1229 die Diözese Lausanne regierte.[648] All diesen Prozeduren fehlt jedoch der Charakter eines gerichtlichen Prozesses, auch wenn die Exkommunikation eine Strafe des kanonischen Rechts darstellt. Solche Beispiele können daher nicht als frühe Tierprozesse angesprochen werden, wie dies in der Literatur immer noch geschieht.[649] Es handelt sich vielmehr um „Kontrollsagen",[650] also Legenden, die eingesetzt werden konnten, um zu „erweisen", dass Menschen mit Gottes Hilfe auch kraft spiritueller Macht über das Tierreich herrschen konnten.

Dagegen sind jene erfolgreichen Bannungen von Schädlingen, die gelegentlich von einfachen Priestern – und nicht von Heiligen – durchgeführt wurden, so etwas wie die noch nicht kanonisch geregelten, nicht institutionalisierten Vorläufer der geistlichen Tierprozesse. Ein solches Vorgehen wird etwa in der 1156 geschriebenen Chronik des Benediktinerklosters Petershausen bei Konstanz geschildert: Ameisen belästigten einen Priester des Klosters, der in einer Kapelle die Messe zelebrierte. Also „beschwor er sie im Namen des Herrn und bei allen Heiligen und bei jeder Macht, die er zu nennen wusste", und tatsächlich waren die Insekten binnen zweier Tage verschwunden.[651] Angeblich hat die katholische

---

646 Staber, J., Ein altbayerischer Beichtspiegel des 15. Jahrhunderts (Cgm 632): Bayerisches Jb. für Volkskunde 1963, 7–24, 14 nach Hollen, Opus sermonum dominicalium, Hagenau 1517, I, 62 c.

647 Lecoy de la Marche, A. (Hg.), Anecdotes historiques, légendes et apologues tirés du recueil inédit d'Etienne de Bourbon, Paris 1877, 256. Offensichtlich steht im Satz *Quod audiens* … irrtümlich *anguillas* statt *anguines*, wie aus dem Zusammenhang hervorgeht.

648 D'Adossio 48.

649 Z. B. Rousseau, procès [1989] 91.

650 Fischer 86 f.

651 Chronik 28, ed. Mone, Quellensammlung der Badischen Landesgeschichte I, Karlsruhe 1848, 158.

Kirche in Kanada bis in die Zwischenkriegszeit hinein solche Exorzismen gegen Schädlinge vollzogen.[652] Bei den Tierprozessen und den in ihnen verhängten Kirchenstrafen hört man allerdings nur selten von Erfolgen.[653]

IV. Scheinbare Analogien: Tierstrafen und Werwolfsglauben

Zur genaueren Abgrenzung des Phänomens sind kurz auch einige Erscheinungen zu diskutieren, die nur auf den ersten Blick in denselben Umkreis zu gehören scheinen, jedoch bisweilen in der Sekundärliteratur unmittelbar mit den Tierprozessen in Verbindung gebracht werden.

Dass jene „Tierstrafen", bei denen menschliche Täter durch Tiere hingerichtet wurden (wie durch Pferde beim Vierteilen) oder solche sonst in den Strafvollzug eingebunden waren (wie bei der Schandstrafe des Hundetragens[654]), nicht zu unserem Thema gehören, bedarf keiner Betonung. Nichts zu tun haben die Prozesse auch mit der gemeinschaftlichen Hinrichtung von menschlichen Delinquenten und Tieren. Diese Strafe wurde in zwei Fällen verhängt: Einerseits ergriff die Justiz, auch die Lynch-Justiz, die Möglichkeit, Menschen dadurch zu diffamieren, dass sie sie ganz konkret auf eine Stufe mit Tieren stellte. Oft ist bezeugt, dass solche Verbrechern zur größeren Demütigung im Tode beigegeben wurden. Als etwa 1127 in Ypern ein besonders verhasster Mann gehängt wurde, entblößte man die Scham des Sterbenden, wand die Eingeweide eines Hundes um seinen Nacken und presste ihm eine Hundeschnauze an den Mund, um dadurch seine hündischen Taten zu symbolisieren – so erklärt es jedenfalls ein Zeitzeuge.[655] Im Norden tat man dasselbe mit Wölfen, wohl um anzudeuten, dass der Verurteilte diesem Tier gleichgeachtet, wenn nicht geradezu mit ihm identifiziert wurde: Es ist „die Urbedeutung dieses Brauches nicht, dass der Missetäter einem Wolf ähn-

---

652 Jamieson 51.

653 So 1479 in Lyon: Chène 13 Anm.

654 Schwenk, B., Das Hundetragen. Ein Rechtsbrauch im Mittelalter: Historisches Jahrbuch 110, 1990, 289–308.

655 Galbert von Brügge, De multro 57, CCCM 131, 109.

lich ist, sondern die Wölfe sollen den Schein zerstören, dass der Missetäter etwas anders als ein Wolf unter Wölfen sei".[656] Die Hinrichtung zusammen mit einem Tier wurde im 16. Jahrhundert als Demütigung ob der Gleichstellung mit einer unvernünftigen Kreatur verstanden.[657]

Gegen Juden, die zur Diffamierung mehrfach überhaupt Tieren gleichgestellt wurden,[658] verfuhr man habituell so: Sie wurden an den Füßen aufgehängt und neben ihnen ein oder zwei bissige Hunde.[659] Nur wenn sie sich zum Christentum bekehrten, wurden sie abgenommen. Allgemein bekannt ist die schimpfliche Verbindung, in die man im Spätmittelalter Juden in Wort und Bild mit dem Schwein brachte, die Judensau.[660] Sie scheint aber im eigentlichen Rechtswesen nicht vorzukommen. Doch auch Mitchristen verunglimpfte man vom 14. bis 16. Jahrhundert, wenn sie nach Meinung ihrer (christlichen) Gegner vertragsbrüchig geworden waren, indem man sie auf sogenannten Schandbriefen darstellte, auf einem Schwein oder Esel reitend und diesem ihr Siegel auf den Hintern drückend, oder indem man sie mit einem „unehrlichen" Tier am Galgen malen ließ. Diese Ehrenstrafen wurden zwar nicht vollzogen, doch wurde die Anheftung solcher Bilder an einer Kirche oder dem Pranger als große Schande empfunden, die Säumige zur Einhaltung ihres Vertrags bewegen sollte.[661]

Dass man bei solchen Strafen völlig ohne Empfindung auch für das unschuldig leidende Tier war – es konnte über eine Woche dauern, bis durch das Aufhängen

---

656 Erler, A., Friedlosigkeit und Werwolfglaube: Paideuma 1, 1938/40, 303–317, 317; vgl. Grimm, Rechtsaltertümer II, 262 f.

657 Laufs, A., Das Tier im alten deutschen Recht: Forschungen zur Rechtsgeschichte und rechtlichen Volkskunde 7, 1985, 109–131, 118 f.

658 Berkenhoff 27 Anm. 2, 108 ff.; Mason 268.

659 Grimm, Rechtsaltertümer II, 261 ff.; Hagemann, H.-R., Basler Rechtsleben im Mittelalter, Basel 1981/87, I, 308; Fehr, Recht (wie Anm. 270) Abb. 103 f.; Priskil, P., Die rechtliche Sonderstellung des Hundes im christlichen Spätmittelalter: System ubw. Zs. f. klass. Psychoanalyse 3, 1985, 66–79.

660 Vgl. Fabre-Vassas, C., The Singular Beast: Jews, Christians, and the Pig, New York 1997; auch Enders, J., Homicidal Pigs and the Antisemitic Imagination: Exemplaria 14, 2002, 201–238.

661 Lentz, L., Konflikt, Ehre, Ordnung. Untersuchungen zu den Schmähbriefen und Schandbildern des späten Mittelalters und der frühen Neuzeit (ca. 1350 bis 1600), Hannover 2004.

an den Beinen der Tod eintrat[662] –, zeigt die prinzipielle Fühllosigkeit diesen Wesen gegenüber, zumal man sie auch nicht erlöste, wenn der Delinquent ohnehin schon vor ihnen gestorben war. Auf die Idee zu dieser Strafverschärfung war man unabhängig voneinander sowohl im germanischen Bereich gekommen als auch im altrömischen. Mit der Rezeption des römischen Rechts kam dann zusätzlich die bei Elternmord seit dem *Zwölftafelgesetz* vorgeschriebene Hinrichtungsart des Säckens in Gebrauch, wobei der Täter mit einem Hund, einem Hahn, einem Affen und einer Schlange zusammen in einen Sack gestopft und ertränkt wurde.[663] Der sel. Berthold von Regensburg sah in dieser Bestrafung eine Vergeltung für Vergewaltigung und phantasierte im Sinne einer spiegelnden Strafe, die Schlange würde dem Täter in den After eindringen.[664]

Eine zweite „unechte" Tierstrafe wurde bei Sodomie vollzogen.[665] Nicht nur war das Verbrechen wegen der (vom Kirchenrecht seit dem 4. Jahrhundert, vom staatlichen seit dem 6. Jahrhundert übernommenen) biblischen Verbote (Lev 20, 15; Exod 22, 19) besonders verdammenswert, auch die Konsequenzen flößten Furcht ein in einer Zeit, die allenthalben Portenta und Monstren beobachtete. Besonders am Ende des Mittelalters ging auch die zivile Gerichtsbarkeit gegen diejenigen vor, die sich auf diese Art mit Tieren vergnügten: In Schweden musste der Besitzer des Tieres den Sodomiten zusammen mit dem „mitschuldigen" Tier lebendig begraben; in Norwegen wurde der Sünder kastriert und des Landes verwiesen.[666] Das Rechtsbuch Ruprechts von Freising (1328) schreibt eine spiegelnde Strafe vor: Der *Vichunraine*[667] musste auf das Tier gelegt und mit ihm verbrannt werden. 1464 verurteilte der Hof von Holland einen Mann und eine Kuh zum Scheiterhaufen – der Delinquent hatte nicht nur Verkehr mit ihr und anderen Tieren gehabt, sondern nach Meinung der Zeitgenossen sogar ein missgestaltetes Kalb gezeugt.[668] Menschen wurden für dieses Religionsvergehen in Europa noch bis 1889 gemäß

---

662 Berkenhoff 109 f.

663 His I, 500; Berkenhoff 111 ff.

664 Schönbach 116.

665 Berkenhoff 103 ff.; KLNM 18, 268 ff.; Oger 335 ff.; Dubois-Desaulle, G., Etude sur la Bestialité au point de vue historique, médical et juridique, Paris 1905.

666 Salisbury 93.

667 Berkenhoff 105 Anm. 1.

668 Gijswijts-Hofstra 60.

alttestamentlicher Weisung mit dem Tode bestraft, da man immer noch solche monströse Geburten erwartete (so in Finnland[669]). Wie bei den Tier- und Hexenprozessen dürfte der Höhepunkt der Hinrichtungen wegen dieses Delikts im Spätmittelalter und der Frühneuzeit liegen.[670]

Doch wurde in diesen Fällen das Tier eindeutig nicht deshalb getötet, um es zu bestrafen, sondern um das Sakrileg und die Erinnerung daran aus der Welt zu schaffen, wie schon Augustinus angesichts der Sodomie-Bestimmungen von *Leviticus* 20, 16 argumentiert hatte: „Das von solcher Schändlichkeit befleckte Vieh lässt die schlimme Erinnerung an die Tat wieder aufleben".[671] Diese Erklärung wurde von Karl dem Großen in die Kapitulariengesetzgebung übernommen und von Gratian, dem einflussreichsten Kanonisten des 12. Jahrhunderts, ins Kirchenrecht. Das Ziel war es zu erklären, warum „ein Tier, das keinesfalls rechtsfähig ist, da es keine Vernunft besitzt",[672] bestraft werden könne. Daher kam dieser Grundsatz auch in weltliche Rechte bis einschließlich der *Constitutio Criminalis* Maria Theresias, daher wurde bei diesem Verbrechen die Tötung von Mensch *und* Tier praktiziert.[673] In diesem Sinn berichtet auch Giraldus Cambrensis (1147–1223) von der Exekution eines Löwen, der mit einer Frau Verkehr gehabt hatte, wobei er betont, dies sei nicht geschehen, um das vernunftlose Tier zu bestrafen, sondern zur Erinnerung an die Untat.[674] Das Parlament von Paris bestätigte 1540, dass bei Sodomie das Tier sowie die Prozessakten zu verbrennen waren, um jede Erinnerung an den Frevel zu tilgen (ähnlich noch 1726).[675] Eine Verbindung von dieser Strafe zu den Tierprozessen zieht Chassanée, wenn er schreibt, die Verbrennung eines Tieres wegen des von einem Menschen begangenen Verbrechens der Sodomie garantiere auch die Legitimität der Bestra-

669 Träskman, P., Om „menniskor som af Sathan och sin onda begiörelse låter förföra sigh": Historisk Tidskrift for Finland 75, 1990, 248–263.

670 Oger 336.

671 *pecora … tali flagitio contaminata indignam refricant facti memoriam*: Quaest. in Heptateuchum (Lev) 3, 72–74, CSEL 28/2, 299.

672 *pecus, cum sit irrationabile, nec ullo modo capax legis est*: Gratian, Decretum II, c. 15, 1, 4, ed. Friedberg 747.

673 Constitutio Criminalis Theresiana 2, 20; vgl. D'Addosio 71; Amira 556, Anm. 4.; Salisbury, Beast 99 f.

674 Topographia Hiberniae, zit. Salisbury, Beast 93.

675 Agnel 18; Berkenhoff 104; Vartier 92 f.; D'Addosio 75.

fung von Taten, die Tiere selbst begangen hätten.[676] Ein anderer französischer Jurist, Jean Duret, behauptete 1573, Tiere, die einen Menschen töten, würden zum Erhängen oder Erwürgen verurteilt, *pour faire perdre mémoire de l'énormité du faict*,[677] um die Erinnerung an eine so enorme Untat auszulöschen. Noch Leibniz schreibt in seinen *Essais de Theodicée* (1710): „man vernichtet die Tiere, die Komplizen bestimmter Verbrechen waren, wie man die Häuser von Rebellen niederlegt, d. h. um Schrecken einzujagen".[678] Er betont nachdrücklich, dies geschehe zur Korrektur (potentieller anderer Täter), nicht aber aus Rache.

Anscheinend konzentrierte sich bei diesem Vergehen die Strafrechtspflege (wie auch bei Homosexualität) ganz vorzugsweise auf die Männerwelt; Sodomie-Verfahren gegen Frauen waren ziemlich selten.[679] Der in Paris lehrende Theologieprofessor Thomas von Chobham (gest. um 1240) reservierte dieses Verbrechen für das bischöfliche Gericht und schilderte die hier angewandte strenge Buße: lebenslanger Ausschluss vom Kirchenbesuch, Verbot, Schuhe zu tragen, rein vegetarische Ernährung. Das Tier, mit dem die Sünde begangen wurde, war zu töten und sein Kadaver zu verbrennen.[680]

Aus ähnlicher Einstellung heraus erfolgte nach manchen Rechten, auch dem *Sachsenspiegel*, u. a. bei einer Vergewaltigung eine „Wüstung" (Zerstörung) des Hauses und Tötung von Mensch und Tier.[681] So schreibt z. B. der *Schwabenspiegel* bei Notzucht nicht nur vor, alle zu köpfen, die nicht auf den Hilferuf der Frau reagierten, sondern auch, man solle: *allez daz toeten, daz in dem huse ist, rinder unde ros, katzen und hunde, huenre und gense und enten unde swin und liute, junc und alt, und alez daz lebende drinne ist, daz sol man allez toeten.*[682] Dass Gänse oder

---

676 D'Addosio 59.

677 Sorel 270.

678 „on détruit les animaux complices de certains crimes, comme on rase les maisons des rebelles, c'est-à-dire pour donner de la terreur": 1, 74, ed. Herring, H., Frankfurt a. M. 1996, I, 314.

679 Ein Beispiel von 1601 erwähnt Nadal 249.

680 Brundage, J., Law, Sex, and Christian Society in Medieval Europe, Chicago 1987, 400; vgl. 473.; Goodich, M., The unmentionable vice: homosexuality in the later medieval period, Santa Barbara, Calif. 1979, 66; Dinzelbacher, P., zur Aktivierung alttestamentlicher Paradigmen in der mittelalterlichen Mentalität. Die Sodom-Erzählung und das Hohe Lied, i. Vorb..

681 Grimm, Rechtsaltertümer II, 339 f.; Amira 557.

682 § 254, ed. Lasberg, F. v., Tübingen 1840, 114.

Enten oder nach anderen Rechten sogar das Gebäude oder der Hausrat wegen unterlassener Hilfeleistung als Mitschuldige galten,[683] ist kaum wahrscheinlich und nicht zu belegen, vielmehr ging es darum, den Frevel sozusagen ganz konkret und vollständig „aus der Welt zu schaffen", gegebenenfalls auch die Verwandtschaft des Täters zu bestrafen (wohl in diesem Sinne ordnete ein angelsächsisches Gesetz sogar an, die Babys in der Wiege zu töten, wenn im Haus ihres Vaters Diebsgut gefunden wurde, und sollten die alten Sachsen das Reittier „bestraft" haben, das eine geraubte Frau trug[684]).

Damit zu vergleichen ist auch das seit dem 13. Jahrhundert bezeugte englische Rechtsinstitut des *deodand*, d. h. ein Objekt, das am Tod eines Menschen schuldig war und deshalb der Krone zu karitativen Zwecken verfiel. Es wurde erst 1846 als „barbarisches und absurdes Gesetz" abgeschafft, als auch Lokomotiven in dieser Kategorie aufzuscheinen begannen. Unfälle dieser Art ohne schuldhaftes Verhalten wurden künftig, im Zeitalter der Technisierung und des Kapitalismus, eine Sache nicht mehr des Straf-, sondern des Zivilrechts, wofür die Entwicklung des Versicherungswesens die materielle Basis bot.[685] Allerdings spuken Reste davon immer noch im amerikanischen Recht.[686]

Ein Sakrileg aus der Welt zu schaffen, war offensichtlich bereits das Ziel der auf Numa Pompilius zurückgeführten römischen Bestimmung gewesen, dem Jupiter Terminus den Pflüger und den Ochsen zu opfern, die einen Grenzstein umgepflügt hatten.[687] Es ging nicht um Absicht oder Schuld, sondern um die Herstellung der alten Ordnung durch die Eliminierung der Störenfriede und die Auslöschung des Gedächtnisses an sie, *sacrum [sc. animal] a se dimittere*, das (durch Tabubruch)

---

683 So Schild, Geschichte 66, 69. Sachsenspiegel, Landr. 3, 1, 1 enthält die von ihm gegebene Begründung „unterlassene Hilfeleistung" jedoch nicht! Auch Fälle von „Zeugenschaft" von Tieren existierten nicht; entsprechende Rechtsvorschriften meinen, dass Tiere wie auch Teile des Hauses als Zeichen bei einer Anklage mitzubringen sind (Amira 581 f.; Feigl 45 f.; Opet, O., Zur Personifikation der Tiere im Strandrecht: Mitteilungen des Instituts f. österreichische Geschichtsforschung 48, 1934, 414–422, 415).

684 Stokvis 406 Anm. 2; Van Praag 352.

685 Pietz; Hyde 727 ff.; Williams, Liability 267 ff.; Van Praag 369 f.; MacCormack 337 ff.

686 Berman 297 Anm. 50.

687 Amira 578 f.

den Gottheiten verfallene Tier von sich entfernen, wie Macrobius sagt.[688] Die geheiligte Ordnung durch ein Opfer wiederherzustellen – unabhängig von dessen Schuld oder Unschuld im Sinne der jüngeren Gewissensethik –, war ganz generell ein Grundbestreben archaischer Rechtsordnungen.

Es mag bei den weltlichen Tierstrafen mitschwingen, dass die nicht-menschlichen Täter durch ihr Vergehen gegen einen Menschen, sogar gegen ein „reines" Kind, *sacri* wurden (im Sinn von tabuisiert), stellt aber nicht ihren Kern dar, zumal anscheinend keine Quelle auch nur eine Andeutung in diese Richtung macht. Doch falls es auch hier darum ging, die Tat an sich zu rächen, d. h. ungeschehen zu machen,[689] so erklärt dies noch keineswegs die aufwendigen Formen, derer man sich bediente.

Außer Betracht bleiben können auch jene Strafen, bei denen Gott Tiere leiden ließ, um die Schuld von Menschen zu ahnden, wie im *Alten Testament* mehrfach bezeugt. Seit Gratian erklärten die Kirchenrechtler dies damit, der Herr habe damit ein Zeichen setzen, die Sünde abweisen, den Übeltäter schädigen und die (menschliche) Geduld auf die Probe stellen wollen[690] – die Perspektive der betroffenen Wesen blieb natürlich ganz außer Acht. Man erinnert sich daran, daß auch dem Stifter der neuen Religion zur Dämonenaustreibung kein besseres Mittel einfiel, als die bösen Geister in Schweine einfahren zu lassen, die sich im See Genezareth ertränken mussten (Markus 5, 1–5, 13).

Ebenso ein eigenes Phänomen, von dem auch kein Zusammenhang mit den Tierprozessen abzuleiten ist, stellt der Werwolfsglaube[691] und die auch gericht-

---

688 Saturnalia 3, 7, 5 ff.

689 So v. a. Van Praag 363 und 366: man konnte „in de alleroudste tijden dieren ‚straffen', dar het strafrecht niet anders dan eene reactie op daden beoogde." Gerade „in den allerältesten Zeiten" sind aber eben die Tierprozesse unbekannt.

690 Maihold 123 f.

691 Bibliographie: Hentig I, 52 ff.; South, M., ed. Mythical and Fabulous Creatures, Westport, CT, 1987, 286 ff.; Leubusch, R., Ueber die Werwölfe und Thierverwandlungen im Mittelalter, Berlin 1850; Grimm, Mythologie III, 915 ff.; Granlund, J., Bø, O., Varulf: KLNM 19, 558–560; Dubost, F., Aspects fantastiques de la littérature narrative médiévale, Paris 1991, 540–567; Rheinheimer, M., Die Angst vor dem Wolf. Werwolfglaube, Wolfssagen und Ausrottung der Wölfe in Schleswig-Holstein: Fabula 36, 1995, 25–78; Schild, W., Werwolf: LexMA 9, 13 f.; Lindahl, C. et al., Medieval Folklore, Santa Barbara

liche Verfolgung von Werwölfen[692] in der Frühneuzeit dar; in keinem der eigentlichen Tierprozesse ist auch nur eine Andeutung zu finden, dass man der Ansicht gewesen wäre, es könnte sich bei den animalischen Delinquenten um verwandelte Menschen handeln. Der Glaube an den Menschen-Wolf, der allerdings ebenso in der Frühneuzeit besonders virulent zu werden scheint, obgleich er sowohl aus dem vorchristlichen als auch dem christlichen Mittelalter bekannt ist, dürfte aus einer frühen Bewusstseinsschicht kommen, aus der auch die in der altnordischen Literatur oftmals bezeugte Manifestation des inneren Ichs als Bär, Wolf, Fuchs, Ochse usw. stammt, was man mit dem Begriff *fylgja* (Folger) benannte.[693] Auch das Verhalten der Berserker[694] basierte auf der Überzeugung, Menschen könnten sich in Tiere und wieder zurück verwandeln. Tatsächlich gibt es eine Geisteskrankheit, die darin besteht, dass der Patient meint, ein Tier zu sein und die entsprechenden Verhaltensformen zeigt, eine Störung, die in der älteren Psychopathologie als Lykanthropismus bekannt war. Im vorchristlichen Norden galt dies allerdings nicht als Krankheit, sondern als besondere Form ekstatischen Kriegertums: Der Name Berserker bedeutet sehr wahrscheinlich „der in Bärenhaut Gekleidete". Diese Krieger trugen Bären- oder Wolfshäute statt der Brünne.[695] Aber die Tierprozesse führte man nota bene nie gegen wilde Tiere wie Wolf oder Bär![696]

2000, II, 1057–1061; Lecouteux, Cl., Voirloup et loup-garou: Mythologie française 136, 1985, 20–25; 143, 1986, 64–68; Ders., Fées, sorcières et loups-garous, Paris 1992; Ders., Geschichte der Gespenster und Wiedergänger im Mittelalter, Wien 1987, 216 ff.; EW Index s. v.

692 Feigl 48 ff.

693 Ström, F., Fylgja: KLNM 5, 38 f.; Mundal, E., Fylgjemotiva i norrøn litteratur, Oslo 1974; Lecouteux, Geschichte (wie Anm. 691) 205 ff.

694 Lid, N., Berserk: KLNM 1, 501–503; Blaney, B., Berserkr: Pulsiano, Ph., ed., Medieval Scandinavia, New York 1992, 37 f.

695 Z. B. Vatnsdaela saga 9.

696 Der Wolf, der 1685 in Ansbach – ohne Prozess! – in Menschenkleidern gehängt wurde (Rheinheimer [Anm. 691] 31; Schild, Geschichte 66 f.), ist eine atypische Ausnahme. Vgl. dazu auch grundlegend: Schemmel, B., Der „Werwolf" von Ansbach (1685). Ereignisse und Meinungen, in: Jahrbuch für fränkische Landesforschung 33 1973, 167–200. Das Gleiche gilt für eine Nachricht in der *Zimmerschen Chronik*, ein Graf habe die Wölfe und nicht den Hirten schuldig gesprochen, als von ihnen Schafe zerrissen wurden (Grupp, G., Kulturgeschichte des Mittelalters V, Paderborn 2. Aufl. 1925, 207).

Obwohl man dies immer noch, natürlich ohne Quellenbelege, liest,[697] ist faktisch genausowenig aus irgendeinem Tierprozess bekannt, dass man ihn „eigentlich" gegen eine Hexe geführt hätte, ebensowenig, wie es einen Hexenprozess gegen ein Tier gibt. Sämtliche Hexen wurden, wenn, dann in Menschengestalt ergriffen, gefoltert und gerichtet. Die Fähigkeit zur Verwandlung in Tiere wurde ihnen zwar weithin zugesprochen, doch liegen die Gründe der Tierprozesse eindeutig nicht im Hexenwahn.

V. Nur die Habgier der Gerichtsherren? – Mittelalterliche Kritik an den Tierprozessen

Zunächst ist zu unterstreichen, dass die gleiche Tat keinesfalls immer die gleiche Folge hatte: Auch in Frankreich wurde zur Zeit der Tierprozesse wohl häufiger der Besitzer des gemeingefährlichen Tiers belangt. Nach den *Établissements de Saint-Louis* von 1272 (einer privaten, aber unter König Ludwigs d. Heiligen Namen verbreitete und im Spätmittelalter autoritative Rechtssammlung) wurde der Eigentümer eines Tieres, das einen Menschen getötet hatte, gehängt, wenn er nicht schwören konnte, er habe nichts von dessen Gefährlichkeit gewusst. Nicht das Tier, sondern der Mensch ist also hier wie auch nach anderen gleichzeitigen Rechten verantwortlich.[698] Allerdings gehört der extreme Partikularismus zu den für das mittelalterliche Rechtswesen typischsten Eigenheiten; auch in ein und derselben Stadt konnte bekanntlich ein und dieselbe Tat ganz unterschiedlich geahndet werden, je nach dem in welchem Rechtsbereich (Stadtrecht, Kirchenrecht, Königsrecht), an wem und von wem sie begangen worden war.

Nun gab es schon seit dem 13. Jahrhundert nicht nur die geschilderte Praxis, sondern auch eine dünne Strömung kritischer Äußerungen gegen sie. Wieder evoziert dies die Parallele zu den Hexenprozessen, gegen die ja auch immer einige

---

697 Z. B. Mason 269. Auch die ebd. 271 ausgesprochene Behauptung, die (in der mittelalterlichen Ikonographie wichtige) Tiersymbolik hätte etwas mit der Verfolgung von schädlichen Tieren zu tun, entbehrt jeden Belegs. Die Mäuse, Engerlinge, Stiere etc., von denen in den Rechtsquellen die Rede ist, haben doch stets konkret-materielle Schäden verursacht!

698 Brunner, Forschungen 494, 513 f.; Williams, Liability 276.

wenige ablehnende Stimmen existierten,[699] die freilich erst im 18. Jahrhundert auf so weite Akzeptanz stießen, dass es zum Ende der Verfolgungen kam.

Der berühmte Rechtspraktiker Philipp de Beaumanoir schrieb 1283 in seinen *Coutumes de Beauvaisis*, jedes Verbrechen setze Absicht voraus, weswegen Tiere, die weder Gut noch Böse unterscheiden könnten, für ihre Taten nicht verantwortlich seien:

> „Die stummen Tiere haben kein Verständnis von dem, was gut und böse ist, und daher ist rechtliches Vorgehen vergebens, denn dieses muss zur Vergeltung einer Untat geschehen, und der, der die Untat begangen hat, muss wissen und verstehen, dass er für eine bestimmte Untat eine bestimmte Strafe davonträgt. Aber ein solches Verständnis gibt es nicht unter den stummen Tieren".

Nur die Habgier der Gerichtsherren, denen ja Gelder aus jedem Verfahren zugingen, sei an der Existenz dieses Usus schuld.[700] Da Beaumanoir offensichtlich von einer bekannten Verfahrensweise ausgeht, dürfte sie im 13. Jahrhundert schon einige Zeit in Gebrauch gewesen sein.

Im 15. Jahrhundert verteidigte der bekannte Züricher Kanoniker Felix Hemmerlin (ca. 1389–1459), der in Bologna Doktor des kanonischen Rechts geworden war, den Bischof von Lausanne gegen Kritiker, die dessen kirchenrechtliches Vorgehen gegen Insekten verspotteten; auch die Gelehrten der Universität Heidelberg hätten dem Bischof zugestimmt:

> „Nun wollen wir diesbezüglich hören, was in der Diözese Chur geschah, wo diese Tiere furchtbaren Schaden anrichteten. Denn die Einwohner die-

[699] Ziegler, W., Möglichkeiten der Kritik am Hexen- und Zauberwesen im ausgehenden Mittelalter, Köln 1973.

[700] *bestes mues n'ont pas entendement qu'est bien ne qu'est maus, et pour ce est ce justice perdue, car justice doit estre fete pour la venjance du mesfet, et que cil qui a fet le mesfet sache et entende que pour tel mesfet il en porte tele peine; mes cis entendemens n'est pas entre les bestes mues …*: *Coutumes* 69, 6, 1944, ed. Salmon, A., Paris 1899 f. Vgl. Bourgain, P., Philippe 1.: LexMA 6, 2080; Bossuat, R. u. a., Dictionnaire des lettres françaises. Le Moyen Age, Paris 1992, 1136 f.

> ses Landes ließen[701] die Tiere durch drei Edikte vor das Provinzialgericht zitieren, wobei sämtliche rechtliche Termine und Formen gewahrt wurden und man ihnen Prokuratoren und Advokaten stellte. Indem man feierlich gegen sie vorging, wurde schließlich vom Richter das Urteil gefällt: Nachdem sie Geschöpfe Gottes seien und sich demgemäß ihre Nahrung suchten, und damit sie nicht um ihr Essen gebracht würden, bestimme er für sie eine verlassene Waldregion, wo sie bleiben sollten, und befahl, dass sie keine anderen Landstriche in der Umgebung besetzen sollten. Und so geschah es bis zum gegenwärtigen Tage. Ähnliches wird von einem anderen, in der Diözese Konstanz gelegenen Ort berichtet. Und darob wollen wir uns nicht wundern, denn es steht fest, dass die unverständigen Tiere wie vernünftige gesegnet und verflucht werden. Weil einige die Geheimnisse des Herrn nicht bedenken oder ganz ignorieren, widersprachen sie dem genannten Herrn von Lausanne und schmähten ihn deswegen, weil er ausführlich einen solchen Exorzismus verwendet hatte. Alle Doktoren der Heidelberger Universität jedoch, die diese Riten sahen und lasen, stimmten ihm bei.“[702]

Weiterhin führt er aus, dass bei solchen Prozessen die Tiere bei Nichterscheinen befragt werden müssen, warum sie denn nicht gekommen seien, ehe sie verflucht werden.[703]

---

701 Ich lese „fecerunt“ statt „fecit“.

702 *Nunc ad prepositum audiamus, quid in diocesi Curiensi sit peractum, ubi hec animalia terribilia fecerunt damna. Nam incole istius terre hec animalia per tria edicta citari fecit [sic!] ad iudicium provinciale et servatis proprie cunctis iudicii terminis et figuris assignantes ipsis procuratores et advocatos. Et solenniter contra eos procedentes finaliter per iudicem fuit sententialiter conclusum, ex quo fuerint dei creatura et pertinenter quesierunt sua alimenta et ne suo defraudarentur cibo ipsis unam regionem desertam et nemorosam constituit quod ibidem remanerent, et alias terras ibidem vicinas non occuparent mandavit. Et ita factum est usque in diem presentem. Simile dicitur de alio loco in dyocesi Constantiente costituto. et ideo non miremur: nam constat quod animalia bruta prout rationabilia benedicuntur et maledicuntur. Unde plures mysteria domini non perpendentes aut penitus ignorantes obloquendo dicto domino Lausannensi sibique detrahentes ex eo quod usus fuerit talis exorcismi perloquio. Attamen omnes studii Heidelbergensis doctores huiusmodi ritus videntes et legentes consenserunt.»:* Hemmerlin LXXIIII v.; *vgl.* Walter (2006).

703 II. Tractat: Hemmerlin LXXVIII r.

Leonardo Vairo, ein spanischer Benediktinertheologe des 15. Jahrhunderts, verurteilt die (offenbar vorgekommene) Nachahmung der kirchlichen Tierprozesse durch Bauern in Italien und besonders in Neapel als Verspottung der priesterlichen Exkommunikation; vernunftlose Tiere könnten nicht sündigen, und sie zu exkommunizieren, käme der Taufe eines Hundes oder eines Steines gleich.

> „Wenn man Heuschrecken oder andere schädliche Tiere von den Feldern vertreiben will, wählt man einen Geschworenen als Richter aus, vor dem zwei Advokaten eingesetzt werden, einer vonseiten des Volkes, der andere vonseiten der vernunftlosen Tiere. Der Advokat des Volkes fordert gegen die Heuschrecken oder ähnliche Tiere Gerechtigkeit, um sie zu vertreiben. Ihm antwortet dagegen der andere, man dürfe sie nicht verjagen. Schließlich wird nach allen üblichen Verfahrensschritten gegen die Heuschrecken der Exkommunikationsspruch gefällt, falls sie nicht innerhalb einer gewissen Zeit verschwinden.“[704]

Vairo ist freilich der Meinung, dies sei ein Missbrauch (*abusus*) und Aberglaube (*superstitio*), einerseits, weil man gegen vernunftlose und schuldunfähige Wesen keinen Rechtsstreit führen kann, andererseits, weil man damit die Sünde der Blasphemie begehen würde, da dies eine Verhöhnung der Exkommunikation wäre.[705]

Im 16. Jahrhundert stellte der angesehene spanische Theologe Martin Azpilcueta (1492–1586) die Tierexkommunikation sogar in Nähe des Dämonenpaktes; nur die Dämonen selbst dürfe man beschwören,[706] wobei er freilich z. B. die Meeresschädlinge bei Sorrent als *cacodaemones*, böse Dämonen, identifiziert.[707] Eine Ansicht, die ähnlich unter den Juristen etwa der *lieutenant-criminel* Pierre Ayrault vertrat, der 1591 von einem lächerlichen, dummen, grausamen und barbarischen

[704] *Quando locustas et alia perniciosa animalia a campis expellere volunt, aliquem adjuratorem in judicem eligunt, coram quo duo procuratores constituuntur, ex populi parte unus, ex brutorum animalium alter. Populi procurator contra locustas vel similia animalia, justitiam petit ad ea exigenda: cui ex adverso respondit alter non esse abigenda. Tandem, servatis servandis, nisi infra certum tempus abeant, contra locustas excommunicationis sententia fertur*: *De fascino libri tres* 2, 12, zit. Agnel 37 f. Anm.

[705] Ménabréa 509 Anm. 116.

[706] Franz II, 148; ChPne 114.

[707] Ménabréa 516.

Brauch sprach.[708] Obwohl wir weiterhin Nachrichten von Tierprozessen haben, wurde doch der Widerstand angesichts der Verbreitung zunächst reformatorischer Nüchternheit und dann aufklärerischen Rationalismus' immer stärker. Ein Gutachten des Geistlichen Konvents der (seit 1528 protestantischen) Stadt Bern formulierte 1666 etwa: *gleichwie dem Ochsen kein gesetz gegeben, also kann er auch keins überträtten und hiemit sündigen und volgendts nit gestrafft werden.*[709] Ähnlich hatte sich unter anderen schon der vielgelesene flämische Strafrechtsexperte Josse Damhouder (1507–1581) in seiner *Praxis rerum criminalium*[710] geäußert, die sogar ins Deutsche und Französische übersetzt wurde.

Trotzdem kann man gelegentlich ein inoffizielles Weiterleben als Rechtsbrauch beobachten. In Tins (Graubünden) wurden von den reformierten Landbewohnern die Maikäfer in einer Art brauchtümlichem Kriminalprozess zum Tode verurteilt und so viele man ihrer habhaft werden konnte, unter dem Galgen verscharrt. Bis 1942 wurden die gesammelten Insekten „von Amts wegen auf dem Galgenhügel entgegengenommen, gewogen, kontrolliert und an der Schädelstätte verlocht."[711] Auch in die Sage gingen Tierprozesse gelegentlich ein. Vermutlich auf einem tatsächlichen Vorfall beruht jene von den Riegelsteinern im bayerischen Franken, die im Dreißigjährigen Krieg einen Esel, der ihr Versteck durch sein Geschrei verraten hatte, nicht einfach aus Zorn erschlugen, sondern in einem Gerichtsverfahren zum Erhängen verurteilten.[712]

Auch wurden in kulturell rückständigen Randzonen Europas (wie sehr gelegentlich auch in nicht-westlichen Kulturen[713]) Tierprozesse bisweilen noch im 19. Jahrhundert geführt, und blieben manche Reliktformen. Einzelfälle werden

---

708 D'Addosio 52; Rousseaux, procès [1989] 94. Sein (zuerst in Paris 1591) gedrucktes Originalwerk zum Thema, L'Ordre, Formalite, et Instruction Iudiciaire Dont Les Grecs et Romains ont Use es Accusations Publiques. Confere au Stil & Usage de Nostre France. Divise en Quatre Livres, Dont le Dernier Traicte de Proces Faits aux Cadavres, Cendres, a la Memoire, aux Bestes Brutes, Choses Inanimees, & aux Contumax, Lyon 1642, war mir nicht zugänglich.

709 Berkenhoff 50.

710 98, 16, zit. Sellert 75 Anm. 79.

711 Bertogg 75.

712 Büttner, H., Sagen, Legenden und Geschichten aus der Fränkischen Schweiz, Erlangen 1988, 341 f.

713 Girgen 108 f.

aus Nordamerika bis in die Zwischenkriegszeit gemeldet,[714] wo *animal trials* jedoch inzwischen v. a. ein Terminus für medizinische Tierversuche geworden ist. Wenn von heutigen Tierprozessen gesprochen wird,[715] so wird hier eine gänzlich unhaltbare Kontinuität suggeriert, da solche obrigkeitlichen Maßnahmen rein präventiver Natur sind, um eine neuerliche Schädigung z. B. durch einen bissigen Hund zu vermeiden. Die Verfahren richten sich nicht gegen die Tiere, sondern gegen deren Besitzer, und sind nur wie die Einziehung und Vernichtung etwa einer missbräuchlich verwendeten Feuerwaffe zu beurteilen.

Angemerkt sei hier noch, dass die Prozesse nicht mit der rein volksbräuchlichen magischen Trauer verglichen werden können, die in einigen Teilen der Welt, in Europa in Albanien, gegen solche Schädlinge veranstaltet wurde. Hier töteten die Frauen eines Dorfes einige der Schädlinge und betrauerten sie zeremoniell in der Hoffnung, dass dadurch auch die anderen Exemplare der Gattung ihren Artgenossen in den Tod folgen würden.[716]

VI. Juristische Allmachtsphantasien? – Mentalitätsgeschichtliche Interpretation

Zunächst sei nochmals unterstrichen, dass die Tiere sowohl in den Formulierungen der obrigkeitlichen Akten als auch in der Strafpraxis ganz genauso behandelt wurden wie Menschen, was so weit ging, dass man im 14. Jahrhundert ein entwischtes Pferd sogar *in effigie* exekutierte.[717] Auch handelte es sich bei den Tierprozessen nicht um irgendwelche volksläufige Bräuche, sondern um von teilweise hochrangigen geistlichen und zivilen Rechtsgelehrten durchgeführte ordnungsgemäße Verfahren – ein Urteil von 1314 gegen einen Stier wurde angeblich sogar vom obersten französischen Gericht, dem Pariser Parlament, bestätigt;[718] ähnlich

---

[714] Girgen 122.

[715] Girgen 123 ff.

[716] Di Nola, A., La morte trionfata. Antropologia del lutto, Roma 1995, 285 f.

[717] Cohen 111 ff.

[718] Evans 161. Weitere von französischen Parlamenten gebilligte Tierprozesse bzw. –strafen vgl. Berriat-Saint-Prix 430, Jamieson 56.

eines von 1572 durch den Conseil des Échevins in der lothringischen Hauptstadt Nancy.[719] Dass die Juristen nur den einfachen Laien nachgegeben hätten, die die Tiere als *real adversaries*, Menschen gleichgestellt, empfanden, wie Cohen vermutet,[720] ist aus den Quellen kaum zu belegen.

Erklärungsbedürftig schien das institutionalisierte gerichtliche Vorgehen gegen Tiere schon manchen am römischen Recht geschulten Juristen des 16. und 17. Jahrhunderts. Sie wusste ja aus den *Pandekten*: „Ein Tier kann auch kein Unrecht begehen, weil es der Vernunft entbehrt".[721] Sie reflektierten also weitschweifig über die Berechtigung der Tierprozesse,[722] teilweise negativ mit denselben Argumenten, die heutigem Denken entsprechen: Tiere könnten genausowenig wie Tote, Asche, unbelebte Dinge etc. Rechtspersönlichkeiten sein.[723] Doch scheint eine Rückprojizierung ihrer positiven Argumente – z. B. Überordnung des Rechts über jede Kreatur etc. – in die Mentalität der Entstehungszeit des Phänomens, die Wende des hohen zum späten Mittelalter, problematisch. Es handelt sich doch um erst Jahrhunderte nach der Erfindung dieser Verfahren nachgeschobene Überlegungen, die keinesfalls das treffen müssen, was sich die Kläger und Richter der ersten Tierprozesse im 13. Jahrhundert dachten. Wo die frühneuzeitlichen Juristen diese Institution, teilweise sogar enthusiastisch, verteidigten, dürften – wie bei den Hexenprozessen – materielle Interessen mitgespielt haben; sie verdienten daran. „Whether the lawyers believed their words or merely argued for pay is irrelevant: they built a framework of ideology that firmly included animals within human justice."[724] Wir können ihre Argumentation wohl nachvollziehen, dass Tiere dem Menschen untergeordnet seien und daher auch seinem Rechtssystem, oder dass das Vorbild der Exkommunikation von Schädlingen Gottes Verfluchungen lebloser Dinge im *Alten Testament* sei. Nicht nachvollziehen können wir dagegen, dass man die juristischen Aktionen für potentiell wirksam hielt, da es vollkommen auch den damaligen Alltagserfahrungen widersprach, Tiere könnten kirchenlatei-

---

[719] Vartier 46.

[720] Cohen 128 f.

[721] *Nec enim potest animal injuriam fecisse, quod sensu caret.*: wie Anm. 495.

[722] Vgl. Cohen 119 ff.

[723] Pierre Ayrault, *Des Procez …*, zit. Evans 109.

[724] Cohen 126 f.

nische Formeln verstehen und auf sie reagieren, oder sie könnten sich von (ihnen nicht einmal vorgeführten) Hinrichtungen von Artgenossen disziplinieren lassen.

Betrachtet man die Frage nach dem Auftreten dieses Phänomens aus dem Blickwinkel der Rechtsgeschichte, so kann sicher als eine seiner ursächlichen Komponenten die Machtausdehnung zunächst der weltlichen, dann der kirchlichen Gerichte angesprochen werden. Es ist bekannt, dass die sich stetig entwickelnde urbane und höfische Kultur einherging mit der Verselbständigung der Rechtsmaschinerie, wie schon die zahlenmäßige Zunahme von Tribunalen und das Entstehen von juridischen Fakultäten an den Universitäten sowie die des damit verbundenen Fachschrifttums zeigt. Der weltliche, in römischem Recht geschulte Legist und der kirchliche Kanonist waren neue und immer häufiger ergriffene Beruf seit der „Renaissance des 12. Jahrhunderts".[725] Die damit verbundene Bürokratisierung tendierte *eo ipso* dazu, sich alle Lebensbereiche zu unterwerfen. Die Normierung des menschlichen Verhaltens wurde weniger und weniger durch Sitte und Brauch als mehr und mehr durch gesetzliche Vorschriften geregelt.

Aber ist dieser Aspekt ein Schlüssel für unsere Fragestellung? Denn die Dokumente machen keineswegs den Eindruck, die Richter hätten an die Logik des von ihnen vertretenen Umgangs mit dem Tier selbst nicht geglaubt, hätten aus Macht- und Geldgier nur eine Rechtsfiktion erfunden. Allerdings war dies gerade der Vorwurf, den Beaumanoir schon im 13. Jahrhundert den Gerichtsherren der zivilen Prozesse machte.[726] Dass auch spätmittelalterliche Juristen Spitzfindigkeiten liebten, um sich ausführlicher produzieren zu können, ist in der Tat leicht zu belegen.[727] U.E. bildete das Faktum, dass die Tierprozesse eine Einnahmequelle darstellen konnten, sicherlich einen Anreiz für eine häufige Anwendung, vielleicht bei der Bekämpfung der Schädlinge auch ein Motiv, vom nur liturgischen zum kirchenrechtlichen Procedere überzugehen. Dies kann aber doch ihren Ursprung genausowenig erklären, wie das Faktum, dass an zahlreichen Hexenpro-

---

[725] Vgl. z. B. Otte, G., Die Rechtswissenschaft: Weimar, P. (Hg.), Die Renaissance der Wissenschaften im 12. Jahrhundert, Zürich 1981, 125–142; Benson, R. L. u. a. (Hgg.), Renaissance and Renewal in the Twelfth Century, Cambridge, Mass. 1982, ND Toronto 1991, 299–420; Dinzelbacher, Structures 79 ff. u. ö.

[726] S. o.

[727] Vgl. die zahlreichen Fälle bei von Tieren verursachten Schäden, die William, Liability pass. zitiert.

zessen Richter, Gerichtsherren, Inquisitoren u. a. verdienten. Ohne Akzeptanz breiterer Schichten wären beide Prozessarten nicht durchführbar gewesen.

Es hat nun Feigl folgende (nur auf die gegen Säugetiere verhängten Strafen bezogene) Hypothese aufgestellt:

> „Die Bestrafung von Tieren ist vielmehr eine rechtliche Behelfskonstruktion, die verhindern soll, dass bei erwiesener menschlicher Nichtverantwortlichkeit, oder bei Unverhältnismäßigkeit der menschlichen Schuld, objektiv geschehenes Unrecht ungesühnt bleibt.“[728]

Dem Versuch Feigls, in der Frührezeption des römischen Rechts die Grundlage dafür und für die Tierprozesse überhaupt zu suchen, kann ich nicht folgen. Er geht von der *actio de pauperie*[729] aus, nach der ein Vierfüßler, der jemanden beschädigt hat, diesem zufällt.[730] Darin ist jedoch bloß ein weitere Haftung ausschließender Schadenersatz, die *noxae datio*, zu sehen, vielleicht auch die Möglichkeit zur Rache, nichts aber von einer Kriminalisierung. Dass schädliche und gefährliche Tiere getötet bzw. konfisziert wurden, bedarf keiner Erklärung; es handelt sich um präventive oder vindikatorische Maßnahmen, wenn man nicht gar von Erfolgshaftung sprechen will. Auch dass dabei nicht willkürlich, sondern nach Gesetzen vorzugehen sei, entspricht unserer Denkweise. Was fremd erscheint und der Erklärung bedarf, ist, warum seit dem 13. Jahrhundert körperliche Schädigungen durch Tiere mit der kostspieligen und aufwendigen Form eines ordentlichen gerichtlichen Verfahrens umgeben wurden, wobei so getan wurde, als ob der animalische Delinquent ein Wesen mit persönlicher Verantwortung wäre, fähig zur Einsicht, und desgleichen die damit „verwarnten“ anderen Mitglieder seiner Species. Dazu findet sich aber im römischen Recht kein Analogon. Die Rezeption des römischen Rechts kann also nur insofern eine Rolle gespielt haben, als sie zu einer allgemeinen Intensivierung der Verrechtlichung des öffentlichen Lebens beitrug.

---

728 Feigl 3.

729 *Leges XII tabularum* 8, 6; *Digesten* 9, 1, 1. Feigl 36 argumentiert mit der Glosse des Donellus, das Tier müsse *contra naturam sui generis mota* sein (*Glossa in Comm. jur. civ.* 15, 45, 5), als ob es sich hier auch um einen antiken Text und nicht um den eines französischen Juristen des 16. Jahrhunderts handeln würde.

730 Ausführlich Jackson.

Nur unvollkommen ist der Tierprozess mit Bestimmungen in älteren keltischen und germanischen Rechten[731] zu vergleichen, nach denen das Tier, das einen Menschen getötet hat, als „Mörder" (wie es im alten walisischen Recht heißt[732]), der Sippe des Getöteten offensichtlich zur Rache zu übergeben war. Denn hierzu bedurfte es keines gerichtlichen Eingreifens. Das Nämliche gilt vom schottischen Gesetz *Regiam Majestatem* 4, 24, 1: Danach war ein Reiter, dessen Pferd mit dem Vorderhuf einen Mann erschlug, dafür so verantwortlich als ob er ihn eigenhändig getötet hätte, wogegen er als unschuldig galt, wenn dasselbe mit dem Hinterhuf geschah. In diesem Fall erhielten die Verwandten des Getöteten das „schuldige" Bein des Pferdes oder stattdessen ein Viertel der Summe, die das Tier wert war.[733] Hier scheint klar die überwiegende Mitschuld des zu Schaden Gekommenen berücksichtigt; was der Sippe zu bezahlen war, entsprach praktisch einer kleinen Entschädigung für die nicht mehr gewährte Rachemöglichkeit. Wenn der *Sachsenspiegel* den Besitzer eines Tieres, das einen Menschen getötet oder gelähmt hatte, jeder Verantwortung entbindet, sobald er es von sich jagt, dann steht analoges Denken dahinter, entspricht das doch einer Friedloslegung, die der Sippe des Geschädigten erlaubte, sich des Tieres als Entschädigung zu bemächtigen: *So undirwinde sichz iener vor sinen schaden, ab her wil.*[734]

Wie steht es mit der im christlichen Mittelalter stets zu allen möglichen und unmöglichen Begründungen herangezogenen *Bibel*? Bot sie Ansätze für eine Gleichbehandlung von Tieren und Menschen? Nie zitiert wurde freilich in diesem Zusammenhang, wenn ich recht sehe, die hier wohl am besten passende Stelle aus jener Meditation über die Vergänglichkeit, die das Buch *Kohelet* des *Alten Testaments* darstellt. Es handelt sich um Gedanken, die gerade in der lateinischen Fassung der Vulgata sehr klar von der Gleichheit von Mensch und Tier ausgehen, die beide dem Tode verfallen sind: *et aequa utriusque conditio* (Eccl 3, 19), „und gleich ist beider Verfasstheit". Wer weiß schon, ob beim Sterben die Seele des Menschen in die Höhe steigt, die des Tieres in die Tiefe? Sind nicht beide aus Erde geschaffen

731 *Laws of King Alfred* c. 24; altirisches Recht: Williams, Liability 274.

732 Williams, Liability 267 f.

733 Ebd. 268 f.

734 *Landr.* 2, 40, 2, ed. Schwerin 80.

und werden wieder zu Erde? Das war dem Mittelalter jedoch offenbar nicht nachvollziehbar.

Eine Rechtfertigung für das strafrechtliche Vorgehen gegen Tiere lag nach mittelalterlichem Verständnis dagegen gewiss in dem Wort Gottes: „Das Blut euerer Seelen will ich nämlich aus der Hand aller Tiere fordern" (Gen 9, 5), mehr noch in der wohl zugleich präventiven wie punitiven Bestimmung des alttestamentlichen Rechts, einen Ochsen, der einen Menschen zu Tode stößt, solle man steinigen, sein Fleisch ist unrein. Der Besitzer blieb straffrei, außer, wenn das Tier bekannt stößig war und er es nicht entsprechend verwahrte, dann wurde auch er hingerichtet (Ex 21, 28 f.).[735] Nicht erst ab der 2. Hälfte des 17. Jahrhunderts wird bei weltlichen Tierprozessen auf das mosaische Recht verwiesen,[736] sondern u. a. bereits in den Gesetzen des angelsächsischen Königs Aelfred, dem Landrecht des *Schwabenspiegels* und dem Landrechtsbuch des Ruprecht von Freising.[737] Die genannten Bibelstellen wurden auch schon von einigen spätmittelalterlichen Juristen und später öfter zitiert.[738] Aber hier geht es nicht nur um Strafe und Prävention, sondern auch um die für die jüdische Religion typische Tabuisierung des Unreinen. Dies scheint auch das Vorbild für jenes schottische Gesetz des 10. Jahrhunderts (?) gewesen zu sein, nach dem eine Muttersau, die ihren Wurf auffraß, zu Tode gesteinigt werden sollte; ihr Fleisch war unrein.[739] Ebenso beruht das Gebot, nicht nur den Menschen, sondern auch das Tier zu töten, mit dem ein Mensch sexuellen Umgang hatte, auf dieser Tabuisierung. Zu Eliminierung des gefährlichen Tieres war nach der alttestamentlichen Vorschrift jedoch kein Prozess nötig.

Argumente für die Wirksamkeit der Verfluchung von vernunftlosen Geschöpfen oder von Sachen wurden ebenfalls aus *Bibel* und Geschichte beigebracht: So hätten u. a. die Kaspischen Berge die Völker Gog und Magog umschlossen; Karl der Große mit einem Fluch eine Stadt erfolgreich von der Erde verschlingen las-

---

[735] Dazu Grünfeld, I., Das Tier als Subjekt einer schädigenden Handlung im biblisch-talmudischen Recht, Diss. Frankfurt a. M. 1925; Finkelstein, J. J., „The ox that gored", Philadelphia 1981.

[736] So Gijswijts-Hofstra 60.

[737] *Laws of King Alfred* c. 21; *Schwabenspiegel* L. 201; 204; Ruprecht von Freising, *Rechtsbuch* 133; 136.

[738] Amira 591 f.; Feigl, Homicida 40 ff.; Cohen 117 f.

[739] Hentig I, 59.

sen; Schlangenbeschwörer werden schon in der *Schrift* erwähnt usw.[740] Hatte nicht Gott selber die Schlange verflucht (Gen 3, 14 f.) – worin man eine erste Vorform der Exkommunikation sehen könnte – und sein Sohn einen Feigenbaum (Mt 21, 19)?[741]

Dieser biblische Hintergrund war gewiss von Bedeutung, er garantierte die Vereinbarkeit dieses Agierens mit der christlichen Religion, bleibt aber sekundär, wie die Strafpraxis zeigt: Die im *Alten Testament* vorgeschriebene Steinigung wurde fast nie vollzogen, sondern andere Todesarten verhängt. Auch erklärt er keinesfalls das Auftreten der Tierprozesse erst seit dem 13. Jahrhundert. Schließlich galt das *Alte Testament* gerade im frühen Mittelalter noch mehr als grundlegende Norm als später, wo man sich mehr am *Neuen Testament* orientierte.[742] Eine Ausnahme scheint Ruprecht von Freising gewesen zu sein, der in seinem Rechtsbuch von 1328 erklärte: *welich hunt oder per oder ander viech, das man zämbt, ein menschen tött, das sol man verrünnen mit stein, wan es ist unrain. vnd lemt es ain menschen, sein herr, der es von jm geslagen hat, vnd jm nicht zu essen geitt oder behauset, der hat kein schuld daran*" (… ein Hund, Bär oder sonstiges zahmes Tier, das einen Menschen tötet, das soll man steinigen, denn es ist unrein. Und lähmt es einen Menschen, so hat sein Herr keine Schuld daran, vorausgesetzt dass er es von sich fortjagt und ihm nichts zu essen gibt und es nicht bei sich aufnimmt). Wer ein störrisches Pferd hat und den Leuten nicht ausweicht, der dagegen soll es gelten, als ob er es mit der eigenen Hand getan hätte.[743]

Verständlicher werden die Verfahren gegen die Landschädlinge vor dem Hintergrund der allgemeinen Beschwörungspraxis der mittelalterlichen Kirche. Das dahinterliegende Prinzip ist offenbar in der völlig orthodoxen Überzeugung zu sehen, jedweder Teil der Schöpfung unterliege der priesterlichen Binde- und Lösegewalt. Dies wurde in die Praxis umgesetzt: Es gibt in Ritualbüchern paraliturgische Formeln noch und noch, die als Sachbeschwörungen über die *creaturam salis,* die *creaturam raphani,* die *creaturam cere,* die *creaturas fructuum, creatu-*

740 Franz II, 155 f.

741 Als Argument in einer Exkommunikationsformel des späten 15. Jahrhunderts gegen Insekten aus Autun: Sorel 303.

742 Vauchez, A., La spiritualité du moyen âge occidental, VIIIe – XIIe s., Paris 1975, 10 ff.

743 Hg. v. A. v. Maurer, Stuttgart 1839, 157 (c. 136).

ram omnis florum, frondium et fructuum, sogar *creaturam casei, creaturas fontis, mellis et lactis* usf. gesprochen wurden, also über die „Geschöpfe" Salz, Rettich, Wachs, Früchte, Blumen, Blätter, Käse, Quelle, Honig, Milch …[744] Wenn auf diese geradezu personifizierten Dinge des Alltags durch Benediktionen Gottes Kraft herabgerufen werden konnte, warum dann nicht durch Malediktionen auch auf schädliche Lebewesen? Für Fachtheologen war es aber bei der Verfluchung unannehmbar, sie unmittelbar auf ein Ding oder ein unvernünftiges Lebewesen zu richten. Es bereitete diese Praktik der Malediktionen gegen Tiere nur dann keine Erklärungsschwierigkeiten, wenn sie auf vermittels der Tiere agierende Dämonen rekurrierte. Hier konnte man auf die Autorität des Thomas von Aquin verweisen und tat dies auch.[745] Dieser sagte – völlig im Einklang mit unserer Rationalität – Tiere könnten nicht beschworen werden, denn 1. sind sie nicht schuld- oder straffähig, 2. verstehen sie unsere Worte nicht, 3. sind sie unvernünftig, 4. sind sie nicht Herr ihrer Handlungen. Außerdem ist es nicht Sache des Menschen, sondern nur Gottes, den Geschöpfen zu gebieten. Andererseits jedoch gibt es eindeutige Bibelstellen wie die Verfluchung des Feigenbaums durch Jesus (Mt 21, 19) und haben die Heiligen Simon und Judas Drachen beschworen, sich in die Wüste zurückzuziehen – Thomas sieht diese Legende als historisches Faktum an. Seine Schlussfolgerung: Es wäre blasphemisch und verboten, eine unvernünftige Kreatur zu verfluchen, und sinnlos, sie zu beschwören. Da aber sowohl Gott als auch der Teufel hinter ihren Handlungen stehen kann, ist es sinnvoll, an Gott Bitten zu richten und an den Teufel Beschwörungen. Nur in diesem Sinne seien solche Formeln zu verstehen.[746] Dass die Dämonen Tiergestalt annehmen konnten, war ohnehin in unzähligen Heiligenlegenden bezeugt (exemplarisch der des Antonius Abbas);[747] schließlich hatte Jesus sie ja auch seinerzeit in Schweine gebannt.[748]

Das Problem ist nur, dass sich in anscheinend sämtlichen entsprechenden Dokumenten, die aus den kirchlichen Prozessen gegen Tiere erhalten sind, die Beschwörungen faktisch eben nicht an hinter diesen stehende böse Geister wenden, wie sonst

744 Franz I, 229, 392, 404, 452, 592, 598.

745 Z. B. Chassenée bei Evans 55.

746 *Summa Theologiae* II II 76, 2 (1613) und 90, 3 (1697), ed. Cinisello Balsamo 2. Aufl. 1988, 1401 f. und 1472. Weiteres Franz II, 147 ff.

747 Viele Beispiele bei Dinzelbacher, Angst.

748 Mt 8, 30.

beim Exorzismus selbstverständlich,[749] sondern an die Tiere als solche! Und hätte man es wirklich mit dämonenbesessenen Wesen zu tun gehabt, hätte ihnen – also den Teufeln – dann irgendeine Gemeinde ein Stück ihres Landes zur Nutzung überlassen können, wie es den Schädlingen ja mehrfach ersatzweise angeboten wurde?[750]

Recht und Theologie scheinen hier also divergente Wege gegangen zu sein. Zwar kommt gelegentlich die (auch in der ganzen mittelalterlichen Historiographie gern verwendete) stehende Formel vor, das Ungeziefer würde *instigante sathana*[751] (auf Betreiben des Satans) ungehorsam sein, angesprochen wird jedoch nicht der böse Geist, sondern werden die Tiere selbst, und zwar ganz deutlich so, als ob sie wie autonome, verständige Wesen handeln könnten. Die Verwendung von Weihwasser gegen schädliches Ungeziefer bietet keine Stütze der These, „eigentlich" sei der in ihm wohnende böse Geist gemeint. Denn Weihwasser wurde in jedem nur denkbaren Zusammenhang reinigend und apotropäisch gebraucht. Die seit dem 8. Jahrhundert übliche *Benedictio maior salis et aquae* inkludiert in der Tat Tiere, die aus dem Wasser, der *creatura aquae*, exorziert werden, nämlich Drachen, Vögel und Schlangen[752] – dies waren aber keineswegs jene Tierarten, gegen die in den Prozessen vorgegangen wurde, und die Weihformeln richten sich genauso gegen Dämonen und Tote.[753] Die vielleicht einzige Formel, die Tiere und Dämonen gleichsetzt, findet sich in der Legende des hl. Gratus von Aosta (5. Jahrhundert), die jedoch erst im 13. Jahrhundert entstand:[754] „Dass Du Dich herablassen mögest, die Feldfrüchte von Käfern, Mäusen, Maulwürfen, Schlangen und anderen unreinen Geistern zu bewahren".[755]

---

[749] Wie Franz II, 161 selbst bemerkt, ohne deswegen an seiner These zu zweifeln, die geistlichen Tierprozesse würden sich gegen die Dämonen richten.

[750] Chène 113.

[751] Franz II, 157.

[752] Franz I, 157.

[753] Die bei Evans 65 in Übersetzung ohne Quellenangabe zitiert Formel nennt auch Insekten und Mäuse; sie scheint nur eine Erweiterung der oben zitierten zu sein. Die von Desnoyers 45 wiedergegebene Formel nennt verschiedene Tiere, die weit weg vertrieben werden sollen, um dann fortzusetzen: *nec ullas diaboli et ministrorum ejus insidias ullatenus nocere permittas …*", Tiere und Dämonen sind also klar durch die beiordnende Konjunktion getrennt.

[754] BS 7, 158.

[755] *Ut fructus terrae a bruchis, muribus, talpis, serpentibus et aliis immundis spiritibus praeservare digneris.*: D'Adossio 45 nach AASS Sept. 3, 72 ff.

Auch was die weltlichen Verfahren betrifft, ist es unmöglich, von der dämonologischen Erklärung auszugehen, da die Hinrichtungen mehrfach als warnende Beispiele für Artgenossen der Exekutierten angesprochen werden (s.u.). So wird man Amira nicht folgen können, der auf den arischen Animismus zurückgehen möchte und den Tierprozess als „Bannen von Menschen- oder Dämonenseelen" bzw. als „Gespensterprocess" zu erklären suchte[756] und dem u. a. Fehr und noch 1984 Sellert gefolgt sind.[757]

Außerdem: Wozu die Bestellung eines Verteidigers (wenn er auch bei fast keinem einzigen Verfahren Erfolg hatte)? Einen Dämon kann man nicht verteidigen.[758] Warum einen kontradiktorischen Prozess führen, wenn es am Schluss doch immer wieder auf eine Prozession durch die befallenen Felder hinauskam, bei der die Schädlinge verflucht wurden? Wie viele sonstige Prozessionen führte man zu ähnlichen Zwecken durch, ohne dass es eines kirchenrechtlichen Vorspanns bedurft hätte! Gewiss waren die gerichtlich angeordneten feierlichen Flurumzüge der ganzen Gemeinde und ihres Pfarrers, soziologisch interpretiert, „a cleansing, both internal and external, an affirmation of communal identity".[759] Aber das hätte man doch von Anfang an haben können, so wie bei mangelndem Regen usw. fromme Bittgänge veranstaltet wurden.

Es erscheint also nötig, für einen Erklärungsversuch des Auftretens der Tierprozesse im 13. Jahrhundert auf grundsätzliche Elemente der Beziehungen zwischen Tieren und Menschen im Mittelalter zu rekurrieren. Aus der reichhaltigen Literatur ist in diesem Zusammenhang besonders die Arbeit von J. Salisbury von Interesse. Die zentrale These Salisburys, von ihr mit Quellen aus verschiedenen Lebensbe-

---

[756] Amira 599.

[757] Fehr, H., Das Recht im Bilde, Erlenbach 1923, 69; Sellert, W., Das Tier in der abendländischen Rechtsauffassung: Studium Generale Vorträge zum Thema Mensch und Tier I, Hannover 1984, 66–84, 74 f., 77. Die wohl einzige Erwähnung, die in diese Richtung weisen könnte, ist ein von Chassenée überlieferter Ungezieferprozess von 1481 in Mâcon gegen Schnecken, wo das Beispiel des hl. Mammertus von Vienne zitiert wird, der Teufel beschworen habe, die in Wolfs- und Schweinegestalt Kinder aufgefressen hatten: Agnel 33.

[758] Der Satansprozess (*Processus Belial*) des Jacobus von Theramo von 1381 ist nur ein fiktives kanonisches Prozesslehrbuch.

[759] Cohen 132.

reichen belegt, lautet: Während in der christlichen Antike und im Frühmittelalter die weite Distanz zwischen Tier und Mensch betont wurde,[760] begann man ab dem 12. Jahrhundert mehr und mehr, Analogien bzw. „das Tier im Menschen" zu sehen. Das wird von ihr zwar nicht in allen möglichen, aber doch einer großen Reihe von ausgewählten Themenbereichen analysiert, worauf hier nur summarisch verwiesen werden kann. Die Bußbücher des Frühmittelalters etwa sind peinlich darauf bedacht, dass Menschen kein von Tieren verunreinigtes Fleisch konsumieren usw. Während die Verfasser dieser Rechtstexte ungeachtet der entsprechenden alttestamentlichen Vorschrift noch keine Notwendigkeit sahen, ein Tier zu töten, das mit einem Menschen Geschlechtsverkehr gehabt hatte, da es einer ganz anderen Sphäre angehörte, fragt sich ein Autor des 12. Jahrhunderts, ob dies nicht Mord sein könne, da das so behandelte Tier fast menschlich sei, und wird später die Tiertötung in einem solchen Fall Praxis. Oder: Ab dem Hochmittelalter kursierten zahlreiche neue literarische Texte und Bilddarstellungen über Tiere, die menschliche Charaktere verkörpern (bes. die Reineke Fuchs-Romane bzw. -Epen), das Verhalten von Tieren fungierte nun oft als Exemplum in religiösen Texten, Tiervergleiche kamen häufig in der weltlichen Literatur vor, human-theriomorphe Mischwesen tauchten in der Kunst auf, und im 13. Jahrhundert war sogar die Verehrung eines Hundes als Heiliger möglich. Die generelle Folgerung lautet also: Ab dem Hochmittelalter wurden die Grenzen zwischen Mensch und Tier weniger scharf gezogen als vorher. Sieht man in dieser Mentalitätswandlung den allgemeinen Hintergrund dafür, dass offizielle Verfahren gegen Tiere akzeptabel erschienen, so würden Tierprozesse exakt zu der sonstigen neuen Sichtweise der Tiere in Europa passen, ja sogar zu ihrem Exponenten werden, da hier Unterschiede im juristischen Vorgehen gegenüber Tier und Mensch praktisch ganz wegfielen.

Warum kam es aber zu dieser neuen menschlichen Sicht auf die Tiere? Gefragt ist also nach einer Veränderung, in Reaktion auf die man es für richtig hielt, Tiere in bestimmten Zusammenhängen und Situationen wie Menschen zu behandeln. Dass diese Veränderung nicht durch ein neues Verhalten der Tiere selbst her-

---

760 Ein Gegenbeispiel wäre freilich der um 300 schreibende Kirchenvater Laktanz, der in *De Ira Dei* c. 7 die Parallelen zwischen Mensch und Tier aufzählt und nur in puncto Religion und der damit zusammenhängenden Gerechtigkeit einen wesentlichen Unterschied erkennt.

vorgerufen wurde, dürfte evident sein: Was die Haustiere betraf, so lebten sie im Frühmittelalter eher enger mit den Menschen zusammen, da sich im Bauernhausbau die räumliche Trennung zwischen Vieh und Mensch erst langsam durchsetzte und regional noch im späten Mittelalter nicht vollzogen war.[761] Also muss es damals, wenn dies auch in den Rechtsquellen nicht berührt wird, eher häufiger Fälle von durch Schweine usw. getöteten Kindern gegeben haben. Desgleichen dürfte es vor dem 13. Jahrhundert im Durchschnitt nicht weniger stößige Stiere oder wild gewordene Pferde gegeben haben – usf. Auch dass Schädlingsplagen im Früh- und Hochmittelalter unbekannt gewesen seien, trifft nicht zu. Trotzdem griff man nie zu gerichtlichen Verfahren gegen Insekten oder Nager usw., denn all diese Ereignisse wurden offenbar als gottgegebene Unglücksfälle verstanden, die nicht als Verbrechen definiert wurden und daher nicht in den Bereich des Rechts gehörten.

Heuschreckenplage:
Holzschnitt in der Schedelschen Weltchronik, Nürnberg 1492, cclv v

[761] Chapelot, J., Fossier, J., Le village et la maison au Moyen Age, Paris 1980; Rösener, W., Bauern im Mittelalter, München 1985, 54–95.

Allerdings dürfte hier in der Tat seit den ersten Jahren des 14. Jahrhunderts und dann immer wieder ein neues Problem gegeben gewesen sein, nämlich das (vordem anscheinend nicht virulente) massenhafte Auftreten von Wanderheuschrecken. Darauf könnten die geistlichen Tierprozesse eine Reaktion gewesen sein. Die übliche Verhaltensweise war zunächst freilich die Veranstaltung von Bittprozessionen.[762] Aber die Verheerung von Feldfrüchten durch Mäuse und Engerlinge, die von Fischbeständen durch Blutegel usf. – sie gab es doch je und je auch im frühen und hohen Mittelalter. Papst Stephan V. hatte 885 noch so darauf reagiert, wie es uns heute nachvollziehbar erscheint: Er ließ die Insekten vom Volk gegen Geld einsammeln (danach freilich vorsorglich Weihwasser aussprengen).[763]

Der Rekurs auf die vielzitierte Krise des Spätmittelalters, v. a. des 14. Jahrhunderts, erinnert also sicherlich an eine wichtige Rahmenbedingung, bringt er aber eine Möglichkeit, einen kausalen Nexus zu ziehen? Allerdings begann, wovon Wirtschaftshistoriker heute in der Regel ausgehen, die Rezession bereits vor 1300, nachdem die zwei vorhergehenden Jahrhunderte eine Epoche unerhörten Aufschwungs gewesen waren. „Symptome des deutlich schlechten Zustandes zeigten sich schon in der zweiten Hälfte des 13. Jahrhunderts; in den ersten Jahrzehnten des 14. war die Krise da, eine erschütternde wirtschaftliche und demographische Krise mit allumfassenden Konsequenzen."[764] Bildete diese Verschärfung der Lebensbedingungen den Hintergrund für eine neue Sensibilität gegenüber dem aggressiven Verhalten von Tieren, auf das bislang so nicht reagiert worden war? Weckte sie das Verlangen nach einer Unterwerfung der Tiere auch unter das menschliche Recht, um nicht nur „technische", sondern auch soziale Kontrolle ausüben zu können? Definierte man darum Verletzungen der Mensch-Tier-Hierarchie, wie sie schon früher laufend vorgefallen waren, jetzt auf einmal als Verbrechen?

---

[762] Vgl. z. B. Grabmayer, J., Volksglauben und Volksfrömmigkeit im spätmittelalterlichen Kärnten, Wien 1994, 197 ff.

[763] Bagatta, B., Admiranda orbis christiana, Venezia 1680, I, 428 (nach den Gesta Stephani).

[764] „Sintomi di grave malessere si avvertirono già nella seconda metà del XIII secolo; nei primi decenni del XIV fu la crisi, una tremenda crisi economica e demografica di portata generale.": Montanari, M., L'agricoltura medievale: Castronovo, V. (Hg.), Storia dell`economia mondiale I: Dall'antichità al medioevo, Roma 1996, 403–417, 412.

Die zeitliche Übereinstimmung zwischen dem Beginn der Rezession und den ersten weltlichen Tierprozessen wäre ziemlich genau. Jede allgemeine Krise impliziert auch eine Destabilisierung der Normen. Waren die Tierprozesse nicht dagegen gerichtete Demonstrationen der Obrigkeiten im Sinne von: Wir sorgen so gut für Recht und Ordnung, dass wir nicht einmal Vergehen von Tieren ungestraft lassen, sondern alles unserer Rechtsordnung unterworfen ist? Ein Kampf gegen das Unrecht, egal von wem es begangen worden war? Der Anspruch: Wir richten die Kontrolle des Menschen über die Kreatur wieder auf? Eine rechtsrituelle Wiederherstellung der gottgewollten Ordnung, nach der es als besonderes Verbrechen erscheinen musste, wenn das so tief unter dem Menschen stehende Tier seinen Meister angriff?[765] Denn: „Die Tierstrafe transformiert die gänzlich unspektakuläre gewöhnliche Schlachtung in ein bemerkenswertes Spektakel – ein irrelevanter Tod wird relevant",[766] und zwar für Untertanen, die ihm beiwohnen oder von ihm erfahren.

Bemerkenswert ist auch die Gleichzeitigkeit mit der neuen Sensibilität gegenüber der Magie: Gezaubert wurde immer, und schon die germanischen Volksrechte kennen Bestimmungen dagegen.[767] Doch blieb die Verfolgung wenig engagiert, der „karolingische Rationalismus"[768] sogar skeptisch gegenüber der Möglichkeit von Hexerei. Die Geistlichkeit beließ es bei Kirchenbußen und rief nicht zu einer allgemeinen Verfolgung auf. Erst die theologische Durchdringung des Teufelsglaubens besonders in den Werken der Scholastiker, namentlich des hl. Thomas, stellte ein Rüstzeug zur Verfügung, mit dem die Intellektuellen Erklärungen für die ihnen suspekten Vorgänge im Bereich des Volksglaubens konstruierten. Das hier konstituierte dämonologische Hexenkonzept wurde dem traditionellen Hexenglauben und der traditionellen Zauberpraxis übergestülpt. Predigten verbreiteten diese Konzeptionen auch unter den Laien, so dass es bald auch bei Nicht-Theologen zu einem Zusammenschmelzen der beiden Vorstellungswelten kam. Juristisch bildete die Einführung des Offizialprozesses zunächst im kanonischen, dann

765 So sinngemäß Berman.

766 Fischer 115.

767 Blum, E., Das staatliche und kirchliche Recht des Frankenreichs in seiner Stellung zum Dämonen-, Zauber- und Hexenwesen, Paderborn 1936; Kiessling, E., Zauberei in den germanischen Volksrechten, Jena 1941; allgemein Flint, V., The Rise of Magic in Early Modern Europe, Princeton 1991.

768 Wie S. 22, Anm. 20.

auch im weltlichen Recht die Grundlage für die Hexenprozesse.[769] Hierbei wurde die Justiz von sich aus tätig, um etwaige Delinquenten aufzuspüren, nicht wie im älteren Recht nur beim Vorliegen einer Klage.

Das *Tertium comparationis* zwischen den Verfahren gegen Tiere und Hexen ist also jedes Mal eine neue Sensibilität für Phänomene, die auch früher existierten (schädliche Tiere bzw. magische Praktiken), ohne zu gerichtlichen Verfolgungen geführt zu haben. Aus dieser neuen Sensibilität resultierte ein neues Verhalten, nämlich beide Male ein juristischer Kampf gegen die wirklichen oder vermeintlichen Gefahrenträger. Das bisherige Verhalten wurde also als nicht mehr situationsadäquat erachtet.

Humphrey scheint etwas Richtiges gesehen zu haben, als er schrieb: „the job of the courts was to domesticate chaos, to impose order on a world of accidents – and specifically to make sense of certain seemingly inxeplicable events by *redefining them as crimes*."[770] Sicher war es leichter, dem Tier eine böse Absicht zu unterstellen, als vom blinden Zufall auszugehen, wenn es etwa ein kleines Kind mit so schrecklichen Konsequenzen angefallen hatte. Das ist nachvollziehbar, auch unsere erste emotionelle Reaktion wäre in einem solchen Fall Hass gegen den tierischen Schädiger, als ob er verantwortlich gehandelt hätte. Aber wo uns sofort bewusst würde, dass diese Vorstellung nicht wirklichkeitsgerecht sein kann, verfolgte man im späten Mittelalter eben diese Reaktion bis zur letzten Konsequenz und in aller Form. Das heißt aber doch, dass dem Tier situationsabhängig eine eigene menschenähnliche Persönlichkeit zuerkannt wurde; nicht im alltäglichen Denken, sondern ausschließlich in bestimmten Ausnahmesituationen, die einen Einbruch des Bedrohlichen darstellten, weil Leben oder Lebensgrundlage in Gefahr waren.

Argumente für einen permanenten Anthropomorphismus, für die Personifikation von Tieren im Recht generell, wie sie von einigen Wissenschaftlern vorgebracht wurden, scheiden dagegen aus: Die sogenannten „Rechte" der Tiere auf Wergeld in verschiedenen normativen Texten sind regelmäßig Rechte ihrer Besitzer auf Entschädigung.[771] Nicht in diesem Sinne zu verstehen sind auch Formulierungen wie z. B. „eine taube hat nicht weiter gerechtigkeit, als auf der hecke …"

769 Dinzelbacher, Heilige 128 ff.

770 Humphrey xxvi.

771 Amira 582 f.

u. ä. – hier wird nur angegeben, wie weit die Tiere sich vom Grundstück ihres Besitzers entfernen dürfen, ohne vom Nachbarn konfisziert zu werden (wobei die sadistischen Methoden, die Vögel festzusetzen, allerdings ein wenig den Eindruck erwecken, man mache dies, um ihre Artgenossen abzuschrecken).[772] Auch die „Rache", die ein gestohlener Falke nach dem burgundischen Gesetz selber am Dieb nehmen sollte, nämlich ihm sechs Unzen Fleisches aus dem Körper zu reißen,[773] kann kaum als sein Recht gedeutet werden, es handelt sich um eine Art der spiegelnden Strafe, zu der der Raubvogel (wie in den oben S. 178 f. erwähnten Beispielen Pferde oder Hunde) eingesetzt wurde. Auch die Erniedrigung der Tiere eines wegen Vergewaltigung bestraften Adeligen, von der der englische Richter Henricus de Bracton (gest. 1268) schreibt, ist eher der Zerstörung seiner Burg oder der Schleifung seiner Fahne zu vergleichen, denn als Beweis für eine Tierpersonifikation zu interpretieren: Seinem Hund und Pferd wurde der Schwanz abgeschnitten, seinem Falken der Schnabel, die Klauen und der Schweif.[774] Vergleichbar erscheint, was man 1458 mit den Besitzungen des Herzogs von Alençon anstellte, der vor seinem Prozess wegen Hochverrats verstorben war: Die ihm gehörigen Gebäude wurden bis zum ersten Stock abgetragen, die ihm gehörigen Bäume bis auf Manneshöhe abgeschnitten, seine Kinder degradiert.[775]

Eher in die Richtung der Vermenschlichung geht die spätmittelalterliche Bestimmung der Benediktinerabtei Whitby, nach der Hunde, die in die Klausur eindrangen, „streng bestraft" werden sollten,[776] als ob sie zwischen äußerem und innerem Klosterbereich hätten unterscheiden können. Dass bei den Tierstrafen die Vorstellung eines Vertragsbruches vonseiten der Tiere dem Menschen gegenüber zugrunde liege,[777] geht übrigens aus den Quellen nicht hervor; die Juristen hätten dies anzusprechen kaum unterlassen.

Manche Tiere wurden allerdings in der Tat von Autoren, die aus eigener Beobachtung schrieben, mit einer fast menschlichen Persönlichkeit ausgestattet.

---

[772] Grimm, Rechtsaltertümer I, 189; 2, 124 f., 132 f.; Williams, Liability 11.

[773] *Lex Burgundionum* 98, MG LL nat. Ger. 2/1, 113.

[774] Zit. Salisbury, Beast 40.

[775] Imbert/Levasseur 202.

[776] Steadman, J., The Prioress's dogs and benedictine discipline: Modern Philology 54, 1956, 1–6, 1.

[777] So Wundt, zit. Mengis 937.

So der Wolf, von dem es bei Gaston III. Phébus (1331–1391), dem Verfasser eines Jagdtraktates, heißt: „Das ist ein zum Erstaunen kluges Tier, mehr als jedes andere …". Auch wenn man ihn jung fängt und mit vielen Schlägen zu zähmen versucht, bleibt er dabei, nach Gelegenheiten zu suchen, Böses zu tun. Aber er fürchtet, bestraft zu werden, denn er ist sich dessen sehr wohl bewusst, dass er Böses tut, kann es aber dennoch nicht lassen: *il scet bien en sa cognoissance qu'il fait mal.*[778] Diese Verhalten des gefangenen Wolfes entspricht ganz dem des domestizierten Hundes, der sein schlechtes Gewissen ja auch in Blick und Bewegung ausdrückt. Aber gerade gegen Wölfe wurden eben keine Prozesse geführt.

Trotzdem gibt es eine weitere Ausnahmesituation, in der Tiere tatsächlich personifiziert erschienen, nämlich im Strandrecht[779] vom 13. bis ins 18. Jahrhundert (also genau derselben Epoche, in der die Prozesse vorkamen). Mehrfach wird bestimmt, dass die Güter eines gestrandeten Schiffes nicht von den Küstenbewohnern oder ihren Herren beansprucht werden können (wie im Frühmittelalter üblich), sondern unter der Bedingung im Besitz des ursprünglichen Eigentümers verbleiben, dass ein Mensch oder ein Tier auf dem Fahrzeug am Leben blieb bzw. sich an Land retten konnte. So in einem Gesetz König Heinrichs III. von England von 1236 und danach im wichtigsten maritimen Recht, den *Rôles d'Oléron* (vor 1286): In die Gewalt der Machthaber an der Küste geht die Ladung nur dann über, wenn „kein Mensch oder anderes Tier mit dem Leben davonkommt" – (*nullus homo vivus evaserit nec alia bestia*).[780] Tier und Mensch werden geradezu als *bestiae* gleichgestellt! Mit den Tieren waren nur Säuger gemeint, die bei Seereisen mitgeführt wurden, vornehmlich Hunde und Katzen, wie ein Gesetz des schottischen Königs Alexander II. (um 1240) verdeutlicht (*homo, canis vel murilegus*), später wird auch der Schiffshahn genannt.[781] Wieder ist es eine exzeptionelle Situation, in der das Tier im Rechtsdenken personifiziert erscheint und es so wie ein Mensch

---

778 *Merveilleusement est sachant beste et fausse, plus que nulle beste …*: Livre 10, The Hunting Book of Gaston Phébus, edd. Thomas, M., Schlag, W., London 1998, 97–99.

779 Cordes, A., Strandrecht: LexMa 8, 212 f.

780 Opet, Personifikation (wie Anm. 683) 417.

781 Ebd. 418.

eingeschätzt wird.[782] Freilich erstaunt der Optimismus, der zu einer solchen Gesetzgebung führte: Wurden schon an den Küsten verunglückte Menschen nachweislich immer wieder umgebracht, um das Strandgut „herrenlos“ zu machen,[783] dürfte die Schwelle, einen noch im Wrack befindlichen Hund oder eine Katze zu töten, wesentlich geringer gewesen sein.

Tiere konnten somit offenbar in einigen wenigen Fällen vorübergehend mit einer Rechtspersönlichkeit ausgestattet werden. Angeblich kam es gelegentlich zu einer ähnlichen Vermenschlichung auch in einer weiteren Extremsituation, nämlich vor dem Tode, wenn weder ein Geistlicher noch ein Laie anwesend war. Da gab es dann Ritter, die lieber ihrem Pferd oder ihrem Schwert beichteten, als ohne dieses Sakrament die Reise ins Jenseits anzutreten.[784] Dies änderte aber nicht im geringsten etwas am alltäglichen Umgang mit Tieren, wo dieser Aspekt völlig ausgeblendet blieb. Ununterbrochen wurden gerade Pferde zu Tode geritten, in Kämpfen verstümmelt und getötet usf.[785]

VII. Verstehen Tiere Latein? – Das Kommunikationsproblem

Es bleibt jedoch das Kommunikationsproblem. Wieso erwartete man sowohl bei den geistlichen wie bei den weltlichen Verfahren, dass die Tiere verstehen konnten, was man ihnen sagte, ja gelegentlich sogar, dass sie lesen könnten, was man an sie schrieb?[786] Die kirchlichen Verfahren gegen Schädlinge setzen durchgehend voraus, dass diese Nager oder Insekten in der Lage seien, die ihnen gemachten Weisungen oder Vorschläge zu begreifen. So sprach z. B. das Offizialat von Troyes

[782] Anscheinend gelegentlich sogar das Schiff selbst im englischsprachigen Raum bis ins 19. Jahrhundert, vgl. Hyde 720.

[783] Niitemaa, V., Das Strandrecht in Nordeuropa im Mittelalter, Helsinki 1955.

[784] Vogel, C., Le pécheur et la pénitence au Moyen-Age, Paris 1969, 31 ohne Quellenangabe.

[785] Dinzelbacher, Mittelalter 200 ff.

[786] Anschläge an Bäumen für Raupen: Evans 122.

1516 (wie auch andere bischöfliche Gerichte dies schon in der ersten Hälfte des 15. Jahrhunderts getan hatten[787]) auf Bitten der Bevölkerung folgende Weisung an die Schädlinge aus, die die Weinberge befallen hatten:

> „Wir ermahnen mit diesem Schriftsatz die vorgenannten Tiere, wie immer auch sie genannt werden, bei Strafe der Verfluchung und des Anathems, dass sie innerhalb von sechs Tagen ab dieser Ermahnung kraft dieses Urteils von den Weinbergen und Territorien des genannten Ortes von Villanoxa verschwinden … Falls die schon genannten Tiere dieser unserer Ermahnung innerhalb der erwähnten Tage nicht konsequent gehorchen, belegen wir sie mit dem Anathem …“.

Dazu wird das Volk angewiesen, nicht zu sündigen und vor allem den Zehent richtig zu zahlen.[788] Von den Käfern wird also erwartet, dass sie 1) das Gesagte verstünden, 2), wiewohl nicht Glieder der katholischen Kirche, Angst vor dem Anathema hätten, und 3) durch diese Drohung zum Rückzug zu motivieren seien.

Zur Kommunikation mit jenen Lebewesen bediente man sich, wie etwa ein Formular zeigt, das 1452 vom Offizialat von Lausanne der Stadt Bern zur Verfügung gestellt wurde, eines Boten, der sich in die Felder, Weinberge oder an die Küste zu begeben hatte, um die Tiere zu einer bestimmten Stunde vor Gericht zu zitieren, *responsura de his, quae sibi obiicientur,*[789] um auf die Anklage zu antworten. Es wurde also formell bzw. theoretisch sogar von der Möglichkeit einer wechselseitigen Kommunikation ausgegangen. Die Engerlinge, die 1478 die Berner bedrängten, bekamen ausdrücklich die Gelegenheit, vor dem Bischof oder seinem Vikar *zuo erschinen und iren glimpf zuo erzellen.*[790] Vor Gericht gebrachte Insekten usw. wurden keineswegs immer gleich hingerichtet, sondern wieder an den Ort zu-

---

[787] Chène 120.

[788] *animalia praedicta, quocumque nomine censeantur, monemus in his scriptis, sub poenis maledictionis et anathematisationis, ut infrà sex dies à monitione, in vim sententiae hujus, à vineis et territoriis dicti loci de Villanoxá discedant … Quod si, infrà praedictos dies, jam dicta animalia huic nostrae admonitioni non paruerint cum effectu … illa … anathematisamus …*: Desnoyers 46 f., ähnlich Chène 96.

[789] Chène 126, ähnlich 128.

[790] Ebd. 138.

rückgebracht, wo man sie eingefangen hatte,[791] offenbar um ihre Artgenossen über den Spruch des Richters zu informieren. Auch die Gewährung eines *fúrsprechen*, durch den die Tiere Antwort geben können,[792] impliziert, dass sie wenigstens mit diesem hätten kommunizieren können. Und tatsächlich geht die Fiktion so weit, dass der Bischof von Lausanne 1479 formulieren konnte: *Wir Benedict von Monferrand bischoff zuo Losann etc., haben gehoert die bitt der grosmaechtigen herrnn von Berrnn gegen den aengern, und derselben unnútze und verwúrfflich antwurt, und unns daruff bewaret mitt dem heiligen crútz … und daruff in diser sach geurteillt … .*[793] (Wir Benedikt von Monferrand, Bischof zu Lausanne etc., haben die Bitte der großmächtigen Herrn von Bern gegen die Engerlinge vernommen, ebenso die unnütze und verwerfliche Antwort derselben, und uns daraufhin mit dem heiligen Kreuz versehen … und daraufhin in dieser Sache geurteilt …). Diese ‚Antwort' war, wie aus derselben Quelle, dem Missivenbuch, hervorgeht, durch den Prokurator der Insekten vorgebracht worden.

Nun existiert in der europäischen Volkskultur die Möglichkeit einer verbalen Kommunikation zwischen Mensch und Tier v. a. in zwei Bereichen. Ganz einseitig verläuft sie im Brauchtümlichen, und zwar in einer Extremsituation, in der die Tiere, zu denen man sonst ein ganz anderes, nämlich ausbeuterisches Verhältnis hat, anscheinend wie verständige Wesen behandelt werden: Aus vielen Gegenden ist es für das 19. und 20. Jahrhundert belegt, dass der Tod des Bauern den Tieren verkündet werden muss, dem Vieh im Stall, den Haustieren und ganz besonders oft den Bienen. Jedoch wird dieser Brauch auch leblosen Objekten gegenüber angewandt, der Todesfall muss etwa auch dem Flachs, dem Getreide, dem Essig, dem Brunnenwasser, bisweilen sogar Geräten angesagt werden! Es handelt sich hier aber nicht um wirkliche Personifikationen, denn es gibt Hinweise darauf, dass man eine Art magischer Beschwörung praktizieren wollte, die ein Nachfolgen der Güter in die andere Welt verhindern sollte.[794] Mit einem zentralen Fest des christlichen Jahreskreislaufs ist dagegen die Vorstellung verbunden, die Tiere im Stall würden in der Christnacht bzw. zu Neujahr zu sprechen beginnen und Zu-

---

791 Ebd. 128.

792 Ebd. 142.

793 Ebd. 156.

794 Geiger, Tod ansagen: HDA 8, 985–991.

künftiges vorhersagen, wie schon im Spätmittelalter bezeugt und als Aberglaube verurteilt.[795]

Wechselseitiges sprachliches Verständnis taucht nur in Sagen und Märchen auf, hier freilich nicht selten.[796] In ersteren ist es oft eine exzeptionelle Situation, die Tieren menschliche Rede verleiht, etwa ein bevorstehender Frevel und seine Vergeltung.[797] In letzteren ist in der Regel ein Zaubermittel notwendig, ehe der Held mit den Tieren kommunizieren kann; auch dies ist ein im Mittelalter bekanntes Motiv, ein Zauberkraut, das die Sprache von Hunden und Hähnen verständlich macht, nimmt z. B. der Ritter Elegast in der mittelniederländischen Erzählung *Karel ende Elegast* zu sich.[798] Üblicherweise dient die Kommunikation dazu, Informationen zur Lösung der der Märchenfigur auferlegten Probe usw. zu bekommen oder dazu, ein Tier, dem sie etwas Gutes getan hat, zu Hilfe zu rufen. Gelegentlich hat auch die Heiligenlegende, Trägerin vieler volksläufiger Motive in christlichem Gewand, den einen oder anderen ihrer Helden mit der Fähigkeit ausgestattet, die Tiersprache zu verstehen, so den hl. Blasius. Hiermit ist wahrscheinlich eine Überlieferung über eine ältere tier-menschliche Gottheit bewahrt geblieben.[799]

Manchmal findet sich das Motiv des die menschliche Sprache beherrschenden Tieres auch in Texten der älteren hochkulturellen Literatur, die nicht als Fabel, Allegorie oder Satire verstanden werden wollten, sondern als Naturkunde, Historie bzw. Mythos, und auch hier in besonderen Situationen. So weissagt Achills Ross Xanthos in Homers *Ilias* den Tod des Herrn – sprachbegabt freilich erst durch göttliche Hilfe.[800] Seher wie Teiresias, Kassandra und Melampos verstanden die Sprache der Vögel.[801] Einige besondere Tiere, so römische Autoren, vermochten exzeptionellerweise Latein zu reden.[802] Bileams Eselin tut den Mund zu Men-

795 Riegler, Tiersprache: HDA 8, 939–943, 943; Staber (wie Anm. 646) 7; Baumann, K., Aberglaube für Laien. Zur Programmatik und Überlieferung mittelalterlicher Superstitionenkritik, Würzburg 1989, I, 377.

796 Riegler pass.

797 Grimm, Mythologie II, 820, III, 189.

798 Knuvelder, G. P. M., Handboek tot de geschiedenis der nederlandse letterkunde I, Den Bosch 6. Aufl. 1978, 98.

799 Walter, Ph., Mythologie chrétienne. Rites et mythes du Moyen Age, Paris 1992, 139.

800 *Ilias* 19, 400 ff.

801 Günther 64 f.; D'Addosio 108.

802 D'Addosio 108.

schenworten nur deshalb auf, weil ein Engel vor ihr steht und der Herr selbst ihr den Mund öffnet (Deut 22, 23 ff.). Es handelt sich deutlich um ein Wunder, herausgenommen aus dem alltäglichen Mensch-Tier-Verhältnis, das sich vielmehr in der Prügelorgie des Propheten gegen die Kreatur manifestiert.

Wunder sind es schließlich auch, wenn Heilige zu Tieren sprechen und diese sie auch verstehen, wie in der Hagiographie immer wieder zu finden. In frühchristlichen Apokryphen kommt das Motiv vor, dass Hunde zum hl. Petrus gesprochen hätten, als er mit Simon Magus im Streit lag.[803] Speziell bei den irischen Heiligen, aber auch bei den frühen Franziskanern, findet sich dieses Motiv nicht selten (Franziskus und der Wolf von Gubbio, Antonius von Padua und die Vogelpredigt).[804] Hier ist eindeutig ein mirakulöses Eingreifen Gottes vorausgesetzt. Die Juristen des Spätmittelalters waren aber keine Heiligen und beriefen sich auch nicht auf ein von Gott zur Lösung des Kommunikationsproblems gewirktes Wunder.

Was die Intellektuellen betrifft, so reflektierten sie bisweilen tatsächlich über die „natürliche" Möglichkeit der Tiere zu sprechen bzw. die Menschensprache zu verstehen. Naturkundlern war es ein Problem, auf welche Weise die Schlange im Paradies mit den Ureltern kommunizierte. Thomas von Cantimpré etwa schreibt im *Liber de Natura Rerum*, es sei nicht zu sehen, wie dieses Tier artikulierte Worte (*articulata verba*) formulieren konnte, und bietet als Lösung, der Teufel habe außerhalb des Tierkörpers oder vermittels dieses so gesprochen wie einst durch Seher und Gespenster zu den Heiden.[805] Von sprechenden Füchsen und Wölfen schreibt Paracelsus; er rechnet sie jedoch zu den Vorzeichen wie Kometen oder Erdbeben.[806]

So gibt es bei Esoterikern des ausgehenden Mittelalters wie Agrippa von Nettesheim wohl Hinweise auf Menschen des Altertums, die die Sprache der Tiere ver-

803 Ferreiro, A., Simon Magus, Dogs, and Simon Peter: Ders. (Hg.), The Devil, Heresy and Witchcraft in the Middle Ages. Essays in Honor of Jeffrey B. Russell, Leiden 1998, 45–89.

804 Günther, H., Die christliche Legende des Abendlandes, Heidelberg 1910, 80 f.

805 Ed. Boese, H., Berlin 1973, I, 283.

806 Meier, P., Paracelsus, Zürich 3. Aufl. 1993, 331.

standen,[807] aber nicht darauf, dass die Gerichtsboten seiner Zeit sich diesen Kreaturen verständlich zu machen wüssten. Im allgemeinen war man ganz überzeugt von dem, was etwa Anselm Turmeda 1417 in seiner Satire den mit dem Menschen disputierenden Esel formulieren lässt: „Weil ihr nicht die Rede oder Sprache der Tiere versteht, glaubt ihr, dass es in ihnen keine Vernunft gäbe".[808] Die in der mittelhochdeutschen Dichtung vorkommenden Epitheta *stumebz tier, stomme bêste, daz unsprechende vihe*[809] zeigen deutlich, dass auch ‚der mittelalterliche Mensch' üblicherweise nichts anderes erwartete. Wenn der bekannte Jesuiten-Theologe Leonhard Lessius 1605 die Tierprozesse damit verteidigte, dass er behauptete, auch diese Wesen würden untereinander Gerichtsverhandlungen abhalten (wofür er eine Storchen-Fabel zitiert),[810] so blieb dies eine vereinzelte Ansicht, die aber etwas wie Verstand bei diesen Vögeln voraussetzte.

Aus den verwendeten Formulierungen scheint vielmehr nicht ganz selten hervorzugehen, dass die Kanonisten und Zivilisten sich dessen recht gut bewusst waren, dass die Tiere eigentlich *insensibilia* waren, also die menschliche Sprache nicht verstehen konnten. So heißt es in einem Urteil, welches in einem Lyoner Prozess gegen Schädlinge gefällt wurde:

> „Weil wir ja wissen, dass sogar einige nicht einmal belebte vernunftlose Dinge, die auch keine Sinne haben (*nonnulla nedum animantia irrationabilia uerum etiam insensibilia*), dem Befehl Gläubiger oftmals gehorcht haben und diese Gläubigen denselben Dingen ohne Sinne in der Kraft des göttlichen Namens eine Verfluchung auferlegten und [dadurch] tatsächlich geschah, was sie wünschten … haben wir gegen die erwähnten Schädlinge, die Feinde menschlichen Nutzens, Schnecken geheißen, Mut gefasst, den Schild des Glaubens zu ergreifen und ihnen die Gewalt weiterer Schädigung durch die Macht des allmächtigen Gottes zu untersagen …"[811]

---

807 *De occulta philosophia* 1, 55, ed. Perrone Compagni, V., Leiden 1992, 199 f.

808 *car pource que vous n'entendez pas le parler, ou langage des animaulx, vous pensez qu'il n'y ayt nulle science en eulx.*: Disputation de l'asne, ed. Foulché-Delbosc, R.: Revue hispanique 24, 1911, 358–479, 401.

809 Grimm, Mythologie III, 188.

810 Robert 173.

811 Franz II, 156.

Wozu jedoch ein *monitorium* oder eine *admonitio* in den kirchlichen Prozessen, die ausdrücklich an die Schädlinge gerichtet sind und sie zum Verlassen des Gebietes auffordern, wenn man überzeugt gewesen wäre, sie hätten die Worte nicht verstanden? Ansonsten hätte es ja gereicht, sich mit einer Bitte an Gott oder einer Beschwörung an den Teufel zu wenden. Es heißt aber ausdrücklich etwa im Lausanner Missivenbuch (1479): *Ir verfluechte unsuberkeit, die aenger [*Engerlinge*] … ir sind vormalls us krafft der berueffung und monition unsers herrenn von Losann vermandt, us allen vaellden, ertrichen und guetern dis Losner bistuombs zuo keren …*[812] In einer anderen Formel werden die Insekten sogar *al und iegliche besunder* angesprochen – alle und jedes einzelne![813] Keine Rede von in den Insekten steckenden Geistern! Die verbreitete Ansicht, dass die Tierprozesse als „eigentlich nicht gegen das Tier gerichtet"[814] zu betrachten seien, widerspricht also deutlich den Quellen.

Müssen wir also schließen: Die gelehrten Juristen agierten zumeist so, als wenn sie einer „Traumzeit" entstammten, als wenn sie aus einer Märchenwelt kämen, in der Tier und Mensch ja tatsächlich ohne Schwierigkeiten miteinander reden? Oder handelt es sich gar um eine Regression in eine animistische Weltsicht, die nur graduell von der infantilen entfernt gewesen wäre? Jüngere Kinder hätten ja keine Schwierigkeiten damit, wenn Menschen und Hunde etc. ihre jeweiligen Lautäußerungen tatsächlich verstehen könnten. Oder gingen die Vertreter der Kirche nicht eher davon aus, dass in der besonderen Situation der Konfrontation mit dem Heiligen, d. h. hier dem göttlichen Recht, auch das Tier ungeachtet seiner *irrationalitas* gleichsam von der Charismatik der heiligen Worte zu deren Verständnis gezwungen wurde, so wie in zeitgenössischen Predigt-Exempla auch das unvernünftige Tier vor der Hostie auf die Knie fällt?[815]

Wie steht es bei den weltlichen Prozessen, in denen keine Kleriker, sondern laikale Richter nicht mit geheiligten lateinischen Maledictionen, sondern mit Leibstrafen gegen die Tiere verfuhren? Auch hier wurde von einer Kommunikationsmöglich-

812 Chène 156.

813 Ebd. 140

814 Fehr, Recht (wie Anm. 757) 69.

815 Tubach, F. C., Index exemplorum, Helsinki 1969, nr. 2641.

keit ausgegangen, da es in den Sprüchen dieser Gerichte mehrfach die Urteilsbegründung gibt, die Strafe erfolge anderen Tieren zur Warnung und Abschreckung.[816] Also mussten die Artgenossen des verurteilten Stieres, Schweines oder Hundes entweder die Worte des Urteils verstehen oder einen logischen Schluss aus der Handlung der Exekution ziehen können. So heißt es in einem Todesurteil gegen ein Schwein 1494:

> „Voller Abscheu und Schrecken haben wir in dem gegenwärtigen Fall und um das Recht exemplarisch zu wahren, gesagt, geurteilt, gerichtet, verkündet und entschieden, dass das genannte Schweinchen, das in der genannten Abtei als Gefangener festgehalten und eingesperrt ist, durch den Scharfrichter erhängt und erwürgt werden soll an einem Holzgalgen bei den Galgenhölzern am Richtplatz …“.[817]

Im ersten Drittel des 16. Jahrhunderts berichtete der päpstliche Gesandte Hieronymus Rorarius, er habe in der Gegend von Köln Wölfe am Galgen aufgehängt gesehen, „damit die übrigen Wölfe durch den Schrecken vor der gleichen Bestrafung abgeschreckt würden“.[818] Der Brauch der „Wolfsgalgen“ war jedoch wesentlich älter und weiter verbreitet;[819] schon im 10. Jahrhundert wurde in der Umgegend von Cluny ein besonders gefürchteter Wolf, der von einem tapferen Ritter in die Falle gelockt worden war, gevierteilt und an einen Baum gehängt. Dies habe die anderen Wölfe so erschreckt, dass sie sich aus der Gegend zurückzogen.[820] Franz von Assisi scheint auf die Galgen-„Strafe“ für Wölfe angespielt zu haben, als er eines seiner bekanntesten Mirakel wirkte, die Zähmung des Tier und Mensch reißenden Wolfes von Gubbio. „Du bist würdig, wie ein Räuber und sehr böser Mörder

---

816 Berkenhoff 34; Mengis 931 f.

817 *Nous, en detestation et horreur dudit cas, et afin d'exemplaire et gardé justice, avons dit, jugé, sentencié, prenoncé et appointé, que ledit pourceaulz estant detenu prisonnier et enferme en ladite abbaye, sera par le maistre des hautes-oeuvres, pendu et estranglé, en une fourche de bois, auprés et joignant des fourchee patibulaires et haultes justices …*: Evans 307.

818 *quo similis poenae formidine a maleficio relqiui deterreantur.*: Rorarius, *Quod Animalia Bruta Ratione Utantur melius Homine*, Amsterdam 1654, zit. Evans 252.

819 Rheinheimer (wie A. 204) 30 f.

820 Odilo von Cluny, *Vita Maioli*: PL 142, 920 ff.

durch einen schrecklichen Tod bestraft zu werden", sagt er zu dem Raubtier in dem ältesten Bericht, den *Actus B. Francisci*, was in der Übersetzung der *Fioretti* leicht umgeformt wurde zu: „Als Räuber und Mörder würdest du den Galgen verdienen!"[821] Bekanntlich versöhnt der Heilige den Wolf und die Einwohner von Gubbio, wobei ersterer wie bei den Tierprozessen eine Art Rechtspersönlichkeit erhält, da die Stadt mit ihm einen offiziellen Vertrag schließt, ihn gegen Wohlverhalten zu verköstigen.

Ähnlich wird aus Deutschland vom 14. bis 19. Jahrhundert, aus Frankreich und Schweden aus dem 19. Jahrhundert die Existenz von Wolfsgalgen berichtet,[822] und das Gleiche wurde von den Inuit auf Grönland noch bis in die Gegenwart gegen gefährliche Schlittenhunde praktiziert.[823] Außerhalb Europas sollen solche Bestrafungen von Tieren zur Warnung für ihre Artgenossen ebenfalls noch für das 20. Jahrhundert zu belegen sein.[824] Der älteste Hinweis auf diesen warnenden Usus scheint aus dem vorchristlichen Afrika zu kommen, wo Löwen, die Stadtbewohnern zu nahe kamen, gekreuzigt wurden.[825]

Doch wurden diese Strafen gegen ein besonders verhasstes Raubtier, wenn ich recht sehe, stets ohne Prozess vollzogen. Dass die französischen Bauern des Spätmittelalters den Wolf gern lebend in einer Grube fingen und dann auf dem Dorfpranger zur Schau stellten, ehe er seine gerechte Strafe erhielt,[826] die Sache also auf diese Weise in die Rechtssphäre gezogen worden sei, beruht allerdings bloß auf einem Übersetzungsfehler. In seinem v. a. ob der kostbaren Illuminierung berühmten *Livre de la Chasse* schreibt Gaston Phébus (gest. 1391) im mittelfranzösischen Originaltext nur, man könne das Tier mit einer Eisenforke lebendig fangen, es am Hals gegen die Erde drücken und wie einen Hund fesseln oder töten, wenn man

---

821 *Actus* c. 23: E. Menestò, S. Brufani et al., edd., Fontes Franciscani, Assisi 1995, 2135; Fioretti c. 21, ed. de Alatri, E., s.l. 1973, 99.

822 HDA 9, 790.

823 Koglbauer, M., Berge und Packeis. Ein Grönlandbuch, Graz 1965, 107 (Bericht beruht auf Autopsie).

824 Berkenhoff 77.

825 Plinius, *Naturalis historia* 8, 16.

826 Bise, G., Das Buch der Jagd von Gaston Phoebus, Fribourg 1978, 90.

wolle.[827] Anscheinend wurden auch erlegte Bären bisweilen zur Warnung ihrer Artgenossen an Bäumen aufgehängt, falls entsprechende Szenen auf Tafelgemälden des Hieronymus Bosch Wirklichkeit wiedergeben (Christophorus, Museum Boymans-van-Beuningen, Rotterdam).

Gerichtlich ging man in der Universitätsstadt Leiden 1595 gegen einen Hund namens Provetie mit Erhängung und Konfiszierung seiner Güter (!) vor, weil er – was den Frevel erhöhte – sonntags ein Kind in die Finger gebissen hatte, dessen Tod ein paar Tage später man auf den dabei erlittenen Schrecken zurückführte. Das Tier, so der städtische Schultheiß in der offiziellen Urteilsbegründung, der sich die Schöffen anschlossen, habe alles ohne Folter bekannt (*de gevangens eygen Confessie buyten pyn*), weswegen es *tot afschrik van alle andere honden, en elk tot een exempel* („zur Abschreckung von allen anderen Hunden und zum Beispiel für einen jeden") auf das höchste zu strafen war.[828] Dies wurde an der öffentlichen Richtstätte dann auch ausgeführt. Es wurde allerdings die Meinung vertreten, dieses Dokument sei nur eine Fälschung, etwa der Witz eines Jurastudenten.[829] In diesem Falle würde es sich immer noch um eine Karikierung eines tatsächlich vielfach praktizierten Rechtsvorganges handeln. Denn z. B. 1644 wird in Detmold vom Scharfrichter am Markt ein Ziegenbock *zu abschewlichen Exempel* öffentlich enthauptet und erstochen, der einen Knaben zu Tode gestoßen hatte.[830]

Aber auch hier scheint für uns wieder ein Bruch in der angewandten Logik vorzuliegen: Wie viele Ziegen als potentielle „Nachahmungstäter", eingepfercht in ihren Ställen oder grasend auf ihren Weiden, hatten denn überhaupt die Möglichkeit, ihren hingerichteten Artgenossen an der Richtstätte zu sehen?[831] Wie viele Hunde an ihren Ketten? Das „Theater des Schreckens"[832] wandte sich doch auch bei den Tierstrafen faktisch an die menschlichen Zuseher. Das Öffentlich-Machen

---

827 *Et le puet on prendre vif a une fourche ferree devant, li mettre sus le coul contre terre et le lier comme un chien ou tuer, s'il veult.* Gaston Phébus, Livre de chasse, ed. Tilander, G., Karlshamn 1971, 267 (c. 69).

828 Zit. Gijswijts-Hofstra 59, Berkenhoff 34.

829 de Baar, P., Het vonnis uit 1595 tegen de hond „Provetie" gereviseerd: Jaarboekje voor geschiedenis en oudheidkunde van Leiden en omstreken 83, 1991, 68–74.

830 Wehrhan, Detmolder 69.

831 Vgl. Humphrey, N., Foreword: Evans, Prosecution (1987), xiii–xxxi, xxii.

832 van Dülmen, R., Theater des Schreckens, München 1995.

war eine Grundbedingung korrekter Justiz im Mittelalter, und eben das wurde auch bei den Bestrafungen von Tieren beachtet, wie vielfach zu belegen: Durch Glockengeläute, Schleifung oder Karrenfahrt zum Richtplatz, öffentliche Hinrichtung.[833] Doch anscheinend erst im 16. Jahrhundert wird in einer französischen Quelle die „häufige" Erhängung von Schweinen als Mahnung an die Eltern bezeichnet, die Kleinkinder nicht unbeaufsichtigt zu lassen;[834] 1567 heißt es, die Exekution eines wegen seiner Grausamkeit und Wildheit zum Tode verurteilten Schweins geschehe zur Warnung an die *Untertanen*, solche Tiere unbeaufsichtigt umherlaufen zu lassen;[835] ähnlich dann auch später.[836]

Und wie ist eine Bestimmung der *Carta de logu de Arborea* zu verstehen, jene 1392 von Gräfin Eleonora für ihre Herrschaft erlassene Sammlung von Gewohnheitsrechten, die zwischen 1421 und 1827 für ganz Sardinien Geltung besaß?[837] Dort wird in c. 114 verfügt, dass Rinder, die auf fremden Feldern Schaden anrichteten, getötet werden konnten, gegen Esel jedoch wird so verfahren wie gegen menschliche Diebe (vgl. c. 27): Beim ersten Mal verlieren sie ein Ohr, beim zweiten Mal das andere, erst beim dritten Mal werden sie umgehend vom Gerichtsherrn eingezogen.[838] Die anfänglichen Warnungen sind doch nicht an den Eigentümer gerichtet, der kaum einen Nachteil an der Leistungsfähigkeit des Tieres erlitt, wenn vielleicht auch etwas an Sozialprestige verlor. Ist aber dieses Vorgehen nur dann sinnvoll, wenn man glaubt, ein Esel könne die Schmerzzufügung als Drohung verstehen? In Bristol wurde im 14. Jahrhundert einem in der Stadt streunenden Schwein der Schwanz abgeschnitten, um es kenntlich zu machen; bei Wiederholung hieb man ihm den Kopf ab.[839] Dass eben diese Kenntlichmachung der Sinn des Vorgehens gegen den sardischen Esel war, legt die Tatsache nahe, dass die ganze *Carta de logu* sonst keine Tierstrafen kennt,[840] wohl aber die Tötung

---

833 D'Addosio 34, 37; Amira 554.

834 Sorel 296.

835 Sorel 273, Evans 308 f., vgl. Vartier 72; Veper 9.

836 Z. B. Stokvis 422.

837 Cortese, E., Il diritto nella storia medievale, Roma 1995, II, 348 ff.

838 Faksimileedition Sassari 1991, f. 23 v; Casula, F. C. ed., La „Carta de Logu" del regno di Arboréa, Sassari 1995, 142.

839 Williams, Liability 11 Anm. 1.

840 Anders D'Addossio 87.

von Stuten, die auf fremden Weiden grasen (c. 167). Auch konnten schädliche Tiere gefangen werden, wonach sie ihr Hirte mit Geld auszulösen hatte (c. 171). Nur die Konfiskation richtete sich deutlich gegen den Besitzer. Analog ist das Rechtsdenken in einem niederländischen Rechtsbuch, den *Keuren van Zeeland* von 1496, wo für den Fall, dass ein Hund einen Schwan totbiss, an dessen Besitzer eine Geldbusse zu zahlen war, der Hund aber ein Bein verlor. Hier dürfte wohl auch Prophylaxe im Spiel gewesen sein, denn ein solchermaßen verstümmeltes Tier wird kaum mehr in der Lage gewesen sein, einen Schwan zu jagen.[841]

Ganz selten wurden im Rahmen eines ausgesprochenen Tierprozesses auch die Besitzer des Täters wegen mangelnder Aufsicht bestraft; so hatten sie sich in einem Verfahren gegen ein Schwein in Charonne (1447) einer Bußwallfahrt zu unterziehen.[842]

VIII. Zusammenfassung

Überblickt man diachron das Verhalten der Europäer solchen Tieren gegenüber, die Menschen verletzt oder getötet hatten, so kommt man etwa zu folgender Entwicklung: In der Antike und im Mittelalter bis ins 13. Jahrhundert wurden Mensch und Tier als auf ganz unterschiedlichen Stufen befindlich gesehen. Tiere galten keineswegs als Mitgeschöpfe, sondern als von Gott klar und ausschließlich zum Gebrauch und zur Beherrschung durch den Menschen geschaffen. Schädliche Tiere wurden spontan getötet, sei es aus Rache oder zur Prävention. Damit wurde jene „technische Kontrolle" vollzogen, die das Mensch-Tier-Verhältnis (unabhängig vom jeweiligen Überbau) immer grundlegend geprägt hat: nichts anderes als der Vollzug der Gewalt des Stärkeren über den Schwächeren.

Im späten Mittelalter und in der Frühneuzeit trat neben dieses Verhalten ein neues, nicht mehr spontanes, sondern formalisiertes: Man schrieb die rächenden oder schützenden Aktionen in den Rahmen regulärer gerichtlicher Prozesse ein. Das Tier wurde damit in dieser Hinsicht auf eine menschenähnliche Stufe gestellt, die Grenze zwischen den Spezies schien sich hier zu verwischen. Neben die „technische Kontrolle" trat der Versuch „sozialer Kontrolle", d. h. man trachtete

841 Stokvis 413.

842 Vartier 53 f. ohne Quellenbeleg.

danach, das Handeln der Tiere so zu beeinflussen, wie man es auch mit Menschen tat, durch Verträge, Drohungen, Abschreckung.

In der jüngeren Neuzeit wurde diese Möglichkeit wieder eliminiert, und die Unterschiedlichkeit der Arten neuerlich betont. Da mittels des naturwissenschaftlichen Fortschritts die Tierwelt „technisch" besser kontrollierbar wurde (Pestizide, Trennung der Ställe vom Wohnbereich), traten die Differenzen menschlichen und tierischen Verhaltens wieder in den Vordergrund. Die Befreiung des Rechtswesens von mit den Konzeptionen der Aufklärung unvereinbaren und offensichtlich ineffektiven Elementen wirkte dahin, dass Tierprozesse nicht mehr geführt wurden. Auch Tierstrafen entfielen, denn das „Theater des Schreckens" mit seinem an die Öffentlichkeit gerichteten Appellcharakter war obsolet geworden, der Strafvollzug fand nunmehr ja ganz allgemein im Verborgenen statt. Damit war, was die Reaktionen auf animalisches Missverhalten betraf, der Zustand von vor 1200 in der Praxis quasi wiederhergestellt, jedoch auf einer reflektierten, nicht bloß spontanen Basis.

Dass Tierprozesse erst ab dem 13. Jahrhundert geführt wurden, erklärt sich am ehesten vor dem Hintergrund der beginnenden gesamteuropäischen Rezession, auf die u. a. mit einer unbewussten Suche nach Schuldigen reagiert wurde. Im Bereich des religiösen Lebens jener Epoche leitete die kirchliche Hierarchie unter großer allgemeiner Zustimmung Häretikerverfolgungen von vorher ungekannter Intensivität ein und begann mit der Organisation der päpstlichen Inquisition. Im 14. Jahrhundert sollte es dann zu den großen Jagden auf die Leprosen, die Juden und schließlich die Hexen kommen. In die Rechtspraxis integrierte man im 13. Jahrhundert sowohl den Offizialprozess, d. h. die Verfolgung von Amts wegen (nicht erst wegen der Anzeige durch den Geschädigten) und die Folter als Methode der Wahrheitsfindung, wie es auch zu einer Ausweitung der Leibesstrafen für zahlreiche Delikte kam, die vormals von Freien durch Bußgelder abgegolten werden konnten. Darin manifestierte sich eine neue, schärfere Gangart gegen Deviationen.

Im 12. und 13. Jahrhundert ist auch auf anderen Gebieten ein neues Verhältnis des Menschen zum Tier zu beobachten: Die Literatur entwickelte ein umfangreiches Genus der Tierepik und -satire, in dem diese Geschöpfe wie Menschen handeln und sprechen. In der bildenden Kunst wurden zahlreiche tier-menschliche Mischwesen figürlich dargestellt. Dadurch dürfte es leichter gewesen sein, auch wirkliche Tiere in bestimmten Situationen zu vermenschlichen. Allerdings sozusagen auf einer niedrigeren Stufe, indem man sie nicht nach der v. a. im 12. Jahrhundert entwickelten, „modernen“ Intentionalethik beurteilte, sondern nach dem Prinzip der Erfolgshaftung, die vom Geschehenen und nicht vom Beabsichtigten ausging und die das frühmittelalterliche Recht dominiert hatte. Darin kann man eine gewisse Regression konstatieren, denn die älteren Rechte hatten in römischer Tradition die Absichtslosigkeit tierischer „Untaten“ berücksichtigt; das langobardische Recht z. B. schloss eine Fehde aus, wenn das Unheil eine *muta res*[843] verursacht hatte, eine stumme Sache, zu der auch die Tiere zählten.

Man kann die juristischen Maßnahmen gegen die Tiere auch als Komponenten einer zunehmenden Disziplinierungstendenz von Seiten der weltlichen und geistlichen Obrigkeiten interpretieren, die so ihre Herrschaft zeitweise auch über die „unvernünftige“ Kreatur mit einem Mittel auszudehnen suchten, das seit dem 12. Jahrhundert in alle Lebensbereiche eindrang, nämlich dem gelehrten Recht. Es handelte sich also um einen Versuch, alte und neue Probleme (gefährliche Haus- und Nutztiere, enormer Schädlingsbefall) durch die von der neuen Rechtskultur gebotenen Mitteln zu lösen. Wie es im 19. Jahrhundert technische Allmachtsphantasien gab, so gab es im späten Mittelalter und der frühen Neuzeit juristische. Wie man später von den Naturwissenschaften die Lösung aller Schwierigkeiten erwartete, so damals von der Jurisprudenz. Die Verrechtlichung und Bürokratisierung, die namentlich in den spätmittelalterlichen Städten, aber ebenso in der Verwaltung der Reiche zu konstatieren ist, erscheint als eine der größten Differenzen zwischen dem frühen und dem späteren Mittelalter.

So gesehen, wirken gerade die „irrationalen“ Verfahren gegen Tiere wie Folgen des seit dem 12. Jahrhundert deutlichen Rationalisierungsschubs. Denn man begnügte sich nunmehr nicht damit, einfach von einer Verhängung des Unheils durch Gott auszugehen, sondern wollte für das Verhalten der Tiere innerweltliche Gründe wissen. Diese wurden analog zum menschlichen Täter in der bösen Absicht der Individuen oder den Lebensbedürfnissen der Kollektive gesucht. Tiere wurden damit als Täter im moralischen Sinn konstruiert, um den schrankenlosen Einsatz der neuen Maschinerie des gelehrten Rechtes mit der Vernunft kompatibel zu machen.

Erst die nächste Stufe des Rationalisierungsprozesses, die im Zeitalter der Aufklärung und Technisierung, verwarf diese Art von Gründen, da die biologischen

843 *Edictum Rothari* 326, vgl. Brunner 512.

Forschungen mittlerweile Triebe bzw. Instinkte als entscheidend für das Verhalten der Fauna aufzeigen konnten. Auch verwies die neue historische Forschung die bisher herangezogenen Kontrollsagen in den Bereich der Fiktion und liquidierte den als Basis jedenfalls der geistlichen Prozesse nötigen Glauben an Wunder.

Was speziell die kirchlichen Prozesse betrifft, so enthielten sie aber zugleich noch einen Aspekt von Magie, von weißer Magie, Hilfszauber, der durch die geheiligten Formeln der liturgischen Sprache auch die vernunftlose Kreatur zwingen sollte. Weiße Magie war es ja auch, wenn man etwa in von Engerlingen besonders heimgesuchten Gegenden Heiligenfeste zu Halbfeiertagen erhob *für die Ingeri, die so grossen Schaden habend getan*“ (Altendorf in der Schweiz, 1478).[844] Natürlich sahen die Zeitgenossen dies i. d. R. nicht so, da sie die phänomenologische Gleichartigkeit zwischen offiziell priesterlichem Handeln und verbotener Zauberei[845] nicht erkannten bzw. wahrhaben wollten. Dies hätte ja zur Auflösung eines fundamentalen sozialen bzw. kulturellen „Wissens“ geführt, nämlich der Religion als Seinsgrundlage. Das sollte erst nach den Konfessionskriegen in der Aufklärung möglich werden.

Gemeinsam war beiden Vorgehensweisen, dass sie den betroffenen Menschen ein Ritual anboten, welches die durch das Verbrechen bzw. die Bedrohung gefährdete Ordnung wiederherstellte, und dass sie die Herrschaft des Menschen über das Tierreich vorführten. Die menschliche Gemeinschaft konnte sich wieder ihrer Dominanz sicher fühlen – bis zum nächsten Vorkommnis. Freilich um den Preis einer Überschreitung der traditionellen Tier-Mensch-Grenze durch die punktuelle Personifikation von Wesen, die sonst als eindeutig weit unter dem Menschen stehend erlebt wurden. Die Tierprozesse haben die (zeitweilige) Annäherung von Mensch und Tier in der spätmittelalterlich-frühneuzeitlichen Mentalität nicht generiert,[846] wie die oben genannten Beispiele aus anderen als der Rechtssphäre zeigen, aber deutlich zu dieser Tendenz beigetragen.

Was das Problem der Kommunikationsmöglichkeit zwischen Mensch und Tier betrifft, so zeigte sich, dass eine solche nur in bestimmten Extremsituationen

[844] Wymann 127.

[845] Vgl. Dinzelbacher, Handbuch pass.

[846] Wie Fischer 88 f. annimmt.

angenommen wurde, was nicht auf die Alltagsrealität zurückwirkte. Bei Katastrophen im großen Maßstab (Verheerungen durch Schädlinge) scheint man ein Wunder erwartet zu haben, nämlich das, dass Tiere die Sakralsprache der Menschen verstehen könnten. Wie diese Kommunikation in den weltlichen Prozessen funktionieren konnte, wie sich die ausdrücklich als warnende Beispiele vollzogenen Strafen auf das Wohlverhalten der übrigen Artgenossen der Rasse des animalischen Delinquenten auswirken sollten, ist ungeklärt.

Wenn es gelegentlich die Anwendung von aus dem Strafrecht bekannten Hinrichtungsarten auf Tiere gab, ohne dass dies in juristischen Formen geschehen wäre, so dürfte darin ein punktuelles Handeln einzelner zu sehen zu sein, dass immerhin eine gewisse Verwandtschaft zu den gerichtlich verhängten Tierstrafen aufweist. So berichtet etwa Alexander Neckam von einem Ritter, der eine Nachtigall „von vier Pferden zerreißen ließ", weil der Vogel durch seinen Gesang seine Frau zum Ehebruch geneigt gemacht hätte. Der Berichterstatter erregt sich weniger über die Tötung des unschuldigen Tieres, sondern über die „Verschwendung", da ja auch ein Pferd genügt hätte.[847] Ähnlich singulär erscheint das Verhalten des sonst so ‚aufgeklärten' und rationalen Kaisers Friedrich II.: Er lässt einen seiner berühmten Jagdfalken, „der ihm mehr wert war als eine Stadt", wegen Hochverrats durch seinen *giustiziere* (Henker) hinrichten: Der Raubvogel hatte ein Adlerjunges geschlagen. Dafür ließ ihm der Staufer den Kopf abschneiden, „denn er hatte seinen Herrn getötet".[848] Ob diese in einer Sammlung kurzer Erzählungen, dem *Novellino* (Ende 13. Jahrhundert), überlieferte Anekdote sich so ereignet hat oder nicht, lässt sich weder erweisen noch widerlegen. Jedenfalls heißt es von Friedrich, er habe den Befehl „im Zorn" erteilt, und wiewohl die Enthauptung durch den Henker erfolgte, gab es kein vorhergehendes Gerichtsverfahren. Eine derartige symbolische Handlung, mit der der Angriff auf das Symboltier des Kaisertums gerächt wurde, ist Friedrich zweifellos zuzutrauen, wobei freilich vornehmlich die ihn umgebenden Untertanen beeindruckt werden sollten.

Schließlich bleiben die folgende Fragen: Warum hielten die doch in römischer Rechtstradition stehenden Intellektuellen es seit dem 13. Jahrhundert für effizient, diese für uns irrationalen Vorgangsweisen anzuwenden, wenn es darum ging,

---

847 *quatuor equis distrahi praecepit*: *De naturis rerum* 1, 51, ed. cit. (Anm. 12) 102 f.

848 *perché aveva morto lo suo signore.*: *Novellino* c. XC, ed. Manganelli, G., Milano 1975, 99.

die rechte Ordnung wiederherzustellen, anstatt bei den Methoden der vergangen Jahrhunderte zu bleiben? Wieso dauerte es etwa ein halbes Jahrtausend, ehe die Ineffizienz dieser Vorgangsweisen deutlich genug geworden war, um zu ihrer Abschaffung zu führen? Auch hier ist die erste Frage schwieriger zu beantworten als die zweite. Das oben eingebrachte Argument der Effizienz hat für die immer weiter arbeitsteilige frühkapitalistische und frühindustrielle Welt sicher verstärktes Gewicht.

Doch sind hier die gravierenden mentalitätsgeschichtlichen Veränderungen zu betrachten, denen wir uns im nächsten Abschnitt zuwenden. Dass unsere Überlegungen bereits eine vollständige Erklärung der Tierprozesse bieten, meine ich nicht. Sie implizieren ja auch die psychologische Schwierigkeit, so fernstehende Lebewesen wie Insekten zu personifizieren, was bei den uns viel ähnlicheren Säugetieren, namentlich den domestizierten, viel leichter nachvollziehbar erscheint. Hier ist sicher weitere Forschungsarbeit nötig. Aber ich hoffe, durch diese Skizze auf ein vernachlässigtes Problem der rechtlichen Mentalität des späten Mittelalters hingewiesen zu haben, das nur als Kuriosität zu betrachten keine Lösung bietet. Gerade wo in der Geschichte solche Brüche zu unserer heutigen Sichtweise deutlich sind, muss sich die mentalitätshistorische Forschung verstärkt konzentrieren, liegt doch ihre Raison d'être darin, sich erklärend mit der Fremdheit der Vergangenheit auseinander zu setzen (s. oben S. 32 f.).

G. Tierprozesse in der aktuellen Forschung

> … on infligerait encore aux bètes des peines capitales (où il ne s'agit plus de la correction de la bête qu'on punit), si cette peine pouvait servir d'exemple, ou donner de la terreur aux autres, pour les faire cesser de mal faire … Et ces procédures seraient toujours bien fondées, si elles servaient.[849]

Seit der Erstpublikation des vorhergehenden Abschnitts (2006) sind mindesten drei Studien pro Jahr zu diesem Thema erschienen.[850] Auf akademischer Ebene kommen speziell im anglophonen, meist nordamerikanischen Raum freilich selbst in seriösen Zeitschriften immer wieder Beiträge zum Druck, die sich darauf beschränken, ein paar Beispiele aus dem Standardwerk von Evans (s.u.) auszuheben und mit einigen Hinweisen auf jüngere Publikationen zu verzieren, ohne irgend eine innovative Sichtweise vorzulegen. Solche Auslassungen, die über eine geradezu schamlose Ausbeutung der schon vorliegenden Literatur nicht hinausgehen, lasse ich im folgenden Text beiseite.[851] Es gibt inzwischen zusätzlich im Internet so viele Seiten mit dieser Thematik,[852] dass es eine zeitraubende Angelegenheit ist, Spreu und Weizen

---

849 Leibniz, G. W., Essais De Théodicée Sur La Bonté De Dieu, La Liberté De L'Homme Et L'Origine Du Mal, Amsterdam 1710, § 70.

850 Bei den folgenden bibliographischen Angaben sind mit * gekennzeichnete Publikationen im Internet zugänglich.

851 Die Publikation von Phillips 2013 (vgl. S. 363 in den Bibliographischen Ergänzungen) ist ein krasses Beispiel: Von der Kenntnis der Originalquellen völlig unberührt, besteht sie im Wesentlichen aus seitenlangen wörtlichen Zitaten v. a. von Evans (vgl. Anm. 4 und 509) und Dinzelbacher und enthält nur Informationen, die Mediävisten längst bestens bekannt sind. Die manifeste Inkompetenz sehr vieler dieser Auslassungen illustriere ich mit einem einzigen Beispiel aus Girgen, J., The Historical and Contemporary Prosecution and Punishment of Animals, in: Animal Law 9 (2003), 97–133, 129: „Killing an animal without such due process was generally condemned."

852 Ein Beispiel: http://www.20min.ch/panorama/news/story/Auch-Aff-und-Esel-landeten-schon-vor-dem-Richter-14404413.

zu trennen (die Mehrzahl gehört ersterer Kategorie an). Eine Tendenz der neusten Publikationen ist der Versuch, aus der ‚Personifikation'[853] von Tieren (d. h. ihrer formalen Gleichstellung mit menschlichen Angeklagten) in den mittelalterlichen und frühneuzeitlichen Prozessen Wege für eine Definition unserer ‚Mitgeschöpfe' als Rechtssubjekte in heutigen Gesetzen abzuleiten unter dem Motto „Du procès de l'animal à l'animal dans le procès".[854]Auf die Möglichkeit, Tiere aus dem Sach-Status wieder zu dem einer Prozess-Partei zu erheben,[855] ist hier nicht einzugehen, es sei aber bemerkt, dass die jeweiligen Intentionen gerade entgegengesetzt sind: Ging es früher darum, den Tieren als schuldfähigen Rechtssubjekten zu schaden, geht es jetzt darum, sie als unschuldige Rechtsobjekte zu schützen.

Vorausgeschickt sei, dass wir uns auch hier ausschließlich mit den Verhältnissen in der lateinischen Christenheit seit dem Hochmittelalter befassen, eine Einbeziehung der (sehr geringen und wahrscheinlich anders, nämlich als Opfer zu deutenden) antiken Analogien ebenso wie ein Blick in die ethnologische Jurisprudenz[856] ist nicht möglich.

Es ist klar zu unterscheiden zwischen:

– Strafprozessen gegen einzelne Nutz- oder Haustiere vor weltlichen Gerichten (belegt ab der 2. Hälfte des 13. Jahrhunderts),

– ritualisierten Strafen gegen Säugetiere, vollzogen von der weltlichen Obrigkeit,

– spontanen Tiertötungen durch Private aus Rache oder der Prävention halber, und

853 Vgl. generell Viola, F., Lo statuto giuridico della persona in prospettiva storica, in: Studi in memoria di I. Mancini, a.c. G. Pansini, Napoli 1999, 621–641.

854 Royer, G., L'animal en procédure pénale, in: Autexier, C., (Hg.), L'animal et le droit. Actes du colloque du 28 octobre 2005 à l'occasion du cinquantenaire du Centre juridique franco-allemand de l' université de la Sarre (Saarbrücker Studien zum Internationalen Recht 38), Baden–Baden 2008, 69–82.

855 Z. B. Srivastava (vgl. Bibliogr. Ergänzungen); Sykes (vgl. Bibliogr. Ergänzungen).

856 Vgl. Post, A. H., Grundriss der ethnologischen Jurisprudenz II, Oldenburg 1895, 219 ff.; Westermarck (vgl. Bibliogr. Ergänzungen); Mason (vgl. Bibliogr. Ergänzungen).

– Zivilprozessen gegen Kollektive von Schädlingen (Insekten, Nager, Blutegel …), geführt vor geistlichen Gerichten (belegt ab dem 14. Jahrhundert).[857]

Nur dann ist von Tierprozessen zu reden, wenn

– ein offizielles Gericht bzw. eine offizielle Obrigkeit sie durchführten,

– alle oder einige wesentliche Elemente eines auch bei Verfahren gegen Menschen üblichen Procedere vorhanden waren wie förmliche Anklage und Verteidigung, Zeugenbefragung, kontradiktorische Verhandlung, formeller Urteilsspruch, Strafvollzug durch die Exekutive.

Obwohl die räumliche und zeitliche Verteilung der weltlichen und geistlichen Prozesse parallel in etwa übereinstimmt, ist kein gemeinsamer Ursprung zu erkennen und sind die angewandten Zwangsmittel völlig unterschiedliche, weshalb diese Verfahren besser getrennt zu behandeln sind. Trotzdem lassen sich einige Informationen zusammenfassen, die für alle genannten Phänomene relevant sind: Die Quellen bestehen primär aus Archivalien, also Prozeßprotokollen, Rechnungen, Eingaben an die Obrigkeit u. ä. m. Dazu kommen einige Diskussionen in rechtspraktischen und -theoretischen Schriften wie, am bekanntesten, die von Hemmerlin, Chasseneux oder Damhouder. Auffallend erscheint, dass das Thema in den normativen Texten (Gesetzen, Verordnungen usw.) fast nie erwähnt wird, die *Costumes et stilles de Bourgoigne*,[858] Ruprecht von Freising[859] oder die sardinische *Carta de logu*[860] sind seltene Ausnahmen.

Auch in historiographischen Texten des Mittelalters und der Frühneuzeit kommt der Tierprozess anscheinend nie vor – im Gegensatz zu wohl allen sonstigen öffentlichen Rechtspraktiken. In der schönen Literatur scheint es ebenso

---

857 Es ist zu betonen, dass in der Literatur genannte frühere „Tierprozesse“ allesamt einer Überprüfung nicht standhalten.

858 Cohen 115 f.

859 S. o. S. 197

860 Ebd., S. 218. Die dortige Bestimmung von der etappenweise Bestrafung eines Esels hat eine auffallende Parallele im persischen Avesta, dort Hunde betreffend (Darmesterer, J., The Zend-Avesta, London 1880, 159 f.), was einmal mehr die unabhängige Entstehung analoger Motive beweist.

praktisch keine Erwähnungen des Themas zu geben, nicht einmal bei den Satirikern – erst im 20. und 21. Jahrhundert finden sich (humoristische) Bearbeitungen.[861] Hätte man nicht im *Narrenschiff* oder im *Morias Encomion*[862] wenigstens eine Anspielung erwarten dürfen? Einzige mir z.Zt. bekannte Ausnahmen sind die Tierstrafen, die ein König einem Pferd im mittelenglischen Roman *Beues of Hampton* androht, weil es seinen Sohn erschlagen hat,[863] und die unten zitierte Shakespeare-Stelle.

Ebenso auffallend, dass keine einzige zeitgenössische bildliche Darstellung erhalten ist, wogegen sonst alle möglichen Szenen das Rechtsleben und die Strafmethoden betreffend auch aus Buchillustrationen bekannt sind. Die Existenz eines einzigen Freskos ist schriftlich bezeugt, nämlich in einer der Kirchen von Falaise (Normandie), wo 1386 ein Schwein in Menschenkleidern öffentlich in der Nähe des Rathauses gehängt worden war. Bei allem, was sonst an einschlägigen Bildern im Umlauf ist, handelt es sich um Phantasieentwürfe ohne Quellenwert aus dem 19. oder 20. Jahrhundert, wie ihr Stil und ihre Technik eindeutig verraten. Wahrscheinlich sind entsprechende Darstellungen – dazu gibt es genug Parallelen in der religiösen Ikonographie[864]– vernichtet worden, als man das Thema als Peinlichkeit zu empfinden begann (das genannte Wandbild wurde 1820 beseitigt).[865]

Zwar treten wir dafür ein, die weltlichen und geistlichen Tierprozesse als voneinander unabhängige Entwicklungen zu betrachten, weisen aber auf weitere Pa-

---

861 Sykes (vgl. Bibliogr. Ergänzungen) 294 ff.

862 Erasmus läßt in den *Colloquia familiaria*, im *Nephalion symposion*, Sokrates eine ironische Bemerkung über die Absurdität tun, einen Esel vor Gericht zu ziehen – mit Gegenwartsbezug? (vgl. Erasmus von Rotterdam, Vertraute Gespräche – Colloquia familiaria, übertragen und eingeleitet von Hubert Schiel, Essen 1985, 413).

863 vs. 3567 ff., hg. von Kölbing, E., London 1885/94; vgl. Lim, G., ‚A Stede Gode and Lel'. Valuing Arondel in Bevis of Hampton, in: postmedieval – a journal of medieval cultural studies 2 (Spring 2011), 50–68. Ob die Passage auch in den Bearbeitungen in anderen Sprachen vorkommt, wäre noch zu prüfen.

864 Dinzelbacher, P., Angst im Mittelalter, Paderborn 1996, 144; Ders., Handbuch II, 341 f.

865 Evans 140 f.; Berkenhoff 16 f.

rallelen hin: Nämlich dass sie beide schon zu ihrer Zeit Debatten zwischen Befürwortern und Gegnern auslösten, also viel umstrittener waren, als die meisten sonstigen Rechtspraktiken. Bereits unsere älteste Quelle, der „Verwaltungsjurist" Beaumanoir (gest. 1296),[866] spricht sich deutlich gegen diese Prozesse aus, und die ganze Zeit über gab es Stimmen pro und contra. Als 1576 in Schweinfurt der Nachrichter ein Schwein ohne Befehl dazu öffentlich auf dem Schindanger erhängte, wurde dies als „der Stadt zu Schand und Nachtheil" gereichend empfunden, und der Henker mußte flüchten.[867]

Wesentlich reicher war die kontroverse Debatte unter den Kanonisten. Schon dem um 1456 verfassten Exorzismus-Traktat des Züricher Kirchenrechtlers Felix Hemmerlin ist zu entnehmen, dass ein damaliger Bischof von Lausanne, als er die Blutegel im See mit Exorzismen vertrieb, auf so großen Widerstand stieß, dass er die Universität Heidelberg um ein Gutachten anging, das ihm die Korrektheit seines Vorgehens bestätigte.[868] Wie für Theologen wohl nicht untypisch, entwickelte sich im 17. und 18. Jahrhundert auf akademischer Ebene eine theologisch-juristische Diskussion (meist Dissertationen) um die Schuldfähigkeit von Tieren,[869] die freilich eher als von der damaligen Praxis von den bekannten Bibelstellen wie Gen. 9, 5 ausging. Wenn z. B. Jacques Éveillon, Kanoniker in Angers, 1651 schreibt, die kirchlichen Oberen würden nicht beachten, dass die Exkommunikation doch nur getaufte Menschen betreffen kann, denn unvernünftigen Tiere seien unfähig, Gutes oder Böses zu tun (*n'ont ni raison, ni jugement, ni volonté et par conséquent ne sont capables de faire bien ou mal … Ils ne peuvent donc en aucune façon* être *excommuniés …*[870]), dann entspricht dies der antiken und modernen Denkweise.

---

866 Vgl. Heller, S.-G., Reichert, M., Essays on the poetic and legal writings of Philippe de Remy and his son Philippe de Beaumanoir of thirteenth-century France, Lewiston 2001.

867 Berkenhoff 23 f.

868 Walter (vgl. Bibliogr. Ergänzungen) 269 f.

869 Z. B. Mayerus (vgl. Bibliogr. Ergänzungen).

870 Éveillon, J., Traité des excommunications et monitoires, Paris 1672 *, 520–526. Ähnlich z. B. Quinones, I., Tratado de las Langostas mvy vtil y necessario. en que se tratan cosas de prouecho y curiosidad …, Madrid 1620 *, f. 39r ff.

I. Geschichte der Forschung

Fast zwanglos lassen sich zwei Phasen der wissenschaftlichen Beschäftigung mit Tierprozessen unterscheiden: Das 19. Jahrhundert war die Epoche der Quellenpublikation vor allem durch Archivare, die Aktenmaterial in oft sehr wenig verbreiteten lokalen Periodika zum Druck brachten. 1892 erschien in Neapel die erste und bis heute unentbehrliche zusammenfassende Monographie von Carlo d'Addosio, „Bestie delinquenti". Von ihr abhängig ist das Buch des New Yorkers Edward Evans (1906), „The Criminal Prosecution and Capital Punishment of Animals",[871] das freilich die „Bestie delinquenti" vollkommen verdrängt hat. Im 20. und im 21. Jahrhundert kamen die Quellenpublikationen fast gänzlich zum Erliegen, wogegen man sich nun der Interpretation des Materials widmete. Auffallend ist die eher zurückhaltende Beteiligung von Rechtshistorikern an diesen Forschungen, Amira oder Schuhmann sind eher Ausnahmen. Wenn man von Berkenhoff absieht, der 1937 den wertvollsten Beitrag aus Sicht der Rechtsgeschichte in seiner viele Aspekte einbeziehenden Dissertation geliefert hat, so gehört meines Wissens kein anderer Verfasser einer Monographie nach dem Advokaten d'Addosio bis 2012 dieser Disziplin an, Evans war Professor of Modern Languages, Dietrich promovierte zum Docteur vétérinaire, Chène in Geschichte, Fischer studierte Soziologie und im Aufbau-Studium Kriminologie,[872] Baratay ist Zeitgeschichtler, Dinzelbacher Professor für Sozial- und Mentalitätsgeschichte, Philipps promovierte in Philosophie.[873] Wenn der Verfasser einer kürzlich erschienenen gründlichen Studie über die Rechtspersönlichkeit der vor Gericht gezogenen Tiere, David Chauvet, nicht Privatrechtler und Rechtshistoriker wäre, könnte man fast versucht sein zu fragen, ob das Thema für an der Klarheit des römischen Rechts geschulten Fachleute zu viel Peinlichkeit für ihre Zunft impliziert. Es fällt auf, dass in

---

[871] Ein Vorläufer war Evans' Bugs and Beasts before the Law, in: The Atlantic Monthly, August 1884, 235–246. Evans Quellen sind oft sehr mühsam zu verifizieren, da er sie vielfach verkürzt und ungenau zitiert, was auch von d'Addosio gesagt werden muß.

[872] http://www.isip.uni-hamburg.de/indexdae2.html?option=com_content&view=article&id=107:dipl-krim-michael-fischer-msc&catid=48&Itemid=53.

[873] Die genannten Arbeiten sind unten in der Bibliographie nachgewiesen. Über Francione, seines Zeichens Strafrichter, sei hinweggesehen, da sein Buch so oberflächlich ist, dass es seiner Zunft nicht gerade Ehre einbringt.

umfassenden Rechtsgeschichten und -lexika das Thema gar nicht behandelt (z. B. bei Kroeschell oder Cortese oder G. Köbler, selbst in dem Handbuch zur Rechtsgeschichte Frankreichs von Olivier-Martin fehlt jeder Hinweis auf die Existenz solcher Verfahren) oder in wenigen Sätzen abgetan wird (Brunner-Schwerin). So erstaunt es kaum, dass man noch 1990 in einem Fachorgan wie der „Deutschen Richterzeitung" lesen konnte: Die Tierprozesse seien Ausfluss der „unreflektierten Volksanschauung des Mittelalters"[874] – faktisch wurden sie durchgehend von universitär gebildeten Juristen durchgeführt! Und ein Jahr später wurde im „Handwörterbuch zur deutschen Rechtsgeschichte" gedruckt, eine Deutung der Tierstrafen sei die „Dämonenvernichtung"[875] – obwohl nach allen christlichen Glaubenslehren ohne Ausnahme Dämonen unsterblich sind.

II. Weltliche Tierprozesse

Die Verfahren gegen Haus- und Nutztiere liefen präzise so ab, wie gegen Menschen, von der Anklage bis zur Hinrichtung, nur dass nie von einem Verteidiger die Rede ist. Die Analogie sollte den Zusehern deutlich werden, wie bei der Exekution die gelegentliche Bekleidung von Tieren mit menschlichem Gewand erkennen lässt. Nur in einigen wenigen Fällen ist überliefert, dass nicht nur das Tier hingerichtet, sondern auch sein Besitzer mit einer Strafe belegt wurde,[876] obschon im Gegensatz zum mosaischen Recht nach dem römischen und germanischen der Besitzer eines schädlichen Tieres haftbar war.[877] Die Leiche des animalischen Delinquenten wurde meist als unrein betrachtet, d. h. das Fleisch

874 Hülle 135–137.

875 Kaufmann, E., Art. „Tierstrafe", in: Erler, A., Kaufmann, E., Werkmüller, D. (Hgg.), Handwörterbuch zur deutschen Rechtsgeschichte (HRG), hg. unter philologischer Mitarbeit von Schmidt-Wiegand, R., Bd. 5, Berlin 1. Aufl. 1991–1998, Sp. 237–241, hier 239.

876 Z. B. Hoareau-Dodinau (vgl. Bibliogr. Ergänzungen) 196.

877 Vgl. z. B. Fath, K., Die Haftung für Tiere nach römischem Recht, älterem deutschen Recht und nach dem Bürgerlichen Gesetzbuch, Diss. Heidelberg 1906; Behrens, O., Die Haftung für Tierschäden in ihrer geschichtlichen Entwicklung, Diss. Göttingen 1906.

nicht verzehrt, die Haut nicht gegerbt, sondern vernichtet.[878] Über die Frage, wie häufig derartige Verfahren tatsächlich waren, herrscht bisher keine Klarheit. Für ganz Frankreich, schrieb ein vorrevolutionärer Experte des Feudalrechts, sei „cette maniere de juger des bêtes" „universellement reçue" gewesen.[879] Für Lothringen findet man zwischen 1349 und 1662 wenigstens 20 Fälle von Hinrichtungen an Haustieren genannt.[880] Aus anderen Regionen werden dagegen keine oder nur sehr vereinzelte Beispiele zitiert, in manchen Ländern waren sie jedenfalls nur selten. Eine umfassendere Statistik aufzustellen, könnte erst gelingen nach Durchsicht von mehreren möglichst vollständig überlieferten Archivbeständen.

III. Tierstrafen

Die obrigkeitlich – ohne Prozess – verhängten Todesstrafen gegen Haus- und Nutztiere glichen i. d. R. ebenfalls den gegen Menschen gebrauchten, also Erhängen am Galgen, Köpfen durch den Scharfrichter usw. Darin liegt der Unterschied zur nur präventiven Beseitigung eines gefährlichen Tieres. Auffallenderweise kommt die Steinigung fast nie vor,[881] obwohl sie durch die sonst als Begründung für Tierstrafen immer wieder zitierte Stelle *Exodus* 21, 28 f. gedeckt gewesen wäre. Ob man sich nicht zu sehr an alttestamentliches, also jüdisches Recht annähern wollte oder ob der so erfolgte Tod des weit verehrten Märtyrers Stephanus diese Hinrichtungsart (in Analogie zur ebenfalls vermiedenen Kreuzesstrafe) tabuisierte? Einige Autoren wie z. B. Litzenburger vertreten trotzdem die Ansicht, die jüdischen Traditionen hätten eine gravierende Rolle für das Entstehen der Tierprozesse gespielt.

---

878 Z. B. Evans 169 f.

879 Doyen, G., Recherches et observations sur les loix féodales, Paris 1779, 51.

880 Dumont, C. E., Justice criminelle des duchés de Lorraine et de Bar du Bassigny et des Trois Evêchés II, Nancy 1848, 198–200 (ohne Quellennachweise).

881 Die bei Ruprecht von Freising vorgeschriebene Steinigung schädigender Hunde scheint eher präventiven als strafenden Charakter zu haben, erklärt wird sie mit der Unreinheit des Tieres, vgl. o. S. 197; s. oben bei Anm. 859.

Wer bei einer Hinrichtung mitwirkte, konnte dem Odium der Unehrlichkeit verfallen, wie der Scharfrichter vielerorts ohnehin.[882] Wenn es galt, einen Galgen für ein Tier aufzustellen, dürfte dieses Odium noch drohender gewesen sein; 1395 wurden in Burgund zwölf Personen bestraft, weil sie ihre Mitwirkung bei der Exekution von Schweinen verweigerten.[883] In Europa war das in dieser Form am meisten verfolgte Tier sicher der Wolf, Wolfsgalgen erscheint sogar als Ortsbezeichnung.[884] Shakespeare nimmt darauf im *Merchant of Venice* IV, 1 Bezug (war ihm der Rechtsbrauch aus seiner Heimat bekannt oder aus Italien, wo das Stück spielt?):

> *... thy currish spirit*
> *Govern'd a wolf, who, hang'd for human slaughter,*
> *Even from the gallows did his fell soul fleet,*
> *And, whilst thou lay'st in thy unhallow'd dam,*
> *Infused itself in thee ...*

Bei Wölfen[885] spielte doch wohl in einigen Fällen der Werwolfsglaube[886] mit. Nicht, dass man Nachrichten über Prozesse gegen Werwölfe in Tiergestalt fände – es waren jedesmal Menschen, die so verfolgt wurden –, aber wenn der päpstliche Legat Hieronymus Rorarius (1485—1556) als Augenzeuge berichtet, er habe in der Gegend von Köln „am Galgen wie Verbrecher aufgehängte Wölfe in Hosen (oder Schuhen)“ gesehen, ist wohl keine andere Deutung möglich: *duos caligatos*[887] *lupos, non secus quàm duos latrones furcae suspensos: quo similis ponae formidine*

[882] Van Dülmen, R., Der ehrlose Mensch, Köln 1999, 43 ff.

[883] Hoareau-Dodinau (vgl. Bibliogr. Ergänzungen) 193.

[884] http://hv-schortens.de/tag/oestringfelde/. Vgl. die Ortsbezeichnung „Justice-de-la-truie“ (Leboutte/Pinon, vgl. Bibliogr. Ergänzungen, 244).

[885] Vgl. etwa Pluskowski, A., Wolves and the Wilderness in the Middle Ages, Woodbridge 2006, der jedoch die hier interessierenden Themen nicht behandelt.

[886] Vgl. Dinzelbacher, P., Lycanthropy, in: Golden, R. (Hg.), Encyclopedia of Witchcraft – The Western Tradition, Santa Barbara 2006, III, 680–682.

[887] In spätmittelalterlichen Wörterbüchern wird „calligare“ auf das Tragen von Hosen angewandt (Diefenbach, L., Glossarium latino-germanicum mediae et infimiae aetatis, Frankfurt a. M. 1857, 90), doch ist bei dem Italiener Rorarius vielleicht eher von der klassischen lateinischen Bedeutung von „caligatus“, gestiefelt, auszugehen.

à maleficio reliqui deterreantur.[888] Bekannter ist der sog. Werwolf von Ansbach, ein immer wieder Menschen tötendes Raubtier, das 1685 ohne Verfahren erschlagen und dann angekleidet, mit einem Pappgesicht und einer Perücke angetan, an einen eigens errichteten Galgen gehängt wurde. Man glaubte, in ihm einen verstorbenen betrügerischen Beamten zu erkennen.[889]

Noch aus dem 20. Jahrhundert gibt es gelegentlich Sensationsnachrichten über angebliche Tierprozesse, so gegen den 1916 in Tennessee mittels eines Krans erhängten Zirkuselefanten Mary.[890] Doch scheint es sich jedesmal um obrigkeitlich verfügte Tiertötung zur Verhinderung weiteren Unheils gehandelt zu haben, ohne dass es zuvor zu einem richtiggehenden gerichtlichen Verfahren wie im Mittelalter gekommen wäre.

Es ist davon auszugehen, dass nicht obrigkeitlich angeordnete Tiertötungen, die nicht spontan, sondern rechtsritualisiert erfolgten, i. d. R. Privatstrafen waren, denen keine mündliche oder schriftliche Norm zugrunde lag, sieht man von der *Bibel* ab. Während die gerichtlichen Verfahren gegen Tiere ein spezifisch europäisches Phänomen in einer spezifischen Epoche darstellen, wurden und werden Tierstrafen überall auf der Welt praktiziert.[891]

IV. Tiertötung

Mit diesem Begriff meinen wir privat oder obrigkeitlich organisierte präventive Aktionen ohne rechtsrituelle Einkleidung, sie können hier außer Betracht bleiben. Derartiges Vorgehen war auch in Alteuropa ungemein häufiger als die oben skizzierten Formen. Wenn man z. B. weder in Skandinavien noch in Rom um 1500 gegen Schädlinge mit juristischen Mitteln vorging, sondern einfach mit Ge-

---

888 Quòd Animalia bruta ratione utantur meliùs Homine, Amsterdam 1654 *, 109. Für die Antike s. Plinius, Naturalis Historia 8, 18, 47: „Polybius, Aemiliani comes, in senecta hominem ab his [leonibus] adpeti refert, quoniam ad persequendas fera vires non suppetant; tunc obsidere Africae urbes, eaque de causa cruci fixos vidisse se cum Scipione, quia ceteri metu poenae similis absterrentur ab eadem noxa."

889 Vgl. die Abbildung bei Deutsch ed., Das Tier in der Rechtsgeschichte, Heidelberg 2017, 101.

890 Hierzu: http://de.wikipedia.org/wiki/Mary_%28Elefant%29.

891 Westermarck (vgl. Bibliogr. Ergänzungen) 216 ff.

walt, wie wir es ja auch tun, dann entsprach dies dem Üblichen – nicht die Tierprozesse oder -strafen. Bischof Olaus Magnus rühmt vielmehr den Brauch, im Norden[892] die Jugend für formlos abgeschossene Raben zu bezahlen und in Rom für erschlagene Heuschrecken.[893] Man denke nur an die wenigstens seit Karl d. Gr. bis in 19. Jahrhundert immer wieder veranstalteten Ausrottungskampagnen gegen Wölfe[894] usf.

V. Geistliche Tierprozesse

In einer Zeit, die Insektizide nicht kannte, konnten auch nördlich der Alpen etwa Heuschreckenschwärme katastrophale Schäden anrichten, abgesehen davon, dass sie apokalyptische Ängste auslösten. Spätmittelalterliche Chronisten berichten, dass Bauern in den befallenen Gebieten ins Gebirge und in Höhlen flüchteten, dort aber Hungers starben, ja gingen so weit, dass sie den Tieren Menschenfresserei zutrauten.[895] Der Hintergrund sind natürlich die entsprechenden Bibelstellen, namentlich in der *Apokalypse* (9, 3 ff.). Die in solchen Fällen oft durchgeführten Verhandlungen vor geistlichen Gerichten glichen noch mehr denen gegen Menschen, insofern auch Rechtsvertreter der Beklagten tätig werden durften. Man ging so weit, diesen Angebote an für Mäuse oder Insekten geeigneten Grundstücken zu machen, wo diese künftig ohne Schaden für die Wirtschaft leben sollten, ihnen einem „immerwährenden Vertrag"[896] vorzuschlagen etc.

Die Häufigkeit jedenfalls der klerikalen Tätigkeit in dieser Sache wurde bisher unterschätzt, allein für die Diözese Besançon sind für die Jahre 1729 bis 1762 nicht weniger als 110 Anfragen an den Erzbischof erhalten, die Exkommunikation bzw. den Exorzismus gegen Schädlinge zu erlauben.[897] Damit ist schon klar,

[892] Er spricht irrtümlich von Island, s. KLNM 9, 1964, Sp. 171 f.

[893] Magnus, O., Historia de gentibus septentrionalibus Rom 1555, Lib. IV, cap. 15, 149; vgl. Lib. XXII, cap. 2, 782.

[894] Dinzelbacher, P., Mittelalter, in: Ders. (Hg.), Mensch und Tier in der Geschichte Europas, Stuttgart 2000, 181 ff., hier 189 f.

[895] Rohr (vgl. Bibliogr. Ergänzungen) 474 f.

[896] Chauvet (vgl. Bibliogr. Ergänzungen) 60 ff.

[897] Baratay (vgl. Bibliogr. Ergänzungen).

dass dies keineswegs eine Verirrung der niederen Landgeistlichkeit gewesen ist, sondern von der ganzen katholischen Hierarchie getragen wurde: Malediktionen, besondere Verfluchungsformeln, und die Erlaubnis zu ihrer Anwendung versuchte man direkt vom Papst zu erlangen. Alexander VI. 1492 ließ eine Engerlingsbulle für die Herrn von Uri ausstellen; Paul VI. hat 1602 die Exkommunikation der Delphine in der Bucht von Marseilles autorisiert.[898] 1740 hat man im Consiglio Segreto der Stadt Chiavenna vorgeschlagen, in Rom „l'autorità di maledire non solo gli orsi, ma tutti gli altri animali nocivi ancora, e specialmente le gattane“[899] einzuholen, zwölf Jahre später beschloß man, dasselbe auch gegen Ratten und Maulwürfe zu beantragen.[900] Der Anstoß zu solchen Verfahren ging naturgemäß von den Geschädigten aus, also der jeweiligen Dorfgemeinschaft, deren Anträge an den geistlichen Gerichtsherrn die Pfarrer oder Schöffen formulierten.

Daraus, dass man bald Exorzismen, bald Exkommunikationen[901] anforderte, oder sogar „des lettres d'excommunication pour exorciser“, erhellt, dass wenigstens vom Volk und der niederen Geistlichkeit im Prinzip ein magisches Ritual angefordert wurde, wobei die kanonisch-rechtliche Spezifizierung ganz egal war, vorausgesetzt es half.[902] Wenn man die Malediktionen als Analogie mit umgekehrtem Vorzeichen zu den bis heute bei Katholiken beliebten Tiersegnungen sieht, verlieren sie möglicherweise ein wenig von ihrer Fremdheit.

Es ist allerdings so, dass bei der Schädlingsbekämpfung in der Frühneuzeit, aus welchen Gründen auch immer, gelegentlich die weltliche Obrigkeit anstelle der geistlichen angerufen wurde. So erschienen 1633 die von Rüsselkäfern geschädigten Weinbauern von Strambino (bei Ivrea) unter Führung des örtlichen Grafen „giudialmente“ vor dem Podestà und wandten sich „al rimedio della Giustizia temporale come dipendenti da Dio“, da sie erwarteten, er könne „con l'autorità dell'uficcio suo“ der Sache ein Ende setzen. Tatsächlich ließ der Podestà die In-

---

898 Ebd.

899 Springwurmwickler, dessen Raupe ein Schädling der Reben ist.

900 Di Crollalanza, G. B., Storia del contado di Chiavenna I, Mailand 1867 *, 418.

901 Dazu jetzt grundlegend Jaser, C., Ecclesia maledicens. Rituelle und zeremonielle Exkommunikationsformen im Mittelalter, Tübingen 2013, der sich mit unserem Thema jedoch nicht beschäftigt.

902 Das geht besonders aus den von Baratay (vgl. Bibliogr. Ergänzungen) zitierten Quellen hervor.

sekten förmlich vor sein Gericht zitieren, um sich zu verantworten.[903] Wie weiter angesichts der zu vermutenden Kontumazion der Tierchen vorgegangen wurde, ist anscheinend nicht tradiert, doch ist klar, dass hier das Procedere ein aus den kirchlichen Prozessen übernommenes war. Welche Zwangsmittel konnte aber die weltliche Gerichtsbarkeit einsetzen, wenn nicht die Delegation an die kirchliche? Anscheinend nur vor dem Kommissar der Herrschaft Drena im Trentin wurde im 18. Jahrhundert ein Prozess für die von Feldmäusen heimgesuchten Bauern geführt, in dessen Rahmen sogar eine Holzbrücke errichtet wurde, damit die Nager über einen Fluss zu einem ungenützten Landstrich ziehen konnten (was sie angeblich tatsächlich taten).[904] Dass das Procedere dem der kirchlichen Verfahren nachgebildet war, ist evident. Aus Vercelli wird (ohne Datierung) berichtet, „ci fu una grande discussione, se certi bruchi dovessero essere giudicati dai tribunali civili oppure dagli ecclesiastici …“.[905]

In den reformierten Gegenden praktizierten die Pastoren keine Feldumgänge mehr, gab es keine kirchlichen Verfahren gegen Schädlinge. Doch wurde diese Prozessart dort ab und zu von weltlichen Obrigkeiten übernommen, wie ein Verfahren gegen „Rotter, Jordrotter, Vandrotter og Mus“ zeigt, das 1711 in Als in Jütland (wohl nicht zufällig ganz nahe an der deutschen Grenze) stattfand[906] – übrigens einer der ganz wenigen bekannten Tierprozesse in Skandinavien.[907] Nach einer Sage veranstaltete man in Viborg einen erfolgreichen Prozess gegen schädliche Ratten – und zwar auf Rat einer alten Frau (die sich offenbar noch an die katholischen Praktiken erinnerte).[908]

---

903 Das Aktenstück ist gedruckt bei Marchisio, M., Gatte ed insetti nocivi alla vite, Turin 2. Aufl., 1838 *, 64 ff.

904 Gasser (vgl. Bibliogr. Ergänzungen).

905 D’Addosio 117.

906 Samlinger til Jydsk historie og topografi II, Aalborg 1868 *, 61–64.

907 Die Hinweise bei Karl von Amira (Thierstrafen und Thierprocesse, in: Mittheilungen des Instituts für österreichische Geschichtsforschung 12 (1891), 545–601, 552 und 565 in den Anm.) konnte ich mangels Zugänglichkeit der zitierten Quelleneditionen nicht überprüfen. Das Kulturhistorisk leksikon for nordisk middelalder (21 Bände) erwähnt das Thema nicht.

908 Thiele, J., Danmarks Folkesagen II, Kopenhagen 1843*, 67 f.

VI. Erklärungsversuche

1. Allgemeine Erklärungsversuche

Auf das Wesentliche reduziert, bietet das Phänomen der Tierprozesse für das heutige Verständnis, das sich im Rahmen der von Kopernikus, Feuerbach, Darwin, Freud … geformten und somit von der alteuropäischen vielfach differierenden Mentalität bewegt, zwei grundlegende Probleme:

1. Wieso wurde Tieren in bestimmten Situationen eine schuldfähige und damit rechtlich verantwortliche Persönlichkeit zuerkannt, die sie weder im Alltagsleben noch im germanischen, römischen oder kanonischen Recht sonst je besaßen? Diese „epistemologischen Barriere“[909] wurde in der Forschung in verschiedenen Formulierungen immer wieder umkreist und zu lösen versucht.

2. Wieso wurde bei den Prozessen angenommen, die Tiere würden das ihnen in Latein oder der Volkssprache Gesagte verstehen, während sie doch sonst als „stumme Kreatur“ für sprachunfähig galten? Ist das Tier doch „ein redeloser Wicht, wie eine schwedische Rechtsquelle sagt, eine muta res, wie das langobardische Edikt, beste mue, wie ein altfranzösischer Jurist es nennt.“[910] In den weltlichen Verfahren wurde ihnen ja oft das Urteil vorgelesen, in den geistlichen verhandelte man regelrecht mit ihnen über die Bedingungen und Fristen für ihren Abzug vom betroffenen Landstück, sowohl vermittels eines menschlichen Prokurators als auch vermittels von Verkündung oder Dokumentenniederlegung direkt bei ihnen. Diese Frage nach der zugrunde liegenden Kommunikationserwartung habe ich zuerst 2002 in die Diskussion eingebracht.[911] Zu beiden Punkten finden sich keine Antworten in den Prozessquellen. Ersterer

[909] Beirne, P., „The Law is an Ass“, Reading E. P. Evans' The Medieval Prosecution and Capital Punishment of Animals, in: Society and Animals 2 (1994), 27–46, 28.

[910] Brunner, H., von Schwerin, C., Deutsche Rechtsgeschichte II, Berlin 2. Aufl. 1928, 728.

[911] Dinzelbacher, P., Animal Trials. A Multidisciplinary Approach, in: Journal of Interdisciplinarian History 32 (2002), 405–421.

wurde von einigen Juristen seit dem 15. Jahrhundert in theoretischen Werken berührt, nachdem diese Prozesse also schon etwa 200 Jahre lang üblich waren. Wenn daher z. B. Chasseneux sogar diskutiert, ob Tiere vor Gericht eher Laien oder Klerikern gleichzustellen seien, sind dies Reflexionen ex post, mit denen Bestehendes gerechtfertigt werden sollte, woraus jedoch keine Schlüsse auf das Entstehen der Verfahren zu ziehen sind.

Speziell für die kirchlichen Verfahren wurde von Leeson vorgeschlagen, darin Aktionen der „profit-maximizing ecclesiastics" zu deuten, die „used vermin trials to manufacture additional belief in their supernatural sanctions", und damit die Bereitschaft der Gemeinde, den Zehnt richtig zu zahlen, fördern wollten.[912] Diese These stützt sich darauf, dass dieselbe Kirchenstrafe der Exkommunikation angewandt wurde, wenn man den Zehnt nicht bezahlte, und die betroffenen Gemeinden in den Urteilen regelmäßig zur genauen Einhaltung dieser Verpflichtung aufgefordert wurden. Zogen die Schädlinge ab oder starben sie etwa im Winter eines natürlichen Todes, wurde dies als Wirksamkeit der geistlichen Strafe interpretiert. Wenn die Tiere jedoch auf das Urteil nicht reagierten, musste dies nicht sowohl die Glaubwürdigkeit der Kirche in den Augen der Laien mindern als auch ihre Bereitschaft, die Abgaben pünktlich zu leisten? In diesem Fall, so Leeson, zögerte man die Prozesse so lange hinaus, bis die gewünschte Situation daran war, einzutreten. Diese Vorteilsnahme, bestehend sowohl in verstärktem Prestige spiritueller Macht als auch in höheren Einnahmen durch die Gerichtsgefälle und korrektere Zehntzahlungen mag erklären, dass die Kirche bis in die 2. Hälfte des 18. Jahrhunderts, als der aufklärerische Spott zu intensiv wurde, diese Verfahren durchführte. Die skizzierte These hat allerdings Schwachstellen: Sie erfasst nur Effekte dieser Praxis, nicht ihre Genese. Denn es gibt keinen Hinweis darauf, dass kirchlicherseits Tierprozesse vorgeschlagen, beworben oder vorgeschrieben worden wären wie z. B. die Ablässe. Stets gingen die Initiativen von den geschädigten Gemeinden aus, nicht von den geistlichen Gerichten oder der Hierarchie. Auf eine absichtliche Prozessverschleppung gibt es keine Hinweise, vielmehr war die exzessive Länge gerichtlicher Verfahren in Spätmittelalter und Frühneuzeit geradezu normal und Ursache steter Klagen. Es ist freilich zuzugeben, dass die Wahl kontradiktorischer

912 Leeson (elektr. Fassung) 4. Auf die Ungenauigkeiten und vollkommen überflüssigen formallogischen Spielereien in diesem Aufsatz gehe ich nicht ein.

Verfahren mit Verteidigern für Insekten, Mäuse usf. diesen Eindruck erwecken muss, zumal in unvergleichlich prekäreren Fällen Kirchengerichte i. d. R. ohne Verteidiger auskamen, „absque advocatorum ac iudiciorum strepitu", dies zeigen ja die Inquisitionsprozesse.[913]

Auch ist das Tertium comparationis, nämlich Exkommunikation gegen Schädlinge und gegen Zehntverweigerer keineswegs schlagend, da der Kirchenbann in Hunderten anderen Fällen ebenso angewandt wurde, v. a. im Spätmittelalter sogar, um Forderung an Sachabgaben oder Geldzinsen einzutreiben, von der Durchsetzung politischer Interessen ganz abgesehen.[914] Das Vorgehen der geistlichen Richter fiele damit nach Leeson in die Kategorie „Priesterbetrug", wie sie sowohl von Reformatoren als auch Aufklärern etabliert wurde, aber auch für das Mittelalter durchaus nachweisbar ist.[915] Allerdings ist in der Mehrzahl der Fälle davon auszugehen, dass auch die Geistlichen an das religiöse Weltbild glaubten, aus dem heraus sie agierten, auch wenn sie es zu materieller Vorteilnahme funktionalisierten.

2. Rechtsgeschichtlich-immanente Erklärungsversuche

Zwei Fragen erscheinen hier als zentral, da bisher nicht befriedigend beantwortet: Wie, wann und wo entstand der Usus, gegen schädliche Tiere prozessuale Verfahren durchzuführen, und wie erklärten sich die gelehrten Richter dieses völlig im Gegensatz zum römischen, aber auch germanischen Rechtsdenken stehende Procedere?[916]

---

913 Dizionario storico dell'Inquisizione, diretto da Adriano Prosperi, Pisa 2010, I, 479 ff.; III, 1257 ff.

914 Elsener, F., Studien zur Rezeption des gelehrten Rechts, Sigmaringen 1989, 128 ff. Ähnliche Beispiele aus der Frühneuzeit bei Febvre, L., Das Gewissen des Historikers, Frankfurt a. M. 1990, 151–174.

915 Z. B. Dinzelbacher, P., Unglaube im „Zeitalter des Glaubens". Atheismus und Skeptizismus im Mittelalter, Badenweiler 2009, 46 f.

916 Ob mutatis mutandis das Modell der doppelten Wahrheit, das natürlicher und übernatürlicher Weltsicht zugleich folgen möchte, hier anzuwenden ist? Vgl. Dinzelbacher, P., Die doppelte Wahrheit heute. Über das Nebeneinander der archaisch-religiösen und progressiv-profanen Weltsicht in einer Person, in: Aufklärung und Kritik 21 (2014), 85–102.

Chauvet hat vorgeschlagen, die rechtliche Situation der Sklaven[917] in Rom und der Frauen[918] im Mittelalter als Analogien zu der der Tiere vor Gericht zu betrachten: Erstere waren dem *ius gentium* nach *res*, über die der Besitzer beliebig verfügt, dem *ius naturale* nach aber freie Menschen. *Quod attinet ad ius civile, servi pro nullis habentur: non tamen et iure naturali, quia, quod ad ius naturale attinet, omnes homines aequales sunt.* (Dig. 50, 17, 32) Dies zeigt übrigens deutlichst den Unterschied zwischen der Praxis und der (letztlich philosophischen, stoischen) Theorie in der Antike. Chauvet erwähnt allerdings nicht, dass bereits Heinrich Brunner den Vergleich mit dem Sklavenprozess und der Sklavenhinrichtung gezogen hatte.[919]

Hier wäre hinzuzufügen, dass das *ius naturale*, nach Dig. 1, 1, 1, 3 (Ulpian) sich auf *omnia animalia* erstreckend, in den alt- und mittelfranzösischen Rechtsquellen schon seit dem 13. Jahrhundert zitiert[920] und tatsächlich auch vor geistlichen Gerichten bei der Beurteilung der Schuldfähigkeit von Schädlingen als Argument zu deren Verteidigung eingebracht wurde.[921] Wenigstens seit fränkischer Zeit konnte auch nördlich der Alpen der Eigentümer eines schädlichen Tieres sich von diesem lossagen, indem er ihm keine Unterkunft und Nahrung mehr gewährt, wodurch die Geschädigten freien Zugriff zur Rache bekommen.[922] Die Sache wird also ohne Obrigkeit und Gericht im privaten Bereich erledigt. Es entspricht dies der *noxae detitio*, der Übergabe des Sklaven, der Schaden verursacht hat, an den Geschädigten, bzw. der *actio de pauperie*, wenn Tiere die Verursacher waren.[923] Auch in den germanischen Rechten des Frühmittelalters und später in den skandinavischen war es durchgehend so, dass der Besitzer eines schädigenden Tieres

---

917 Chauvet (vgl. Bibliogr. Ergänzungen) 31 ff.

918 Chauvet (vgl. Bibliogr. Ergänzungen) 133.

919 Vgl. Brunner, H., Ueber absichtslose Missethat im altdeutschen Strafrechte, in: Sitzungsberichte der Berliner Akademie 35 (1890), 815–839.

920 Chauvet (vgl. Bibliogr. Ergänzungen) 108 f.

921 „secundum legem naturae“: Ménabréa, L., De l’origine de la forme et de l’esprit des jugements rendus au Moyen-Age contre les animaux, Chambéry 1846, 154.

922 Basis ist offenbar Dig. 9, 1, 1 (wo sich Ulpian auf die *XII tabulae* beruft), in Volksrechte eingegangen: Brunner/Schwerin, Rechtsgeschichte II (wie Anm. 910) 728 ff.

923 Worauf schon Pertile, A., Gli animali in giudizio, Venedig 1886, aufmerksam gemacht hat.

Schadenersatz leisten musste oder das Tier übergeben.[924] Aus den europäischen Rechtsaufzeichnungen könnte man fast beliebig viele Beispiele vom Typ „Wes das Vieh Schaden tut, da urteilt man keinen Frevel" oder „Ist das Tier tot, so ist die Sache auch tot" extrahieren.[925]

Auch in den französischen Rechtsquellen des Spätmittelalter geht es darum, wann der Besitzer des Tieres Schadenersatz zu leisten bzw. dieses auszuliefern hat: Wohl wird z. B. im um 1400 zusammengestellten Ancien coutumier de Bourgogne (*XXIII DE CHIENS QUI FAIT DAMAGE*) genau bedacht, welche möglichen verschärfenden oder mildernden Umstände zu berücksichtigen sind: *Se il [le chien] li brisa sa maison, ou se il i entra par desouz le suel ou par autre leu, ou se il trouuai lieus houvert, ou se il fit le damage en fermetez ou defors*? Es geht also um die Bestimmung des Grades eventueller Fahrlässigkeit des Geschädigten, von einer Bestrafung des Tieres ist keine Rede.

Allerdings kann der Besitzer es an den Kläger abtreten, was ihm die Hälfte der Schadensersatzzahlung erspart: *ou il li rende le chien, ou il li rende son damage.* Erörtert wird, wann der Geschädigte das Tier töten darf (in flagranti) und wann nicht mehr – aber es geht nicht darum, wie man gegen dieses prozessieren könnte.[926] Dies darf für die spätmittelalterlichen Gesetzessammlungen verallgemeinert werden. Angesichts der rasanten Zunahme der Verrechtlichung des Lebens seit dem Hochmittelalter (die sich in der schon zahlenmäßig anschwellenden Zahl von Juristen, Tribunalen, Fachschriften und universitären Fakultäten zeigt) könnte man vermuten, dass nunmehr v. a. in Frankreich die private Vergeltung abgeschafft wurde und ein solcher Fall in die Gerichtsbarkeit der jeweiligen Herrschaft gezogen wurde,[927] wofür es bekanntlich in anderen Bereichen viele Beispiele gibt. Es handelt sich somit um die Tendenz zur Intensivierung der obrigkeitlichen Ge-

---

924 Wilda, W. E., Das Strafrecht der Germanen, Halle 1842, 588 ff. Dass laut Amira, Thierstrafen (wie Anm. 907) in einem schwedischen Recht ausnahmsweise die Steinigung vorgeschrieben worden sei, konnte ich nicht verifizieren.

925 Schmidt-Wiegand, R., Deutsche Rechtsregeln und Rechtssprichwörter, München 2002, 336, 317.

926 *Ancien coutumier de Bourgogne*, hg. von Marnier, A.-J., in: Revue historique du droit français et étranger 3 (1857), 525–560, 549 f. *.

927 So andeutungsweise Brunner/Schwerin, Rechtsgeschichte II (wie Anm. 910) 729 f. Wie weit hier von Offizialverfahren zu sprechen ist, sei dahingestellt, da oft erst eine Anzeige des Geschädigten die Grundlage für das obrigkeitliche Eingreifen war.

walt im Sinne des von Norbert Elias beschriebenen Prozesses der Zivilisierung,[928] nämlich den Einsatz des obrigkeitlichen Strafrechts anstelle des zivilrechtlichen Schadensersatzes – der allerdings nach den normativen Quellen trotzdem das deutlich Üblichere geblieben sein muss.

Wenn Chauvet davon ausgeht, dass im Spätmittelalter das Tier nicht mehr dem Geschädigten ausgehändigt, sondern vom *seigneur* (das kann hier nur heißen: Inhaber der Gerichtshoheit) eingezogen wurde,[929] so würde das in den Entwicklungsgang passen – erklärt jedoch keineswegs, warum denn der Herr aufwendig einen Prozess hätte beginnen sollen, anstatt sich mit der Verwertung des beschlagnahmten Tieres zu begnügen. Ob die Kosten – das hingerichtete Tier durfte ja i. d. R. nicht gegessen werden – wirklich von „profits à la longe terme",[930] d. h. Zugewinn an Macht durch extensive Rechtsprechung, aufgewogen wurden? Niemand hat noch eine auf Zahlen basierte Kosten-Nutzen-Berechnung vorgelegt. Selbstverständlich wirkte auch der Wunsch nach Generalprävention mit: *à l'exemple d'un chacun* wird z. B. 1530 ein mörderisches Schwein geköpft, *zue gedechtnis und anderen zum abschewlichen exempel* ein anderes 1582.[931] Wenn schon tierische Delinquenten so strenge Justiz zu fürchten haben, wie erst recht menschliche …[932]

Dass man sich bei der Verurteilung von Haus- und Nutztieren auf das mosaische Recht berief, ist bekannt genug; ob es eine Rezeption der Auslegungen dieser Stelle durch die rabbinische Tradition[933] gegeben hat, wäre noch zu untersuchen und bedarf der Kenntnis der Hebräischen.

Tatsächlich gibt es wenigstens eine Analogie zur besprochenen ‚Personifikation' aus genau derselben Epoche, in der die Prozesse vorkamen, nämlich im Strandrecht: Die Güter eines gestrandeten Schiffes durften nicht von den Küstenbewohnern beansprucht werden (wie im Frühmittelalter üblich), solange ein Mensch

---

928 Dies wäre die treffendere Formulierung für die bekannte Theorie, „Zivilisation" ist ja schon das Ergebnis des Prozesses.

929 Chauvet (vgl. Bibliogr. Ergänzungen) 41.

930 Chauvet (vgl. Bibliogr. Ergänzungen) 46.

931 Leboutte/Pinon (vgl. Bibliogr. Ergänzungen) 240, 243.

932 Dies betont Chauvet (vgl. Bibliogr. Ergänzungen) 83 ff.

933 Slifkin, N., Animal Trials: http://www.jlaw.com/Commentary/animalt.html; Ders., Man and Beast. Our Relationships with Animals in Jewish Law and Thought, s.l. 2006, 93–108.

oder ein Tier auf dem Fahrzeug am Leben blieb. Im wichtigsten maritimen Recht, den *Rôles d'Oléron* (vor 1286) heißt es, in die Gewalt der Machthaber an der Küste geht die Ladung nur dann über, wenn „nullus homo vivus evaserit nec alia bestia".[934]

3. Religionswissenschaftliche Erklärungsversuche

Da ausgerechnet von einem besonders bekannten Rechtshistoriker und Gründungsmitglied des „Deutschen Rechtswörterbuches", Karl von Amira, vertreten, geistert die Erklärung des Tierprozesses als Gespensterprozeß[935] munter weiter durch die Literatur, indem Amiras Spekulationen zum Thema immer wieder kritiklos aufgrund der Autorität des Verfassers nachgeschrieben wurden. Der Aufsatz, der zunächst ganz exakt und quellenbezogen vorgeht, biegt in seinem letzten Teil unter dem Eindruck einiger volkskundlicher Hinweise auf Tiere als Wohnorte von Seelen und Dämonen zum „arischen Animismus" ab,[936] der die Grundlage aller Verfahren sein soll. Der Verfasser meinte, die Verurteilung von Tieren sei aufzufassen „als zauberisches Bannen von Menschen- oder Dämonenseelen", „Im Thierprocess sind nicht Thiere, sondern menschen- oder Dämonenseelen die Verklagten. Der Thierprocess ist Gespensterprocess."[937] Gerade darauf gibt es in den gerichtlichen Quellen keinerlei Hinweise.[938] In sämtlichen Verfahren werden die juristischen Mittel gegen die Tiere selbst angewandt, nicht gegen irgendwelche in ihnen steckende Wesen! Keine Gemeinde hätte Dämonen ein Ersatzgrundstück angeboten, kein Gericht Dämonen einen

---

934 S. o. S. 207.

935 Amira 545–601.

936 Amira 598 ff. Eine ähnliche These über Tiere als Wohnsitze von Dämonen wurde bereits von dem Jesuiten Guillaume Bougeant (1690–1743) vertreten, ist jedoch innerhalb der katholischen Theologie atypisch und mußte von ihrem Verfasser zurückgenommen werden, http://fr.wikipedia.org/wiki/Guillaume_Hyacinthe_Bougeant; Evans 66 ff., 80 ff.

937 Amira 599. Zum irrigen Konzept Amiras s. auch Adolf Jacoby, Zum Prozessverfahren gegen die bösen Geister, in: Zeitschrift für Volkskunde 23 (1913), 184–187.

938 Nur sehr gelegentlich findet sich eine solche Gleichsetzung in theoretischen Schriften aus Theologenhand, s. Evans 90.

Verteidiger gestellt! Formulierungen wie *instigante sathana* u. ä. finden sich im Mittelalter bei Berichten über jede Art von Verbrechen, da der Teufel als Urheber alles Bösen galt. Sie haben nicht das Geringste mit dämonischer Besessenheit (*possessio*) zu tun.

Mangels Hinweisen in den Quellen ist gleicherweise die Hypothese Hentigs[939] unhaltbar, die Verfahren gegen Schädlinge wären als apotropäische Magie gegen Tiergeister gedacht gewesen, obwohl sie von der Bevölkerung leicht als Apotropaia interpretiert werden konnten, analog etwa zu den Flurprozessionen.

In der *Summa Theologiae*, die bekanntlich seit dem 14. Jahrhundert bis in die Gegenwart die geistige Grundlage jedes katholischen Raisonierens ist, heißt es: *bestia naturaliter est distincta ab homine. Unde super hoc non requiritur aliquod iudicium an sit occidenda, si sit sylvestris. Si vero sit domestica, requiretur iudicium non propter ipsam, sed propter damnum domini.*[940] Thomas fordert also geradezu bei Haustieren, sie vor Gericht abzuurteilen: „ein Urteil ist erforderlich", wogegen wilde Tiere einfach so getötet werden können. Die Begründung lautet: „wegen des Schadens des Herrn", also des Besitzers des Tieres, der durch dessen Tötung einen Verlust erleidet. Dass es nicht etwa um das Tier selbst geht oder einen Prozess gegen dieses, ist aus thomistischer Weltsicht selbstverständlich (man erinnert sich, wie noch Papst Pius IX. Tierschutzvereine als für mit dieser Religion inkompatibel verworfen hat). Jedenfalls kann in einer Fehlinterpretation dieser Stelle nicht die Grundlage der weltlichen Tierprozesse gesehen werden, denn als die Summa veröffentlicht wurde, war diese Vorgangsweise nach dem Zeugnis Beaumanoirs in Frankreich bereits üblich, auch werden sich die Seigneurs kaum sofort auf die neueste scholastische Literatur aus Paris gestürzt haben, die sie mangels Lateinkenntnissen ohnehin nicht verstanden hätten, um ihre Gerichtssitzungen vorzubereiten. Schließlich wurde dieses Werk erst nach der Heiligsprechung des Aquinaten 1323 zur zentralen Norm.

---

939 Von Hentig, H., Die Strafe I, Berlin 1954, 68 f.

940 De Aquino, T., *Summa Theologiae*, II–II 64, 3 resp. 2 (1561). Auf diesen Passus hat, wenn ich recht sehe, seit Alexandre Bouthours (1845) erst Chauvet (vgl. Bibliogr. Ergänzungen) 43, wieder hingewiesen.

Was die Verfahren gegen die Landschädlinge angeht, so werden sie verständlicher vor dem Hintergrund der allgemeinen Beschwörungspraxis der mittelalterlichen Kirche. Das dahinterliegende Prinzip ist die Unterordnung der gesamten Schöpfung unter die priesterlichen Binde- und Lösegewalt. Es gibt in Ritualbüchern paraliturgische Formeln noch und noch, die als Sachbeschwörungen über die *creaturam salis* usf. gesprochen wurden; sie bilden einen Hintergrund für die Ordalien.[941] Wenn Gottes Kraft auf diese Dinge des Alltags durch Benediktionen herabgerufen werden konnte, warum dann nicht durch Malediktionen auch auf schädliche Lebewesen? Unter Fachtheologen wie dem Aquinaten gab es darüber zwar Diskussionen, da aber sowohl Gott als auch der Teufel hinter einer Handlung stehen kann, dürfe man an Gott Bitten richten und an den Teufel Beschwörungen.

Das Problem ist nur, dass sich in anscheinend sämtlichen entsprechenden Dokumenten, die aus den kirchlichen Prozessen gegen Tiere erhalten sind, die Beschwörungen faktisch eben nicht an hinter diesen stehende böse Geister wenden, wie sonst beim Exorzismus selbstverständlich, sondern an die Tiere als solche!

4. Sozialpsychologische Erklärungsversuche

Zwischen Religions- und Rechtsgeschichte steht die Position, die Tierprozesse dienten der Wiederherstellung der gestörten Weltordnung, nach der wohl Menschen die Tiere beherrschen und töten dürfen (Gen 1, 26), aber nicht umgekehrt. „L'ordre naturel élémentaire est bouleversé, le group social dans son ensemble est souillé …“[942] Dafür könnten einige Fälle sprechen, in denen das schuldige Tier entwischte, weswegen man in einer Form von Sippenhaftung ein anderes seiner Rasse hinrichtete oder wenigstens eine Exekution in effigie vollzog.[943] Besonders Michael Fischer hat 2005 aus rechtssoziologischer Sicht betont, in den Verfahren gegen Haus- und Nutztiere sollte die Verletzung der natur- und gottgegebenen Hierarchie zwischen Mensch und Tier korrigiert werden. Ordnungs-Stabilisierung

941 S. o. S. 197 f.

942 Hoareau-Dodinau (vgl. Bibliogr. Ergänzungen) 197.

943 Hoareau-Dodinau (vgl. Bibliogr. Ergänzungen) 197 u. 198 n. 38. Ähnliche Sippenhaftung gegen Hunde im alten Rom: Plinius, Naturalis Historia 29, 57 (4, 14).

sei das Ziel der Tier-Kriminalisierung gewesen, wozu eine „magisch-religiöse Responsibilisierung“ diente.[944]

Psychologisch gesehen, geht es um den Umgang mit einer Grenzüberschreitung: Legitim ist nur die Tötung des in der Weltordnung tiefer stehenden Geschöpfes durch das höherstehende, wie es sowohl von der antiken Philosophie als auch der christlichen Theologie festgeschrieben war. Nur wo man nicht mit Gewalt reüssierte – es gab noch keine Insektenvernichtungsmittel –, sah man sich gezwungen, den Status der Schädlinge zu ändern, die sich bisher mächtiger als die Menschen erwiesen hatten. Der Kontrollwunsch war stärker, als das sonst durchaus vorhandene nüchterne Wissen um die Natur dieser Wesen. „Nur jene Tiere konnten diesen »sozialen Aufstieg« bewerkstelligen, die ihre Macht über Menschen bewiesen hatten … und für kurze Zeit muss die Strafe eine neue Zugehörigkeit für das Tier konstruieren … Das Strafritual als Ritual der Exklusion bedingt die situative Inklusion des Auszuschließenden.“[945] Für die Zeit des Verfahrens – und nur für diese – wurde eine Art von Rechtspersönlichkeit des Tieres angenommen (engl. eher das allgemeinere „personhood“ als das speziellere „personality“). Man könnte auch von einer zeitlich befristeten und nur auf eine bestimmte Gruppe (die hic et nunc bedrohliche Mäusepopulation, nicht die Gattung überhaupt) bezogenen anthropomorphen oder anthropopathischen Sichtweise sprechen.

Dies gilt für die Exkommunikation, nicht aber den Exorzismus, der ja fast dessen Gegenteil ist: Die erstgenannte Kirchenstrafe übergibt den Betroffenen feierlich dem Teufel, die Beschwörung dagegen vertreibt denselben aus Lebewesen oder Dingen. Da beide auf zaubermächtigen Riten und Worten beruhen, ist verständlich, dass man in der Not beides versuchte, obwohl Kirchenrechtlern die Problematik solchen Agierens wiederholt auffiel. „Der Gedanke der Notwendigkeit einer korrekten Prozedur für die Wirkungsmacht der durch das Verfahren legitimierten magisch-religiösen Kontrolltechnik“ dürfte laut Fischer erklären, warum der ganze ritualisierte Verfahrensapparat einschließlich Verteidiger bei den kirchlichen Prozessen angewandt wurde.[946]

---

[944] Fischer, M., Tierstrafen und Tierprozesse. Zur sozialen Konstruktion von Rechtssubjekten, Münster 2005, 68 ff., 104 ff.

[945] Fischer (vgl. Bibliogr. Ergänzungen) 5161.

[946] Fischer (vgl. Bibliogr. Ergänzungen) 5163.

Natürlich kann man aus Sicht der heute überproportional modisch gewordenen Ritualforschung konstatieren, die Verfahren seien Riten zur Daseinsbewältigung gewesen, damit bleibt man aber im Deskriptiven und gelangt nicht zum Erklären oder Verstehen; dies gilt von allen phänomenologischen oder funktionalen Analysen unseres Themas, die nicht danach fragen, warum diese Art der Daseinsbewältigung erst zu einem bestimmten historischen Zeitpunkt und in bestimmten epochentypischen Formen auftritt.

Wünschenswert wäre eine Untersuchung aus tiefenpsychologischer Sicht über die Gesellschaft und ihre tierischen Verbrecher, wofür manche Anregung etwa Reiwalds bekanntes (?) Buch[947] bieten könnte. Er handelte ja davon, wie „irrationale Bedürfnisse sich juristischer Denkformen immer wieder zur nachträglichen Rationalisierung bedienen".[948] Es ginge also um eine Analyse der „strafenden Gesellschaft" vor allem Frankreichs vom 13. bis ins 17. Jahrhundert.

5. Mentalitätsgeschichtliche Erklärungsversuche

Hier setzt die Mentalitätsgeschichte ein.[949] Warum kannte das frühe Mittelalter keine Tierprozesse, obwohl z. B. das salische Volksrecht ein Haus- oder Nutztier (*quadrupes domesticus*), das einen Menschen tötet, als *auctor criminis* qualifiziert?[950] Worauf reagierten die Träger der Rechtskultur, als sie im 13. Jahrhundert begannen, nicht menschliche Lebewesen gerichtlich zu verfolgen? Am nächsten wird man einem Verständnis kommen, wenn man versucht, unterschiedliche fachspezifische Diskurse zusammenzuführen, die ja zumeist nicht inkompatibel sind, sondern nur unterschiedliche Aspekte desselben Problems betrachten. Wie ich vorgeschlagen habe, sind wenigstens drei mentale Veränderungen während

---

947 Reiwald, P., Die Gesellschaft und ihre Verbrecher, Neuausgabe des Drucks Zürich 1948, mit Beitr. von Jäger, H., und Moser, T., Frankfurt a. M. 1973.

948 Jäger, H., Vorwort zu: Reiwald, Gesellschaft (wie Anm. 947) 31.

949 Zu Methoden und Ziel s. Vorwort und Einleitung in: Dinzelbacher, P. (Hg.), Europäische Mentalitätsgeschichte, Stuttgart 2. Aufl. 2008.

950 *Pactus legis Salicae* 36, MGH LL nat. Ger. 4/1, 132 f.

des hohen Mittelalters[951] als ineinandergreifende Momente anzusetzen, aus denen heraus es zu Tierprozessen kommen konnte:

– Erstens: Im Verhältnis der Menschen zum Tier[952] wird die deutliche Distanzierung des Frühmittelalters, die Betonung der Differenzen, geringer. Nun werden zwischen Mensch und Tier, worauf v. a. Salisbury aufmerksam gemacht hat,[953] mehr und mehr die Gemeinsamkeiten im Verhalten gesehen, natürlich in der Intelligenzija[954] zur Zeit der ‚Renaissance des 12. Jahrhunderts', die nicht mehr so stark vom alttestamentlichen Denken geprägten war, wie vor der Jahrtausendwende. U. a. die Entstehung des Tierepos oder die Darstellung von Mischwesen, halb Tier, halb Mensch, in der Kunst, sind deutliche Symptome dieses Wandels.[955]

– In Spätmittelalter und Frühneuzeit darf man zweitens, vom heutigen Niveau zurückblickend, im Vergleich mit dem hohen Mittelalter von einer verstärkten Tendenz zu einer gewissen Irrationalität sprechen. Dafür kann nicht nur die zeitliche Analogie zu den Hexenverfolgungen und zum Folterprozess herangezogen werden, sondern auch die deutliche Zunahme von Okkultismus und Weltuntergangsphantasien im 16. und 17. Jahrhundert.[956] Das zugrundeliegende Moment könnte die bekannte Klimaverschlechterung seit etwa 1300 mit ihren destabilisierenden Konsequenzen bilden (Stichwort ‚Krise des 14. Jahrhunderts').[957] Diese auf

---

[951] Dieses ist nicht nur rechtsgeschichtlich, sondern generell als eine „Achsenzeit" der europäischen Mentalitätsgeschichte anzusehen, vgl. Dinzelbacher, P., Europa im Hochmittelalter 1050–1250, Darmstadt 2003; ausführlicher id., Structures.

[952] Dinzelbacher, P., (Hg.), Mensch und Tier (wie Anm. 894); ders., Gebrauchstiere und Tierphantasien. Mensch und Tier in der europäischen Geschichte: Aus Politik und Zeitgeschichte 62/8 (2010), 27–34; ders., Von frommen Lämmern und bösen Pferden. Tiere in Texten des Hoch- und Spätmittelalters, in: Tori, L., Steinbrecher, A. (Hgg.), Animali. Tiere und Fabelwesen von der Antike bis zur Neuzeit, Genf 2012, 92–99, 285.

[953] Salisbury, J. E., The Beast Within. Animals in the Middle Ages, London 1994.

[954] Für das Gros der bäuerlichen Bevölkerung ist dagegen in der ganzen Epoche eine größere Nähe zum Tier anzunehmen, worauf schon das in vielen Regionen übliche Zusammenleben in einem Raum verweist.

[955] Dinzelbacher, P., Mittelalter, in: Ders., Mensch und Tier (wie Anm. 894) 181 ff.

[956] Dinzelbacher, P., Weltuntergangsphantasien in der europäischen Geschichte: Entwicklung, Funktionen, Deutungen, Aschaffenburg 2014.

[957] In der Hexen-Forschung eine geläufige Erklärung: Behringer, W., Little Ice Age, in: Encyclopedia of Witchcraft (wie Anm. 886) 660–664. Die kleine Eiszeit ist Thema des Journal of Interdisciplinarian History 44/3 (2014) (recte 2013/3 !).

einer Zunahme der existenziellen Angst[958] beruhende Tendenz wäre als dialektisches Moment zum gleichzeitigen Fortschritt in Richtung der modernen Mentalität in vielen Bereichen von Philosophie und Wissenschaft zu verorten. Der große Umschwung in Richtung Moderne, die Webersche „Entzauberung", vollzieht sich nachhaltig ja erst im 18. Jahrhundert, in eben dem die genannten Vorgangsweisen obsolet werden.

– Dazu tritt drittens eine kontinuierliche Entwicklung im Rechtswesen, nämlich seine fortwährende Ausdehnung auf alle nur möglichen Bereiche im Zuge der allgemeinen Bürokratisierung des Lebens, die ihrerseits wiederum ein seit dem 12. Jahrhundert Eigendynamik entwickelndes Werkzeug der obrigkeitlichen Herrschaftsausübung darstellt. Die Übernahme des Offizialprozesses aus dem kanonischen Recht in das weltliche hat nicht nur die gerichtliche Hexenverfolgung in großem Maßstab ermöglicht, sondern ebenso die Prozesse gegen Haus- und Nutztiere erleichtert. Das Tertium comparationis zwischen den Verfahren gegen Tiere und Hexen war eine neue Sensibilität für Phänomene, die auch früher existierten (schädliche Tiere bzw. magische Praktiken), ohne zu gerichtlichen Verfolgungen geführt zu haben. Aus dieser neuen Sensibilität resultierte ein neues Verhalten, nämlich beide Male ein juristischer Kampf gegen die wirklichen oder vermeintlichen Gefahrenträger. Die Haltung des *fiat iustitia et pereat mundus* (das Alter des Sprichwortes ist unbekannt)[959] scheint die für uns alogischen Verhaltensweisen zu leiten, verbunden mit den bekannten religiösen Vorgaben.

Sie scheinen in eine Haltung zu münden, die Allmachtsphantasien nahekommt: Auch das Tierreich ist dem Recht untertänig zu machen. Darum wurde in dieser bestimmten Epoche die vom Tier erfahrene Aggression nicht einfach wie sonst immer und überall auf der Welt mit weiter nicht reflektierter Gegenaggression beantwortet, sondern diese eingebunden in das aufwendige Procedere gerichtlicher Verfahren. Trotz dieser Argumente bleibt es für uns Heutige kaum verständlich, wie so viele gelehrte Angehörige der Intelligenzija sowohl Träger des Hexenwahns waren als auch Verfahren gegen Tiere für richtig hielten.[960]

---

958 Dinzelbacher, Angst.

959 Tosi, R., Dizionario delle sentenze latine e greche, Milano 15/2003, 497 f.

960 Auf ersteren Punkt hat eindrücklich schon Febvre, Gewissen (wie Anm. 914) 191 ff. hingewiesen.

Will man die weltlichen Verfahren gegen Tiere innerhalb des Prozesses der Zivilisierung lokalisieren, so wären sie als Schritt zur Regelung aggressiven Verhaltens zu sehen: Während im Frühmittelalter das Tier der Familie des Geschädigten zur Rache ausgeliefert wurde, also zum Objekt ungeregelter Gewalt wurde, wird diese Form der privaten Aggression ab dem Spätmittelalter unterbunden und an die Gerichte delegiert, die Strafen nach einem Regelwerk, den Gesetzen für Menschen, aussprechen und vollziehen lassen. Beendet wird diese Phase aufgrund des Zugewinns an Verständnis für die psychische Verfasstheit dieser Lebewesen, d. h. die Erkenntnis ihrer mangelnden Schuldfähigkeit, womit Prozesse nur mehr gegen die für sie zuständigen Menschen infrage kommen und gefährliche Tiere nur mehr aus prophylaktischer Intention getötet werden, jedoch ohne sie bestrafen zu wollen. Wir wissen heute, dass Cartesius und Zeitgenossen völlig unrecht hatten, wenn sie das Tier als Maschine ohne jede Vernunft beschrieben; trotzdem ist gerade die Erkenntnis des (heute als Instinkt beschriebenen) Automatismus ihrer Reaktionen das zentrale Element für ihre Schuldunfähigkeit.

6. Ungelöste Probleme

Keineswegs sind damit aber alle Probleme gelöst. Sie bleiben v. a. auf psychologischer Ebene: In den Prozessen zeigte man ein völlig vom alltäglichen differierendes Verhalten den Tieren gegenüber, nicht nur den höheren, denen ja auch wir ein gewisses Maß an Verständnis, Eigenwillen bzw. Willensfreiheit und vielleicht sogar moralischer Verantwortung zuschreiben können, sondern auch eindeutig so nicht betrachteten Wesen wie Feldmäusen und Insekten. Gerade Letzteren wurde ja der Wille zugeschrieben, die gerichtliche Weisung zu befolgen oder zu verachten. Ungelöst bleibt die Frage, wie man auf die angenommene Fähigkeit der Delinquenten zur Kommunikation in menschlicher Sprache (mündlich und schriftlich) kam. In einigen Texten geistlicher Gerichte wird die Fiktion tatsächlich so weit getrieben, dass nicht nur die Insekten usw. zu Antworten aufgefordert werden, sondern auch gegen ihre angeblichen Antworten (d. h. der Weigerung abzuziehen) Stellung genommen wird.[961] Die Geschichten von redenden und verstehenden Tieren im Märchen und Volksbrauch gehören in eine andere Welt als

[961] S. o. S. 210.

es die der gerichtlichen Verhandlung ist. Wie, in welcher Sprache, dachte man, kämen die Tiere zum Verständnis der ergangenen Urteile?

Ein ganz anderes Problem ergibt sich aus der Rechtsgeographie. Schwer verständlich erscheint, dass es in Skandinavien so gut wie keine Hinweise auf Tierprozesse im Mittelalter oder der Frühneuzeit zu geben scheint. Dies deshalb, weil der deutsche Einfluss in allen nördlichen Königreichen nicht nur durch deutsche Herrscherdynastien enorm war, sondern auch durch die wirtschaftlichen Beziehungen. Man erinnere sich, dass Stockholm und Visby großteils deutsche Siedlungen waren und sogar die Stadtrechte in dieser Sprache verfasst waren, oder dass in Bergen deutsche Kaufleute zeitweise mehr zu sagen hatten als die norwegische Bevölkerung. Auch aus anderen Regionen, wie England oder den österreichischen Kernländern, sind keine Fälle bekannt. England hat nun freilich eine vielfach eigene Rechtstradition, die sich aus der Insellage ergibt. Aber schließlich sprachen der König von England und die Aristokratie bis etwa 1400 französisch, nicht englisch, und war gerade im 15. Jahrhundert der englische Monarch auch Herr über große Teile Frankreichs (ein Grund für den Hundertjährigen Krieg) – wieso gab es da keine Rezeption des gerade in Westfrankreich so oft vorkommenden Procedere?

Ungelöst bleibt die Frage, wann, von wem, wo die ersten derartigen Verfahren eingeführt wurden. Man kann nur grob angeben: Im 13. Jahrhundert kam es zu den ersten Prozessen gegen Haus- und Nutztiere in Frankreich im Bereich der Langue d'oil, ob veranlasst von einem kirchlichen, feudalen oder städtischen Gerichtsherrn, muss offen bleiben. Der früheste bekannte Fall ist die Verbrennung eines Schweines, das ein Kind gefressen hatte, in dem der Justiz des Klosters Sainte-Geneviève in Fontenay-aux-Rose unterstellten Territorium 1266.[962] Erst etwa

[962] Evans 140, 266. Die Ungenauigkeit der Angabe, die ich aufgrund der Unzugänglichkeit der Quelle nicht überprüfen konnte, ist leider typisch für diesen Autor: „burnt by order of the monks of Sainte-Genivième". Es ist ziemlich unmöglich, dass „die Mönche" als geschlossene Körperschaft in einem weltlichen Verfahren als Richter auftraten. Es wird sich um den mit der weltlichen Gerichtsbarkeit in ihrem Herrschaftsgebiet betrauten Amtmann handeln. Der u.W. erste (ungedruckte) Prozess, dessen Akten noch vorliegen, dürfte jener gegen ein Pferd sein, das wegen Kindestötung von der städtischen Gerichtsbarkeit in Doullens zum Tod am Strang verurteilt wurde: Registre du Parlement civil. Archives nationales, X1A 7, fol. 3 (22 décembre 1334). Freundliche Mitteilung von David Chauvet.

zwei Generationen später, wieder in Frankreich, jedoch anscheinend im Bereich der Langue d'oc, begannen Kanonisten gerichtlich gegen Schädlinge vorzugehen: Als erstes Verfahren gilt eines gegen Maikäfer in Avignon 1320.[963]

Das Ende dieser Vorgehensweise ist dagegen leicht zu begründen; wenn man das Tier nach Cartesius, Pufendorf usw.[964] als Maschine betrachtete, war eine Personifikation ausgeschlossen. Die Weiterentwicklung der naturwissenschaftlichen Kenntnisse, die Säkularisierung, die „Entzauberung" der Welt wirkten in derselben Weise, wie auch bei der Abschaffung der Hexenverfolgungen und der gerichtlichen Folter.

VII. Methodische Holzwege

In der Literatur sind auch ‚Erklärungen' ventiliert worden, die u.E. nicht weiterführen: Es ist irreführend, das ‚Wergeld' ins Spiel zu bringen,[965] das in älteren Rechten bei der Tötung mancher Tiere zu zahlen war, um daraus auf eine schon früh zu belegende Gleichstellung von menschlichen und tierischen Delinquenten zu schließen. Auch wenn etwa nach der *Lex Burgundionum*[966] der, der den Jagdhund eines anderen verletzt hat, das Tier öffentlich auf das Hinterteil küssen muß, ist dies keineswegs eine den Hund versöhnende Geste, sondern eine den Täter demütigende Strafe, vergleichbar dem Hundetragen oder Prangerstehen. Auch die Ersatzmöglichkeit erweist dies, nämlich dem Herrn des Hundes eine Geldbuße zu

[963] Evans 266.

[964] Chauvet (vgl. Bibliogr. Ergänzungen) 131 f.

[965] So Osenbrüggen, E., Die Personificirung der Thiere, in: Ders., Studien zur deutschen und schweizerischen Rechtsgeschichte, Schaffhausen 1868, 139–149. Auch sein Terminus „Quasi Wergeld" macht die Sache nicht treffender. Ebenso ist die Enthauptung von Tieren, die bei einer Vergewaltigung anwesend waren, keine Bestrafung, sondern die Vernichtung der Erinnerung an das Unrecht (analog zur Verbrennung von zur Sodomie gebrauchten Tieren zusammen mit dem Menschen) – sonst wäre ja auch der in ebendiesem Zusammenhang stehende Abbruch des Hauses eine Bestrafung an diesem! S. o. S. 182 f.

[966] c. 97, MGH Leges nat. Germ. II/1, 112 f. Vgl. den folgenden (sprachlich unklaren) Abschnitt über die Buße bei Falkendiebstahl, dazu Grimm, J., Deutsche Rechtsaltertümer, Bd. II, Nachdruck der 4., durch Andreas Heusler und Rudolf Hübner besorgten Auflage von 1899, Berlin 1956, 270.

bezahlen, ohne dass etwas davon stünde, diese solle dem Hund zu Gute kommen. Es ist nicht ersichtlich, wie diese Wiedergutmachung einer Sachbeschädigung – es handelt sich ausschließlich um einen finanziellen Ersatz an den Besitzer, keine „Personifikation" des ja schon toten Tieres – im Spätmittelalter zur Annahme einer animalischen Schuldfähigkeit geführt haben könnte.

Völlig von den Tierprozessen zu trennen sind Tierhinrichtungen zusammen mit einem menschlichen Delinquenten, da diese entweder zur Strafverschärfung dienten, wie die Hunde bei der Erhängung von Juden, oder bei Verfahren wegen Sodomie (Bestialität, Zoophilie) zur Vernichtung des Corpus delicti bzw. der *memoria facti*.[967] Weder waren die betroffenen Tiere Angeklagte noch Verurteilte, trotzdem gab es keine Kritik daran, obgleich ihr Sterben nach mehreren Berichten viel länger dauernd und qualvoller war, als das der Delinquenten. In Mittelalter und Frühneuzeit galt Tierquälerei schließlich als legale Vergnügung, Stichwort ‚Katzenmassaker'.[968]

Der berühmte Psychologe Wilhelm Wundt meinte, eine Vertragsverletzung sei die Ursache für den Einbezug in die Gerichtssphäre, da ein präsumptiver Vertrag, durch den die Tiere den Menschen dienstbar gemacht seien, von jenen gebrochen wurde.[969] Dafür gibt es jedoch keine Belege in den Quellen und Wundt nennt auch keine.

Nur aus mangelnder Kenntnis der Quellen – in denen sich keinerlei Hinweise in dieser Richtung finden – ist zu erklären, wenn vorgeschlagen wurde, den Status der Tiere mit dem einer rechtsfähigen Gemeinschaft (Genossenschaft, Gesellschaft) zu vergleichen.[970] Abgesehen davon, dass seit dem 13. Jahrhundert *universitates* nicht exkommuniziert werden durften, um nicht Unschuldige zu treffen.[971]

Nicht minder den Aussagen der Quellen widersprechen alle Versuche, die Prozesse als Parodien oder öffentliche Spiele zu deuten, mag man auch noch so oft Huizingas „Homo ludens" zitieren[972] (der das Thema übrigens gar nicht behan-

---

967 *Decretum Gratiani* II, 15, 1, 4: „Non propter culpam, sed propter memoriam facti pecus occiditur, ad quod mulier accedit".

968 Dinzelbacher, Mensch und Tier (wie Anm. 894) 202 ff.

969 Wundt, W., Völkerpsychologie: eine Untersuchung der Entwicklungsgesetze von Sprache, Mythus und Sitte, Band 5: Mythus und Religion 2, Leipzig 1914, 168 ff.

970 Srivastava (vgl. Bibliogr. Ergänzungen) 136 ff.

971 Chauvet (vgl. Bibliogr. Ergänzungen) 55.

972 So Pervukhin (vgl. Bibliogr. Ergänzungen), deren Titelwahl ihren Beitrag selbst in diese Sphäre stellt.

delt). Kein Zeitgenosse der Tierprozesse hat diese je, soweit ich sehe, in diesem Sinn verstanden.

Wenn man den radikalen Thesen des Soziologen Oesterdiekhoff folgt, der die psychogenetische Entwicklung der Menschheit in strenger Analogie zur Kinderentwicklung à la Piaget sieht, dann rühren die Gerichtsverfahren einfach aus „der niedrigen Intelligenz der vormodernen Menschen", aus ihrem „kindlich anthropologischen Entwicklungsstand". Wem diese ‚Erklärung' nicht genügt, dürfe sich nicht zu den „gebildeten Menschen der Gegenwart" rechnen, sondern leide „an Verblödung".[973] Klammert man diese und ähnliche (das ganze Buch durchziehende) Beschimpfungen aus und evaluiert die These allein, so ergeben sich kaum überwindbare Widersprüche zur zweifellos (schon in der Argumentationsweise und ihrer Sprache) nachweisbaren Intellektualität damaliger Juristen ebenso wie in der falschen Annahme, das Mittelalter sei eine Epoche einheitlicher Mentalität gewesen. Vielmehr zeigt das Frühmittelalter in allen Lebensbereichen eine im Vergleich zur Antike regressive intellektuelle und emotionelle Verfassung. Aber zwischen 500 und 1200 gab es eben keine Tierprozesse. Jedoch erscheint die Kernthese einer Analogie zwischen Individualentwicklung und historischer Mentalitätsentwicklung nach der biogenetischen Grundregel – mit deutlichen Modifikationen und ohne die Annahme einer linearen Evolution – diskutierenswert.[974]

VIII. Desiderata

1. Eine kommentierte Bibliographie: Nur eine solche Übersicht würde es ermöglichen, eine multikausale Synthese vorzulegen, die zu erklären versucht, wie es zu diesen so vielen dominierenden Richtungen des allgemeinen und speziell des juridischen Denkens zuwiderlaufenden Prozessen gekommen ist. Trotz der Digitalisierung vieler älterer Bücher ist man auch gegenwärtig immer wieder mit Titeln konfrontiert, die man in der Praxis nur mit langen und kostspieligen Bib-

---

973 Oesterdiekhoff (2013, vgl. Bibliogr. Ergänzungen) 150.

974 Was hier natürlich nicht möglich ist, s. Dinzelbacher, P., Psychologische Erklärungsmodelle historischen Kulturwandels. Übersicht, Kritik und Entwürfe, in: Dinzelbacher, P., Harrer, F. (Hgg.), Wandlungsprozesse der Mentalitätsgeschichte, Baden-Baden 2015, 49–92.

liotheksreisen einsehen könnte. Als Beispiel zitiere ich die beiden schwedischen Dissertationen von Hermanson und Alstrin (s. S. 372), welche auch antiquarisch nicht zu bekommen waren.

Gerade weil eine kaum zu überschätzende Anzahl von modernen Autoren der Maxime *Pereant qui ante nos nostra dixerunt* huldigt und einfach verschweigt, dass das von ihnen Vorgetragenen sich schon längst in der älteren Literatur findet, ist die seriöse Forschung gehalten, genau anzugeben, welche Argumentationslinien bereits von früheren Gelehrten verfolgt wurden.

2. Ein Verzeichnis aller bekannten Tierprozesse: Während in anderen Gebieten der Geschichtsforschung selbstverständlich auf Quellen evaluierende Darstellungen zurückzugreifen ist – für das Mittelalter nenne ich etwa das „Repertorium fontium medii aevi" oder die von Wattenbach u. a. verfaßten Werke zu den Quellen der deutschen Geschichte –, in denen man sich informiert, ehe man diese Texte verwendet, fehlt dergleichen für unser Thema völlig. Die Listen, die d'Addosio und Evans als Anhänge bieten, sind sehr ungenau, gelegentlich fehlerhaft und rechnen speziell für die Zeit vor dem 14. Jahrhundert Ereignisse hierher, die keine Tierprozesse waren.

3. Quellenforschung in Archiven: Als Beispiel sei der so oft zitierte Glurnser Mäuseprozeß angeführt, dessen Akten vor Ort nicht mehr existieren, unter Umständen aber in Innsbruck oder Bozen (eine Lokalisierung könnte vielleicht möglich sein, wenn man in allen in Frage kommenden Archiven und Bibliotheken recherchieren würde).[975] Bedenkt man, dass, was aus dem Spätmittelalter und der

[975] Ein „Der Rechtsstreit mit den Feldmäusen zu Glurns" betitelter anonymer Beitrag im Tiroler Almanach auf das Jahr 1804, 266–271, beruft sich auf das damals offenbar existierende „Gerichts-Protocoll" und eine Chronik in der „O. Oe. Hofkammer". Gasser (vgl. Bibliogr. Ergänzungen) 32, identifiziert den Verfasser mit Joseph von Hormayr und gibt weitere Hinweise in den Anmerkungen, womit die Kenntnis des Textes bis ins 17. Jahrhundert zurückzuverfolgen ist. Dieser ist auch (ohne Quellenangabe) mitgeteilt von F. Nork [Friedrich Korn], Die Sitten und Gebräuche der Deutschen und ihrer Nachbarvölker, Stuttgart 1849, 946–948, und in weiteren Publikationen des 19. und 20. Jahrhunderts, zuletzt in extenso bei Rohr (vgl. Bibliogr. Ergänzungen) 499–504, der ausdrücklich für die Authentizität des Geschehens eintritt, wogegen Schumann (vgl. Bibliogr. Ergänzungen) 195 ff., die Sache für fiktiv hält und dies gleich auf das Genus Tierprozesse überhaupt ausdehnt. – Den originalen Überlieferungszusammenhang

Frühneuzeit an Archivmaterial noch existiert, bestenfalls zu etwa fünf Prozent publiziert ist, gibt es gute Chancen, weitere Quellen zu entdecken.[976] Dies zeigt etwa die Regionalstudie von Baratay.

4. Quellenforschung an den Traktaten und Abhandlungen der Frühneuzeit zum Thema: Wiewohl diese, wenn aus den wenigen mir zugänglichen Beispielen geschlossen werden darf, primär die entsprechenden Bibelstellen diskutieren, so dürften sie doch für den Verständnishorizont des Phänomens von Interesse sein. Allerdings ist Vertrautheit mit der lateinischen Theologen- und Juristensprache der Zeit und den von ihnen so zahlreich unaufgelöst verwendeten Abkürzungen unabdingbar.

kennenzulernen wäre wichtig, um zu entscheiden, ob es sich wirklich um Gerichtsakten handelt oder eine Parodie. Aufgrund der Aufnahme zahlreicher anderer solcher Prozesse in Gerichtsarchiven ist letztere Möglichkeit sehr unwahrscheinlich, mit dem von Schumann zum Vergleich herangezogenen *Processus Belial* besteht keinerlei Analogie. Vielleicht eine Satire könnte die von Berkenhoff 35 erwähnte strafweise Einweisung eines Hundes in den Narrenkötter sein (Schumann, Anm. 39).

976 Viele jüngere Autoren – besonders scharf Schumann (vgl. Bibliogr. Ergänzungen) – halten sich für berechtigt, das diesbezügliche Manko zu kritisieren, ohne selbst irgend eine neue Quelle zu erschließen.

H. Aspekte der Fremdheit des Mittelalters

Gottesurteile und Tierprozesse waren nur zwei besonders auffallende aus einer Vielzahl von Phänomenen, die die Mentalität des Mittelalters von der der Gegenwart unterscheiden. Mit welchen uns mehr oder weniger fremdartigen Denk- und Verhaltensweisen sind wir nun bei der Beschäftigung mit dem Mittelalter, allgemein betrachtet, vornehmlich konfrontiert?

1. Mit Phänomenen, die es in der ganzen Geschichte kontinuierlich gab und gibt, die aber je nach Epoche völlig unterschiedlich bewertet wurden bzw. werden: z. B. Kindestötung, Folter und Körperstrafe;

2. mit Phänomenen, die es vor und nach dem frühen Mittelalter gab, aber augenscheinlich nicht in diesem, wie das der Liebe zwischen den Geschlechtern als zentrale Macht in einer Lebensgeschichte. Hier befremdet das Ausfallen einer aus der Antike (speziell durch ihre Dichtung[977]) und wieder seit dem 12. Jahrhundert bekannten Komponente des Lebens;

3. mit Phänomenen, die es erst ab dem Hoch- oder Spätmittelalter gab und gibt: Hexen- und Tierprozesse, Braut- und Passionsmystik … Sie existierten bis zur Aufklärung weiter, und vereinzelt als Relikterscheinungen bis in die Gegenwart.

Ich möchte im Folgenden einige der Erscheinungen näher betrachten, in Zusammenhang mit denen mittelalterliche Mentalitäten von uns als fremd empfunden werden. Mir geht es dabei nicht um den Entwurf einer global anzuwendenden historischen Anthropologie, sondern um die Isolierung einzelner Strukturen, die unseren Eindruck von Befremdlichkeit konstituieren. Daneben wird es sicherlich noch weitere solcher Momente geben. Ob sie sich so vernetzen lassen, dass eine umfassende Theorie entsteht, die der Differenziertheit und Komplexität eines Abschnittes der Vergangenheit gerecht wird, muss ich offenlassen. Mir scheint es,

---

[977] Z. B. Musaios, Longos, Heliodor, Vergil [Dido], Neoteriker (Ovid, Tibull, Properz).

dass wir auf einer „imaginären Karte der ‚Mentalitätslandschaften'",[978] um ein Bild von Graus aufzunehmen, wohl einzelne „Landstriche" und „Grenzmarken" eintragen können, manche Gebiete aber wie unter einem Nebel bleiben.

Im Unterschied zur Gegenwart wirkt für den heutigen Betrachter das ganze Mittelalter charakterisiert v. a.[979] durch:

1. eine Dominanz des Religiösen in Weltbild und Lebenspraxis;
2. einen assoziativen und bildhaften Denkstil;
3. den Begriff von Raum und Zeit nicht als abstrakte Denk-Kategorien, sondern als im konkreten Erleben erfahrene Gegebenheiten;
4. eine unvergleichlich intensivere Körperlichkeit;
5. einen Zug zu nicht oder gering reflektierter Spontaneität und als Gegengewicht dazu zu betonter Ritualisierung.

Die ausgehende Antike teilweise und das Frühmittelalter durchgehend wird zusätzlich gekennzeichnet u. a. durch:

6. eine Höherbewertung des Tuns vor dem Denken;
7. eine Reduktion von Abstraktionsfähigkeit und intellektueller Flexibilität,
8. eine intensive Autoritätshörigkeit.

Damit, meine ich, sind einige Komplexe umschrieben, die sich oft genug in mittelalterlichen Quellen namentlich zwischen dem späten 4. und dem beginnenden 12. Jahrhundert finden, um als epochentypisch angesprochen werden zu dürfen, und die sich deutlich genug von der Gegenwart unterscheiden, um für uns den Eindruck der Fremdheit zu evozieren.

Diese Komplexe sind als Tendenzen zu den genannten Denk- und Handlungsweisen hin zu verstehen, sie waren unterschiedlich ausgeprägt nach sozialer Gruppe, Region oder Phase. Man kann begründet annehmen, dass sie für die Mehrzahl der Menschen in einer damaligen Gemeinschaft galten (ohne

---

978 Graus 44.

979 Dazu vgl. v. a. Radding, World pass., und für das Frühmittelalter, freilich unter anderen Aspekten, Scheibelreiter pass.

mögliche individuelle Abweichungen zu negieren). Die genannten Komplexe sind somit typische Elemente mittelalterlicher Mentalitäten, einige Elemente von vielen, aber deutlich ausgeprägte. Die meisten von ihnen existierten, wenn auch anscheinend stetig schwächer werdend, noch im Spätmittelalter und in der Frühneuzeit; einige existieren bei Einzelnen auch noch gegenwärtig, sind aber heute eher atypisch.

I. Dominanz des Religiösen

Die alles durchdringende Religiosität des „Zeitalters des Glaubens", der „Zeit der Kathedralen" usw. ist gegenwärtig wohl auch im allgemeinen Bewusstsein das am weitesten bekannte Charakteristikum jener gesamten Epoche. Dieses erscheint sehr forciert durch die primär kirchliche Auftraggeberschaft, Autorschaft und Überlieferung der Quellen – hätten wir ebenso viele Dokumente aus Laienhand, würde unser Mittelalterbild wohl ein wenig anders aussehen. Dabei ist unter Religiosität sowohl ihre institutionalisierte christliche Form zu verstehen, als auch alle Formen von Volksreligion oder „Parallelglauben", von Häresien, von paganen Überresten.[980]

Diese Religiosität war nicht ein Lebensbereich neben anderen, wie heute oft, sondern eine grundsätzliche, fast keine Lebensäußerung aussparende Befindlichkeit, die so gut wie immer eine moralische Beurteilung implizierte. Das Über-Ich des mittelalterlichen Menschen war geprägt von den Normen der katholischen Lehren, und eben das muss sich auch und gerade dort, wo er sich nicht daran hielt, bemerkbar gemacht haben. Zahllose Beispiele von Menschen beweisen dies, die lange anscheinend primär nach ihrem Willen lebten und dann doch irgendwann aus Jenseitsangst unglaubliche Energien und Finanzen für religiöse Zwecke aufbrachten.[981]

Gerade in der hier für unsere Themen wichtigen Sphäre des Rechts hat man an zentraler Stelle formuliert, wie sehr man darin nicht nur Menschenwerk sah, sondern Gotteswerk. Berühmt ist der Anfang des *Sachsenspiegels* (um 1225), des

[980] Dazu umfassend Dinzelbacher, P., Handbuch II. Hier auch Beispiele für das im Folgenden Gesagte.

[981] Beispiele etwa bei Dinzelbacher, Mentalität, 313 ff.

wohl am weitesten rezipierten deutschsprachigen Rechtsbuchs des Mittelalters: „Gott selber ist das Recht. Darum ist ihm das Recht lieb".[982] Ein anderes Beispiel bieten die 1251 begonnenen *Siete Partidas*, das offizielle Gesetzeswerk des Königs Alfons X. von Kastilien-León. Sie beginnen mit dem Satz: „Gott ist der Anfang, die Mitte … aller Dinge, und ohne ihn kann nichts existieren …" Der König zieht sodann den Vergleich zwischen den irdischen Königen und ihrem Richteramt mit dem himmlischen und seinem Richterspruch, dem auch sie nicht entgehen können. Nachdem der Prolog immer wieder auf Gott verwiesen hatte, beginnt auch der 1. Titel mit: „Zum Dienst an Gott und der Allgemeinheit der Völker haben wir dieses Buch verfasst …".[983] Es sei unterstrichen, dass es sich bei diesen Werken nicht um kirchliche Kanones handelt, sondern um die Privatarbeit eines gelehrten Schöffen bzw. eines gelehrten Königs. Gottesurteile und Tierprozesse wären ohne diese Grundeinstellung kaum denkbar gewesen. Sie manifestiert sich ja auch im Eid, der davon ausgeht, Gott würde ein falsches Versprechen bestrafen, in der Gottesbürgschaft,[984] in der Zitierung eines Gegners vor Gottes Gericht ins Tal Josaphat[985] u.dgl.m.

Freilich – nüchtern betrachtet, waren sowohl Gottesurteile als auch Tierprozesse nur so etwas wie „zweitbeste Lösungen" für Situationen, in denen man schlichtweg keine besseren finden konnte.[986] Im Prinzip gilt dies auch für den Beweis durch Eideshelfer und für die liturgischen Flüche. Schließlich hätte man alle beliebigen Rechtsfälle durch ein Gottesurteil lösen können, wenn dieses tatsächlich das Mittel erster Wahl gewesen wäre. Wozu Urkunden ausstellen, Zeugen befragen, Inquisitionen durchführen, wenn der höchste Richter ohnehin jederzeit zur Verfügung stand? Und hätte man über Pestizide verfügt, dann hätte man auf Prozesse gegen Insekten verzichtet. Dramatisch wird diese Hilflosigkeit etwa aus einem Schreiben des Konstanzer Domherrn Georg Winterstetter von 1479 deutlich. Die Bauern *könnend auch nit wüssen oder erdenken Steg vnd Weg, Wis vnd*

982 Prologus, ed. cit. (Anm. 308) 19.

983 Prologo, ed., Ramos Bossini, F., Primera partida, Granada 1984. Vgl. Las siete partidas del sabio rey Don Alonso el Nono / nueuamente glosadas pro el licenciado Gregorio Lopez I, Madrid 1974.

984 Puntschart, P., Über Gottesbürgschaft im angelsächsischen Recht: Festschrift zu Ehren O. Redlichs, Innsbruck 1928, 499–532.

985 Dinzelbacher, Handbuch II, 194 f.

986 Watson.

Mass, durch welche sy semlich Würm oder Engerich könde vertryben, es sy dan Sach, das durch vns [die Kirche] inen gnedig Fürsehung geschech … Es folgt der Exorzismus gegen die *vergifte Würm.*[987]

Diese Beurteilung als „zweite Wahl" ist natürlich aus heutiger Perspektive formuliert, denn die Menschen jener Epochen, die jene „irrationalen" Verfahren anwandten, hatten solche Zweifel tabuisiert und ins Unbewusste abgeschoben, bis sie sich im Prozess der mentalen Wandlungen in der Neuzeit nicht mehr unterdrücken ließen.

Nach dem „Verlust der Mitte", nach der Reformation, nach der ja auch im Christentum rezipierten Aufklärung sind die meisten Formen, in denen sich Religiosität im Mittelalter ausdrückte, überhaupt fremd geworden. Unzählige für uns rein profane Phänomene wurden früher in religiösen Kategorien interpretiert oder hatten zumindest einen religiösen Aspekt. Die (für uns) weltlichsten Rechtsgeschäfte beginnen in den Urkunden mit einer Anrufung Gottes im Protokoll und evozieren die schrecklichsten Jenseitsstrafen in den Poenformeln der Sanctio am Schluss. Alle möglichen (für uns) menschlichen und allzumenschlichen Aktionen werden nach den Historiographen nur *Deo* oder *diabolo instigante* vollbracht, also auf göttliche oder teuflische Anstiftung hin, usw. Unvergleichlich zahlreicher als gegenwärtig sind im Mittelalter die Menschen, die sich einem von Frömmigkeitspraktiken dominierten Leben widmeten oder sich theoretisch mit Religion befassten.

Aber man muss hier gar nicht betont von der kirchlichen Frömmigkeit sprechen, denn diese spielt für manche Menschen auch jetzt ihre Rolle, wenn auch in der Regel in wesentlich bescheidenerem Maßstab. Man möge sich nur vergegenwärtigen, wieviel mehr des Sozialproduktes im Mittelalter von der Allgemeinheit für Kirchen, Klöster, Messen, Gebete usw. ausgegeben wurde als heute, was bei aller damit auch angezielten Selbstfeier einer sozialen Gruppe, des Klerus, ohne die entsprechende Akzeptanz durch die Gesamtgesellschaft unmöglich gewesen wäre.

Das spezifisch Andere der mittelalterlichen Religiosität ist aber primär das Leben in einer Welt, deren Bevölkerung sich nicht nur auf sichtbare Wesen beschränkt, wie für uns, sondern darüber hinaus eine genauso reale, wenn auch nicht oder nur gelegentlich sichtbare Bevölkerung miteinschloss, die ich die „zweite Welt" nennen möchte, die „„zweite" neben jener „ersten" der auch uns zugänglichen Alltagswelt. Gewiss, diese transzendente Welt war Gegenstand des Glaubens und der Lehre,

987 Wymann 134, 137.

wurde gepredigt und dogmatisch festgelegt. Aber wichtiger: Sie wurde auch erlebt. Unzählige mittelalterliche Menschen – keineswegs nur MystikerInnen – haben nach eigener Aussage Engel, Dämonen, Heilige und andere Verstorbene sowie unterschiedliche Arten von Zwischenwesen (Kobolde, Feen, Ungeheuer …) so deutlich gesehen und gesprochen, wie irgendeinen Hausgenossen oder Mitbürger. Das sind jedenfalls ihre Erfahrungen. Unzählige haben den Eingriff eines heiligen Thaumaturgen oder eines bösen Geistes in ihr Leben gespürt – diese Mächte waren im religiösen Alltag praktisch viel präsenter als die Trinität, selbst als der Gottessohn, dem nur wenige auserwählte CharismatikerInnen begegneten. Die Fülle der aus allen Jahrhunderten jener Ära überlieferten Berichte von Erscheinungen ist viel zu bedeutend (und sie finden sich in fast allen Genera des Schrifttums), als dass man auf bloße literarische Topoi oder lehrhafte Erfindungen rekurrieren dürfte. Dabei dominieren allerdings nicht immer dieselben Figuren. Maria ist ab dem Hochmittelalter wesentlich präsenter und überragt im Spätmittelalter auch oft ihr göttliches Kind; der Teufel macht sich im 12. Jahrhundert noch relativ wenig bemerkbar, vergleicht man mit dem 15. Jahrhundert.

Der Glaube an das permanente Einwirken dieser „zweiten Welt“ konnte ziemlich weit gehen. Dafür nur zwei Beispiele, eines aus dem frühen und eines vom Ende des hohen Mittelalters: In einem hagiographischen Text aus dem späten 8. Jahrhundert wird erzählt, wie der Bischof Zeno von Verona am Ufer der Etsch dem Fischfang nachging. Da sah er plötzlich, wie ein Ochsenkarren mit seinem Fuhrmann, der den Fluss überqueren wollte, in die Fluten stürzte.

> „Er wurde aber mit solcher Schnelligkeit davongerissen, dass das für alle ein Beweis war, dies sei durch die Hinterlist des Teufels geschehen. Auch der heilige Mann erkannte freilich, als er seine Augen erhoben und geschaut hatte, dass dieses Geschehen vom Teufel verursacht wurde. Er erhob also die Hand, machte mehrmals das Zeichen des heiligen Kreuzes und sprach: ‚Weiche zurück, Satan!‘“

– was natürlich den gewünschten Erfolg hatte.[988] Der springende Punkt ist, dass hier überhaupt nicht die Möglichkeit einer von Natur aus reißenden Strömung erwähnt wird, die für uns die einzige Erklärung wäre, sondern sofort ohne wei-

[988] Zit. Anti (wie Anm. 1167) 103 Anm. 21.

teres der Konnex zum Wirken der unsichtbaren Unterwelt gezogen wird. Geht es hier auch darum, die thaumaturgische Macht eines Heiligen zu demonstrieren, so entsprach dieser Erklärungsmodus offenbar dem allgemeinen Verständnis, wie zahllose Parallelen in anderen Texten lehren.

In der ersten Dezennien des 13. Jahrhunderts diktierte der selige Abt Richalm im Zisterzienserkloster Schöntal a. d. Jagst einem Mitbruder seinen *Liber Revelationum de insidiis et versutiis daemonum adversus homines*,[989] einhundertdreißig Kapitel von der Hinterlist und den Tücken der Dämonen gegen die Menschen: Die Welt ist erfüllt von unzählbaren bösen Geistern, die jeden von uns so dicht umströmen wie das Wasser einen Ertrinkenden im Meer (3). Wie ein dickes Gewölbe hüllen sie uns ein, so dass nicht einmal mehr ein Luftloch dazwischen Platz hat (4). Ihre Menge ist vergleichbar den Sonnenteilchen, dem Staub, dem Sand (41, 50). „Wie aber die Atome in der Sonne, so ist auch ihre Menge, die den Menschen umzingeln, oder noch viel mehr …“ .[990] Nichts Unangenehmes oder Schwieriges gibt es, was nicht aus jener „zweiten Welt“ käme: Appetitlosigkeit (24), Blähungen des Bauches (1, 36), Zahnweh (44), der Rausch nach dem Genuss guten Weines (37), Unaufmerksamkeit (1), Schläfrigkeit (6) genauso wie Schlaflosigkeit (11) usf., – alles wird ausschließlich von den dämonischen Feinden um und in uns bewirkt. In jedem Laut, vom Gewitter bis zum Lachen, Räuspern, Seufzen, Niesen, Schneuzen, besonders aber im Husten manifestieren sich ihre Stimmen, denn dadurch sprechen sie miteinander (47, 21, 26, 71). Aber: jedes Geräusch, das es gibt, kann ihre Stimme sein! (22). Sie schnarchen einem so laut in der Nase, dass der Nebenmönch im Chor meint, man wäre tief eingeschlafen (3).

Wir dürfen sicher nicht sagen, dass alle Zeitgenossen Richalms, wann immer sie ein Schnupfen überfiel, sofort an den Teufel dachten, aber speziell Zisterziensermönche scheinen oft die Präsenz jener unheimlichen Wesen so empfunden zu haben, dass man von einer für sie typischen Mentalitätskomponente sprechen könnte. Caesarius von Heisterbach ist dafür im frühen 13. Jahrhundert genauso

---

989 Ed. Pezius, B., Thesaurus anecdotorum novissimus I/2, Augustae Vindelicorum 1721, 373–472.

990 *Sicut autem atomi in sole, sic & multitudo eorum, vel eo amplius, qui circumvallant hominem … adeo instant nobis, ut mirum sit, quod aliquis nostrum vivit.* (12) „Oft, wenn ich die Augen schließe, sehen ich die Dämonen mich überall umgeben wie dichten Staub …“ (*Saepe, quando claudo oculos, video daemones tanquam pulverem densum, undique mihi circumfusos*) (41): Ebd. 421.

Zeuge wie etwa bereits die vielleicht zwei Generationen ältere Vita des seligen Christian von L'Aumône (gest. 1146).[991]

Wie bei allen mentalitätshistorisch relevanten Komponenten gab es selbstverständlich auch im religiösen Bereich gruppenspezifische und individuelle Differenzen, und zwar darin, wie akut diese „zweite Welt" im jeweiligen Alltag erschien. Wer im Kloster lebte, war wohl schneller und häufiger geneigt, sie wahrzunehmen, denn er beschäftigte sich ja auch „berufsmäßig" (wenn er nach der Regel lebte) permanent mit ihr. Aber auch der Ritter in seiner Burg, auch der Bürger hinter der Stadtmauer rechnete fest mit ihr, wenn er sie auch seltener zum Gegenstand seines Denkens und seiner Aufzeichnungen gemacht hat.

In den Epen und Romanen, also der profanen Dichtung, waren Engel, Teufel und Heilige zumeist kein vorrangiges Thema, aber sie existieren anerkanntermaßen: Sei es der Engel Gabriel, der am Schluss der *Chanson de Roland* (175 / 2375 ff.) zuerst den Handschuh und dann zusammen mit Michael und Cherubin[992] die Seele des Helden zu Christus trägt, sei es im *Partonopier und Meliur*, wo der Held seine nur nächtens erscheinende Geliebte verliert, weil er mit der Möglichkeit rechnet, sie könne in Wirklichkeit eine Teufelin sein. Dass in den Romanen des 12. Jahrhunderts diese Welt am wenigsten gegenwärtig war,[993] passt zu der auch sonst konstatierten Mentalität jener Periode, die uns bisweilen näher steht, als das späte Mittelalter.

Weder bei der Diskussion um die Revelationen der hl. Birgitta von Schweden noch beim Verhör der hl. Johanna von Orleans[994] ging es um die Realität der jeweiligen Phänomene, also Erscheinungen und Visionen aus der „zweiten Welt" – diese wurde ohne Zweifel auch von den urteilenden Intellektuellen angenommen. Es ging vielmehr darum, ob die übersinnlichen Phänomene von himmlischen oder von höllischen Mächten verursacht wurden. Es ging nicht um die Existenz der Geister, sondern um ihre *discretio*, die Unterscheidung zwischen guten und bösen. Der Vorwurf des Teufelspaktes, der in so vielen Hexenprozessen grundlegend war, wurde von Intellektuellen erhoben, die – wie normgebend Augustinus

991 Vgl. Dinzelbacher, Angst 95 f.; Ders., Mentalität 203 ff.

992 Irrtümliche Interpretation eines Engelschores als einzelner Engel.

993 Vgl. Haug, W., Der Teufel und das Böse im mittelalterlichen Roman: Seminar 21, 1985, 165–191.

994 Tanz, S., Jeanne d'Arc, Weimar 1991, 123.

und Thomas von Aquin – allen Ernstes daran glaubten, dass der Böse sich als Inkubus zu Frauen legte, und die davon ausgingen, dass diese ihn auf dem Sabbat besuchten.[995]

Wiewohl die Existenz und Virulenz des Teufels als persönliches Wesen auch heute von etlichen katholischen Theologen rigoros vertreten und auch von einigen nachkonziliaren Päpsten in Wahrnehmung ihres „ordentlichen Lehramtes" verkündet wird, – man vergleiche etwa die Predigten Pauls VI. von 1972 und 1977 sowie analoge Aussagen Johannes Pauls II. –, wiewohl für manche Sekten und spiritistische Gruppen auch heute die Realität jener „zweiten Welt" unbezweifelbar ist, handelt es sich für die Gegenwart doch um Randphänomene, Survivals, die der Mehrzahl unserer Zeitgenossen in der westlichen Welt völlig fremd sind.

Diese „zweite Welt" konnte in einer für uns unnachvollziehbaren Kongruenz zur Alltagswelt stehen. Im Jahre 585 zerstörte ein großes Feuer Teile von Paris. Der zeitgenössische Bischof Gregor von Tours schildert als Ursache für seinen Ausbruch einmal eine Handlung, die in keiner modernen Geschichte der Stadt in diesem Sinne erwähnt wird, und dann eine zweite Handlung, die in allen diesen Werken zitiert wird.

1. Nach der Ermordung des Bischofs Praetextatus schaute eine Frau in einem Traum, wie eine leuchtende Gestalt aus der Basilika des hl. Vinzenz kam und mit einer Kerze der Reihe nach die Häuser der Händler anzündete. Ohne weiteren Kommentar folgt: 2. Ein Kaufmann ging im Morgengrauen in sein Lager, vergaß seine Lampe dort neben dem Ölgefäß. Davon fing das Haus Feuer, und dieses griff auch auf die anderen über.[996] Die beiden Ursachen, eine in der materiellen und eine in der spirituellen Welt (für Gregor war die Reihenfolge umgekehrt), scheinen für den Berichterstatter gleich wahr und damit synchron und koexistent.

Nicht selten ist die unsichtbare Welt in der damaligen Perzeption sogar „realer" als die sichtbare, sind jene Kausalkonnexe ausschlaggebend, die von dort in die sichtbare Welt gezogen werden. Der genannte Bischof Gregor von Tours erzählt

---

995 Dinzelbacher, P., Heilige oder Hexen? Düsseldorf 5. Aufl. 2004.

996 *„virum inluminatum … domus negutiantum ex ordine succendentem"… „Ex quo lumine adpraehensa domus incendio concrematur, de qua et aliae adpraehendi coeperunt."*: Historia Francorum 8, 33, ed. M. Oldoni, II, 308 ff. Vgl. de Nie, G., Views from a many-windowed tower, Amsterdam 1987, 142 ff.

von sich selber: Während eines Gebets in der Heilig-Kreuz-Kirche zu Poitiers bemerkte er, wie Öl aus einer Lampe in ein darunter stehendes Gefäß ausfloss. Er zog genau denselben Schluss, den jeder von uns ziehen würde, nämlich, dass das Gefäß einen Sprung habe. Als er die Äbtissin darob tadelte, antwortete sie ihm jedoch, so sei es nicht, vielmehr manifestiere sich hier die Macht des Heiligen Kreuzes (der Hauptreliquie dieser Kirche). „Da begann ich nachzudenken (*tunc ad me reversus*) und erinnerte mich an das, was ich schon vordem gehört hatte …", nämlich, dass die *virtus* (Kraft) der Kreuzesreliquie dieses Phänomen zustande bringe.[997] Das Erklärungsangebot eines Wirkens der Überwelt wird sofort angenommen, andere innerweltliche Möglichkeiten gar nicht erst reflektiert (z. B. die, dass die Lampe überfüllt worden wäre oder dass es einen Zufluss geben könnte). Vielmehr schilt sich der Bischof selbst ob seiner sturen Unsensibilität (*stultitia mentis durae*). Für ihn war es aufgrund der biblisch bezeugten Wunder (hier 2Kön 1–7), aufgrund der hagiographisch bezeugten Wunder (hier ein ähnliches des hl. Martin[998]), aufgrund der Wunderberichte von Zeitgenossen geradezu *common sense*, das Nächstliegende, die Erklärung der Äbtissin zu übernehmen: Es musste sich um ein Mirakel handeln. Die Glaubensrealität der *auctoritates (Bibel,* Kirchenväter, Heilige) überlagert das, was wir als real bezeichnen würden. Gregors Denkweise dürfte, das wird man sagen können, auch von sehr vielen seiner Mitmenschen geteilt worden sein. Nicht aber von allen, denn Gregor selbst erwähnt Zweifler. Warum sie zweifeln, erklärt sich ihm abermals nur durch einen Eingriff aus der „zweiten Welt": Sie müssen von einem Dämon besessen sein.[999]

Aus dieser „zweiten Welt", also von außen, können für mittelalterliche Menschen Handlungsimpulse kommen, die in der praktischen Lebenswirklichkeit auch von religiösen Menschen der Gegenwart als von Innen kommend erfahren werden; schon Ludwig Feuerbach hat den psychischen Mechanismus der Extraprojektion treffend beschrieben. Es darf nochmals an den Traum Kaiser Karls IV. erinnert werden (s. S. 24), der gerade deshalb ein so gutes Beispiel ist, weil ihn

[997] *„putavi, quasi vas esset efractum … Nec ita est, domine mi, sed virtus est crucis sanctae …"*: In gloria martyrum 1, 5, MG SS rer. Mer. I/2, 40. Das folgende großteils nach de Nie, G., A broken lamp or the effluence of holy power? Common sense and belief-reality in Gregory of Tours' own experience: Mediaevistik 3, 1990, 269–279.

[998] Sulpicius Severus, Dial. 3, 3.

[999] De virtutibus S. Martini 2, 32.

nicht ein Mystiker oder ein charismatisch begabter Heiliger berichtete, sondern ein recht nüchterner Politiker in seiner Autobiographie.

Gerade im religiösen Bereich lässt sich gut beobachten, wie Mittelalter und Gegenwart dieselben Erlebnisse jeweils unterschiedlich in ihr Weltbild einordnen, je nach der Aktualität der „zweiten Welt". Die Nahtoderfahrungen (‚*near death experiences*') bieten ein gutes Beispiel: Während heute Menschen, die scheintot waren, aber reanimiert werden konnten, ihre Erfahrungen oft ganz neutral schildern – wie z. B. das Ausleibigkeitserlebnis (die Seele schwebt über dem Körper), einen Tunnel, der von Dunkelheit zum Licht führt, angenehme oder unangenehme Empfindungen und Geräusche etc. – , werden die gleichen Erfahrungen im Mittelalter regelmäßig (wie auch bei besonders frommen Patienten noch heute) religiös interpretiert: Die bedrohliche Dunkelheit ist das Fegefeuer oder die Hölle, der Weg zur Höhe erfolgt mit Hilfe der Engel, das Licht ist die Gottheit usw. Typisch für die mittelalterliche Mentalität ist es auch, dass solche Jenseitsreisen so gut wie nie allein unternommen werden, sondern stets unter der Führung eines Engels oder Heiligen, also einer Autoritätsfigur, wogegen die Patienten der Gegenwart diese Erfahrungen so gut wie immer allein, ohne Begleitgestalt, machen.[1000]

Noch ein weiteres Beispiel soll unser Thema illustrieren: Vieles, was heute – ohne Konnexionen zur Religion – dem Bereich Krankheit zugeordnet wird, gehörte im Mittelalter zu dem des Glaubens. Bell hat dies am Beispiel der Anorexia nervosa gezeigt, also der Verweigerung von Nahrungsaufnahme besonders durch junge Mädchen. Magersucht wird heute als Zeichen von psychischen Erkrankungen gewertet und als solche behandelt. In der damaligen Zeit galt sie jedoch als religiös erwünschte Bußleistung und Kasteiung und wurde sogar als überdurchschnittlich positives Verhalten gewertet. Die Kirchenlehrerin Katharina von Siena hat sich 1380 gemäß diesem Ideal zur Buße für die Sünden der Menschen buchstäblich zu Tode gehungert, und der Bauer Nikolaus von Flüe wurde aufgrund seiner Nahrungsabstinenz zum schweizerischen Nationalheiligen.[1001]

Solches religiösen Vorstellungen spiegelnde bzw. religiösen Leitnormen gehorchende Denken und Verhalten sollten wir wohl nicht in die Kategorie stellen, der es bei heutigen Menschen sogleich zugerechnet wird, der der Psychopathologie,

---

[1000] Dinzelbacher, P., An der Schwelle zum Jenseits. Sterbevisionen im interkulturellen Vergleich, Freiburg 1989; id., Vision und Magie, Paderborn 2019.

[1001] Bell, R. M., Holy Anorexia, Chicago 1986, 22 ff.; Dinzelbacher, Mentalität 226 ff.

sondern sollten es bei der neutralen der „Fremdheit“ belassen. Denn der Krankheitsbegriff ist, speziell was seelische Erkrankungen betrifft, kulturell variabel, und in ihrer Zeit wurde weder Richalm als krank noch Katharina als psychos angesehen. Beide „funktionierten“ in ihrer Gesellschaft, der eine als Abt seines Klosters, die andere als äußerst tätige Kirchenpolitikerin und Seelenführerin. Man könnte diese Beispiele unschwer vervielfachen.

II. Autoritäten

Ein anderes Charakteristikum der Epoche war eine enorme Hochschätzung von Autoritäten zu Lasten des eigenen Denkens. Man muss dies auch für die Intellektuellen des Mittelalters konstatieren: Was die *Bibel* oder die antiken Wissenschaftler gesagt hatten, galt auch, wenn die eigenen Erfahrungen und Überlegungen gegenteiliger Art waren. Als sich im 12. Jahrhundert im Zuge des allgemeinen Umbruchs deutlich eigenständigeres Denken zu regen begann, scheiterten individuelle Denker, die die *auctoritates* der Kirchenväter gegeneinander ausspielten, wie Abaelard, wogegen es anscheinend ohne Konsequenzen möglich wurde, die alten naturwissenschaftlichen Autoritäten ganz abzulehnen, wie es der von antik-arabischem Wissen faszinierte Mathematiker Adelard von Bath ausdrücklich tat. Dieses Unterordnen galt ja im allgemeinen nicht nur für die Theologie und Philosophie, sondern auch für die völlig im Schatten antiker Autoren wie Aristoteles, Galen oder Plinius stehenden Naturwissenschaften. Ein bekanntes Beispiel für diese Hörigkeit ist Mondino dei Liuzzi (gest. 1326), der den Uterus gemäß der Tradition nach wie vor als siebenkammerig beschrieb, obschon er selbst zwei Frauenleichen seziert hatte.[1002]

Trotzdem waren es einzelne Denker des 12. Jahrhunderts wie die eben genannten, die uns insoweit modern vorkommen, als sie Alternativen in ihren theoretischen Systemen für möglich hielten. Abaelard schrieb schließlich auch einen Traktat, in dem ein Christ, ein Jude und ein Philosoph sich über den Glauben unterhalten. Zwar diente das Werk dazu, die Überlegenheit des ersteren zu erweisen, aber immerhin werden auf diese Weise auch andere Denksysteme durch-

[1002] Thomasset, Cl., La représentation de la sexualité et de la génération dans la pensée scientifique médiévale: Mediaevalia Lovaniensia ser. I, Stud. VIII, 1981, 1–17, 4.

gespielt. Adelard bereiste die Mittelmeerländer, um Griechisch und Arabisch zu studieren und die in diesen Sprachen aufgezeichneten naturwissenschaftlichen Texte kennenzulernen und zu übersetzen. Keiner von beiden entsprach freilich dem ‚Durchschnittsgelehrten' der Epoche.[1003]

Gerade darin unterscheidet sich aber unsere wissenschaftlich geprägte Kultur von den traditionellen, dass sie viel offener für Paradigmenwechsel ist, als jene. Das gilt eigentlich für alle Bereiche. Ein relativ geschlossenes Weltbild wie das mittelalterliche impliziert die Behinderung oder Vernichtung von nichtkonformem Denken – man denke an die Verfolgung von Häretikern. Ein offeneres Weltbild lässt verschiedene politische Parteien, Religionen, Nichtreligionen etc. in einem gesellschaftlichen Organismus zu. Hier liegt auch ein wesentlicher Unterschied des Mittelalters zur klassischen Antike, in der die unterschiedlichsten Glaubens- und Kultformen sowie Philosophien im Wesentlichen frei miteinander konkurrieren konnten. Erst der im 4. Jahrhundert erfolgte Übergang zu einer von oben verordneten einheitlichen Staatsreligion sollte dies grundlegend verändern.[1004]

III. Assoziatives Denken

Es ist speziell in der älteren Literatur oft gesagt worden, dass das Mittelalter, besonders das frühe, nicht logisch, nicht rational denke. Erinnern wir uns an die Geschichte aus Paulus Diaconus (s. S. 19 f.). Kunibert schloss aus der Analogie: Fliege mit fehlendem Bein und Mensch mit fehlendem Bein auf die Identität dieser beiden Lebewesen. Für ihn (und Paulus, der dies als historische Mitteilung bringt) erschien die Existenz eines *Tertium comparationis*, nämlich der gleichen körperlichen Beschädigung, als Garant für die Identität der beiden Wesen. Da aber auch im 7. Jahrhundert Fliegen und Menschen nicht dasselbe waren, musste es sich im Grunde um ein drittes, musste es sich um einen bösen Geist handeln, welcher sich bald in dieser und bald in jener Gestalt zeigte. Was für uns unnachvollziehbar wirkt, ist also einerseits die Wertung

1003 Dinzelbacher, Europa 114.

1004 Dinzelbacher, Mentalität 35 ff.; Dinzelbacher/Heinz, Europa in der Spätantike, Darmstadt 2007.

der Analogie (fehlendes Körperglied) auf einen konkreten Zusammenhang hin (wir würden sie als zufällig ansehen) und andererseits die Überzeugung von der Existenz dämonischer, wandlungsfähiger Zwischenwesen. Dann, auch dies eine Divergenz, wird der Radius für eine zu suchende Kausalverknüpfung so kurz wie möglich gelegt: Die Eventualität, dass z. B. ein versteckter, dem Herrscher unbekannter Lauscher der Verräter hätte sein können, bleibt unberücksichtigt.

Vorgänge, in denen sich ähnliche Denkweisen manifestieren, werden oft geschildert: Auch der Dichter und Geschichtsschreiber Notker von St. Gallen z. B. erkannte (*intellexit*), dass ein Hund, der sich nächtens in die Krypta der Klosterkirche verlaufen hatte, der Teufel sein musste, und der Berichterstatter Ekkehard IV. stimmte dem offensichtlich zu.[1005]

Im Prinzip findet man dieselbe Mentalität auch im hohen und späten Mittelalter oftmals. Der Arzt Johannes Hartlieb, der in Rom, Wien und Padua studiert hatte und an den Höfen zahlreicher süddeutscher Fürsten verkehrte, einschließlich dem kaiserlichen, teilt in seinem *Puoch aller verpoten kunst* um 1455 dem Markgrafen Johann von Brandenburg mit, was er selbst in der Ewigen Stadt erlebte, und zwar als historisches Faktum ohne wenn und aber: „Es war in dem sechsten Jahr des Papstes Martin, da vergingen sich in Rom viele Frauen und Männer dergestalt gegen den wahren Glauben, dass sie sich in Katzen verwandelten und dann viele Kinder töteten." Einem Bürger gelang es, einer solchen Katze einen Schlag auf den Kopf zu versetzen, als sie sich gerade auf sein Kind stürzte. „Des nächsten Morgens früh ließ sich die Nachbarin des Bürgers mit den Sterbesakramenten versehen; und alle Nachbarn kamen …" Woran litt die Frau? An einer Kopfwunde, für die sie eben diesen Vater verantwortlich machte. „Der Nachbar dachte an die Katze und auch an das, was sie zu ihm gesagt hatte, und brachte das vor den Senat." Die Frau wurde verbrannt.[1006]

Wir kennen dieses Denken natürlich auch, aber es ist beschränkt auf einen von uns als fiktional eingestuften Bereich, den von Sage und Märchen und nun auch Fantasy-Produkten. Warum? Weil uns Aufklärung und naturwissenschaftliche Bildung davon überzeugt haben, dass Erklärungen, die gegen die überwie-

---

1005 Casus S. Galli 40, AQ 10, 92 ff.

1006 Das Buch aller verbotenen Künste. Von Johannes Hartlieb, hg. u. übers. v. Fürbeth, F., Frankfurt a. M. 1989, 45 ff.

gende Evidenz der Alltagserfahrungen verstoßen, bewiesen werden müssen, ehe sie angenommen werden können, und dass keine übernatürlichen Verursacher anzunehmen sind, so lange eine Erklärung mit innerweltlichen auskommt. Die Alltagserfahrung lehrt aber, dass sich Menschen üblicherweise nicht in Fliegen oder Katzen verwandeln und dass sich Hunde auch in eine Kirche verlaufen können, ohne dass ein böser Geist in ihnen stecken muss. Schließlich ist die naturwissenschaftliche, also experimentelle Verifizierung derartiger Zusammenhänge unmöglich.

Auch die Gottesurteile und Tierprozesse, die wir oben ausführlich behandelt haben, waren also, wenn man den Terminus, der freilich ein Werturteil impliziert,[1007] präzise verwenden will, nicht irrational, da sie aus im vorgegebenen Weltbild vernünftigen Kausalverknüpfungen installiert wurden: Wenn Gott allmächtig ist und auf die Bitten der Menschen achtet, dann kann man von ihm ein Wunder auch in der Rechtssphäre erwarten. Er kann bewirken, dass die verbrannte Hand auch gegen ihre Natur heilt oder sich schädliche Insekten an den Befehl eines Exorzisten halten. Immerhin rekurrierte man auf diese Art der Vernunft nur in extremen Situationen, wenn menschliches Urteil sich nicht in der Lage sah, zwischen Schuld und Unschuld zu scheiden, wenn menschliche Vorsorge nichts gegen animalische Zerstörung vermochte.

Denn man muss sich dessen bewusst bleiben, dass das mittelalterliche Recht ja im Großen und Ganzen so „rational" funktionierte wie das heutige; die meisten seiner Vorschriften und Vorgänge sind uns nachvollziehbar. Das salische Volksrecht erwähnt Gottesurteile etwa zwölf Mal, dagegen mehr als sechzig Mal Zeugen und Zeugnis, also Elemente, die auch in unserem Rechtsgang ganz an der Tagesordnung sind, und dieselbe Tendenz zeigen andere frühmittelalterliche Rechte, wenn sie gegenüber einer Eidesleistung die Aussage von Zeugen bevorzugen.[1008] Dazu wurden die Gottesurteile fast immer nur als die Ultima Ratio in Fällen betrachtet, die sonst unlösbar schienen. Es wäre somit ganz inadäquat, von einer völlig unterschiedlichen Mentalität auszugehen. Das uns „Fremde" ist in ihr präsent, ohne zu dominieren.

[1007] Zu dieser Problematik vgl. Colman 573 f.

[1008] Colman 577 ff.

Offenbar steht die Vorstellung von einer umfassenden Partizipation hinter den Denkmustern, die ich als assoziative bezeichnet habe. Darunter sei die Konzeption vom Zusammenhang aller oder bestimmter Wesen und Dinge verstanden, auch solcher, die für uns nicht zusammengehören. Der archaische Mensch sieht die Welt in zusammengehörigen Komplexen, schon sich selbst nicht als Individuum, sondern als Stammes- bzw. Sippenmitglied. Es geht im älteren Recht nicht darum, den Täter als Individuum zu bestrafen, sondern Wergeld von seiner Sippe der beleidigten Sippe zukommen zu lassen; ist dies nicht möglich, kann das Gleichgewicht durch die Tötung eines beliebigen (!) Mitglieds der Feindgruppe wiederhergestellt werden. Die Wohlfahrt des Landes ist eine Funktion des Heils des Königs, das Land – konkret die Landwirtschaft – partizipiert an seinem Heil und dergleichen mehr.

Der weite Bereich der Magie, insofern sie sich nicht an göttliche oder dämonische Wesen wendet, gehört ebenfalls zur Kategorie der Partizipation. Sie funktioniert nur, wenn man an Korrespondenzen glaubt, die naturwissenschaftlich nicht erweisbar sind. So heißt es etwa im althochdeutschen *Trierer Blutspruch*:

Christ uuarth giuund
tho uuarth he hel gi ok gisund
that bluod forstuond
so duo thu bluod[1009]

(„Christus wurde verwundet; da wurde er wieder heil und gesund, das Blut stockte. So tue du [auch jetzt], Blut!")

Diese einfache Magie ist nur dann praktizierbar, wenn man daran glaubt, dass eine Korrespondenz zwischen dem „Verhalten" des Blutes *in illo tempore*, in der Zeit der Heilsgeschichte, und dem „Verhalten" des Blutes in der augenblicklichen Situation besteht, die durch das Aussprechen bestimmter Formeln aktiviert werden kann. Sie ist typisch für magische Sprüche, auch in anderen Epochen und Kulturen. Wo Magie dagegen quasi eine Stufe höher mit Hilfe von Dämonen prak-

[1009] Poetische Sprachschätze aus althochdeutscher Zeit, hg. v. Wipf, K. A., Bonn 1985, 100.

tiziert wird – auch hier reichen die Belege von Augustinus über die Scholastiker bis zu Gilles de Rais, Johannes Hartlieb und dem *Hexenhammer* – haben wir es aber wieder mit der Realität der „zweiten Welt" zu tun und nicht mit der hier apostrophierten Magie, welche auf dem Mana bestimmter Objekte basiert.

Viele mittelalterliche Autoren, besonders bekannt Hildegard von Bingen, sahen eine bis in die Einzelheiten gehende Korrelation von Mikrokosmos und Makrokosmos, von Menschen und Weltall. Nicht nur die Astrologie, auch die Medizin „funktionierte" teilweise auf dieser Basis, deren Wurzeln in die Antike zurückgehen, die aber im Mittelalter wesentlich prägender wurde. Ein beliebiges Beispiel aus Hildegards *Liber divinorum operum*:

> „Die Augenbrauen des Menschen aber manifestieren die Bahnen des Mondes: Nämlich den einen Weg, auf dem er zur seiner Wiederherstellung unter der Sonne geht, und den anderen, auf dem er von der Sonne entflammt zurückkehrt. Und die Brauen sind Schutz und Bollwerk der Augen, wie auch der Mond der Schutz und die Nahrung der Sterne ist."[1010]

Und ähnlich werden alle Teile des Körpers und des Alls interpretiert; als Schöpfung des einen Gottes stehen sie in einer wechselseitigen Partizipation.

Symbolik, Allegorie und Allegorese im gelehrten Schrifttum des Mittelalters erscheinen nur als die intellektuellen Varianten dieser Denkweise. Das Assoziieren von Vergleichsobjekten in früh- und hochmittelalterlichen Lehrbüchern wirkt auf uns oft willkürlich und mehrdeutig. In den *Moralia in Job* etwa, einem der im Mittelalter meistgelesenen und vorbildlichsten Bibelkommentare, breitet Papst Gregor I. (gest. 604) eine Vielfalt von Interpretationen aus, die den Text dieses Buches der *Heiligen Schrift* nicht realistisch bzw. historisch erklären, sondern einen Wald allegorischer, übertragener Bedeutungen anbieten, so dass man fast den Eindruck vollkommener Beliebigkeit hat. Ähnlich verfahren unzählige andere Werke dieses Genres. Diese Vorgangsweise der Allegorese, die für das ganze Mittelalter und auch noch die frühe Neuzeit vorbildlich sein sollte, sei an einem die Kontemplation betreffenden Beispiel aus den *Moralia* gezeigt: In seinem Klagelied ruft der alttestamentliche Dulder Hiob zu Gott: „Wie lange noch

[1010] I, 4, 38, CCCM 92, 173.

verschonst du mich nicht und lässt mich nicht meinen Speichel schlucken?" Diesen buchstäblich nachfühlbaren Schrei eines erschöpften, vom Unglück verfolgten Menschen würden wir nur im wortwörtlichen Sinn verstehen. Kein heutiger Bibelleser, wage ich zu unterstellen, würde von sich aus assoziieren, was Gregor und in seinen Spuren die ganze mittelalterliche Theologie nach der seit Origenes Adamantius (gest. 254?) verbreiteten Methode in diesen Passus hineininterpretierte: Was bedeutet der Speichel, wenn nicht den Wohlgeschmack tiefster Betrachtung? Er fließt vom Haupt zum Munde aus, weil von der Herrlichkeit des Schöpfers, der mit dem Haupte gemeint ist, uns, die wir noch in diesem Erdenleben sind, kaum der Geschmack einer Offenbarung berührt. Dieser Speichel wird nicht verschluckt, gelangt nicht in den Magen, was bedeutet, dass die Betrachtung der Gottheit die Sinne berührt, aber die Seele nicht sättigt, da der Geist ob der Dunkelheit unserer Verderbtheit das Erhabene nur einen Augenblick zu schauen vermag.[1011] Den Speichel können wir also nicht schlucken, weil es nicht gestattet wird, „dass wir uns am Gut der himmlischen Helle sättigen", zur Strafe für die Erbsünde.[1012]

Ein weiteres Beispiel: Wenn der in vielen Versionen überlieferte *Physiologus,* diese spätantik-mittelalterliche Enzyklopädie der theologischen Fauna, Christus als *spiritalis unicornis*, als „geistliches Einhorn" identifiziert, weil er sich aufgrund seiner Demut so klein wie dieses Tier machte und weil das *eine* Horn Symbol des Monotheismus ist: *bezeichenet einen got*,[1013] so werden vergleichbare Eigenschaften im weitesten Sinn als das Wesentliche der Dinge betrachtet.

Mit welcher Beliebigkeit diese Methode im Spätmittelalter gehandhabt wurde, hat Huizinga eindrucksvoll dargelegt. Um sich die Fremdheit dieses Denkens auch im Zeitalter des beginnenden Humanismus zu vergegenwärtigen, genügt es, sich die Frage zu beantworten, ob es einem heutigen Gläubigen zumutbar wäre, über die Passion Christi in Lebkuchenform zu meditieren, wie dies so beliebte Prediger des 15. Jahrhunderts wie Johannes Kreutzer und Geiler von Kaisersberg allen Ernstes propagierten. Detailliert werden hier die einzelnen Stationen des Leidensweges Christi analog zum Herstellungsprozess und dem Verzehr von Leb-

---

[1011] Mor. 8, 30, 49, CCSL 143, 420.

[1012] Mor. 8, 30, 50, ebd. 421 f.

[1013] Wilhelm, F. (Hg.), Denkmäler deutscher Prosa des 11. und 12. Jahrhunderts, ND München 1960, I, 8; II, 22.

kuchenstücken aneinandergereiht. Dass eine solche Allegorie keine Extravaganz war, sondern weithin Anklang fand, zeigen auch die zahlreichen anonymen Versionen des *Geistlichen Lebkuchens.*[1014]

Man könnte hier von der freien Assoziation als ‚wissenschaftlicher' Methode der Theologie sprechen. Augustinus und andere haben nachträglich eine Zeichentheorie zur Rechtfertigung dieser Vorgangsweise geliefert, aber Bücher wie der *Physiologus* sind nicht Umsetzungen dieser Konzeptionen in die Praxis, sondern umgekehrt, die Theorien sollten die Praxis auf einem komplexeren Reflexionsniveau decken.[1015]

Auch bestand für die gelehrte Welt zwischen dem Wort und der Sache ein innerer Zusammenhang, wie namentlich die mittelalterlichen Etymologien zeigen. Sie sind durchgehend vom Typ „Ignatius ist soviel wie ignem patiens, d. h.: der das Feuer göttlicher Minne hat erfahren."[1016] (Faktisch kommt der Name unspektakulär vom Ort Egnatia in Süditalien). Im Namen steckt das Wesen des Menschen. Das gleiche gilt auch für die germanischen Namen mit ihren implizierten Wunsch-Charakteristika: z. B. Gerfried, der mit dem Speer Schützende, Bernhard, der Bärenkühne. Dasselbe Denken steht also hinter gelehrter und volksläufiger Onomastik und ist aus dem Märchen wohlbekannt, wo die Kenntnis des Namens Macht über die Gestalt selbst bewirkt (*Rumpelstilzchen*).

Extreme Beispiele machen das Wesen der Sache besonders deutlich: Als eine Mystikerin des späten 13. Jahrhunderts, die hl. Mechthild von Ha[c]keborn, einmal eine Taube in ihrem Nest sieht, fragt sie den Herrn, was dann ihr eigenes Ei sei, über dem sie in der Meditation sitze. *Ovum* (Ei), antwortet Gott: O ist die Höhe meiner Gottheit, *vum* die Tiefe deines Nichts! Diese beiden Gegensätze vereinigen sich tröstlicherweise.[1017] Gerade in ihrer Geistlosigkeit (auch für ihre Epoche, eine Katharina von Siena konnte ähnliche Gedanken sehr tiefsinnig formulieren) zeigt sich ganz deutlich ein nicht mehr nachvollziehbares Element der

[1014] Hegenmaier, W., Passionspredigten „Geistlicher Lebkuchen": VL 7, 1988, 350–352.

[1015] Vgl. Schmidtke, D., Geistliche Tierinterpretation in der deutschsprachigen Literatur des Mittelalters, Diss. Berlin 1968, I, 125 ff.

[1016] Die Legenda Aurea, übers. Benz, R., Heidelberg 8. Aufl. 1975, 181.

[1017] *Liber specialis gratiae* 3, 42, zit. Dinzelbacher, Mystik 230 f.

mittelalterlichen Zeichentheorie: *Res* (das Bezeichnete) und *Signum* (die Bezeichnung) korrespondieren ontologisch.

IV. Körperlichkeit

Was ist hier mit „Körperlichkeit" gemeint? Im Gegensatz zu einem Mittelalterbild der *saecula spiritualia* (geistig/geistliche Jahrhunderte) scheint mir nachweisbar, dass sich die meisten Menschen jener Zeit wesentlich deutlicher durch ihren Körper und seine Handlungen definierten, als durch den Bereich des Geistigen oder Seelischen. Dies gilt doch wohl für die gesamte Epoche.[1018] Für den gebildeten Römer lag Individualität primär in der letztgenannten Sphäre, wie ein bekanntes Wort Ciceros illustriert: „Der, den diese Gestalt dartut, das bist du nicht, sondern der Geist eines jeden, das ist ein jeder, nicht die Figur, auf die man mit dem Finger zeigen kann!"[1019] Für uns Heutige gilt in der Regel ein Gleiches (mögen auch ganzheitliche Gegenströmungen existieren). Dagegen fällt in den mittelalterlichen Volkssprachen auf, dass das Personalpronomen oft durch „Leib" plus Possessivum umschrieben wird. *mîn lîp* im Mittelhochdeutschen, *my body* im Mittelenglischen heißt „ich", *Il ses cors, ses cors meisemes* im Altfranzösischen „er selbst". Überspitzt gefolgert: Das Ich liegt im Leib, nicht in der Seele.

Während wir unseren Willen, unsere kommunikativen Beziehungen primär durch Worte ausdrücken, bedurfte man im Mittelalter dazu meistenteils auch des Körpers. Und dies trotz der im kirchlichen Schrifttum so allgegenwärtigen Polarisierung von Materie und Geist mit Abqualifizierung ersterer, wie sie u. a. als Erbe des manichäischen Elements via Augustins Theologie rezipiert wurde. Der Vorrang des Geistigen mag auf der theoretischen Ebene noch so oft betont worden sein, praktisch musste oftmals leiblich auch das vollzogen werden, was für uns nur eine Frage der Verbalisierung ist. Denn es gab eine ganz starke Tendenz, in Bereichen materiell-konkrete Handlungen zu setzen, wo für uns das Wort als Träger des Gedankens und des Willens genügen würde.

[1018] Ob das Auftreten des Somnambulismus erst ab 12. Jahrhundert mit Boureau, A., „La redécouverte de l'autonomie du corps": Micrologus 1, 1993, 27–42, eine neue „Autonomie des Leibes" bedeutet, sei dahingestellt.

[1019] Cicero, *De re publica* 6, 26.

Besonders einleuchtend lässt sich dies in der Rechtssphäre demonstrieren. Da ist einmal die Vielfalt der Gesten: Es genügte beispielsweise nicht, dass ein Mächtiger verbal seine Bereitschaft zum Schutz verkündete, er nahm den Hilfesuchenden unter seinen Mantel; es genügte nicht, dass ein Freier nur die entsprechende Formel zur Kommendation (Übergabe) sprach, um der Gefolgsmann eines Herrn zu werden, er legte auch seine gefalteten Hände in der *manuum immixtio* (Verschränkung der Hände) in die des *dominus*; es genügte nicht, dass der Richter während der Verhandlung sitzen blieb, er musste dies mit verschränkten Beinen tun usw. Treten, Schlagen, Stauchen, Küssen, Heben, Anfassen spielten im älteren Rechtsbrauch eine große Rolle.[1020] Ich gehe darauf jedoch nicht weiter ein, da zu dem Thema des „rechtsrituellen Handelns“ bereits seit Grimm und Amira eine weite Literatur vorliegt und eine umfangreiche moderne Darstellung von Jean-Claude Schmitt erschienen ist.[1021] Jedenfalls gehörte der Körper mit seinen Haltungen und seinen Bewegungen zu den verfahrenserheblichen „Formalia“. Wir kennen Reste dieses Verhaltens beim Schwur, beim Versprechen mit Handschlag, beim Gebet (das Händefalten ist ja ein erst im Frühmittelalter aus dem Feudalzeremoniell auf die Gebetshaltung übertragener Kommendationsgestus an Gott; zuvor betete man meist in der „Orantenhaltung“ mit erhobenen Armen).

Ähnlich vollzieht sich das Gottesurteil, wie wir gesehen haben, keineswegs so, dass der Herr irgendetwas in der Seele eines der Kontrahenten bewirken würde, sondern er verwendet Körper als Kommunikationsmittel, um den Menschen seine Entscheidung mitzuteilen: Der beim Kesselfang verbrühte Arm heilt ab oder entzündet sich, der geweihte Bissen wird verschluckt oder bleibt im Halse stecken, die zum Kreuz gestreckten Arme fallen herab oder halten sich oben. Gott greift nicht in die Seele ein, er macht den Körper zum Zeichen seines Urteils darüber, wer im Recht ist und wer nicht.

Auch mit den Körpern der „delinquenten“ Tiere schien das Verbrechen geradezu materiell verbunden zu sein, daher ihre Mitverbrennung bei Sodomie und ihre Hinrichtung zur Auslöschung der Erinnerung an die Untat (s. S. 181 f.). Im genannten Institut des *deodand* (s. S. 183) war das Objekt, mit dem eine Schädi-

1020 Amira, K. v., Schwerin, Cl. v., Rechtsarchäologie, Berlin 1943, 60 ff.

1021 Die Logik der Gesten im europäischen Mittelalter, Stuttgart 1992.

gung erfolgte, der Krone verfallen (es hätte ja auch eine entsprechende Zahlung gefordert werden können).

Folgende historische Beispiele zeigen gerade in ihrer Drastik besonders gut das Gewicht, das dem Körperlichen in der mittelalterlichen Mentalität zukam: Zu Rom wurde im Januar 897 ein seit neun Monaten verwesender Leichnam exhumiert, mit den liturgischen Gewändern angetan und auf einen Thron gesetzt. Es handelte sich um die sterblichen Reste des Papstes Formosus (891–896), gegen den sein Nachfolger Stephan VI. nun feierlich den Prozess eröffnete. Zu seinen Lebzeiten war er vor Formosus gekniet, um von ihm zum Bischof geweiht zu werden. Er erlaubte dem Verblichenen einen „fairen“ Prozess, denn neben der Leiche stand ein Diakon, der sich in ihrem Namen zu den erhobenen Vorwürfen zu äußern hatte. Trotzdem wurde der Tote nach dreitägiger Verhandlung einer Reihe von Vergehen für schuldig befunden und wurden seine Amtshandlungen für ungültig erklärt. Da er auch meineidig geworden war, hackte man ihm die drei Schwurfinger der Rechten ab. Seine Überreste wurden in ein Massengrab geworfen.[1022] Ein extremes Vorgehen, ohne Zweifel, für das Stephan etwa 15 Monate später von den Anhängern des Formosus in einem Kloster erdrosselt werden sollte. Aber kein ganz singuläres,[1023] wenn man bedenkt, dass die Exhumierung von Verstorbenen, die nachträglich der Ketzerei angeklagt wurden, eine ganz übliche Praxis der Inquisition war. Allerdings begnügte sich das Heilige Officium regelmäßig mit der Verbrennung der Überreste, ohne den Kadavern einen Prozess zu machen.[1024]

Erwähnt sei in diesem Zusammenhang auch eine Tradition, die auf der iberischen Halbinsel wohlbekannt ist, obgleich sie sich erst 1577 in dem Drama *Nise laureada* des Dominikaners Jeronimo Bemudez findet und ihr präzises Alter unbekannt bleibt:[1025] 1357 soll der portugiesische Adel vor seiner neuen Königin Iñes de Castro vorbei defiliert sein. Das Krönungszeremoniell wurde genau eingehalten. Trotzdem erbrachen sich beim vorgeschriebenen Handkuss einige Herren,

1022 Zimmermann, H., Papstabsetzungen des Mittelalters, Graz 1968, 49 ff.

1023 Fälle von Verstümmlung etc. von Leichen in der Antike (Imbert/Levasseur 199 ff.) scheinen eher spontane Racheakte als juridisches Vorgehen gewesen zu sein.

1024 Lea, Geschichte I, 260, 451, 619, III, 213.

1025 Hermenegildo, A. ed., El tirano en escena: tragedias del siglo XVI, Madrid 2002.

und einige Damen wurden ohnmächtig. Die Monarchin war nämlich bereits seit fünf Jahren tot. König Pedro I. hatte sie, die von seinem Vater ermordet worden war (ein Parallelfall zu Agnes Bernauer in Bayern), einbalsamiert in der Gruft der Klosterkirche Santa Clara zu Coimbra aufbewahren lassen, bis er die Nachfolge antreten und die exhumierte Iñes zu seiner Königin machen konnte.[1026]

Jedes Mal aber war es ein offizieller Rechtsakt. Ein Rechtsakt, der für die Beteiligten die körperliche Anwesenheit der Person verlangte, um die es ihnen ging – und sei es, der exhumierten. Man erinnert sich an die nun ganz faktische, wirklich praktizierte Leichenklage bzw. die „Klage mit der toten Hand“ im älteren deutschen Recht: „Der Tote konnte auch Kläger sein. Man brachte ihn deshalb vor Gericht, zu welchem Zwecke man ihn für den Prozess aufbewahrte, z. B. in einem Zimmer des eigenen Hauses oder im Rauchfang hängend … oder man begrub den Toten zwar, schnitt ihm aber zuvor die Hand ab, um dann Klage ‚mit der toten Hand‘ zu erheben …“[1027]

1. Beschreibbarkeit

Ein weiteres Element der epochentypischen Körperlichkeit ist die „Beschreibbarkeit“ des Leibes selber. Dieser wird wörtlich zum Medium der Kommunikation. Dies wurde ganz konkret durch die seit dem Anbruch des späten Mittelalters allgemein für die meisten Stände üblichen Körperstrafen praktiziert. Sie hatten gewiss unterschiedliche Aspekte, etwa den der Rache oder den der spiegelnden Strafe – man will das Glied des Täters verstümmeln, mit dem er gesündigt hat, also etwa die Zunge des Verleumders oder den Penis des Vergewaltigers. Viele hatten aber auch einen Zeichencharakter für die Gesellschaft, sind eine Form der Kommunikation, nämlich der Warnung, wie sie heute etwa durch die Verbreitung von Photos in den Medien, durch den Vermerk in den Personalpapieren, die Speicherung im Vorstrafenregister usw. erfüllt wird. „Leibesstrafen der Verstümmelung dienten insbesondere der Kenntlichmachung des Diebes und zur Erleichterung des Beweises des Rückfalls.“[1028] Dem Delinquenten wurden in kleineren

[1026] Vgl. Botta, P. ed., Inês de Castro – Studi. Estudos. Estudios, Ravenna 1999.

[1027] Schild 74.

[1028] Hinckeldey, Strafjustiz 108.

Fällen, auf die noch nicht das Erhängen stand, die Ohren abgeschnitten oder eine Marke ins Gesicht eingebrannt, mit einem glühenden Schlüssel, einer glühenden Münze, eigenen Brandeisen. Meineid wurde immer wieder mit dem Abhauen der Schwurfinger geahndet; der Delinquent konnte also nie wieder schwören, und jedermann sah ihm an, dass er nicht vertrauenswürdig war. Dass die Markierung an gut sichtbarer Stelle erfolgen musste, *backen brennen, durch die zen brennen, wunden an der stirnen,*[1029] weist eindeutig darauf hin, dass es in erster Linie darum ging, den Körper zu „beschreiben", um den Verbrecher quasi zum Träger seines eigenen Steckbriefes zu machen. Dies war ja ein allgemein verständliches, keiner literaten Bildung bedürftiges funktionales Äquivalent zum geschriebenen Steckbrief, der sich erst im späten Mittelalter langsam bei den städtischen Obrigkeiten zu entwickeln begann.[1030] Ob Kafka, als er seine Novelle *In der Strafkolonie* schrieb, wo eine komplizierte Maschine jedem Schuldigen das übertretene Gebot blutig in den Körper eingraviert, sich der früheren Realität dieses Verfahrens bewusst gewesen ist? Auch hier also spielte sich jedenfalls die Wirkung der Strafe ganz wesentlich im materiellen Bereich ab, wogegen heute eine Veränderung der seelischen Einstellung ohne körperliche Veränderung Ziel der Strafe ist.

Eine vielleicht unerwartete Parallele findet sich im religiösen Bereich seit dem 13. Jahrhundert: Die Beschreibbarkeit des Körpers eines Charismatikers/einer Charismatikerin durch ihn selbst oder durch Gott.[1031] Die intensivste Form religiösen Erlebens, die praktische Mystik, war in vielen Fällen keineswegs eine bloß innerseelische Erfahrung, sie war in wesentlich stärkerem Maß als es die theologischen oder literaturwissenschaftlichen Darstellungen vermuten lassen, auch ein physisches Erleben mit Trancezuständen, Ekstasen und Katalepsie.

Es gab eine ‚literarische' Form, den eigenen Körper zum Träger seiner religiösen Überzeugung und damit zu einem Kommunikationsmedium zu machen: das Einschreiben des Namens Jesu in das eigene Fleisch. Der selige Dominikaner Heinrich

---

[1029] Grimm, Rechtsaltertümer II, 298.

[1030] Nicklis, H.-W., Rechtsgeschichte und Kulturgeschichte. Zur Vor- und Frühgeschichte des Steckbriefes: Mediaevistik 5, 1992, 95–125.

[1031] Vgl. Tipka, E., Subjekt und Text. Nonnenviten und Offenbarungsliteratur in Frauenklöstern des 14. Jahrhunderts: Mediaevistik 2, 1989, 225–253, 241 ff.; Dinzelbacher, Körper; Ders., Spätmittelalterliche Askesepraktiken als Ausdruck des epochentypischen Dolorismus: Saeculum Jahrbuch 69, 2019, 1 ff.

Seuse (gest. 1366)[1032] beschrieb seine Brust mit dem Namen Jesu – wohl eine Form der Identifikation, der Gotteseinung, doch auch ein blutiger Verschreibungsakt, gleichsam die heilige Version des mit Blut besiegelten Teufelspaktes: Mit einem Schreibgriffel stach er sich oberhalb seines Herzens ins Fleisch „und stach also hin und her und auf und ab, bis er den Namen IHS deutlich auf sein Herz gezeichnet". Mit diesem in den Grund seines Herzens „eingeschmolzenen" Minnezeichen fällt er blutüberströmt vor dem Kruzifix auf die Knie: „Herr, mehr kann und vermag ich dich nicht an mich zu drücken, zeichne deinen heiligen Namen so in mich ein, dass du nie mehr aus meinem Herzen scheidest!"[1033] Mystiker wie Seuse und seine Zeitgenossin Christine Ebner, im 18. Jahrhundert dann Veronika Giuliani und Gerhard Tersteegen, schrieben den Namen ihres himmlischen Bräutigams schmerzhaft in ihre Körper ein, um mit ihm zu verschmelzen – also eine nicht-ekstatische, sondern bei vollem Bewusstsein vollzogene leibliche Version der *Unio mystica*. Anderen Charismatikerinnen des 14. Jahrhunderts wird der Name Jesu ekstatisch von Gott „eingedrückt", so Adelheid Langmann und Margareta Ebner.

Ebenso deutlich ein körperliches Phänomen der Mystik ist die seit Franz von Assisi (gest. 1226) immer wieder auftretende Stigmatisation, also das mirakulöse Zeichnen des Körpers mit den Wundmalen Christi. Lukardis von Oberweimar, Mechthild von Stans, Grunburg von Adelhausen, Margareta Ebner, Katharina von Siena, Dorothea von Montau, Liedwy von Schiedam sind nur einige so Gezeichnete des 14. und 15. Jahrhunderts. Der Empfang der Stigmen geht als seltenes Survival bis in unser Jahrhundert: die hl. Gemma Galgani (gest. 1903), der hl. Pater Pio von Pietrelcina (gest. 1968), die umstrittene Theresa Neumann von Konnersreuth (gest. 1962).

Die mystische Kreuzigung zeigt durch das Bleibende der Wundmale wiederum diesen Aspekt der Körperlichkeit: Die *Imitatio Christi*, die willentliche Nachahmung des Lebens Christi, ist übergegangen in die *Conformitas Christi*, die Gleichförmigkeit mit dem Erlöser – aber in eine körperliche Gleichförmigkeit. So hat die spätere franziskanische Tradition Franz von Assisi als *alter Christus*, zweiten Christus, bezeichnet. Franziskus hat die absolute *Imitatio*, die Christusförmigkeit im Leiden, erreicht. Nicht ganz wenige Gläubige haben sich die Stigmata selbst

[1032] Dinzelbacher, Mystik (1994) 301 f.

[1033] Deutsche Werke, hg. v. K. Bihlmeyer, Stuttgart 1907, 16.

beigebracht, wie – vor Franziskus – die hl. Maria von Oigniès; andere sind eben dafür als Ketzer hingerichtet worden.[1034]

Aber der Leib wird nicht nur beschrieben, er wird sogar identisch mit dem des Gottessohnes. Dies leuchtet unmittelbar ein, wenn man das Phänomen des ekstatisch-mimetischen Nachvollzugs der Passion betrachtet. Es ist selten beobachtet worden, so an der hl. Elisabeth von Spaelbeek (ca. 1248–1316). Sie war nicht nur ob ihrer Nahrungslosigkeit und der Stigmata (auch Wunden der Dornenkrone) berühmt. In Trance zeigte ihr Leib das körperliche, mimetische Miterleiden der Passion, das sie so berühmt machte, dass Abt Wilhelm von St. Trond ihr eine Kapelle neben ihrem Zimmer im Elternhaus erbauen ließ. Der Zisterzienserabt Philipp von Clairvaux besuchte 1267 die damals Zwanzigjährige. Mit eigenen Augen sah er, wie ihr Körper die Passion „feierte": „Um Mitternacht steht sie auf, um wunderbar den Beginn der Passion des Herrn zu bekennen, nämlich wie er gefangen wurde und hin und her gezerrt und von den Händen der Ruchlosen grausamst behandelt wurde … (Wiewohl sie sonst nicht einmal bei einem Brand aufstehen könnte,) … erhebt sie sich um Mitternacht … und schlägt sich mit beiden Handflächen wieder und wieder auf die Wangen, wodurch ein beständiger und harmonischer Ton entsteht … Danach aber, wie anstelle der Lectio, stellt sie mit ihren Gebärden den Beginn der Passion des Herrn dar, nämlich wie er gefangen wurde und mit furchtbarer Grausamkeit behandelt. Da sieht man, wie sie bald mit der rechten Hand das eigene Kleid vor ihrer kleinen Brust ergreift und sich selbst nach rechts zieht, bald mit der linken Hand gleicherweise nach links. Dann aber wendet sie sich, wie mit Gewalt gezogen, genau nach vorn, durch verschiedene, wechselnde Stöße fast kopfüber, als ob sie von anderen ganz boshaft und gewaltsam gezogen … Mit Augen und Händen, mit Zeichen und Gebärden drückt sie Angst und Schrecken aus … Manchmal reißt sie sich auch mit Gewalt die ziemlich kurzen, da eben geschnittenen Haare über der Stirn aus, und schlägt, ohne die Beine zu bewegen, – ein Wunder – mit dem Kopf auf den Boden … Dann dreht sie den Arm auch gegen die eigenen Augen, streckt den Zeigefinger gerade aus, wobei sie die anderen Finger zusammenballt, und presst ihn immer wieder gegen die Augen, als ob sie sie ausdrücken oder durchbohren möchte. Man sieht daraus, dass sie auf eine unerhörte und neue Weise in sich zugleich die Person des leidenden Herrn darstellt und des wütenden Verfolgers oder Folterknechtes: die Person

[1034] Dinzelbacher, Körper 51–78.

des Herrn, wenn sie leidet, die des Verfolgers, wenn sie schlägt, zerrt, haut oder droht."[1035] Ähnlich geht es zu den anderen kanonischen Horen weiter. Der Körper ist gleichsam die Passionsbühne, auf der das Drama des *illud tempus* nachgespielt wird, der Leidensweg des Gottessohnes, nunmehr nicht in dem männlichen Leib, den Maria geboren, sondern in dem seiner die Imitatio Christi zur Conformitas steigernden Dienerin. Diese haptische Frömmigkeit manifestiert sich nicht im Gebet oder in der Meditation, sondern im leiblichen Vollzug.

2. Askese

Dies gilt ebenso für einen anderen wichtigen Bereich der mittelalterlichen Frömmigkeit, die Askese. Man sollte sich nicht von den verharmlosenden Reflexionen der Theologen und Hagiographen des 19. und 20. Jahrhunderts täuschen lassen: Askese bedeutete im Mittelalter oft einen auf seine Zerstörung gerichteten Umgang mit dem Leib zur Erlangung seelischen Heils.[1036] Das ist von den mittelalterlichen Asketen auch unverhohlen ausgesprochen worden, bloß werden solche Quellenpassagen heute in den einschlägigen Darstellung unterdrückt. Eine Maxime des hl. Bartholomeus von Farne (gest. 1194) lautete: „Wir müssen unseren Körpern alles Schlimme zufügen, wenn wir sie zum vollkommenen Glanz der Seele hinführen wollen!"[1037] Und der uns so gern von einer falschen Interpretation des *Sonnengesangs* her als ganz in lieblicher Milde aufgehend vorgestellte Franziskus bekannte: „Einen größeren Feind als meinen Körper habe ich nicht."[1038] „Wir sollen Hass wider unsern Körper mit seinen Lastern und Sünden fühlen", empfiehlt dieser Heilige ausdrücklich in seinem Schreiben an alle Gläubigen,[1039] und Fasten,

[1035] Übers. Dinzelbacher, Mystik (1994) 201 ff.

[1036] Im Folgenden greife ich mehrfach wörtlich auf verschiedene Stellen von Dinzelbacher, Mystik (1994) zurück. Vgl. auch Anm. 1031.

[1037] *Omnia turpia his corporibus inferre debemus, si ea ad perfectum animae candorem perducere volumus.*: Vita 9, Rolls Series 75/1, 1882, 302.

[1038] Thomas von Celano, *Vita* IIa 2, 86, 122, Menestò, E., Brufani, St. edd., Fontes Franciscani, Assisi 1995, 555. Vgl. auch *Admonitio* 10.

[1039] *Ep. ad fideles, rec. post.*, ebd. 82.

Selbstgeißelung,[1040] Selbstüberwindung hat er wirklich genugsam vorgelebt. Denn täglich müssen wir das Kreuz des Herrn tragen.[1041]

Askese bedeutete für viele Fromme jener Zeit nicht nur Fasten und Wachen – das waren die selbstverständlichen Leistungen. Askese bedeute die systematische Zerbrechung des hauptsächlichen Hindernisses wirklich christlichen Lebens, also des Leibes mit seinen gegen die Seele widerstreitenden Bedürfnissen. Das alte Paulinische Thema also (Röm 7, 23). Theologisch abgesichert war dies durch Bußleistung, *Imitatio martyrum, Imitatio Christi* (so Petrus Damiani). Der Leib hat nur die Funktion eines Mittels zur Selbstheiligung der Seele. Ein aussagekräftiges Beispiel, in dem eben diese beiden Seiten des Körperverständnisses zum Ausdruck kommen, findet sich in der Lebensbeschreibung der hl. Christina von St. Trond (geb. 1150):

> „Schwer seufzend und immer wieder Brust und Leib mit ihren Fäusten bearbeitend, rief sie aus: ‚Oh armer und armseliger Leib! Wie lange noch wirst du mich von der Anschauung Christi zurückhalten? Wann verlässt du mich, so dass die Seele frei zu ihrem Schöpfer zurückkehrt? Weh dir, Armseligster! Und weh mir, die ich mit dir verbunden bin!'"

Dann seufzte sie und weinte, brach schließlich in Lachen aus und begann, ihre Füße auf das liebvollste (*cum maximo affectu*) zu küssen:

> „Oh höchst süßer Leib! Warum habe ich dich geschlagen? Warum habe ich dich geschmäht? Hast du mir nicht bei jedem guten Werk gehorcht, das zu vollbringen ich auf Gottes Veranlassung begonnen habe? Du hast die Qualen und Mühen sehr gutwillig und geduldig ertragen, die dir der Geist auferlegte."[1042]

1040 Thomas von Celano, *Vita* IIa 2, 92.

1041 *Admonitio* 5.

1042 *O miserum et miserabile corpus! … Quam diu retardabis me a conspectu Christi? Quando derelinques me, ut anima ad Creatorem suum libera revertatur? Vae tibi, miserrime! et vae mihi, quae conjuncta sum tibi … O dulcissime corpus! Quare verberavi te? Quare convicia intuli tibi? Numquid obedisti mihi in omne opus bonum, quod Deo auctore aggressa sum facere? Tu tormenta, tu labores benignissime ac patientissime pertulisti, quae spiritus imponebat.*: Thomas von Cantimpré, Vita 48, AASS Juli 5, 1868, 658 F.

Die „Martern und Mühen", die Christina auf sich genommen hatte, waren allerdings so spektakulär, dass sie den Beinamen *Mirabilis* erhalten sollte, unter dem sie nach wie vor verehrt wird: Christine die Wunderbare.

Die Praktiken der Askese variierten. Irische Heilige des Frühmittelalters z. B. waren berühmt für die Stunden, die sie psalmsingend in eiskaltem Wasser verbrachten.[1043] Die Eremiten von Fonte-Avellana praktizierten im 11. Jahrhundert die Selbstgeißelung in einem Ausmaß, das sogar denselben hl. Petrus Damiani zum Einschreiten bewog, der mit seinem Traktat *De laudibus flagellorum* („Über das Lob der Geißelung") die Selbstgeißelung so erfolgreich propagiert hatte und selbst bis ins hohe Alter mit gutem Beispiel voranging. Auch einzelne Männer und Frauen aus dem Laienstand übernahmen schon zu seinen Lebzeiten diese Bußübung, wiewohl sie vor allem von Mönchen und Nonnen der reformwilligen Klöster praktiziert wurde.

Dies galt keineswegs nur für besonders „exzentrische" Einzelne, sondern auch für Kollektive, und keineswegs nur kurzlebig in besonderen Situationen, wie die lange bestehenden Flagellantenbruderschaften zeigen, die aus den Geißlerbewegungen von 1260 und 1350 entstanden. Es galt auch für regulierte Gemeinschaften: Kein Hagiograph, der Frauenleben im Sinne seiner Idealvorstellungen und damit falsch schildert, wie eine feministische Mediävistik ab und an unterstellt, nein, eine Frau selbst, Katharina von Gebersweiler (gest. 1330/45?),[1044] eine hochgebildete Schwester des Colmarer Dominikanerinnenkonvents Unterlinden, schildert die Nonnen der ersten Generation als leuchtende Vorbilder ob ihrer Liebe zueinander, ihrer Strenge bei der Bestrafung von Fehlern, ihren feurigen Andachtsübungen:

> „Einige mühten sich mit häufigen Kniebeugen und schlugen sich selber unter der Anbetung der Majestät des Herrn … Andere geißelten und zerrissen sich jeden Tag aufs heftigste das Fleisch durch Rutenstreiche, andere mit knotenreichen Riemen, welche zwei oder drei Ausläufer hatten, andere mit Eisenketten; noch andere aber mit Dornengeißeln. In der Advents- und der ganzen Fastenzeit kamen alle Schwestern nach der Frühmette im

[1043] Gougaud, L., Dévotions et pratiques ascétiques du moyen âge, Maredsous 1925, 156 ff.

[1044] Les „Vitae Sororum" d'Unterlinden, ed. J. Ancelet-Hustache: Archives d'histoire doctrinale et littéraire du moyen-âge 5, 1930, 317–509; Dinzelbacher, Katharina: VL 4, 1073–1075; Pfleger, L., Die Mystik in Unterlinden: Colmarer Jahrbuch 3, 1937, 35–45.

> Kapitelsaal oder anderswo zusammen und zerfleischten ihren Leib, bis das Blut floss, und peitschten denselben aufs grausamste und feindselig, so dass der Schall der Schläge das ganze Kloster durchdrang und süßer als jede andere Melodie zu den Ohren des Herrn Sabaoth emporstieg, welchem solche Werke der Demut und Andacht sehr gefallen …"[1045]

Ausdrücklich werden diese und andere Martern – so hart, dass „die heiligen Schwestern" in bluttriefender Kleidung einhergehen – als Nachfolge von Christi Leiden bezeichnet.[1046] Auch die Selbstverwundung, hier nicht mit dem Namen Jesu, sondern mit dem in die Brust eingeschnittenen Kreuz, fehlt nicht.[1047] Die Frömmigkeit der Schwestern bestand also nicht vorzüglich in stiller spiritueller Betrachtung, sie bestand vorzüglich in körperlichen Bußleistungen.

Ein gleiches Denken lässt sich auch noch bei Kaiser Maximilian I. feststellen. Ehe er 1519 verschied, hatte er seinem Beichtvater Gregor Reisch befohlen:

> „Der Körper darf weder ausgeweidet noch einbalsamiert werden. Gleich nach seinem Hinscheiden soll man ihm die Haare abschneiden, die Zähne ausbrechen und sie dann mit glühenden Kohlen auf dem Friedhofe begraben. Nachdem der Körper gegeißelt, wird er (zur rascheren Verwesung) mit Kalk und Asche bestreut, in einen Sack von grober Leinwand eingewickelt … Die Leiche wird dem Anblick aller ausgesetzt, damit sie sich von der Eitelkeit der irdischen Herrlichkeit überzeugen mögen."[1048]

Das Abschneiden der Haare kann so singulär nicht gewesen sein, denn auch Ladislaus Posthumus, der freilich durch besonders schönes Haar ausgezeichnet war, hatte dies angeordnet.[1049] Die Verschiebung der Buße vermittels der Geißelung auf den toten Körper – die auch tatsächlich ausgeführt wurde, wie die Ruten im Grab

1045 c. 4, ed. 340 f., Übersetzung orientiert an Clarus, L., Lebensbeschreibungen der ersten Schwestern des Klosters der Dominikanerinnen zu Unterlinden, Regensburg 1863.

1046 c.5, ed. cit. 342.

1047 c. 35.

1048 Srbik, R. v., Maximilian I. und Gregor Reisch: Archiv für österr. Geschichte 122, 1961, 229–340, 299 f.

1049 Ebd. 299, Anm.

des Herrschers erweisen[1050] – wirkt allerdings archaisch, denn welche Wirkung konnte sie haben, wenn nicht vorausgesetzt werden muss, dass eine Korrespondenz zwischen Leib und Seele auch nach dem Tode existiert?

Dass die Verallgemeinerung, ohnehin alle mittelalterlichen Heiligen wären kraft hagiographischen Topos Asketen gewesen, ohne weiteres als falsch bezeichnet werden muss, ist leicht aus Biographien wie denen der hl. Hildegard von Bingen, des hl. Engelbert von Berg oder des hl. Thomas von Aquin ersichtlich. Die Quellen über Heilige, die sich unvorstellbar harten Peinigungen hingaben, bleiben dennoch unerschöpflich, selbst wenn man nur zeitgenössische Berichte oder Autobiographien berücksichtigt, wie etwa die des Heinrich Seuse mit ihren ausgesuchten Selbstfoltern.[1051]

Manche dieser Gläubigen töteten sich mit ihrer körperlichen Askese selber; Bernhard von Clairvaux wäre es mit seiner Fastenpraxis fast gelungen, wenn ihn nicht Bischof Wilhelm von Champeaux mit Gewalt daran gehindert hätte (wir haben einen Augenzeugenbericht).[1052] Aber eine sel. Christine von Retters (1269–1292), eine hl. Katharina von Siena trieben es so weit, dass ihr Leib das nicht mehr ertragen konnte: Erstere starb mit dreiundzwanzig Jahren, da sie zur Bändigung sexueller Anfechtungen nicht nur die allgemein übliche Selbstgeißelung verwendete, sondern auch ein brennendes Holz „glühend in ihren Leib stieß, so dass das materielle Feuer das Feuer ihrer Begehrlichkeit mit großen Schmerzen auslöschte." Trotz dieser Verbrennung ihres Geschlechts wurde sie weiter von sexueller „Wollüsten" geplagt. Deshalb füllte sie sich die Vagina mit Kalk und Essig, so dass sie acht schmerzensreiche Tage ohne natürliche Ausscheidung blieb, dann folgte drei Tage Blut. Aber nicht einmal dies half. Erst eine Wiederholung mit Kalk und Harn brachte sie an den Rand des Todes und in tiefe Depression.[1053] Christina hat noch viele Kasteiungsmethoden durchprobiert, etwa Sitzen im Schnee, Liegen auf Nesseln, Zerbeißen der Zunge, Hunger bis zur Ohnmacht, mit einem Wort

1050 Ebd. 328; Wiesflecker, Hans. Kaiser Maximilian I., Band V, München 1986, 634, Anm. 51.

1051 Dinzelbacher, Mystik (1994) 295 ff.

1052 Wilhelm von St. Thierry, *Vita* 1a, 1, 32, PL 185, 246 C, vgl. Dinzelbacher, Bernhard 488 s.v. Askese und Bernhard, Askese.

1053 Mittermaier, F. (Hg.), Lebensbeschreibung der sel. Christina: Archiv f. mittelrheinische Kirchengeschichte 17, 1965, 209–252, 235.

Dar zo, was dem lybe wee dede, dar an vbet sie sich stetlichyn.[1054] Dies alles geschah nicht in einer verborgenen Einsiedlerklause, sondern in der Kommunität eines Prämonstratenserinnenklosters. Wie bei manchen anderen Mystikern und v. a. Mystikerinnen erhielt sie dann den überirdischen Befehl zum Abbruch (vgl. Wilbirg von St. Florian, Seuse): Ein Altarbild der von ihr besonders intensiv verehrten Mutter Gottes ohrfeigt sie und heißt sie, sich mit den üblichen Kasteiungen zu begnügen.[1055] Aber sie stirbt im 23. Lebensjahr an ihren Selbstbeschädigungen.

Der Körper der Kirchenlehrerin Katharina von Siena ertrug die Askese zehn Jahre länger. Doch auch sie starb aufgrund körperlicher und seelischer Überanstrengung, oder genauer: opferte sich bewusst, indem sie als Bußleistung keine Nahrung und kein Wasser mehr zu sich nahm. Schon 1372 hatte sie 55 Tage vollständig gefastet, und bis zu ihrem Lebensende kasteite sie sich, indem sie sich täglich heftig erbrach, wenn sie etwas gegessen hatte. Um dies regelmäßig tun zu können, „steckte sie sich unter großen Schmerzen die Stengel von Fenchel und anderen Pflanzen bis zum Magen" in den Schlund. Diesen Bußakt nannte sie „Gerechtigkeit", und pflegte ihn mit den Worten „Nun wollen wir dieser erbärmlichsten Sünderin Gerechtigkeit widerfahren lassen!" einzuleiten.[1056] 1380 schrieb sie, sich schon als Tote fühlend, in ihrem letzten Brief an ihren Beichtvater: „Dieser Leib existiert ohne jede Nahrung, sogar ohne einen Tropfen Wassers, mit so vielen süßen körperlichen Qualen, wie ich sie zu keiner Zeit je getragen. Mein Leben hängt an einem Haar."[1057] Damit hatte sie endlich erfüllt, was aus der Spannung entstanden war, die Gottes Forderung dem endlichen Geschöpf auferlegt: „Denn Gott, der unendlich ist, will unendliche Liebe und unendliches Leid" (*Perché Dio, che è infinito, infinito amore e infinito dolore vuole*).[1058] Es ist dies geradezu der Zentral- und Leitsatz der spätmittelalterlichen Frömmigkeit mystischer Prägung. Verstanden wurde er von den Zeitgenossen regelmäßig so, dass es sich um körperliches Leid handeln musste.

Wäre es denn notwendig gewesen, den Leib mit derartigen Praktiken zu zerbrechen, um die Seele für Gott frei werden zu lassen, wenn die Leibverhaftetheit nicht viel stär-

---

[1054] Ebd. 236.

[1055] Ebd. 246.

[1056] Raymund von Capua, Vita 176 f., AASS April III, 1866, 906 EF.

[1057] *Lettera* 373, ed. Meattini, U., Caterina da Siena, Le lettere, Milano 4. Aufl. 1987, 1193.

[1058] *Il Libro* 3, ed. Ders., Milano 4. Aufl. 1975, 28.

ker und im Religiösen viel hinderlicher empfunden worden wäre, als in der Gegenwart? Auch für intensiv gläubige Christen ist das Körperliche heute im allgemeinen (von der Sexualität abgesehen) kein Problem mehr; sie tendieren doch viel eher in Rezeption außerchristlicher ganzheitlicher Philosophien zu einer Integration von Psyche und Soma als zu einer Polarisierung zwischen einem wertvollen und einem verdammenswerten Teil des Menschen, was das Auferstehungsdogma ohnehin nahelegt.

Nun variieren Askesepraktiken ganz allgemein nicht nur individuell oder gruppenspezifisch; sie haben auch eine eigene Chronologie: Während im Frühmittelalter Fasten und Wachen üblicherweise als hinreichend betrachtet wurden, kam erst ab 11. Jahrhundert die systematische Selbstgeißelung dazu, ab dem 13. kamen dann ausgefeilte Selbstquälereien auf, wie sie Seuse am ausführlichsten beschrieb. Dies korrespondiert mit der zunehmenden „Dolorisierung" des Christusbildes: Die Darstellungen Jesu wandeln sich vom hohen zum späten Mittelalter laufend, der triumphierende Herrscher am Kreuz weicht dem blutüberströmten Schmerzensmann. Den Höhepunkt körperlicher Zerfleischung stellen die Gekreuzigten des 14. und 15. Jahrhunderts dar, eine ähnliche Intensität erreichen dann wieder die entsprechenden Plastiken im 18. Jahrhundert.[1059] Ein Gleiches ließe sich an den Darstellungen der Märtyrer-Heiligen aufzeigen. Zweifellos gibt es einen Zusammenhang nicht nur mit den jeweiligen Praktiken der Folter und der Körperstrafe, sondern grundsätzlich mit dem jeweiligen Platz, den Körperlichkeit in der zeitspezifischen Mentalität einnimmt.

3. Reliquienverehrung

Ein anderes typisch mittelalterliches und für uns fremdartiges Phänomen, in dem sich die Gebundenheit an das Leibliche ausdrückt, ist die Reliquienverehrung.[1060] Wiewohl die Heiligen sich definitionsgemäß im Himmel befinden und von dort überall eingreifen können, ist ihre Macht (*virtus*) nach mittelalterlicher Anschauung doch primär an die Orte gebunden, wo sich ihre Knochen- und Kleiderreste befinden. Hinter der so oft bezeugten (nicht selten kriminellen) Jagd nach Heiltümern, den Geschenken an diese, hinter ihrer politische Bedeutung, ihrer rituellen

[1059] Dinzelbacher, P., Christus als Schmerzensmann: Milfull, I., Neumann, M. (Hgg.), Mythen Europas. Schlüsselfiguren der Imagination, Mittelalter, Regensburg 2004, 200–225.

[1060] Das Folgende v. a. nach Dinzelbacher, Mentalität 124–183.

Erniedrigung (*humiliatio*) bei mangelnder Wunderbereitschaft, den Wallfahrten usw. stand die feste Überzeugung, es sei eben nicht hinreichend, irgendwo zu einem Heiligen im Himmel zu beten. Vielmehr war es allgemeine Annahme, man müsse sich dem auf Erden verbliebenen Pfand (*pignus* wird oft als Bezeichnung für Reliquie gebraucht) seines Wirkens physisch möglichst nahe befinden. Bereits Papst Gregor I. hatte es in seinen *Dialogi*[1061] eigens als ein „Glaubensverdienst" bezeichnet, anzunehmen, dass man auch an einem Platz erhört werden könne, wo kein heiliger Leib ruhe; dort wo die Seligen in ihren Reliquien körperlich anwesend seien, gebe es ohnehin keinen Zweifel daran.

Diese Einstellung gilt für die am weitesten vergeistigten Menschen des Mittelalters genauso wie für die die Mirakelberichte füllende *plebs*. Auch ein Bernhard von Clairvaux unterließ es nicht, in Rom mit Messern und Fingern einen Zahn des hl. Caesarius für sich herauszubrechen zu lassen,[1062] und er sicherte sich für den Tag der Auferstehung ganz konkret die Hilfe der Heiligen, indem er verfügte, er solle in der Tunika des hl. Malachias bestattet werden, auf der Brust mit einem Kästchen, enthaltend die Reliquien des hl. Apostels Thaddäus. So geschah es auch.[1063] Selbst ein derartig nüchterner Politiker und doch gleichzeitig engagierter Reliquienjäger wie Kaiser Karl IV. zögerte nicht, persönlich einen Finger des hl. Nikolaus für seine Sammlung zu zerschneiden, worauf die Reliquie zu bluten begann, was verschiedentlich als Omen ausgelegt wurde, von den einen als gutes, von den anderen als böses.[1064]

Vielleicht besonders erhellend ist das Beispiel Alkuins, des führenden Theologen am Hofe Karls der Große: Er selbst predigte, „dass es besser ist, im Herzen die Beispiele der Heiligen nachzuahmen, als Säckchen mit ihren Gebeinen mit sich zu herumzutragen"[1065] – aber gleichzeitig forderte der die Gläubigen auf, den Boden, auf den das Blut des hl. Bonifatius und seiner Gefährten vergossen worden war, mit Küssen zu verehren, denn die Erde in Dokkum, auf die „ihr Blut, kostbarer als alles Gold"[1066] geflossen war, hatte für ihn deutlich die Qualität einer Reliquie.

[1061] 2, 38, 2 f., SC 260, 246 ff.

[1062] *Vita Ia S. Bernardi* 4, 1, 1, PL 185, 322 ff.

[1063] Dinzelbacher, Bernhard 361.

[1064] Ferdinand Seibt, Karl IV., München 1978, 393.

[1065] *Ep.* 290, MGH Ep 4, 448.

[1066] Zit. Angenendt, A., Heilige und Reliquien, München 1994, 64.

Das Heil eines ganzen Landes wurde mit der physischen Präsenz eines heiligen Leibes verknüpft gedacht: Der sächsische Geschichtsschreiber Widukind von Corvey (gest. um 975) legte dem französischen Gesandten, der eine goldgefasste Hand des hl. Dionysius als Geschenk nach Deutschland brachte, die Klage in den Mund, „seitdem uns der berühmte Märtyrer Vitus zu unserem Schaden und eurem dauernden Frieden verlassen hat“ (er war 836 nach Corvey transferiert worden), bleibe dem von den Normanneneinfällen erschütterten Westreich einzig der in St. Denis verwahrte hl. Dionysius als Trost.[1067] Der Mönch, der dem hl. Guthlac von Croyland (gest. 714) regelmäßig die Tonsur schnitt, fühlte sich ernsthaft versucht, ihn mit seinem Rasiermesser zum Märtyrer zu machen, damit er wenigstens als Leiche der Region erhalten bleibe und der Ort seines Todes eine reich beschenkte Gnadenstätte werden sollte,[1068] und ähnlich planten die Einwohner in der Umgebung der Appeninnenklause des hl. Romuald von Camaldoli (gest. 1027), diesen zu ermorden, als er wegziehen wollte, um ihn, „weil sie ihn nicht als Lebenden zurückhalten konnten, wenigstens als toten Leichnam zu besitzen, damit er das Patrozinium über ihr Land übernehme“.[1069]

Man kann geradezu einen Terminus aus der katholischen Eucharistielehre übernehmen und von einer „Realpräsenz“ des Heiligen in seinem Reliquiar oder Grab sprechen. Wo der Körper ist, dort ist auch der Thaumaturg, wofür wir aus allen Abschnitten des Mittelalters zahllose Belege haben. In Träumen und Visionen erscheinen die Heiligen direkt aus ihren Gräbern oder Reliquiaren; alle Riten der Partizipation an der Heiligkeit eines Verstorbenen (aber auch an der von noch lebenden Heiligen) verlangten körperliche Anwesenheit, sei es zum Berühren der Heiligtümer, sei es zum Schauen. Ungeachtet des Dogmas von der leiblichen Auferstehung des Herrn mussten auch von ihm Körperreliquien geschaffen werden, namentlich das ca. zehnfach vorhandene *sacratissimum praeputium Domini*, seine hochheilige Vorhaut, und auch sein Milchzahn und seine Nabelschnur.[1070] Die berühmtesten und „seriösesten“ Christusreliquien waren freilich seine Blutstropfen, sei es, dass man glaubte, sie wären bei seiner Kreuzigung im Gral aufgefangen und durch Jo-

[1067] *Rerum Gestarum Saxonicarum Libri* 1, 33, AQ 8, 64.

[1068] Felix, *Vita* 21, ed. B. Colgrave, Cambridge 1956.

[1069] *quia eum non poterant retinere viventem, haberent pro patricinio terre vel cadaver esanime*: Petrus Damiani, *Vita* 13, Fonti per la storia d'Italia 94, 1957, 35.

[1070] Dinzelbacher, Handbuch II, 139.

seph von Arimathäa weitergegeben worden und hätten die Jahrhunderte überdauert, sei es, dass man sie aus verschüttetem Messwein gewann, der sich wunderbarer Weise in Blut verwandelt hatte.[1071] Somit manifestiert sich auch in der Reliquienverehrung das Bedürfnis nach körperlicher Frömmigkeit in aller Deutlichkeit.

4. Der Seelenleib

Ein weiteres Beispiel für diesen Hang zum Körperhaften findet man in der Eschatologie der Zeit, der Lehre von den Letzten Dingen.[1072] Dies erhellt deutlich aus der von den christlichen Gelehrten schon seit der Spätantike ganz realistisch konzipierten Auferstehungstheologie – ich erinnere an die von den Scholastikern, selbstverständlich auch von Thomas von Aquin, vollkommen ernsthaft diskutierten Fragen, ob Nägel und Haare auch auferstehen werden (sie werden) oder welche Körpergröße die Verklärten haben werden (voll ausgewachsen).[1073] Die Hilflosigkeit auch durchaus gläubiger Christen von heute vor diesem Dogma verweist abermals auf die primäre Selbstdefinition der Menschen der Gegenwart durch das Geistige, im Gegensatz zu denen der altchristlichen Ära und des Mittelalters.

Auch die Tatsache, dass die *anima exuta*, die vom Leib getrennte Seele, im Mittelalter kaum anders als in körperlicher Form geschildert wurde, verweist abermals auf diese Präsenz des Körperlichen. Dies sowohl in den Visionsberichten als auch in den schriftlichen und bildlichen Jenseitsdarstellungen.[1074] Zwar war es die dominierende theologische Lehrmeinung, dass die Seele etwas rein Geistiges sei – „Leiblich ist der Leib des Menschen … geistig ist die Seele des Menschen" (*corporale est corpus hominis … spirituale est anima hominis*), versicherte etwa Bischof Robert Grosseteste von Lincoln (gest. 1253) in seinem so gern gelesenen Handbuch für Priester, dem *Templum Dei*,[1075] doch die gelebte Erfahrung vieler

---

[1071] Dinzelbacher, P., Das Blut Christi in der Religiosität des Mittelalters: Ders., Körper 147–180.

[1072] Dinzelbacher, Dinge.

[1073] DThC 3/2, 1893 ff.

[1074] Dinzelbacher, Körperlichkeit 75–84; Ders., Il corpo nelle visioni dell'aldilà: I discorsi dei corpi (Micrologus 1), Turnhout 1993, 301–326.

[1075] Ed. J. Goering, F. Mantello, Toronto 1984, 30.

Gläubiger war eine andere – und diese wurde in ihrer Körperlichkeit, ja ihrer Berührbarkeit, weithin akzeptiert, wie die große Verbreitung der einschlägigen Texte der Offenbarungsliteratur beweist.

Der hl. Furseus z. B. (gest. ca. 649) bemerkt erst am Ende seiner Jenseitsvision (einer typischen Nahtoderfahrung), dass es nur seine Seele ist, die von den Engeln in die andere Welt getragen wird, als diese den Befehl erhalten, ihn zu seinem Leib zurückzubringen. Solche ekstatischen Erfahrungen hinterlassen jedoch nicht nur Erinnerungen im Gedächtnis, denn das Schicksal der Seele im Jenseits korrespondiert mit dem des Körpers auf Erden: So wird die Seele des Furseus in seiner Vision von Flammen erfasst, die einen Sünder bestrafen, von dem der Heilige ein Geschenk angenommen hatte. Erwacht, stellt er fest, dass die Verbrennungen auch auf seinem Gesicht und seinen Schultern ihre Spuren hinterlassen haben. „Auf wunderbare Weise wurde da am Fleisch demonstriert, was eigentlich die Seele allein erlitt!" (*mirumque in modum quod anima sola sustinuit in carne demonstrabatur.*)[1076] Ähnlich hatte schon der hl. Hieronymus nach seinem berühmten „Prügeltraum" die entsprechenden Verwundungen auf seinem Körper empfunden.[1077] Dasselbe Phänomen berichten die Priester, die die Schauung des Bauern Gottschalk von 1189 aufzeichneten: In der anderen Welt hatte seine Seele eine Ebene mit schrecklichen, spitzen Stacheln durchqueren müssen. Nach dem Erwachen löste sich ihm die Haut von den Fußsohlen. In der Ekstase hatte er den Gestank des Höllenbrunnens riechen müssen; davon war ihm ein heftiger Kopfschmerz geblieben. Auch hatte er die Flammen des Fegefeuers verspürt, was sich in seinem Körper als permanenter Schmerz niederschlug, den die Quelle als *pleuresis*, Lungen- oder Brustschmerz, qualifiziert.[1078]

In den Handschriftenilluminationen werden die Seelen der Ekstatiker entweder als nackte Figuren gemalt, wenn es sich um gewöhnliche Menschen handelte, oder als bekleidete, wenn man es mit Heiligen zu tun hatte. Davon kann man sich anhand jeder beliebigen mittelalterlichen Darstellung der anderen Welt überzeugen;[1079] die theologisch geforderte Unkörperlichkeit der Seele war weder damals noch in der Neuzeit bildlich zu fassen.

1076 *Visio* c. 3 und 17, ed. M. P. Ciccarese, Visioni dell'aldilà in Occidente, Milano 1987, zit. 224.

1077 Ep. 22, 30, Dinzelbacher, Himmel 92 f.

1078 Dinzelbacher, Mentalität 65–112.

1079 Vgl. z. B. Dinzelbacher, Himmel 84 ff.

Nimmt man all diese ohne weiteres zu vermehrenden Indizien zusammen, so darf geschlossen werden, dass ein hauptsächlicher Grund unseres Eindrucks von der Fremdheit des Mittelalters generell in einem anderen, unmittelbareren Verhältnis der damaligen Menschen zum Körper liegt. Unreflektiert definierte man sich wesentlich stärker über das Somatische, als in der gegenwärtigen Kultur. Und dies im deutlichen Gegensatz zu der unablässigen Betonung der Minderwertigkeit des Körpers durch die Theologie. Schließlich kommunizierte Gott selbst vermittels der Körper der im Ordal Geprüften ebenso wie vermittels der Körper der von ihm begnadeten Mystikerinnen mit den Gläubigen.

Diese Prävalenz des Leiblichen wurde in der Neuzeit nur langsam verdrängt. Ein wesentlicher Faktor scheint die Abwertung der (ja nur körperlich zu vollziehenden) Guten Werke und der Mystik durch die reformierte Theologie gewesen zu sein. Vom Protestantismus lässt sich die Entwicklungslinie zur Aufklärung und zum Idealismus ziehen. Wenn wir gegenwärtig als das Wesentliche unserer Individualität das Geistige betrachten, so mögen freilich auch ganz konkrete Veränderungen eine Rolle gespielt haben, wie vielleicht das Abkommen des (im Mittelalter vollkommen üblichen) Faschens im Babyalter. Dieses feste Umwickeln der Kinder mit Stoffbinden hatte möglicherweise eine stärkere „Befangenheit“ im Körperlichen zur Folge gehabt, als eine Entwicklung in freier Beweglichkeit.[1080]

V. Spontaneität

Die „Hingabe an den Augenblick“ hat schon von den Steinen als Charakteristikum des früheren Mittelalters hervorgehoben, freilich in positivem Sinn.[1081] Was ist darunter zu verstehen? Der Habitus, die momentanen Impulse des Seelenlebens sofort in Handlungen umzusetzen, ohne zunächst die langfristigen Konsequenzen zu prüfen. Natürlich gibt es das auch heute, aber nicht mehr auf im Wertsystem hoch angesetzten gesellschaftlichen Ebenen oder in Situationen, wo dagegen im Mittelalter Spontaneität noch ohne weiteres möglich war.

[1080] Frenken, R., Gefesselte Kinder. Geschichte und Psychologie des Wickelns, Badenweiler 2011.

[1081] Steinen, W. von den, Menschendasein und Menschendeutung im früheren Mittelalter: Historisches Jahrbuch 77, 1958, 188–213, 195 ff.

Wiederum am deutlichsten erscheint dieses Verhalten im Frühmittelalter: Wenn man Gregor von Tours oder andere Autoren der fränkischen Zeit liest, wird man immer wieder mit diesem Verhalten konfrontiert, das die sofortige Reaktion auf augenblickliche Stimmungen und Überlegungen bildet, ohne dass zunächst die Wirkungen bedacht würden. Dieser Habitus tritt sehr häufig auf, nicht aber permanent. „Zwischen feiner psychologischer Berechnung und brutaler Schlächterei steht so gut wie nichts; die Leidenschaft des Augenblicks entscheidet."[1082] Das gilt ebenso oft für die Spitzen der Gesellschaft wie für die unteren Stände. Ein Beispiel aus dem späten 6. Jahrhundert: „Als Graf Terentiolus von Limoges bei der Belagerung von Carcassonne durch einen Steinwurf getötet wird, schlagen ihm die Feinde den Kopf ab und bringen diesen in die bedrohte Stadt. Darüber entsetzt (*timore perterritus*) lässt das Kriegsvolk seine Beute im Stich, ja, es verzichtet sogar auf die Mitnahme seiner eigenen Ausrüstung und stürzt davon. Die Tötung eines der Anführer, dazu dann der Verlust von dessen abgeschlagenem Kopf, erzeugt eine Panik, wie sie in barbarischen Heeren durch einzelne Ereignisse plötzlich ausbrechen kann. Das Grauen, das alle erfasst, ist rational nicht erklärlich … Die Panik … ist die negative Seite der barbarischen Angriffslust, genauso wenig berechenbar wie diese."[1083]

Aber solche unvermittelten Reaktionen traten auch in ganz anderen Situationen auf. Es wäre in der Gegenwart undenkbar, dass sich ein europäisches Staatsoberhaupt ähnlich spontan verhielte, wie Ende des Jahres 1146 König Konrad III., der sich doch lange aufgrund rationaler Erwägungen einer Beteiligung am zweiten Kreuzzug enthalten hatte, um dann abrupt seine ganze Politik umzustürzen. Mehrfach hatte er schon den drängenden Abt Bernhard von Clairvaux zurückgewiesen; schließlich war eine letzte Frist von drei Tagen vereinbart worden, während derer der König nochmals mit seinen Großen beraten wollte. Doch vorzeitig, unter der Messe im Speyerer Kaiserdom, fühlte der Mönch sich vom Geist Gottes ergriffen, predigte Konrad – dem Menschen Konrad, wie es in der *Vita* heißt – das Jüngste Gericht – und dieser brach in Tränen aus. Er sei plötzlich vom Finger des Heiligen Geistes berührt worden, so schrieb er selbst dem Papst, der keineswegs darüber erfreut war, da er den Staufer lieber im Kampf gegen seine italienischen Gegner gesehen hätte. Bernhard

1082 Borst (wie Anm. 11) 232 zu Gregor von Tours, *Historia Francorum* 2, 40–42.

1083 Scheibelreiter 238 f. nach Gregor von Tours, HF 8, 30.

heftete ihm noch im Dom sofort das Kreuz an und übergab ihm die Kriegsfahne, die Umstehenden akklamierten, und Konrad konnte dem kommenden Debakel nicht mehr entrinnen. Wenn Historiker des 20. Jahrhunderts versucht haben, eindeutig gegen die Aussage der Quellen auch hierin politisches Kalkül zu finden, so zeigt dies gut, wie wenig dieses herrscherliche Verhalten adäquat verstanden wird, wenn man die epochentypischen Mentalitätsprägungen nicht berücksichtigt.[1084]

Ähnlich spontanes Verhalten wird auch immer wieder aus dem Mönchsleben berichtet, wiewohl eines seiner wesentlichen Ziele ja gerade die Zivilisierung des Benehmens war. Es genüge, an die Prügelszenen zu erinnern, die der Besuch des Kölner Mönches Sandrat in den siebziger Jahren des 10. Jahrhunderts im Kloster St. Gallen – dessen Mitglieder durchwegs dem Adel angehörten – auslöste: Dieser Benediktiner, zur Disziplinierung des angeblich nicht mehr regeltreuen Konvents vom König abgesandt, schlägt, auf ein Spottwort hin, sogleich einen Bruder, wird von diesem zurückgeschlagen, dann im Kapitel ohne Befehl des Dekans ausgepeitscht usf.[1085] Dabei war St. Gallen zu dieser Zeit kulturell ein ausgesprochenes Elitekloster.

Dieser Zug lässt sich wohl in fast allen Quellen des frühen und hohen Mittelalters nachweisen, und in vielen des späten. Durchaus auch in der kirchlichen Oberschicht. So kam es 1063 zu einem Vorfall, den man als den Goslarer Rangstreit bezeichnet: Der Abt von Fulda und der Bischof von Hildesheim machten einander den Sitzplatz neben dem Mainzer Erzbischof streitig. Eine Frage der Ehre also. Ungeachtet der heiligen Zeit – es war das Pfingstfest – und des heiligen Ortes – der Kirche – griffen die Laien in der Begleitung der beiden Kirchenfürsten zu den Schwertern, um die Sache sogleich auf handgreifliche Weise auszutragen. Mehrere Menschen kostete das nicht eben von christlicher Demut geprägte, sondern vielmehr sakrilegische, völlig spontane Verhalten ihrer geistlichen Herren bei dieser Gelegenheit das Leben.[1086]

[1084] Dinzelbacher, Bernhard 294 f. – Führend in der Leugnung der Spontaneität und dem Glauben, alle Gefühlsäußerungen seien nichts anderes als wohlberechnetes politisches Kalkül ist Althoff und sein Schule, vgl. Dinzelbacher, Warum.

[1085] Notker, *Casus S. Galli* c. 141 ff., AQ 10, 274 ff.

[1086] Heikkilä, T., Das Kloster Fulda und der Goslarer Rangstreit, Saarijärvi 1998.

Ein weiteres Beispiel, nun die Unterschichten betreffend, bietet der berüchtigte Kinderkreuzzug[1087] von 1212: Es wäre in anderen Epochen der westeuropäischen Geschichte schlichtweg unmöglich gewesen, dass sich Kinder und Jugendliche vollkommen spontan zu Tausenden zusammenrotten, um in ein weit entferntes Land zu ziehen, ohne von den Erwachsenen daran gehindert zu werden. Selbst wenn man jenen Mediävisten zustimmen möchte, die einen guten Teil der Teilnehmer als schon ältere Jugendliche und Angehöre von Randgruppen identifizieren wollen, müssen nach den entsprechenden Quellen zahlreiche wirkliche Kinder dabei gewesen sein. Hier wurde die plötzliche religiöse Ergriffenheit von den Erwachsenen vielfach geteilt und an ein direktes Einwirken Gottes geglaubt: 1212 „wurde eine alberne Heerfahrt unternommen von Kindern und törichten Leuten, die ohne einige Überlegung das Zeichen des Kreuzes annahmen … Und von Eltern und Freunden ließen sie sich in keiner Weise abhalten, mit allem Eifer diese Heerfahrt zu machen, so sehr, dass sie hier und dort in Dörfern und auf dem Felde mit Zurücklassung ihres Arbeitsgerätes und dessen, was sie gerade unter den Händen hatten, sich den Vorüberziehenden anschlossen." Dieses unreflektierte kollektive Verhalten, Konsequenz einer ganz jähen kollektiven Begeisterung, ergriff nach derselben Quelle „Kinder beiderlei Geschlechts … auch Erwachsene, Verheiratete und Jungfrauen …"[1088]

Eine andere Manifestation dieser Spontaneität ist darin zu sehen, dass nicht nur Frauen, sondern vor allem Männer bei allen möglichen Gelegenheiten öffentlich ungezügelt in Tränen ausbrachen wie heute nur mehr Kinder. Dies ist sowohl in historischen wie literarischen Quellen tausendfach bezeugt.[1089] „Ist also heute eher die private Sphäre der Ort von Gefühlsäußerungen, so scheint der mittelalterliche Mensch in der Öffentlichkeit Gefühle auszuleben, um nicht zu sagen auszutoben."[1090] In den Quellen wird solches stets als spontane und unreflektierte Gefühlsäußerung beschrieben, nicht als ritualisiertes oder vorgetäuschtes Verhalten.

1087 Literaturübersicht: Menzel, M., Die Kinderkreuzzüge in geistes- und sozialgeschichtlicher Sicht: Deutsches Archiv zur Erforschung des Mittelalters 55, 1999, 117–156.

1088 *Jahrbücher von Marbach* a. a. 1212, übers. Guggenbühl, G. (Hg.), Quellen zur allgemeinen Geschichte II, Zürich 1958, 173.

1089 Van der Wijden, L., Met tranen overgoten. Over huilende helden, wenende jonkvrouwen en schreiende gelovigen, Santpoort 2004.

1090 Althoff, G., Empörung, Tränen, Zerknirschung. ‚Emotionen' in der öffentlichen Kommunikation des Mittelalters: Frühmittelalterliche Studien 30, 1996, 60–79, 61. Dazu Anm. 108.

Wie auch alle sonstigen unkontrollierten emotionellen Äußerungen hatten die Kirchenväter, namentlich Augustinus, spontanes Weinen als negatives Zeichen interpretiert, und jene mittelalterliche Autoren, denen es um die Aufstellung von Normen ging, folgten ihnen darin oft.[1091] Trotzdem erwies sich das in der Praxis als wenig relevant; mittelalterliche Könige wurden von zeitgenössischen Geschichtsschreibern nicht nur beim Verlust von Verwandten, dem Abschied von Freunden oder dem Auftauchen von Gewissensbissen in Tränen gebadet, sondern auch in bedrängten Situationen und bei der Konfrontation mit dem Unglück ihrer Untertanen.[1092] Lassen wir Situationen wie Unglücks- und Todesfälle, die auch heute Trauer und Tränen auslösen, beiseite. Ein typischer Kontext, in dem im Mittelalter – anders als gegenwärtig üblich – Tränen flossen, war die Situation des Bittens. Ein krasses Beispiel berichtet Brun von Querfurt von König Heinrich IV. (gest. 1106), als er in einer prekären Situation die Fürsten um Hilfe bitten musste: „Denn er erzählte ihnen weinend, … sie [die Sachsen] hätten das Gott und den Heiligen geweihte Stift grausamer als alle Heiden von Grund auf zerstört … Als er das alles nicht ohne langes Weinen dargelegt hatte, küsste er den Einzelnen die Füße und bat, sie sollten wenigstens die Gott und den Heiligen Gottes angetane Schmach nicht ungerächt bestehen lassen …“[1093] Es gibt im Text keinen Hinweis darauf, dass es sich nur um „die Fiktion einer spontanen Handlung“[1094] gehandelt hätte. Vielmehr war die Situation so geartet, dass sie eine spontane emotionelle Äußerung hervorrief, die eben, im Gegensatz zum späteren, „zivilisierteren“ Verhalten, nicht unterdrückt wurde. Analoges gilt für viele ähnliche tränenreiche Bitt-Szenen der Epoche.

Auffällig ist auch, wie leicht sich ganze Gruppen anstecken ließen. „Als der Erzbischof Turstin von York unter dem Druck seiner Gegner sein Amt in die Hände Heinrichs des Ersten zurücklegt, weinen alle Anwesenden, der unerbitterliche König (der das Ganze veranlasst hatte) mit. Die Abgesandten, durch die Philipp Augustus dem Richard Löwenherz seinen Entschluss ankündigt, von Accon nach Hause zu fahren, können, betrübt über die Schmach, vor Geschluchze nicht re-

---

[1091] Hageman, M., De tranen van der keizer: Madoc 12, 1998, 137–145.

[1092] Althoff, G., Der König weint: Müller, J.-D. (Hg.), ‚Aufführung‘ und ‚Schrift‘ in Mittelalter und Früher Neuzeit, Stuttgart 1996, 239–252; Dinzelbacher, Warum.

[1093] Brun, *Buch vom Sachsenkrieg* 35, MGH Dt. MA 2, 36 f.

[1094] Althoff, Empörung (wie Anm. 1090) 69.

den; und die englischen Großen, die alles schon ahnen, fangen gleich gemeinsam mit den Franzosen zu weinen an. Das sind aber zum Teil sehr weitläufige und in unbarmherzigen Taten abgebrühte Herren.“[1095] Als der junge Karl der Kühne von Burgund (1433–1477) erfährt, dass sein Vater ihm seine Einkünfte gestrichen hat, ruft er seinen ganzen Hofstaat zusammen und stellt die Leute vor die Wahl, sich anderswohin zu wenden. Alle brechen in Tränen aus und geloben ihm Treue[1096] – usf.

Eine gewisse Ritualisierung dürfte es vielleicht bei den aus Profession Frommen gegeben haben. Denn bei Mönchen und Geistlichen galt die „Tränengabe“[1097] als Gottesgnade und Zeichen der Heiligkeit; als ein Zeichen der Frömmigkeit (etwa als Äußerung christlichen Mitleids oder christlicher Demut) bei der Laienschaft. Doch ist darin nur bewusste Nachahmung der ursprünglich spontanen Ergriffenheit zu sehen.

Die heute speziell bei deutschen Historikern oft zu lesende Beurteilung solchen Verhaltens als keineswegs spontanes, sondern „zweckrational“ begründetes, bloß demonstratives Ritual mag für einige Fälle zutreffen, widerspricht aber meist den Quellen selbst oder überinterpretiert sie um eines vorgefassten Mittelalterbildes willen. In diesem wird gemäß der hierzulande geheiligten Tradition, nach der Geschichte primär als Folge von rational ausgedachten Haupt- und Staatsaktionen verstanden wird,[1098] das Verhalten der Herrschenden nach wie vor nur von einem quasi macchiavellistischen Konzept bestimmt, als ob es sich um Staatsmänner des 19. oder 20. Jahrhunderts handeln würde („Nicht die Emotionen bestimmten die Politik, sondern die Politik bestimmte die Emotionen“[1099]). Nach Ausweis der Quellen stimmt freilich in der Regel genau das Gegenteil.

Huizinga hat für das ausgehende Mittelalter ein Pendeln zwischen Extremen konstatiert. In der Tat könnte man zur spontanen Betrübnis Analoges für die so

1095 Schultz II, 177.

1096 Huizinga 10 f.

1097 Dinzelbacher, P. (Hg.), Wörterbuch der Mystik, Stuttgart 2. Aufl. 1998, 498 f.; Nagy, P., Le don des larmes au Moyen Âge, Paris 2000.

1098 Wie noch 1999 ein englischer Historiker mit Recht an prominenter Stelle kritisch anmerken konnte: T. Reuter ed., The New Cambridge Medieval History II, Cambridge 1999, 13.

1099 Hageman 144.

oft geschilderten Zornesausbrüche geltend machen, die sich politisch oft als äußerst kontraproduktiv erwiesen. Nur ein Beispiel: 1153 stürzten sich die Mailänder Konsulen, also die Regenten der Stadt aus den ersten Familien, nachdem sie das Pergament zerrissen und zertrampelt hatten, auf den Boten, der ihnen einen Brief Kaiser Friedrich Barbarossas überbracht hatte. Nur die Flucht rettete den Mann. Die Patrizier handelten *ira et furore commoti*, von Zorn und Wut bewegt, heißt es ausdrücklich in der Quelle, keine Rede ist von einem „Ritual der Entehrung".[1100]

In der zeitgenössischen Schönen Literatur findet sich ebenso jede Menge spontan handelnder Figuren, und zwar nicht nur Narren, wie der junge Parzival. Man denke etwa daran, wie der gefürchtete Hunnenkönig Attila in der Fortsetzung des *Nibelungenliedes*, der *Klage*, geschildert wird: Ein völlig passiver, nur seinem Schmerz hingegebener Herrscher. Mag er die Passivität auch mit anderen literarischen Monarchen teilen, namentlich König Artus,[1101] so wird dieses Verhalten sogar den übrigen Figuren des Werks zu viel. Attila muss sich schelten lassen: „Ach, weh über diese Kunde, vernimmt man sie im Lande, dass Ihr mit gewundenen Händen wie ein dummes Weib dasteht, das nach Sitte und Befindlichkeit auf ihre Verwandten angewiesen ist! Wir sind es nicht von Euch gewohnt, dass ihr Euch unmännlich verhaltet!"[1102]

Aufgrund der höfischen Literatur kann man zusammenfassend sagen, es „macht sich bei den Leuten jener Zeitepoche, sowohl Rittern als Damen, der Schmerz immer in sehr gewaltsamer Weise bemerklich. Bei jeder Gelegenheit fallen sie, zumal in den französischen Romanen, in Ohnmacht (ils se pasment), ja selbst Helden wie Karl der Grosse sinken, wenn sie eine böse Botschaft trifft, besinnungslos zu Boden."[1103] Die sonst in den höfischen Zuchten (Benimmbüchern) geforderte Contenance wird bei emotionalen Äußerungen des Schmerzes und Zornes extrem oft durchbrochen.

1100 Althoff, Empörung (wie Anm. 1090) 73.

1101 Classen, A., The Cry-Baby Kings in Courtly Romances: Studi medievali 3a serie 39, 1998, 833–863.

1102 *Diu klage* vs. 1018 ff., ed. Classen, A., Göppingen 1997, 46.

1103 Schultz II, 472.

Eine Spontaneität, wie wir sie heute nur bei unseren Kindern sehen, lässt sich auch für andere ganz primäre Situationen erfassen, was nahelegt, dass sie tatsächlich eine zeittypische Verhaltensweise war. Norbert Elias hat das einleuchtend u. a. für die Nahrungsaufnahme gezeigt.[1104] Man griff rücksichtslos in die Schüsseln, schnäuzte sich ins Tischtuch, warf die abgenagten Knochen über die Schulter usf. Wir wollen seine Beispiele nicht wiederholen, nur daran erinnern, dass es eben auch im Adel des hohen Mittelalters noch nicht selbstverständlich war, sich so zu benehmen, wie es heute in der westlichen Welt völlig selbstverständlich ist. Es waren nicht die Kinder, sondern Erwachsene aus den obersten sozialen Kreisen, für die man seit dem 13. Jahrhundert die sog. Tafel- oder Tischzuchten schrieb (die Vorläufer der Benimmbücher à la Knigge, welche freilich solche grundsätzlichen Verhaltensweisen nicht mehr thematisieren). Heute wird ein „zivilisiertes“ Verhalten bei Tisch schon im Kindesalter erlernt; jeder Erwachsene würde es für eine Zumutung halten, schenkte man ihm ein Lehrbuch für die einfachsten Manieren. Dazu gehört auch die körperliche Sauberkeit, das Verhalten im Schlafraum etc.

Freilich liegen die Verhältnisse nicht immer so deutlich wie bei den Essgewohnheiten: Inwieweit herrschte im Mittelalter noch Mangel an Distanz zu den vitalen Körperfunktionen, eine Distanz, die nach Norbert Elias erst in einem spät- und nachmittelalterlichen „Prozess der Zivilisation“[1105] entwickelt wurde? Hier können wir einmal auf den Bereich der Sachquellen verweisen: In mittelalterlichen Klöster sind die *necessaria*, die Aborte, in der Regel vielsitzig – wie schon auf dem St. Gallener Plan -, so dass die Entleerung des Körpers wie in der Antike zugleich ein geselliger Akt sein konnte, bei dem man sich offenbar nicht voreinander schämte. Oder gab es nicht mehr nachzuweisende Vorhänge, verhüllten die Mönche sich mit ihren Kutten?[1106] Es lassen sich Quellen pro und contra vorweisen; hier müsste erst eine genaue Untersuchung Klarheit bringen. Ergänzend zu Elias ist freilich anzumerken, dass nicht erst die höfische Welt zu diesen Errungenschaften gelangte, sondern sie bereits durch viele Generationen in der monastischen Welt eingeübt worden war.[1107]

1104 Elias I, 110 ff.

1105 Elias, N., Über den Prozeß der Zivilisation, ND Frankfurt a. M. 1976; Materialien zu Norbert Elias' Zivilisationstheorie, hg. v. Gleichmann, P. u. a., Frankfurt a. M. 1977/84.

1106 Dürr, H. P., Nacktheit und Scham, Frankfurt a. M. 1988, 211 ff.

1107 Dinzelbacher, Europa 159 ff.; id., Structures 242 ff., 271 ff.

Eine das Mittelalter kennzeichnende Differenz zur Gegenwart besteht also darin, dass spontanes Verhalten in wesentlich größerem Ausmaß sozial zugelassen war, als heute. Im Sinne von Elias' Zivilisationstheorie (die u.E. berechtigt höchstens im Detail, nicht aber global als Erklärungsmodell für die europäische Entwicklung kritisiert werden kann[1108]) lässt sich sagen, dass die Affektkontrolle im Durchschnitt weniger streng ausgebildet war, als wenigstens seit dem 18. Jahrhundert. Zuerst bemühte man sich in der monastischen, dann der höfischen, dann der bürgerlichen und schließlich auch der bäuerlichen Welt um eine Änderung der Standards in Richtung auf eine Zurückhaltung im gesellschaftlichen Verhalten, wie sie zu einem guten Teil bereits in römischer Zeit existiert hatte, aber seit der Völkerwanderung weitgehend verloren gegangen war.

VI. Ethik und Recht

In den gegenwärtigen europäischen Systemen von Moral und Recht spielt es eine wesentliche Rolle, ob eine Tat absichtlich oder unabsichtlich begangen wurde, auch wenn das Ergebnis genau dasselbe ist. Ob z. B. Mord oder Totschlag, stets hat ein Mensch sein Leben durch die Aktion eines anderen verloren. Bei nachgewiesenem Vorsatz (deutsches Recht) bzw. böser Absicht (österreichisches Recht) wird die Strafzumessung eine wesentlich schärfere sein als bei Handlungen, die unabsichtlich dieselbe Konsequenz nach sich ziehen. Intention oder Fahrlässigkeit sind sowohl juristisch als auch im gesellschaftlichen Allgemeinbewusstsein entscheidende Momente bei der Beurteilung einer Schuld, man denke auch an die Rechtsgrundsätze der Schuldunfähigkeit von Kindern und die eingeschränkte Schuldfähigkeit von Jugendlichen. Zugrunde liegt ein moralphilosophisches Konzept, das vom Täter, nicht von der Tat ausgeht. Dass es in jüngster Zeit Elemente der Aufweichung durch Verbandsstrafen (namentlich für Konzerne, Banken etc.) gibt, führt zu einer neuen strafrechtlichen Verantwortlichkeit von Kollektiven,

---

[1108] Diese Kritik wurde am ausführlichsten von Hans Dürr, Der Mythos vom Zivilisationsprozeß, Frankfurt a. M. 1988 ff. in mehreren Bänden aus völkerkundlicher Perspektive vorgebracht. Vgl. Hinz, M., Der Zivilisationsprozess: Mythos oder Realität? Wissenschaftssoziologische Untersuchungen …, Opladen 2002. Erwähnt sei auch Schnell, R. (Hg.), Zivilisationsprozesse. Zu Erziehungsschriften in der Vormoderne, Köln 2004, und die Besprechung von A. Classen in: Mediaevistik 19, 2006, 302–306.

durch die man mittelbar auch einzelne Unschuldige trifft, etwa Teilhaber, die mit dem Delikt überhaupt nichts zu tun haben.[1109]

Diese jetzt für uns so selbstverständliche Haltung war jedoch das Ergebnis erst einer langen Entwicklung seit dem hohen Mittelalter. Im Frühmittelalter dagegen ging man, jedenfalls im weltlichen Recht und vielfach auch im geistlichen, von der Erfolgshaftung aus. Nicht auf die Absicht kam es an, sondern ausschließlich auf das Resultat, nicht auf die vorbereitenden Gedanken, sondern auf das erfolgte Geschehen. So heißt es etwa im Gesetz des Gotenkönigs Eurich (466–484): Wenn jemand einen Mann töte, *volens aut nolens*, egal ob willentlich oder unwillentlich, dann ist er der Sippe des Opfers auszuliefern. Im langobardischen *Edictum Rothari* (643) kennen nur 3 von 388 Kapiteln eine Differenzierung zwischen absichtlicher und unabsichtlicher Tat[1110] usw. Dies alles geht sehr auf das konkret Geschehene und haptisch Feststellbare aus. Bezeichnend ist auch eine häufige Vorgangsweise bei der Strafzumessung: Ein handhafter Dieb etwa konnte getötet werden, ein entkommener brauchte nur eine Buße zu bezahlen: „Such rules betray cognitive processes that recognize rules not as deriving from general moral principles but as tied to concrete circumstances."[1111]

Bekannt ist auch die Eigenheit des mittelalterlichen Rechts, dass schon ein bloßes unbeabsichtigtes Versprechen bei einer Formel vor Gericht zum Verlust eines Verfahrens führen konnte. Denn es „war die Formenstrenge des alten Prozesses besonders gefährlich: Formalhandlungen mussten fehlerlos ausgeführt, Wortformeln dem Wortlaut genau wiedergegeben werden; auch ein geringer Verstoß zog den Verlust des Prozesses nach sich."[1112] Auch hier blieb die Intention ganz außer Acht, wohl weil mittels solcher Formalien für eine weitgehend schriftlose Gesellschaft ein Element der Rechtssicherheit gegeben war. Ab dem Hochmittelalter, also der Ära der rasch zunehmenden Verschriftlichung, wurde diese Strenge dann besonders in den Städten gemildert.

Analoges lässt sich auch im geistlichen Bereich konstatieren. Hier ist zunächst einmal festzuhalten, dass sich der Übergang von den heidnischen Religionen der

1109 Maihold, H., Strafe für fremde Schuld?, Köln 2005.

1110 Radding, World 93.

1111 Ebd. 96.

1112 Planitz, Eckhardt 228.

Römer, der Germanen und Kelten zum Christentum in sehr vielen Fällen nur unter Zwang vollzogen hatte[1113] – anders als in fast allen kirchenhistorischen Darstellungen zu lesen. Denn nur für die erwachsenen Christen der ersten Jahrhunderte im mediterranen Raum ist es zutreffend, dass sie sich normalerweise freiwillig der neuen Religion anschlossen. Ab dem 4. Jahrhundert trifft dies für einen recht großen Teil der Menschen nicht mehr zu. Über dem sog. Toleranzedikt von 313 wird gerne „vergessen", dass Theodosius I. dem Imperium die katholische Religion in den achtziger und neunziger Jahren des 4. Jahrhunderts als Staatsreligion verordnete und andere Formen des Christen- oder Heidentums mit Deportation bzw. Todesstrafe ahndete. Die Päpste stimmten mit Wohlgefallen zu. Wenn vielleicht auch nicht die meisten Romanen und Keltoromanen, so empfingen doch Germanen, Slaven und Finnen die christliche Religion immer wieder als verordnete, wurde doch eines der germanischen Reiche nach dem anderen durch Entscheidung der politischen Führungsschicht (Königtum und Adel) zum arianischen oder katholischen Christentum bekehrt, das damit für den Einzelnen nichts anderes als eine befohlene Religion sein konnte. Die Masse der Bevölkerung verließ ihren alten Glauben vielfach entweder aufgrund des sozialen Drucks durch die Herrschenden oder schlichtweg aufgrund der erlassenen Gesetze. Damit wird nicht geleugnet, dass auch im Frühmittelalter Menschen freiwillig das Christentum annahmen, wohl aber ausdrücklich dem vorherrschenden Darstellungsmodus widersprochen, allein dies wäre das allgemein Übliche gewesen und der Zwang nur eine seltene Ausnahmeerscheinung. Besonders wichtig: Es gab keine Möglichkeit, aus der Kirche, in die man hineingezwungen oder dann -geboren war, auszutreten. Auf Apostasie, ja schon auf den Rat dazu, stand die (von den weltlichen Gewalten zu vollziehende) Todesstrafe. Die zugrundeliegende ethische Vorstellung war die, dass es besser wäre, jemandem zu seinem Glück, d. h. zur Annahme des Christentums, zu zwingen, als ihn als Heiden und damit für die ewige Hölle prädestiniert sterben zu lassen. Und dies, wiewohl Zwangsbekehrungen vom Kirchenrecht eigentlich nicht gestattet waren.

Doch nicht nur bei der Christianisierung, auch bei der Beschickung der Klöster kam es nicht auf die freie Entscheidung an, sondern auf das, was Theologen das

---

[1113] Das Folgende nach Dinzelbacher, Mentalität 36 ff.; Dinzelbacher/Heinz. Dort die entsprechenden Quellenangaben und die Sekundärliteratur. Eine ausführlichere Darstellung ist in Vorbereitung.

opus operatum nennen, die „objektive" religiöse Leistung. „So mancher Grundherr, der aus Eitelkeit eine Abtei gestiftet hatte und keine Menschen fand, die dort für sein Seelenheil beteten, verfiel auf ein einfaches Mittel, die Leute für die Abtei mit möglichst wenig Kosten herbeizuschaffen. Er zwang kurzerhand einige seiner Sklaven, die Tonsur zu nehmen".[1114] Sowohl Southern als auch Dhondt bezeichnen die Klöster des Frühmittelalters als „gut funktionierende Gebetsmühlen",[1115] eben weil es auf die tatsächliche erbrachte Gebetsleistung ankam, und nicht auf das seelische Engagement der Betenden. Dass es darum und nicht um die Intention dessen ging, der die frommen Anrufungen sprach, macht das Institut der Oblaten[1116] deutlich. Das benediktinische Mönchtum rekrutierte sich nämlich zum größten Teil aus dargebrachten Kindern, Fünf- bis Zehnjährigen, die als „Zehnt" von ihren Eltern einem Klosterpatron verlobt wurden und als Mönche oder Nonnen für ihre Familie zu beten hatten, unabhängig von ihrem eigenen Willen, da die Entscheidung der Eltern unaufhebbar war. Versuchte jemand, sich als Erwachsener dem Kloster zu entziehen, wurde er mit Gewalt zum Gehorsam gezwungen, wie u. a. in der Karolingerzeit der Fall des Grafensohns Gottschalk des Sachsen zeigt (s. S. 124). Ähnlich ließ der hl. Benedikt von Aniane einen entlaufenen Mönch gefesselt zurückbringen und solange mit Rutenstreichen „glätten" (*levigare*), bis er bereit war, wieder friedlich in seiner Kommunität zu leben.[1117] In England war es üblich, dass sich der Abt oder die Äbtissin an den Sheriff, also die weltliche Gewalt, wandte, um entsprungene Mönche oder Nonnen einfangen zu lassen. Manche freilich konnten den Zwang nicht verwinden und gaben sich den Tod – *Wolo cecit*, Wolo stürzte hinab, heißt es dann in der Klosterchronik[1118] anlässlich eines

[1114] Dhondt, J., Das frühe Mittelalter, Frankfurt a. M. 1968, 44.

[1115] Ebd. 239 f.

[1116] de Jong, M., Kind en klooster in de vroege middeleeuwen, Amsterdam 1986; Quinn, P., Better Than The Sons of Kings. Boys and Monks in the Early Middle Ages, New York 1989; Lahaye-Geusen, M., Das Opfer der Kinder, Altenberge 1991; Dubois, J., Oblato: Dizionario degli Istituti di Perfezione 6, 654–666; Weitzel, J., Oblatio puerorum: Brieskorn, N. u. a. (Hgg.), Vom mittelalterlichen Recht zur neuzeitlichen Rechtswissenschaft, Paderborn 1994, 59–74.

[1117] Ardo, *Vita Benedicti* 16, MGH SS 15/1, 205.

[1118] Ekkehard IV., *Casus S. Galli* 43; 67 f. Der hier berichtete Sturz eines Klosterzöglings ist als Selbstmord zu interpretieren, da er auf den Turm eilt, als er beim Abschreiben an die Stelle kommt, wo vom Tod Jesu gehandelt wird. Vgl. Haefele, H., Wolo cecidit: Deutsches Archiv für Erforschung des Mittelalters 35, 1979, 17–32.

solchen Todessprunges eines Klosterzöglings vom Kirchturm. Es galt im Frühmittelalter wohl durchgehend, später aber auch immer wieder als irrelevant, ob man freiwillig oder gezwungen die monastischen Gelübde ablegte, ob man für dieses Leben geeignet war oder nicht. Relevant war es, diese Lebensform, deren Hauptinhalt das Gebet war, zu praktizieren.

Aus vielen Quellen erhellt die genannte Einstellung, die zu einer uns schwer nachvollziehbaren Besiedlung der Konvente führte. Es ist etwa an den hl. Romuald (gest. 1027), den Gründer des Kamaldulenserordens, zu erinnern, von dem sein Biograph, ebenfalls ein bedeutender Heiliger, nämlich Petrus Damiani, lobend verzeichnet, er habe seinen eigenen Vater dadurch zum klösterlichen Leben bekehrt, dass er ihn in Ketten legte und so lange prügelte, bis ihm diese Daseinsform zusagte:[1119] Nicht auf die freiwillige Wahl, sondern auf das zu leistende *opus monachile*, den Klosterdienst, kam es an. Noch die hl. Birgitta von Schweden (gest. 1373) hat ihre Tochter Katharina auf ähnliche Weise gezwungen, sich ihrer eigenen Lebensform anzugleichen, um eine Heilige zu werden, nämlich mit körperlicher Züchtigung.[1120] Aus dem Spätmittelalter ist eine ganze Reihe von englischen Dokumenten erhalten, welche die gewaltsame Rückführung entlaufener Nonnen durch die königliche Exekutive bezeugen.[1121] Denn wiewohl im 12. Jahrhundert Reformorden wie die Zisterzienser die Aufnahme von Oblaten untersagten, wiewohl auch die innerbenediktinische Reform in diese Richtung ging und das Kirchenrecht die Möglichkeit zum Austritt bei Volljährigkeit einführte, sind jedenfalls die Frauenklöster bis in die Neuzeit hinein immer wieder mit unfreiwilligem Nachwuchs beschickt worden. Auch die Intentionalethik blieb zunächst nur den Männern vorbehalten.

Kehren wir aber nochmals zum allgemeinen Kirchenrecht und den darin zum Ausdruck kommenden Moralvorstellungen zurück. Die wichtigsten Sammlungen von Sünden und zugehörigen Strafsätzen waren für die Priester des frühen Mittelalters die Bußbücher. Diese Verzeichnisse von Bußtarifen entstanden nach 500 im inselkeltischen Bereich und standen bis zum Beginn des hohen Mittel-

[1119] *Vita* 13, Fonti per la storia d'Italia 94, 1957, 35 f.

[1120] *Vita S. Katharinae* 5, in: Revelationes, Romae 1628, II, 535 f.; Joergensen, Santa Brigida di Svezia, Brescia 1991, 340.

[1121] Daichman, G. Wayward Nuns in Medieval Literature, Syracuse, N.Y. 1986, 11.

alters in Verwendung. Sie wurden auch im germanischen Bereich weitgehend angenommen, da sie offenbar genau auch zu der kontinentalen Mentalität passten. Näher betrachtet, enthalten die Bußbücher drei Teile:[1122] einen einleitenden und einen abschließenden, die Vorschriften der altkirchlichen Überlieferung wiederholen, worin die Absicht des Täters durchaus eine Rolle spielten konnte. In der Mitte standen als umfangreichste Stücke die nach den acht Hauptlastern gegliederten Bußkataloge, die minutiös genau die Strafen für alle möglichen Sünden auflisten. Besonders interessiert zeigten sich die Verfasser an sexuellen Sünden bis hin zum Verspeisen des eigenen Spermas und Verstößen gegen Kultvorschriften. In diesen Texten geht es üblicherweise nur um die Ahndung der Vergehen, unabhängig davon, ob sie willentlich oder unwillentlich geschahen. Wird z. B. aus irgendeinem Grund die zu sich genommene Kommunion erbrochen, so ist es entscheidend, was mit ihr passiert: Fällt sie ins Feuer, ist eine Buße von 100 Psalmen zu singen; erwischt sie dagegen ein Hund, hat ein hunderttägiges Fasten zu erfolgen.[1123] Kommt es bei einem Mann zu unwillentlichem nächtlichen Samenerguss im Schlaf – ein völlig unkontrollierbarer Körpervorgang -, dann muss der „Täter“ trotzdem mit 16 Psalmen büßen. Wesentlich ist, dass eine Verunreinigung stattgefunden hat. Gab es dabei – im Traum! – eine Zustimmung, dann steigerte sich die Strafe auf 37 Psalmen.[1124] Ebenso wichtig ist der gesellschaftliche Stand des Sünders: Unterschieden werden Bischof, Priester, Mönch, Diakon und Laie. Einen Bischof kostete ein Mord nach einem Bußbuch 13 Jahre strenger Buße, einen Priester nur sieben und einen Diakon sechs …[1125]

Es ging meist nur um die entsprechende Sühne, die Umstände der Tat wurden nicht beachtet. In dem dem hl. Columban zugeschriebenen Poenitentiale z. B. (um 600) wird jeder Geistlicher, der einen Menschen getötet hat, für 10 Jahre zur Buße ins Exil geschickt.[1126] Ob das absichtlich oder unabsichtlich und unter welchen Umständen geschah, bleibt völlig irrelevant. Doch zeigt sich das kanonische

---

1122 Das Folgende nach Lutterbach, H., Intentions- oder Tathaftung? Zum Bußverständnis in den frühmittelalterlichen Bußbüchern: Frühmittelalterliche Studien 29, 1995, 120–143.

1123 *Paenetentiale Cummeani* 1, 8–10.

1124 *Paenetentiale Davidis* 8 f.

1125 *Ambrosianum* 2, 6.

1126 Vogel 66.

Recht hier uneinheitlich: Wesentlich differenzierter war nämlich das dem hl. Beda zugeschriebene Bußbuch aus dem 7. Jahrhundert: In ihm wird berücksichtigt, ob Hass, Habsucht, Neid, Rache oder Zorn mit im Spiel waren, entsprechend den mildernden Umständen im heutigen Recht. Die zufällige Tötung, der Totschlag, wird weniger streng bestraft, noch weniger die Tötung, die ein Sklave auf Befehl des Herrn oder ein Krieger im Kampf begeht. Gelegentlich wird die Intention berücksichtigt: Es ist ein Unterschied, ob man nur jemanden verwunden oder ihn umbringen wollte.[1127] Auch sind die Umstände einkalkuliert, also sozialer Stand, Alter, Geschlecht, wirtschaftliche Verhältnisse.

Wie sehr es trotzdem auch im kirchlichen Bereich auf das Geschehene selbst ankam, lässt sich am Beispiel der schon erwähnten *illusio* aufzeigen, der nächtlichen Pollution. Es handelt sich um ein Problem des monastischen Lebens, das immerhin so häufig war, dass dafür in den Cluniazenser- und Hirsauerklöstern eigene Waschräume eingerichtet waren.[1128] Seitdem es die Wüstenväter und die Heiligen Johannes Cassianus und Caesarius von Arles diskutiert hatten,[1129] beschäftigte das Thema die Moralisten und klösterlichen Gesetzgeber des Mittelalters immer wieder. Im sog. *Bedaschen Excarpsus* wird vorgeschrieben, dass, wer sich *nolens*, ohne Willenszustimmung, wie bei dieser im Schlaf stattfindenden Ejakulation ja nicht anders möglich, befleckt hat, sieben Tage Buße tun muss, dazu 50 Psalmen zu beten und mittwochs und freitags zu fasten hat.[1130] Dies geht über bloße Reinigungsriten deutlich hinaus, ist Strafe, die trifft, weil eine Verunreinigung geschehen ist, unabhängig von der Zustimmung oder Abwehr des Mönches. Dass man nicht Messe lesen oder kommunizieren durfte, verstand sich von selbst. Gott akzeptierte ja, ein Erbe des *Alten Testaments*, nur das Reine.[1131] Auch war jede Pollution zu beichten, wobei wiederum eine Buße aufgegeben wurde.[1132]

[1127] Vogel 77 f.

[1128] Browe, P., Beiträge zur Sexualethik des Mittelalters, Breslau 1932, 91.

[1129] Ebd. 80–113; Rousselle, A., Der Ursprung der Keuschheit, Stuttgart 1989, 205–214; Brundage, J., Law, Sex, and Christian Society in Medieval Europe, Chicago 1987, 81, 109, 214, 400 f.

[1130] Browe 95.

[1131] Höing, A., „Gott, der ganz Reine, will keine Unreinheit". Die Reinheitsvorstellungen Hildegards von Bingen aus religionsgeschichtlicher Perspektive, Münster 2000.

[1132] Browe 99.

Die Wichtigkeit, die der bloßen rituellen Handlung im Bereich der Frömmigkeit zugeschrieben wurde, manifestierte sich etwa auch in der Zählbarkeit ihrer Leistungen. Vielfach interessierte nicht die innere Einstellung, sondern nur der äußerliche Vollzug. „Stolz errechnet Erzbischof Hrabanus Maurus, Schüler Alkuins, auf dem Konzil von Mainz 847 die Summe des für alle Pfarreien befohlenen Fürbittegebets für den König Ludwig den Deutschen, seine Gattin und seine Sippe: 3500 Messen und 1700 Psalter".[1133] Doch dies ist ein Zug, den die gesamte Epoche bis ins 16. Jahrhundert kennt und der sich seit dem 13. Jahrhundert sogar noch intensiviert. Man denke an die riesige Zahl von Seelenmessen, die jeder zur günstigen Beeinflussung seines Geschicks nach dem Tode lesen lässt, wenn er es sich leisten kann – der bekannt knauserige Kaiser Friedrich III. etwa nicht weniger als 30000.[1134] Man denke an die Übung, Kniefälle oder Geißelhiebe als Askeseleistung nach Zahl der Wunden Christi zu absolvieren, oder an die Gebete, mit denen man für Gott und die Heiligen etwas „schuf", namentlich Rosenkränze. Einer Mystikerin im Dominikanerinnenkloster Töß z. B. erschien einmal die Jungfrau in einem Kleid, dem die Ärmel fehlten. Dieses Gewand war aus den 150 *Ave Maria* gewirkt, die die Schwester tagtäglich zu sprechen pflegte. Aber um die fehlenden Teile zu bezahlen, musste sie noch 50 *Ave* zugeben, keines weniger und keines mehr. Für die Verehrung der 1200000 Blutstropfen, die Christus auf seinem Leidensweg vergossen hatte, würde man genauso viele Freuden im Himmel empfangen – usf.[1135] Man denke an die Reliquiensammlungen, bei denen jedes Stück mit so und so vielen Tagen oder Jahren Ablass versehen war, und von denen die Reichen und Mächtigen gigantische Quantitäten sammelten. Die Wittenberger Heiltümer waren für insgesamt 2 Millionen Jahre Ablass gut, die Hallenser sogar für 40 Millionen.[1136]

Aber neben diese Kontinuität der quantitativen, äußerlichen Frömmigkeit war seit dem Hochmittelalter ein dialektischer Strom von Forderungen nach größerer Innerlichkeit getreten. Das uns Vertraute begann auch hier sich neben dem weiter

[1133] Haubrichs (wie Anm. 1142) 54.

[1134] Schaller, H. M., Der Kaiser stirbt: Borst, A. u. a., Tod im Mittelalter, Konstanz 1993, 59–75, 69.

[1135] Dinzelbacher, Handbuch II, 66 f.

[1136] Ebd. 340.

bestehenden Fremden zu entfalten. Ein Bernhard von Clairvaux oder ein Eckhart von Hohenheim, um die beiden bekanntesten Meister der mittelalterlichen Spiritualität zu nennen, hielten gar nichts von einer rein äußerlichen Werkfrömmigkeit, sondern betonten, dass das innere Engagement das Entscheidende sei. Statt verbuchbarer Quantitäten ging es ihnen um gefühlte Qualitäten. Die meisten heute noch Religiosität praktizierenden Christen würden sich wohl eindeutig in diese Linie stellen, nicht in die quantitative Tradition, wiewohl sie kirchenamtlich immer noch beliebt ist, z. B. bei der Zumessung von Strafgebeten im Beichtstuhl oder den marianischen Rosenkranzgebeten.

I. Phasen der Mentalitäten im Mittelalter

Unter dem Aspekt der Fremdheit und Vertrautheit beurteilt, wirkt das Mittelalter keineswegs einheitlich. Vielmehr scheint es, von uns aus betrachtet, von der Völkerwanderung zur Renaissance eine (ungeachtet der gegenwärtigen Diskreditierung des Fortschrittsgedankens vonseiten vieler Kulturwissenschaftler) im Grunde kontinuierliche Entwicklung in Richtung auf größere Vertrautheit hin gegeben zu haben. „Im Grunde kontinuierlich" – aber nicht ohne Akzelerierungen und Retardierungen, nicht ohne Vorläufer und Nachzügler. Graphisch dargestellt, ergäbe sich wohl eine sich erhebende Kurve, aber mehrfach mit Zacken nach unten. Wir wollen sie im Folgenden skizzieren – sie bewusst auf die dominierenden Strukturen vereinfachend, also ohne etwa geographische Unterschiede oder Mischformen näher zu erläutern.

Die Tatsache, dass uns die Zeugnisse der antiken Kultur so viel verwandter erscheinen, ist kaum bloß mit unserer humanistischen Bildungstradition zu erklären. Einerseits hat auch das Altertum uns fremde Elemente, wenn sie auch nicht so sehr ins Auge fallen, wie die mittelalterlichen; ich nenne als ein Beispiel die Divinisierung der Kaiser seit Augustus. Andererseits ist aber eine größere Nähe unleugbar – in einem Liebesgedicht Catulls können die meisten von uns eben tatsächlich ihre eigenen Gefühle viel eher wiederfinden, als in einem solchen Heinrichs von Morungen, die Analyse der Verschwörung des Catilina durch Sallust wesentlich besser nachvollziehen, als die Schilderung eines Kreuzzugs durch einen zeitgenössischen Geschichtsschreiber, etc.

Die „andere" mittelalterliche Mentalität als Ergebnis der Vermischung der antik-christlichen Kultur mit der germanisch-keltischen zu erklären liegt auf der Hand, doch sollte man nicht übersehen, dass ein Prozess in Richtung „mittelalterliche Mentalität" bereits im politisch noch intakten Imperium Romanum begann, Folge gewiss auch der inneren Barbarisierung und Vulgarisierung. Denn die geographische Ausdehnung des Reiches brachte zahlreiche Personen aus den nicht-italischen Barbarenstämmen in führende Positionen – man denke nur an die Soldatenkaiser des 3. Jahrhunderts, Männer aus den Grenzprovinzen, die der römischen Kultur oft fernstanden. Die Verschiebung des ökonomischen Schwerpunkts von den Städten aufs Land implizierte auch eine kulturelle Veränderung, die in einer Zurückdrängung der intellektuellen, raffinierten, eleganten Kultur der urbanen Eliten durch die Mentalität und Sprache des *volgus*, des einfachen Volkes, resultierte.[1137]

Ungeachtet seiner intellektuellen Schärfe und glänzenden Rhetorik ist es bereits für das Denken des späten Augustinus charakteristisch, dass er im Unterschied zu Philosophen der klassischen Ära mehr von Personen als von Institutionen sprach – man fühlt sich an den frühmittelalterlichen Personenverbandsstaat erinnert – und dass er übernatürliche Erklärungen natürlichen vorzog[1138] – man denkt an die gern apostrophierte „Wundersucht" des Mittelalters. Dies scheinen Züge zu sein, die bereits für seine Epoche vielfach überhaupt gelten, wie aus anderen Beispielen erhellt (Herrscherkult, Wunder). Weniger als 200 Jahre später weist Gregors von Tours Werk, die zentrale Quelle für jede Mentalitätsgeschichte der Merowingerzeit, eine zum Selbstzweck werdende, ungeordnete „abundance of graphic detail" auf als „one sign of the concreteness", welches sein Denken auszeichnete,[1139] vergleichbar dem Erzählstil der Kinder. Ähnlich sind Papst Gregor I. und Bischof Isidor von Sevilla zu beurteilen, und auch die zahlreichen hagiographischen Erzeugnisse.

Zweifelsohne erscheint uns das Frühmittelalter als der fremdeste Abschnitt jener 1000 Jahre, die wir vereinfachend – inzwischen doch wohl vornehmlich aus Herkommen – zu einer einzigen Periode der abendländischen Geschichte zusammenfassen. Die gängige Vokabel zu seiner Charakterisierung lautet „archaisch" und wird von Historikern (z. B. Bosl[1140]) genauso angewandt wie von Rechtshistorikern (z. B. Hattenhauer[1141]), Germanisten (z. B. Haubrichs[1142]) oder Theolo-

---

1137 Dinzelbacher/Heinz.

1138 Radding 41, 47.

1139 Ebd. 60 f.

1140 Bosl, K., Die Grundlagen der modernen Gesellschaft im Mittelalter, Stuttgart 1972, I, 47 ff.; Ders., Mensch und Gesellschaft in der Geschichte Europas, München 1972, 32 f.

1141 Hattenhauer 47 ff.

1142 Haubrichs, W., Die Anfänge. Versuche volkssprachlicher Schriftlichkeit im frühen Mittelalter, Frankfurt a. M. 1988, 14, 53.

gen (z. B. Angenendt: „archaisierend“[1143]). Der Terminus kommt aus der Kunstgeschichte, und in der Tat lässt sich die Archaik der Ausdrucksformen vom 4. bis in 12. Jahrhundert mit der Verdrängung der klassischen Kunstnormen durch die der Volkskunst unmittelbar und eingängig veranschaulichen (z. B. Verlust der Dreidimensionalität, der Perspektive und der natürlichen Proportionen, statischer Aufbau, Geometrisierung der Pflanzen- und Tierornamentik, *horror vacui*). Auch hier gab es in eine ähnliche Richtung zielende Entwicklungen schon im römisch-byzantinischen Bereich (man denke an die starre Frontalität und die Statik der ravennatischen Mosaike oder die „Eschatologisierung“ der Porträtkunst).[1144]

Die Generation der wenigen Intellektuellen um 800 schien dagegen wieder deutlich an die subtilere antike Kultur anzuknüpfen – die in der Mediävistik üblichen Schlagworte von der „Karolingischen Renaissance“ und dem „Karolingischen Rationalismus“ weisen darauf hin. Die von Karl dem Großen initiierte Bildungsoffensive, der Rückgriff auf die bildende Kunst der Antike, die Blüte lateinischer Dichtung an der Hofschule und in ihrem Umkreis, die theologischen und religionspädagogischen Anstrengungen wirken wie ein kultureller Neuaufbruch. Er vollzog sich am königlichen Hof und in wenigen Reichsklöstern und Bischofssitzen, wo eine bescheidene *leisured society* Existenzmöglichkeiten fand, also Gemeinschaften, die, den Sorgen um ihr materielles Auskommen enthoben, Muße für kulturelles Tun besaßen. Im Rahmen dieser Strömung gab es auch einen Ansatz zu einer ganz neuen Empfindsamkeit: Alkuin, Arn oder Otfried von Weißenburg thematisierten Liebesemotionen (zwischen Männern wohlgemerkt), ein vordem in der nachantiken Literatur nicht behandelter Bereich menschlichen Daseins. Alkuin etwa kommt dabei Formulierungen nahe, die erstaunlich an ähnliche der späteren Mystik erinnern: Er kennt das Bild vom Einwohnen des Freundes im Herzen und in der Seele, das von der Liebeswunde, ja verwendet sogar Zitate aus dem *Hohelied* für Aussagen zur Freundschaft. Doch bedient er sich einer affektierten Sprache, wenn er liebende Sehnsucht, die sich freilich erst im Jenseits erfüllen wird, in wohlkonstruierten, zwischen Kunst und Künstlichkeit schwankenden Phrasen ausdrückt.[1145]

[1143] Angenendt, A., Das Frühmittelalter, Stuttgart 1990, 45.

[1144] Dinzelbacher/Heinz pass.

[1145] Dinzelbacher, P., Liebe im Frühmittelalter: Zeitschrift für Literaturwissenschaft und Linguistik 19, 1989, 12–38; andere Interpretation bei Jaeger, C., Ennobling Love, Philadelphia 1999.

Wie der höfische Freundschaftskult der karolingischen Elite sollten binnen kurzem jedoch auch die anderen Renaissance-Tendenzen dieser Ära an Energie verlieren und, auf lange Sicht (ganz anders als dann die „Renaissance des 12. Jahrhunderts"), kaum Veränderungen bewirken. Die Pfalz Aachen und einige Reichsklöster wie Tours boten personell und institutionell keine ausreichende Basis für einen generellen Kulturumschwung; nach Karls Tod 814 fehlte auch der energische Herrscher, der die bedeutendsten Intellektuellen seiner Zeit um sich versammelt hätte. Das 9. und 10. Jahrhundert mit ihren steten Gefährdungen durch Wikinger-, Ungarn- und Sarazeneneinfälle hat in Mittel- und Westeuropa nur wenig Energien für kulturelle Schöpfungen übriggelassen. Auch die wesentlich weniger markante sogenannte „Ottonische Renaissance" blieb eine vorübergehende Erscheinung kleinen Maßstabs, wenn sie denn je existiert hat. Doch bildete die mancherorts nachzuweisende Kontinuität des Unterrichts an Kloster- und Kathedralschulen seit der Karolingerzeit sicher ein Fundament für die hochmittelalterliche Entwicklung. Ungeachtet dieses bald wieder verschwundenen Ansatzes zu humanisierterem Denken und Empfinden bleibt es bei dem vorwiegenden Eindruck von Fremdheit, den uns die Epoche vom 5. bis zum 11. Jahrhundert vermittelt.

Viele Quellen des Hochmittelalters dagegen, also der Zeit etwa zwischen 1050 und 1250, wirken plötzlich ungemein vertrauter, denn sie zeichnen den unseren recht ähnliche Denk-, Empfindungs- und Verhaltensstrukturen nach, die im Frühmittelalter entweder fehlten oder nicht überliefert wurden. Ob man nun die angeführte Autobiographie Abaelards liest (s. S. 20) oder die oft von mitreißender Zärtlichkeit, doch auch von erschütterndem Eifer erfüllten Briefe Bernhards von Clairvaux oder die Romane des Chrétien von Troyes, dessen Humor wir im Unterschied zu dem des Waltharius-Dichters nachvollziehen können – mit dem 12. Jahrhundert beginnt (es sei hier diese plakative Überspitzung gestattet) mentalitätsgeschichtlich die Moderne.[1146]

Der deutliche Anstieg der europäischen Bevölkerung seit dem 11. Jahrhundert, Ergebnis von besseren klimatischen, ökonomischen und politischen Bedingungen, führte allgemein zu größerer Wohlhabenheit und zur Differenzierung der

---

[1146] Das Folgende ausführlicher bei Dinzelbacher, P., Die „Bernhardinische Epoche" als Achsenzeit der europäischen Geschichte, in: D. Bauer, G. Fuchs (Hgg.), Bernhard von Clairvaux und der Beginn der Moderne, Innsbruck 1996, 9–53; ders., Europa; am eingehendsten Ders., Structures. Dort auch Einzelbelege und Sekundärliteratur.

Lebensformen. Davon zeugen Landesausbau (Binnenkolonisierung durch Rodung) und Aufblühen der Städte. Hier entstanden neue Sozialschichten (Bürger, Proletariat) mit mehr und mehr Spezialisierung (Handwerke), entstand auch als Reaktionen auf den neuen Reichtum die kirchliche und oppositionelle Armutsbewegung, am markantesten verkörpert in den anerkannten Bettelorden bzw. den verketzerten Waldensern. Somit ergab sich ein neuer Pluralismus, ein differenzierteres Angebot an Lebensformen: Die städtische Kultur wurde neben der monastischen, der adeligen und der ländlichen sozial und intellektuell führend. Die lokale und gesellschaftliche Beweglichkeit der Menschen verstärkte sich: Kreuzzüge, Pilgerwesen, Kolonisation brachten vielfältige Kontakte; eine Person konnte an mehreren Gesellschaftssystemen gleichzeitig teilhaben (z. B. als Ritter, Höfling, Bürger). Diese Differenzierung zeigte sich auch im Mönchtum, wo aus und neben den Benediktinern andere Orden entstanden (Kartäuser, Prämonstratenser, Zisterzienser, Ritterorden usw.). Ebenso in der Kunst: Die den Raum vereinheitlichende Holzdecke der romanischen Kirchen wird durch die ihn segmentierenden gotischen Kreuzrippengewölbe ersetzt, das schlichte Radfenster wird zur vielteiligen Rosette, die narrative gotische Miniatur und Glasmalerei teilen eine Seite bzw. ein Fenster in vielbildrige Folgen auf, statt diese Flächen wie vordem mit einer einzigen Darstellung zu füllen, etc. Neben die einstimmige Gregorianik tritt in der Musik die Polyphonie paralleler und schweifender Zusatzstimmen (Pérotin, um 1200).

Ein anderer Prozess erreichte ebenfalls im 11. und 12. Jahrhundert seinen Höhepunkt: die Spaltung einer ursprünglich einheitlichen Weltsicht in einen religiösen und einen profanen Bereich. Dieser Prozess manifestierte sich politisch im ‚Investiturstreit': Das Königtum verlor dabei viel von seinem traditionellen sakralen Charakter, die Kirche begriff sich jetzt mehr als früher als ein scharf von den Laien getrenntes und ihnen übergeordnetes System (demonstriert durch die Einführung des Lettners im Kirchenraum und auf soziale Trennung hinwirkende Rechtsvorschriften), sie grenzte sich durch ‚Verklerikalisierung', d. h. Bildung von Spezialisten (universitäre Theologen und Kanoniker), dogmatisch und institutionell von der „Welt" ab. Die gleichzeitige Entwicklung einer selbständiger werdenden Laienkultur, für die die volkssprachliche Verschriftlichung immer wichtiger wurde, erscheint als die andere Seite dieses Vorgangs.

Die Auseinandersetzungen zwischen Imperium und Sacerdotium im Investiturstreit veranlassten beide Parteien seit dem letzten Drittel des 11. Jahrhunderts, ihre Ideologien genauer zu durchdenken. Es entstand eine Streitschriftenliteratur als Ausfluss geschärfter Kritikfähigkeit, Analyse- und Argumentationstechnik. Allgemein gewann an Bedeutung, was die mittellateinischen Autoren als *discretio* und *ingenium*, die deutschen als *liste*, die französischen als *engin* priesen: ein weiterreichendes, komplexeres Denken, eine raffiniertere Vorgehensweise. Der logische Diskurs als Methode (Abaelards *Sic et non*) trat neben die assoziative „Mönchstheologie" und führt zur Scholastik. Dabei wurde mehr und mehr innerweltlich argumentiert, weniger dem direkten Eingreifen der Überwelt zugeschrieben. Berengar von Tours (1000–1088) z. B. berief sich (in theologischen Auseinandersetzungen!) zukunftsträchtig auf die natürlichen Vernunftgründe (*rationes naturae*). Analoges zeigte sich eben in dem Widerstand, der von Intellektuellen im 12. Jahrhundert den Gottesurteilen entgegengebracht wurde, und der dann zu ihrer offiziellen Abschaffung führte. Primärer sozialer Ort des neuen „Rationalismus" waren die Universitäten, die als hauptsächliche Bildungsträger die Kloster- und Domschulen abzulösen begannen. Ein vergleichbarer „Rationalismus" manifestiert sich aber auch in der Baukunst, insofern die Gotik das romanische Additionsprinzip von kubischen und zylindrischen Bauteilen durch ein systematisch durchstrukturiertes Gerippe aufeinander bezogener Stützen- und Gewölbeelemente ersetzte. Frankreich kam unangefochten die Priorität bei all diesen Innovationen zu.

Diese Zersetzung der frühmittelalterlichen Sehweise, mehr oder minder unveränderlich in einen bestimmten Bereich eingebunden zu sein, führte anscheinend zu einem neuen Ich-Bewusstsein, das sich aus der vormals dominierenden Wir-Gemeinschaft ausgrenzte. Dies galt freilich zunächst nur für eine kleine monastische, höfische und städtische Elite. Als Zeichen der neuen Individualisierung ist zu verstehen die Ausbildung einer wesentlich persönlicheren, auf Selbstgefühl und Schuldbewusstsein basierenden Moral (Intentionalethik), namentlich bei Abaelard und Bernhard von Clairvaux. Nach ersterem wären sogar die Mörder Christi schuldlos, falls sie guten Glaubens gehandelt hatten – ein für viele Zeitgenossen (auch Bernhard) noch unnachvollziehbarer Gedanke. Erst seit jener Epoche wurde also die willentlich-bewusste Entscheidung für einen Normverstoß als wesentlich beurteilt. Der Ausdruck *mens rea*, eine sich seiner Schuld bewusste Gesinnung, kam erst ab 12. Jahrhundert auf.

Beispiele für die Betonung des Individuellen wären darüber hinaus im Religiösen das Entstehen einer umfangreichen Literatur, die eine tiefere Introspektion, ein *cognosce te ipsum* („Erkenne dich selbst!") als Voraussetzung geistig-geistlichen Aufstiegs reflektierte. Oder die häufigere Verwendung von Ich- statt Wir-Formulierungen in Gebeten. Oder – und vor allem – das Wiedereinsetzen mystischen Erlebens und Spekulierens. Der erste Bericht von einer Unio mystica scheint von dem benediktinischen Geschichtstheologen Rupert von Deutz (1075–1129) zu stammen (*Matthäuskommentar* 12), später häuften sich derartige Berichte. Im Zusammenhang mit der religiösen Frauenbewegung seit dem späten 12. Jahrhundert wurden zahlreiche mystisch begabte Beginen und Nonnen bekannt (u. a. Lutgard von Tongeren, Hadewijch, Mechthild von Magdeburg, Agnes Blannbekin, Angela von Foligno). Braut- und Leidensmystik, die eine „individualisierte" Gottesbeziehung voraussetzen, sind nur die auffälligsten Manifestationen einer allgemeinen Humanisierung – nicht im Sinne eines humaneren Umgangs miteinander –, sondern als Verschiebung der Weltsicht mehr und mehr in die Subjektivität des Menschen, der sich als Zentrum der Schöpfung versteht und dem in seiner Vorstellung auch ein mehr und mehr vermenschlichter Gott entspricht. Der Terminus *humanitas* erhielt seine ursprünglich positive Bedeutung wieder, nachdem er im Frühmittelalter „Gebrechlichkeit" gemeint hatte. Die Gottesdarstellung wurde dem Menschen angeglichen in Maßstab und Eigenschaften (der Schmerzensmann mit der Dornenkrone anstelle des mit dem Diadem gekrönten Gottkönigs am Kreuz); im theologischen und devotionellen Schrifttum bekam die Reflexion über die Menschennatur Christi bzw. den historischen Jesus größtes Gewicht.

Der weltliche Bereich bietet ebenso Anzeichen für die Ablösungstendenz des Einzelnen aus der unreflektierten Gruppenbindung zur reflektierten Individualität. So trat als Novum im Roman der innere Monolog auf, in der Minnelyrik drehte es sich um die spezielle Situation des Liebenden (des Dichters selbst oder eines fiktiven „Rollen-Ichs"). Leid wurde nicht mehr schicksalshaft als von außen verhängt geschildert, sondern psychologisierend als aus dem Inneren erwachsend (Parzival-Romane). In der Geschichtsschreibung betonte man nun oft eher die individuellen Züge anstelle des für den beschriebenen Stand Typischen.

Unmittelbar aussagekräftig ist das Gebiet der bildenden Kunst: Erst ab dem späten 11. Jahrhundert ließen sich geistliche und weltliche Herren auf ihren Grabmonumenten in Relief und Ritzzeichnung abbilden, wobei noch im Hochmittelalter ein Porträt zumindest angestrebt wurde. Erst seit der „Renaissance des 12. Jahrhunderts" begann als Zeichen der anhebenden Gotik die vollplastische Darstellung des Menschen in seinen natürlichen Proportionen, wobei Vorbilder

der Antike zu Hilfe genommen wurden (Reiner von Huy, Taufbecken 1107/18). Die Skulptur emanzipierte sich allmählich vom Bau und tendierte zur Rundplastik, ein „Realitätsgewinn" (Chartres, Porte Royale, um 1150).

Das hohe Mittelalter war auch die Periode, in der die Liebe als beherrschendes Moment eines Menschenlebens wiederentdeckt wurde. Die im späten 11. Jahrhundert im südfranzösischen Adel (Wilhelm IX. von Poitiers, 1071–1127) aufkommenden Ideale sollten bald die ganze europäische Oberschicht erfassen. Was Jakob Burckhardt für die italienische Renaissance vindizierte, das Erkennen der Persönlichkeit bei sich und bei anderen,[1147] datiert unzweifelhaft bereits ins hohe Mittelalter. Es kam sogar schon zu jener ausschließlichen Konzentration auf einen besonderen Menschen, die der Mythos von Tristan und Isolde (Gottfried von Straßburg) oder die Briefe Heloisens an Abaelard (seien sie echt, seien sie das Werk eines Fälschers des 13. Jahrhunderts) so eindringlich vorführen. Und nun erst taucht das dem Frühmittelalter unbekannte Motiv des Todes oder Selbstmords aus unglücklicher Liebe wieder auf.

Zu einer charakteristischen Figur der höfischen Dichtung, besonders der Artusepik (Chrétien de Troyes, Hartmann von Aue, Wolfram von Eschenbach), wurde der auf Abenteuer- und Irrfahrt befindliche Ritter, dessen unterwegs bestandene Abenteuer sein „persönlicher Besitz" sind, gewidmet seiner Dame, und weniger Taten, die er für seinen Lehnsherren vollbringt, wie in der älteren Epik (*Rolandslied, Nibelungenlied, Cid*). Im Unterschied zu letzterer ist er nun ein Einzelkämpfer, nicht Anführer eines Vasallenheeres.

Im Gefolge des Investiturstreites kam es auch zu Anfängen einer Desakralisierung der Welt. Abaelard konnte die alttestamentliche *Genesis* als Naturgeschichte (nicht nur Heilsgeschichte) interpretieren. Die Beliebtheit der Fortuna in Schrifttum und Kunst des 12. Jahrhunderts weist wiederum auf den Ersatz von im Übernatürlichen beginnenden Kausalketten durch solche aus der natürlichen Sphäre (was der Kritik an den Gottesurteilen entspricht). Der genannten Desakralisierung entspricht eine Weltzuwendung innerhalb der Laienkultur, deren Ausfluss die volkssprachliche Literatur des höfischen Romans, der Lyrik der Trobadors, Trouvères und Minnesänger, bald auch des Schwankes usw. war – alles neue literarische Gattungen, in denen die religiösen Elemente zurücktreten oder fehlen. –

1147 Die Kultur der Renaissance 4, 4, in: Ders., Kultur und Kunst der Renaissance in Italien, Klosterneuburg s.a. 283 f.

Eben diese Weltzuwendung brachte es auch mit sich, dass das Ende dieses Lebens in der Welt in vordem ungekannter Weise Thema des Nachdenkens wurde: Erst ab etwa 1150 taucht der personifizierte Tod in der lateinischen und volkssprachlichen Dichtung auf (Helinand von Froidmont, *Vers de la mort*).

Zeigte damit das Hochmittelalter in so vielen Erscheinungen eine Reduktion archaischer Mentalitäten und einen Zugewinn an „modernen", d. h. sich in der weiteren Entwicklung durchsetzenden Komponenten, führte das Spätmittelalter diese Tendenz im Großen und Ganzen kontinuierlich weiter: Boccaccio, Chaucer, Oswald von Wolkenstein – dasselbe gilt jedoch für die Historiographie oder die Biographik – bieten zwar philologische oder poetologische Verstehensprobleme, aber nur mehr wenige mentalitätsgeschichtliche. Indem wir uns der Renaissance nähern, werden wir im Wesentlichen mit einem Ausdruckshorizont konfrontiert, der dem unseren weitgehend gleicht. Es ist kein Zufall, dass etwa der Verismus der Menschendarstellung der römischen Porträtkunst erst im 15. Jahrhundert wieder erreicht wird; hier ist ein kontinuierlicher Prozess von der Grabplatte König Rudolfs I. und den Liegestatuen englischer Ritter des 13. Jahrhunderts zu den Porträts Kaiser Karls IV. und schließlich zu Sluters Propheten in Champmoll zu verzeichnen. Parallel dazu, eher beschleunigt, ging die Entwicklung zur Realistik in der Kunst Italiens – ein Prozess, der erst in unserem Jahrhundert mit Duan Hanson überholt werden sollte.

Die Neuzeit hat man mit Max Webers Begriff der „Entzauberung" charakterisiert. Finden sich dazu Ansätze im späten Mittelalter? Nach Webers Konzept wird unsere Zivilisation im Gegensatz zu den traditionellen geprägt von einem Bild der Welt, das keine geheimnisvollen oder unberechenbaren Mächte oder Kräfte mehr annimmt. Alles läuft nach einem theoretisch prinzipiell (wenn auch praktisch vielleicht noch nicht) berechenbarem Mechanismus ab und ist ohne irgendwelche Bedeutung, ohne Verweis auf eine Transzendenz. Empirische Erkenntnis ist die einzige zulässige Wissensquelle, die das Leben steuern soll, nicht Offenbarung oder Glaube oder Usus.[1148]

Für den Bereich der deutschen Literatur ist versucht worden zu zeigen, dass dieses „Entzauberungs"-Konzept, gemäß dem die Universalgeschichte dahin ver-

1148 Vgl. Winckelmann, J., Die Herkunft von Max Webers „Entzauberungs"-Konzeption: Kölner Zs. f. Soziologie und Sozialpsychologie 32, 1980, 12–53

läuft, dass „alle Dinge – im Prinzip – durch Berechnen zu beherrschen" sind und die Frage nach dem Sinn des innerweltlichen Geschehens nicht mehr gestellt wird, tel quel bereits auf die Zeit von 1200 bis 1500 zuträfe.[1149] In der Literatur habe sich damals ein autonomer ästhetischer Bereich etabliert, der „darauf zielte, den verlorenen Sinn über fiktionale Gebilde zurückzugewinnen."[1150] Überhaupt habe es Textbereiche gegeben, in denen die Welt niemals „verzaubert" war, wo vielmehr weitgehend „nüchterne Registrierung" herrschte, wie etwa im satirischen Tierepos. Oswald von Wolkenstein im frühen 15. Jahrhundert etwa habe nicht mehr primär einen Gegensatz zwischen Welt und Gott empfunden, wie ca. 200 Jahre zuvor Walther von der Vogelweide und Konrad von Würzburg, sondern zwischen Unvernunft und Vernunft.[1151]

Und doch änderte sich im ausgehenden Mittelalter genug in der Mentalität, dass man diese Epoche wieder vielfach als uns etwas ferner empfindet, als das 12. und 13. Jahrhundert. Eine Reihe von Phänomenen, vorher so gut wie unbekannt, sind hier zu nennen, die auf uns fremd wirken: Im religiösen Bereich eine bis ins Somatische gehende erotische Mystik und der Dolorismus, die exzessive Suche nach körperlichem Schmerz in der Askese; im rechtlichen Bereich Hexenverfolgung und Tierprozess; im literarischen Bereich der Triumph einer extrem gekünstelten allegorischen Dichtung. Es bleibt eine zentrale Frage, wieso sich die für das Spätmittelalter typische Allegorisierungssucht in der religiösen wie profanen Literatur eben parallel zum Occamismus in der Philosophie entwickelte, der geradezu gegenläufig wirkte, in dem er nominalistisch nur auf die real existierenden Einzeldinge verwies.

Wie kam es, dass gerade im Gegensatz zur Betonung von Rationalität in der Theologie oder der Wirtschaftspraxis gleichzeitig Elemente des Volksglaubens, die bisher i. d. R. in einer von den Gebildeten verachteten Sphäre existierten, auf einmal in den Bereich offiziellen kirchlichen und staatlichen Handelns integriert wurden? Erinnern wir an ein konkretes, bereits besprochenes Beispiel: Die Aufnahme der Bahrprobe in die Rechtsbücher (s. S. 125 f.). Damit ist durch die Welt der offiziellen, normgebenden Kultur ein im Früh- und Hochmittelalter rechtlich noch nicht anerkannt gewesener Kausalnexus sanktioniert, ein Kausalnexus, den

---

[1149] Poag, J., Fox, Th. (Hg.), Entzauberung der Welt, Tübingen 1989.

[1150] Ebd. 5

[1151] Wachinger, B., ebd. 107 ff.

wir nicht nachzuvollziehen vermögen: Eine Leiche, auch wenn sie schon seit Tagen bestattet war, beginnt, wieder ausgegraben, zu bluten, weil sich der Schuldige in ihrer Nähe befindet.

Hierher gehören auch die oben ausführlich behandelten Tierprozesse. In den gleichen Zeitgrenzen wie diese verläuft die Institutionalisierung der Hexenverfolgungen. Der in fränkischer Zeit entstandene *Canon Episcopi* verwarf Hexerei und Nachtfahrten zu und mit den Dämonen als reine Einbildung – ähnlich wie andere karolingische Konzilsbeschlüsse – und macht es den Bischöfen zur Pflicht, gegen diesen Glaubensabfall zu predigen.[1152] Er ging, und das ist wesentlich, in die Kanonessammlung Gratians ein, denn damit war er seit etwa 1140 zwar nicht direkt geltendes Kirchenrecht, aber Handwerkszeug jedes Kanonisten. Und trotzdem kam es seit der Mitte des 13. Jahrhunderts vereinzelt und verstärkt seit der des 14. in solchem Maß zu Prozessen wegen Hexerei, Teufelspakt und Sabbatbesuch, dass eine allgemeine Akzeptanz durch weiteste Kreise nun auch der Intellektuellen vorauszusetzen ist. Eine vordem v. a. in den Klöstern fühlbare Teufelsangst[1153] breitet sich auch unter den Laien aus – nein, wurde unter ihnen ausgebreitet, nämlich v. a. durch die Predigten der Bettelmönche und die kirchliche Kunst. Der schon im frühen Christentum angelegte und v. a. von den Mönchsvätern des 4. und 5. Jahrhunderts verstärkte Teufelsglaube wurde erst im Spätmittelalter zu einem wirklich penetranten Faktor der mittelalterlichen Kultur und einem Element seines „Fremdseins". Der Teufel ist die unabdingliche Theodizee des Christentums. Ohne seine Verführung keine Erbsünde, ohne Erbsünde kein Leid, sondern das Paradies. Nur die Annahme eines Teufels kann das Leid der Welt unter einem gleichzeitig absolut guten und absolut mächtigen Gott „erklären". Aber warum wurde man sich erst nach 1200 dessen so bewusst? Gewiss führte die Konfrontation mit der fundamentalen Bedeutung des Bösen im dualistischen Katharismus auch bei den katholischen Theologen und Kirchenrechtlern zu einem verstärkten Interesse an dämonologischen Fragen. Begünstigt wurde diese Tendenz wahrscheinlich durch die traumatischen Katastrophen in der Mitte des 14. Jahrhunderts, in denen manche Historiker auch einen Grund für die Hexenverfolgungen sehen. War aber diese Heftigkeit

---

[1152] Soldan W. G., Heppe, H., Geschichte der Hexenprozesse, ND Kettwig 1986, I, 107 ff.; Dinzelbacher, Heilige 130 f., 237 f.

[1153] Vgl. ausführlicher Dinzelbacher, Angst.

der spätmittelalterlichen Teufelsdogmatik nicht vielleicht auch eine unbewusste Reaktion der Gottesgelehrten und Kanonisten auf ein Weltbild, in dem sich seit dem Durchbruch des Nominalismus und der Entwicklung einer laikalen Kultur die Keime der Säkularisierung ausbreiteten? Eine Reaktion auf eine Tendenz, die letztlich zur Verdrängung des theologischen Weltbildes und zur Entmachtung der kirchlichen Hierarchie führte? Sind die Tierprozesse der geistlichen Gerichte nicht auch in diesen Zusammenhang einzuordnen?

Gleichzeitig wurde gerade im Spätmittelalter ein weiteres Erklärungsmodell für die so häufigen Epidemien und Katastrophen verbreitet, das ihre unmittelbaren Ursachen ins Wirken einer überweltlichen Macht projizierte: Ein am *Alten Testament* orientiertes Gottesbild wurde in Wort und Bild formuliert, das Gott Vater selbst die großen Strafen der Pest, Hungersnöte und Teuerungen zuschreibt, d. h. für uns innerweltliche Vorgänge übernatürlich erklärt. Die Katastrophe des Schwarzen Todes in der Mitte des 14. Jahrhunderts, doch auch die allgemeine ökonomische Krise der Zeit war so tiefgreifend, dass sie nicht mehr dem (nach der Dogmatik eigentlich ja von Christus besiegten) bösen Feind zugeschrieben werden konnte; sie wurde in der Reaktion des Herrn selbst auf die autonomen Entscheidungen der Menschen zur Sünde gesucht, die es durch Geißelzüge und Bußbruderschaften zu sühnen galt. Dieser Vorstellungskomplex ersetzte jedoch den von der Wirkmacht des Teufels als „Fürsten der Welt" keineswegs, sondern trat neben ihn. Das 14. Jahrhundert wurde somit, mentalitätsgeschichtlich gesehen, eine Epoche mit Rückgriff auf archaische Strukturen zur Welterklärung. Die Kurve der Entwicklung ging hier, bildlich gesprochen, zeitweise nach unten, ehe sie ihr Höhersteigen in Richtung Renaissance und Humanismus fortsetzte. Es sollte nicht betont werden müssen, dass dies ein vereinfachendes Bild ist, denn progressivere Denkweisen liefen natürlich parallel dazu weiter, regressive dauerten bis ins 17. Jahrhundert an.

Damit sei dieser kurze Durchgang durch die Mentalitätsgeschichte des Mittelalters abgebrochen – seine Funktion war zu zeigen, dass in diesen eintausend Jahren Perioden unterschiedlicher Fremdheit existierten, dass in manchen Zeiten eine stärkere Annäherung an unser Denken und Fühlen zu verzeichnen ist, dass wir trotz des Eindrucks einer im Prinzip in eine Tendenz verlaufenden Entwicklungslinie mit bemerkenswerten retardierenden Brüchen konfrontiert sind. Max Weber war noch von einer linearen Tendenz hin zu Entzauberung und Rationalisierung ausgegangen. Die Entwicklungslinie der Mentalität bewegt sich aber, wie an den untersuchten Phänomenen im Rechtsbereich besonders anschaulich wurde, für einen längeren Zeitraum – etwa 14. bis 17. Jahrhundert – weg von dieser Linie, die man philosophiehistorisch als Evolution von der Frühscholastik und dem Nominalismus am Beginn zur Aufklärung am Ende ansetzen möchte. Oder genauer: Gewiss gibt es eine Tendenz steter Fortentwicklung vom Occamismus zu Cartesius und dann weiter zur Aufklärung der Epoche Voltaires und schließlich zum nur mehr naturwissenschaftlich bestimmten Weltbild, aber daneben ist gleichzeitig eine andere und zeitweise die allgemeine Mentalität mehr formende Strömung zu verzeichnen, die verstärkt auf die Welt des Geglaubten zurückgreift. Seit der Aufklärung wird sie zwar deutlich schwächer, flackert aber immer wieder auf, sei es spontan „von unten", sei es durch Restaurierungsversuche der kirchlichen Obrigkeit.

So schwer das für uns nachvollziehbar sein dürfte: Genau die Epoche der exakt konstruierenden Baumeister der Gotik, der präzise nach perspektivischen Gesetzen zeichnenden Renaissancemaler, der weit voraus planenden kaufmännischen Kalkulation, die Ära naturwissenschaftlicher und technischer Fortschritte, macchiavellistischer Politikkonzeptionen, Rezeption des nüchternen römischen Rechts – genau dies ist auch die Epoche gegenläufiger Kräfte, wie sie sich in einer zunehmenden Suche nach magischer Naturbeherrschung, in verstärkter Beachtung von Vorzeichen und Konstellationen, einem gesteigerten Teufels- und Hexenglauben manifestierten – und eben in dem Glauben, Tiere müssten in bestimmten Situationen menschengleich Verantwortung auf sich nehmen, seien rationalen richterlichen Argumenten zugänglich und ließen sich durch die demonstrative Bestrafung ihrer Artgenossen von „Untaten" abschrecken. Die Quellen lassen uns keine andere Wahl, als dies zu akzeptieren. Wenn wir damit Schwierigkeiten haben, dann liegt dies vermutlich an einer Denkkategorie, die wir bei der Betrachtung der Geschichte einbringen, nämlich der axiomatischen Forderung nach einer alle Lebensbereiche umfassenden „Stileinheit" oder kollektiven Mentalität, die jeweils eine ganze Epoche durchforme. Wir werden daher viel mehr als bislang bedenken müssen, dass die Mentalität einer bestimmten Periode zwar Tendenzen aufweist, die sich im historischen Rückblick als die ausschlaggebenden erwiesen und damit ihre Zeit bestimmt haben, dass es aber in ihr genauso Gegenströmungen gab, dialektischen Komponenten, deren Verfall keine vorgegebene geschichtsphilosophische Struktur bewirkte, sondern im einzelnen nur mehr fragmentarisch nachzuvollziehende Entscheidungsprozesse.[1154]

Die Frage, ob ähnliche Differenzierungen nicht nur diachron, sondern auch synchron je nach Region vorliegen, kommt hier noch dazu. Wenn auch die Ordalien im gesamten christlichen Europa angewandt wurden, so scheinen dagegen die Tierprozesse in bestimmten Ländern ganz oder fast ganz ungebräuchlich gewesen zu sein (s. S. 252). Zu den gleichzeitigen Hexenverfolgungen wiederum kam es praktisch überall, wenn auch in ganz unterschiedlicher Intensität. Es dürfte schwierig sein und müsste, wenn, dann der Lokalhistorie vorbehalten bleiben, hierfür Erklärungen zu liefern. Es scheint auch kaum wahrscheinlich, dass die Diözese Lausanne, die ein Mittelpunkt der geistlichen Verfahren gegen Tiere war, von archaischer denkenden Bauern und Geistlichen bevölkert war, als z. B. in der gleichen Zeit Österreich oder Schweden, wo dergleichen nicht bezeugt ist – usw. Dieselbe Frage wäre auch für das Frühmittelalter zu stellen. Wenn die Latein schreibenden Autoren Englands, Beda oder Bonifatius, für uns bei der Lektüre unproblematischer wirken als der Franke Gregor von Tours oder der Römer Gregor der Große, dann braucht man nur die Literatur in angelsächsischer Sprache einzusehen, um darin wieder auf die epochentypische Alterität zu stoßen.

[1154] Es ist bedauerlich, daß die mir bekannten großen Deutungsversuche einer Epoche, wie sie Huizinga, Julius Schultz, Peuckert, Gurjewitsch u. a. versucht haben, die Tierprozesse nicht einmal erwähnen (Letzterer berührt sie erst in Gurjewitsch, A., Stumme Zeugen des Mittelalters. Weltbild und Kultur der einfachen Menschen, Köln 1997, 245 f., doch basierend nur auf Amira und Franz. Beaumanoir erscheint als Bonamour!)

J. Verständnishilfen

Ein kleiner Exkurs in die Gegenwart mag das historische Verständnis erleichtern: Können wir nicht auch gegenwärtig auf manchen Gebieten eine solche „Reprimitivisierung" beobachten, wie sie die Hexen- und Tierprozesse einst anscheinend darstellten? Während die Entwicklungslinien in den Naturwissenschaften, in der Technik, in der Philosophie weiterhin mehr oder weniger einem raschen und seit Beginn der Neuzeit im Prinzip linearen Fortschritt entsprechen, gibt es Bereiche, in denen schon überwunden geglaubte Strukturen zunehmen: So etwa religiös-fundamentalistische Einstellungen, die die Evolutionsbiologie leugnen wollen, die (faktische, wenn auch noch nicht juristisch sanktionierte) Wiedereinführung der Folter in den U.S.A., die Beschneidung von Bürgerrechten dort und in Europa, die Tendenz der Gesetzgebung, Errungenschaften der sexuellen Emanzipation wieder zu unterdrücken, der Angriff auf das ethische Prinzip der Bestrafung nur bei individueller Schuld durch Strafen für Kollektive (Verbandsstrafen) u. a.m. Der Zusammenhang mancher dieser regressiven Züge mit einschneidenden Bedrohungen in der Gegenwart ist deutlich, nämlich mit denen durch radikalen religiösen und nationalistischen Terrorismus, auch durch die Veränderungen der Bevölkerungszusammensetzung. Man erinnert sich an die (faktischen oder phantasierten) Bedrohungen in der Krise des 14. Jahrhunderts, welche zu der Intensivierung jener teilweise atavistischen Denkweise geführt haben, auf denen die Tierprozesse beruhten. Doch sind solche Bedrohungen zweifelsohne nur eine Komponente; die Eigendynamik der staatlichen Institutionen etwa tendiert naturgemäß zur Mehrung der eigenen Macht durch primär der Disziplinierung der Bürger dienende Maßnahmen, auch wenn sie in keinem Verhältnis zu den angegebenen prophylaktischen Gründen stehen. – Es ist nicht zu sagen, ob die genannten heutigen Erscheinungen nur für kurze Zeit wirksame Schwankungen der an sich progressiven Entwicklungskurve darstellen, oder ob sie einen weiterreichenden Mentalitätsumschwung im Sinne einer Regression auf eine frühere Stufe ankündigen. Wie alle anderen Disziplinen der Geschichtsschreibung kann auch die der Mentalitäten keine Vorhersagen für die Zukunft anbieten, aber sehr wohl auf vergleichbare Situationen in der Vergangenheit aufmerksam machen.

Das Fremde an sich – auch und sogar einer vergangenen Epoche – beunruhigt, insofern es tendenziell die eigenen Denkgewohnheiten und -inhalte infrage stellt. Dies ist letztlich auf eine angeborene Verhaltensdisposition zurückzuführen, auf jenes ‚Urmisstrauen' Fremden gegenüber, dass Kinder aller Kulturen ab etwa dem siebten Monat entwickeln. Es handelt sich um eine anthropologische Konstante, deren Nützlichkeit für das Überleben des Individuums ohne weiteres einleuchtet.[1155] Gleichzeitig fasziniert uns das Fremde aber auch, einerseits, da der Mensch prinzipiell ein Neugierdewesen ist[1156] und das Andere ja auch Modelle für eine nützliche Veränderung des eigenen Denkens und Handelns liefern kann, und andererseits, weil, es an archetypische Strukturen in uns zu appellieren vermag, welche zumindest im alltäglichen Bewusstsein sonst eliminiert bleiben.

Da unser wissenschaftliches Denken *eo ipso* dazu tendiert, sich unser Objekt verstehensmäßig anzueignen, können wir jene Zeugnisse der Fremdheit schwerlich einfach als blinde Flecken in unserem Mittelalterbild stehen lassen (wir haben deren quellenbedingt ohnehin mehr als genug), sondern suchen nach Erscheinungen, die entweder genetisch verbunden oder strukturell vergleichbar sind. Also nach Zusammenhängen und Modellen, die unseren Eindruck von Fremdheit reduzieren. Das hat ein berühmter Mediävist, Marc Bloch, schon so gesehen: „Ein beliebiges menschliches Phänomen wird man immer dann besser verstehen, wenn man bereits andere Phänomene derselben Art verstanden hat."[1157]

Speziell für unsere Frage bieten sich als Verständnishilfen wenigstens drei Disziplinen an: die Völkerkunde, die Volkskunde und die Psychologie. Im Folgenden sollen einige Anregungen für die Integration von Modellen aus diesen Nachbarwissenschaften in die Mentalitätsgeschichte zusammengestellt werden, Anregungen, die bei künftigen Forschungen über das uns Fremde in unserer Geschichte und besonders im Mittelalter nützlich sein können.

[1155] Eibl-Eibesfeldt, Sütterlin 38 ff.

[1156] Hass, H., Wir Menschen, Wien 1968, 101 ff.

[1157] Bloch, M., Apologie der Geschichte, Stuttgart 1974, 143.

I. Völkerkunde

Was hinsichtlich der nicht als hochkulturell beurteilten Erscheinungen die Volkskunde für Europa untersucht, erforscht die Völkerkunde bei den nicht hochkulturellen Gesellschaften Außereuropas. Ohne auf die verschiedenen Interpretationen und Terminologien ihres Faches durch einzelne Schulen eingehen zu können, gebrauche ich hier Völkerkunde, Ethnologie und Ethnographie als Synonyme; im Englischen wird teilweise *folklore* verwendet, teilweise *cultural anthropology*. Dem letztgenannten Begriff entspricht jedoch „Kulturanthropologie" oft nur partiell.

Die Sensibilisierung der heutigen Kulturwissenschaftler für Probleme der Alterität, wie der hier diskutierten, erfolgte nicht zuletzt aufgrund der zahlreichen Zeugnisse, die die Völkerkunde über die teilweise von den unseren krass divergenten Gegebenheiten in Kulturen gesammelt hat, die noch nicht oder wenig von der westlichen Zivilisation geformt waren. Eine Richtung der Ethnologie hat sich um den Nachweis bemüht, dass die Kategorien des Denkens und Empfindens, in denen wir Angehörige der abendländischen Kultur des 20. und 21. Jahrhunderts leben, nur teilweise universale sind. Sie sollten auch unseren Vorfahren nicht einfach von vornhinein unterstellt werden. Allerdings darf deshalb der von der anthropologischen Verhaltensforschung beschriebene allen Menschen gemeinsame Rahmen nicht aus dem Blickfeld geraten!

In der völkerkundlichen Disziplin hat man die wohl ausführlichsten Auseinandersetzungen um das Verstehen des Fremden geführt; speziell am Verständnis von Magie hat sich eine komplexe Diskussion über die Erfassbarkeit fremden Denkens entzündet.[1158] Sie ist indes für den Historiker nur unter Schwierigkeiten fruchtbar zu machen. Das aus verschiedenen Gründen: Einerseits ist es ihm aufgrund sprachlicher Beschränkung unmöglich, den Umgang der Ethnologen mit ihren Quellen zu überprüfen. Was da z. B. als typisch melanesische oder pygmäische Mentalität vorgeführt wird, basiert zum größten Teil auf aus den entsprechenden Sprachen oder Dialekten übersetzten Informationen; ob diese Über-

[1158] Kippenberg, H., Luchesi, B. (Hgg.), Magie. Die sozialwissenschaftliche Kontroverse über das Verstehen fremden Denkens, Frankfurt a. M. 1987; Reikat, A., Wir und die anderen. Zur Frage nach der Fremdheit in der Ethnologie: Historische Zs. 281, 2005, 281–306.

setzungen – und ihre Interpretationen – adäquat erfolgten, entzieht sich unserer Beurteilung. Wenn man sieht, wie viele Fehler auch in wissenschaftlichen Publikationen laufend schon bei Übertragungen aus einer so vertrauten indoeuropäischen Sprache wie dem Lateinischen gemacht werden, darf man diesbezüglich wohl auch eine gewisse Skepsis walten lassen. Weiter sind Völkerkundler genauso wenig der Versuchung ideologischer Färbung ihrer Berichte enthoben wie Vertreter anderer geisteswissenschaftlicher Disziplinen. Es sei nur daran erinnert, dass etwa Margaret Mead's Schilderungen der antiautoritären Erziehung und sexuellen Freizügigkeit der angeblich friedliebenden Samoaner lange als gesicherte ethnographische Basis betrachtet wurden, die auch die westliche Diskussion über diese Themen stark beeinflusste, bis sie in ganz zentralen Punkten von Derek Freeman widerlegt wurden.[1159]

Zweitens ist die völkerkundliche Literatur hinsichtlich des „Fremden" oft extrem theorieorientiert, was sich in Kritiken und Antikritiken von Methoden und Systematiken äußert, d. h. in der Auseinandersetzung von konkurrierenden Schulen (ein Zustand, der in den anderen Kulturwissenschaften, die Geschichte mit eingeschlossen, im Prinzip natürlich ebenso existiert). Die Frage der Innen- oder Außensicht ist ein grundlegender Streitpunkt: „Auf der einen Seite stehen Vertreter derjenigen Schule, die nur das, was der Eingeborene sagt, denkt und wie er die Welt sieht, als relevant ansieht, auf der anderen Seite stehen die Vertreter derjenigen Schule, die nur die vom Forscher herangetragenen Kategorien und Standpunkte als wichtig für eine vergleichende Forschung anerkennen.".[1160]

Hier kommen aber zusätzlich noch ethische und v. a. politische Positionen ins Spiel, die im historischen Bereich so vielleicht für die Zeitgeschichte, nicht aber für die Mediävistik relevant sind. Ich meine hier nicht jenes Verständnis von „postkolonialer Mittelalterforschung", das eine größere Aufmerksamkeit für die „Geschichte von unten" anstrebt, also für den Standpunkt und das Leben der sozialen Unterschichten.[1161] Das hat die marxistische Geschichtsschreibung schon längst getan. Die hier angesprochene zentrale Frage dreht sich vielmehr darum, ob

[1159] Zanolli, N., Margaret Mead: Marschall 295–314, 312 f.; Foerstel, L., Gilliam, A., Confronting the Margaret Mead Legacy, Philadelphia 1992.

[1160] Koepping, K. P., Edward Sapir und Benjamin Lee Whorf: Marschall 198–226, 215 f.

[1161] Vgl. z. B. Holsinger, B., Medieval Studies, Postcolonial Studies, and the Genealogies of Critique: Speculum 77, 2002, 1195–1227.

die von Europäern betriebene Ethnologie (oder eben auch Geschichtsforschung) nicht eine Form eines moralisch abzulehnenden ‚Kulturimperialismus' bzw. -kolonialismus' darstelle. Der Ethnozentrismus gilt manchen als verwerflich, da wir vermittels unserer Kategorien an fremde Weltbilder herangehen und damit deren Vertreter quasi entmündigen würden. Darauf kann man jedoch nur antworten, dass es sich dabei um eine erkenntnistheoretisch unvermeidliche Vorgangsweise handelt: Natürlich tun wir das, denn wir können ja nicht unsere eigene Sozialisation in der westlichen Welt einfach ausblenden und von einem Nullpunkt künstlicher Naivität ausgehen. Das ist schon ob der gnoseologischen Gegebenheiten schlichtweg nicht möglich: Jedes erkennende Subjekt ist von seiner genetischen Vorgeschichte und seiner sozialen Umwelt geprägt und stellt daher seine Fragen an die Quellen der Vergangenheit aufgrund seines persönlichen und gesellschaftlichen Erkenntnisinteresses. Wenn der Historiker vom Fremden in einer früheren Epoche, der Ethnologe vom Fremden in einer anderen Gegenwartskultur spricht, so braucht dies zunächst nicht mit einer Wertung im Sinn von Gut und Böse verbunden zu sein, geschweige denn der Intention, einen Einfluss auf diese Kultur nehmen zu wollen. Dagegen wird im Alltag Fremdheit üblicherweise oft von vornhinein mit Attributen wie gefährlich und bedrohlich, also Schlechtem, assoziiert, das verändert werden sollte.[1162]

Trotzdem ist es auch für den Wissenschaftler unumgänglich, willkürlich (als *homo politicus*) oder auch unwillkürlich eine ethische Position zu beziehen. Die Idee von der Gleichwertigkeit aller Kulturen oder Religionen mag edel sein, führt sich in praxi aber sogleich *ad absurdum*, wenn die konkreten Verhaltensweisen betrachtet werden. Ob Unwetter dadurch bekämpft werden sollen, dass man Frauen als ihre angeblichen Verursacherinnen auf dem Scheiterhaufen verbrennt, oder dadurch, dass man an Häusern Blitzableiter anbringt, ist weder moralisch gleichwertig, noch zeitigt es dieselben Folgen hinsichtlich der Häufigkeit von Gewitterbrandschäden. Wenn es trotz unterschiedlicher sozialer Determinierung eine für alle Menschen identische Wahrheit gibt,[1163] muss dies auch für die Moral Konsequenzen haben. Denn wenn es z. B. sachlich nicht wahr ist, dass Hexen Hagel-

[1162] Ruff, W., Das Fremde. Anlaß zur Verführung und Verurteilung: Streeck 280–292.

[1163] Lukes, S., On the Social Determination of Truth: Horton/Finnegan 230–248 baut seine dementsprechende Beweisführung u. a. auf der Existenz einer gemeinsamen materiellen Realität auf, über die Angehörige aller Kulturen sinnvoll kommunizieren können.

stürme herbeirufen können, dann kann auch ihre Bestrafung in keinem gerechten Rechtssystem Platz finden, ja nicht einmal in einem ungerechten, das nur von ökonomischen Vorteilserwägungen geleitet wird. Bei allem Respekt vor anderen Kulturen können wir solche Verhaltensweisen nur theoretisch neutral betrachten und werden praktisch schon bei ihrer Registrierung eine ablehnende Stellung beziehen. Auch in einer streng wissenschaftlichen Darstellung wird der Ethnologe nicht die Genitalverstümmelung an Frauen, oder in einer historischen der Geschichtswissenschaftler die rechtsförmliche Folter so gleichgültig beschreiben können wie Variationen der stammestypischen Körperbemalung oder Ereignisse der antiken Diplomatiegeschichte. Und das sollte er wohl auch nicht.

Es wird hier immer darauf ankommen, jede einzelne Komponente anderer Kulturen für sich zu erforschen und zu gewichten. Wenn uns beispielsweise die inhumane Einstellung der Antike zur Sklaverei schlichtweg unnachvollziehbar geworden ist (obschon es noch nicht so lange her ist, dass sie auch in den Mittelmeerländern gang und gäbe war und noch vor kurzem in den überseeischen Kolonien existierte), wird man deshalb trotzdem in anderen Bereichen dieser Kultur wie etwa ihrer Geschichtsschreibung kaum eine ähnliche Fremdheitserfahrung machen, im Gegenteil. Daher, es darf nochmals betont werden, gibt es für uns „das fremde Mittelalter" nicht pauschal, wohl aber Elemente der Fremdheit in ihm.

Auch eine andere Überlegung führt zur Berechtigung des in unserer wissenschaftlichen Tradition stehenden Vorgehens und Beschreibens: Wir wollen ja nicht etwa für Angehörige des Volks der zentralafrikanischen Zande darstellen, welchen Stellenwert für sie Magie und Hexerei einnehmen (daran hatte sich die Magie-Diskussion vornehmlich entzündet), sondern für ein in der westlichen Kultur lebendes Lesepublikum. Doch müssten wir eigentlich bereits dann stocken, wenn wir den Ethnozentrismus als moralisch verwerflich qualifizieren. Welche Moral wird denn da zur Schiedsrichterin angerufen? Doch nicht die des eben genannten außereuropäischen Volkes, sondern unsere westliche, letztlich ein Produkt der Gleichheitsforderung der Aufklärung und Französischen Revolution. So gesehen, sollte es auf einmal positiv sein, diese typisch europäische Sichtweise auf Fremdkulturen anzuwenden? Steht dies nicht in eklatantem Konflikt mit dem Anspruch, andere Kulturen nur quasi aus ihrer eigenen Mentalität darzustellen und zu bewerten? Die Forderung, vom Fremden her zu denken, wird erhoben trotz der eindeutigen materiellen Überlegenheit der von Wissenschaft und Technik geprägten westlichen Zivilisation.[1164] Sie ist also ein Zeichen, diese Überlegenheit nicht ausnutzen zu wollen. Das ist relativ neu, denn die Forderung, anderen Kulturen gegenüber Respekt und Toleranz zu zeigen – die wir unterschreiben -, erwächst eindeutig einer Einstellung, die sich unsere Vorfahren erst durch schmerzhafte Lernprozesse angeeignet haben, nämlich v. a. die furchtbaren Erfahrungen mit den Religionskriegen im 17. Jahrhundert sowie mit den Weltkriegen und den totalitären Regimen im 20. Jahrhundert.

Sollte man eine solche Forderung, nämlich die „Innensicht" zur methodischen Basis einer mentalitätsgeschichtlichen Darstellung zu machen, auch für die Analyse von vor vielen Generationen verstorbenen Europäern erheben, in unserem Zusammenhang von Menschen des Mittelalters? Da diese von unserem (in diesem Falle nicht durch eine ethnische, sondern durch die Epochendifferenz begründeten) „Ethnozentrismus" nicht mehr berührt werden, könnte sie sich freilich als humanistische Forderung um unser selbst willen nur mehr an uns als Betrachter richten, den Toten nützt oder schadet sie nicht. Sie wäre übrigens auch nicht zu erfüllen, denn würde man nur mit den Kategorien und Termini der jeweiligen Vergangenheit operieren – was mache Historiker im Ernst befürworten –, statt mit denen unserer Gegenwart, müsste man dies in letzter Konsequenz auch in der damaligen Sprache tun, also für das Mittelalter je nach Thema in Mittellatein, Alt- oder Mittelhochdeutsch, Mittelenglisch – usf. Nur schreiben auch jene Kollegen ihre Bücher und Aufsätze für ihr zeitgenössisches Publikum, mit dem sie kommunizieren wollen, und nicht für Walther von der Vogelweide oder Geoffrey Chaucer.

Damit sei die Schwierigkeit der Übertragung moderner ethnologischer Betrachtungsweisen auf die europäische Geschichte angedeutet. Derartige gnoseologische Problematisierungen einmal hintangestellt, bietet jene Disziplin allerdings einige Begriffe an, die sich gut zur Beschreibung des Fremden etwa im frühen Mittelalter zu eignen scheinen, wie „wildes Denken" (C. Lévi-Strauss) oder „prälogisches Denken" (L. Lévy-Bruhl). Auch der Katalog der wesentlichen Differenzen zwischen „zivilisiertem" Denken, d. h. modernem westlichen, und „primitivem", d. h. den sog. Naturvölkern eigenen Denken lässt sich historisch umsetzen: Es

[1164] Mitterauer, M., Warum Europa? Mittelalterliche Grundlagen eines Sonderwegs, München 2003.

geht dabei im wesentlichen um naturwissenschaftlich-systematische Rationalität vs. unkritisch-praktische Rationalität, offene vs. geschlossene Denksysteme, profan dominierte vs. religiös dominierte, weiter um arbeitsteilige vs. unspezifisch organisierte Gesellschaften und traditionsbestimmte vs. individuell bestimmte Leitvorstellungen.[1165] Wie das alles im einzelnen zu definieren sei, war und ist umstritten, auch, inwieweit die genannten Gegensatzpaare jeweils stichhaltig sind. Da aber ohne Differenzierung weder Denken an sich noch eine Beschäftigung mit dem Eigenen und dem Fremden möglich ist, erscheint diese Kategorienbildung als ein hilfreicher Ansatz, der weiterzuverfolgen wäre.

Gelegentlich haben Mediävisten den ethnologischen Vergleich schon aufgegriffen, wenngleich ohne größere Rezeption zu finden. So schrieb Rousset in Zusammenhang mit den Gottesurteilen: „Für den Menschen des Feudalzeitalters wie für den Primitiven offenbart ein Unglück eine göttliche Intervention und Verdammung; für den einen wie den anderen gibt es eine unmittelbare Beziehung zwischen dem Unglück und der Verdammung: die Gerechtigkeit ist immanent."[1166] Doch werde im Mittelalter diese inhärente Automatik von einem theologischen „Überbau" aus erklärt, insofern es nicht etwa um einen Tabubruch gehe, sondern um Sündhaftigkeit gemäß christlicher Moral. Die psychischen Reaktionen mögen gleich sein, so Rousset, aber der „Geist", aus dem heraus sie vollzogen werden, sei verschieden. Graduell verschieden, würde ich hinzufügen. Schließlich gibt es genügend mittelalterliche Quellen, in denen auch ein unbeabsichtigter Tabubruch zu tödlichen Konsequenzen führt: Nach der um die Jahrtausendwende verfassten Vita des provenzalischen Kriegerheiligen Bovo z. B. fiel jedes Tier, das seine Begräbnisstätte berührte, sogleich tot um, weswegen sie die Bauern der Umgebung mit einem Holzzaun absichern mussten, um nicht dauernd auf diese Weise Verluste in ihrem Viehbestand zu erleiden.[1167] Ähnlich ließ der hl. Bononius von Locedio gemäß seiner aus dem 11. Jahrhundert stammenden Lebensbeschreibung jedes Schwein, das sich von der Wiese auf den Friedhof seiner Kirche verirrte, sogleich erkranken und sterben.[1168] In die königlichen Abtei des hl. Johannes in Laon durfte nach

[1165] Nach Horton/Finnegan 17.

[1166] Rousset, Justice 244.

[1167] Anti, E., Santi e animali nell'Ialia Padana (Secoli IV–XII), Bologna 1998, 77.

[1168] Ebd. 119.

einer Quelle aus der Mitte des 12. Jahrhunderts kein Pferd gebracht werden, da dieses sofort tollwütig werden würde.[1169] Es ist also ein reiner Automatismus, der zu diesen Strafwundern führt. Den Tieren wird keine böse Absicht zugeschrieben, aber sie müssen trotzdem sterben, da sie ein Tabu gebrochen haben: Sie haben die Kirche des Heiligen berührt. Ebenfalls ein Tabubruch war Geschlechtsverkehr mit Tieren, im Mittelalter Sodomie genannt. Sie führte regelmäßig dazu, das Tier mit dem Sünder mitzuverbrennen, obgleich es nur dessen unschuldiger Partner war. Rousset kam zu dem Schluss, das Christentum habe die primitive Mentalität „pazifiziert", aber nicht eliminiert, und sie habe bis zur Gegenwart unter der Oberfläche des modernen Bewusstseins gewirkt.[1170] Speziell in Krisensituationen, auch wenn man auf diese gar keinen Einfluss besitzt, erfolgt ja häufig eine Regression auf diese einfache Ebene der Herstellung von solchen Zusammenhängen, die das Ich kindhaft in den Mittelpunkt stellt („was habe ich denn getan, dass dieses Unglück von so vielen gerade mich trifft?").

Erinnern wir uns hier noch einmal an die Erzählung des langobardischen Geschichtsschreibers über die verräterische Fliege (oben S. 15, 270) und fragen wir nach einer Verständnismöglichkeit mit Hilfe völkerkundlichen Materials. Wir kennen solche Verwandlungen vom Tier zum Menschen und umgekehrt, wie sie Paulus Diaconus überliefert hat, natürlich aus der Welt des Märchens. Die in beiden Medien berichteten Vorgänge sind die Nämlichen. Die Beurteilung innerhalb des Märchens und des frühmittelalterlichen Geschichtswerks einerseits und innerhalb unseres Weltbilds andererseits ist dagegen eine jeweils andere: Was der Märchenerzähler als möglich und der langobardische Geistliche als Faktum beurteilt, existiert für uns nur im Phantasiereich der Fiktion.

Betrachtet man solche Verwandlungsmärchen, und zwar die altertümlicheren außereuropäischen Varianten, so kann man die Vermutung kaum abweisen, dass das Zwischenglied bei Paulus Diaconus, nämlich die Erklärung, dass es sich um einen Dämon handle, bereits eine christliche „Rationalisierung" verrät und die Geschichte ursprünglich von einer direkten Metamorphose vom Menschen zum Tier bzw. umgekehrt erzählte. Dafür spräche die Beibehaltung der Verletzung. In den ältesten Schichten – so die Märchenforschung – konnte ein Mensch noch

---

[1169] Hermann, *Miracula B. Mariae Laud*. 3, 22.

[1170] Rousset, Justice 247.

zwei oder mehr Existenzformen besitzen.[1171] Dies ist uns auch aus dem Werwolfglauben bekannt. Paulus hatte jedoch den Dämon eingebaut, so steht zu vermuten, um damit konform mit der offiziellen Kirchenlehre zu bleiben. Denn Augustinus schrieb ja, eine direkte Verwandlung von Menschen in Tiere sei nicht anzunehmen, wenn so etwas vorkommen sollte – und er nennt einige Beispiele –, dann müsste dahinter ein trügerischer Dämon stecken.[1172]

Eine Parallele zur älteren Vorstellung, die dieselbe Selbstverständlichkeit beim Umgang mit der Verwandlung zeigt, bringt etwa folgende Nachricht eines modernen Europäers aus Zentralbrasilien – es handelt sich, wohlgemerkt, um ein selbsterlebtes Ereignis: Als ein flüchtiger Negersklave von den Bakairi verfolgt wurde, konnte man „ihn nicht erwischen, aber in einem der nächsten Büsche fand sich eine Schildkröte: da beruhigten sich die Bakairleute, in der festen Überzeugung, der Knabe habe sich in die Schildkröte verwandelt".[1173] Damit ist das frühmittelalterliche Kognitionsmuster aus seiner Isolation herausgenommen und wird zu einer Variante menschlichen Verstehens überhaupt. Wenn man des weiteren an den Totemismus oder die mythologischen Erzählungen von Tierverwandlungen der Götter und Menschen denkt, dürften sich noch manche interessante Verbindungslinien ergeben.

Trotzdem erscheint mir die Heranziehung der Disziplin Ethnographie als besonders schwierig, da der Mediävist, wie bereits bemerkt, aufgrund philologischer Unkenntnis der erforderlichen Sprachen die ihm vorgelegten Ergebnisse in der Regel nie kontrollieren kann. Auch besteht neben der Chance, durch Analogien europäische Verhältnisse besser verstehen und ihre Eigenheiten im Vergleich mit außereuropäischen schärfer bestimmen zu können, doch eine gewisse Gefahr, nicht dorthin gehörige Vorstellungen in das hiesige Material zu projizieren. Vielleicht ist es deshalb öfter als zu systematischen Analysen nur zu bloßen Lippenbekenntnissen gekommen, wie dem A. Borsts, „dass mittelalterliche Lebensformen eher mit primitiven Ordnungen wie etwa den mongolischen", denn mit denen der Antike zu vergleichen wären.[1174] Das tut er aber eben nicht. Die Notwendigkeit des Vergleichs war schon Reinhard Wenskus bewusst, der Parallelen zwischen

[1171] Röhrich, Märchen 91.

[1172] *De civitate Dei* 18, 18.

[1173] Röhrich 91.

[1174] Borst (wie Anm. 11) 25.

den Kulturformen der Germanen und denen afrikanischer Stämme sah,[1175] oder Herwig Wolfram, der sein Gotenbuch: Entwurf einer historischen Ethnographie untertitelte.[1176] In Frankreich hat Jacques Le Goff sich damit beschäftigt, anthropologische Fragestellungen für das Mittelalter fruchtbar zu machen,[1177] und in Nordamerika hat Barbara Rosenwein die Versuche anglophoner Mittelalterforscher in diese Richtung gewürdigt und selbst mit einem Vergleich zwischen einigen Phänomenen der fränkischen Epoche und der polynesischen Kulturen Ernst gemacht.[1178] Von einer systematischen oder auch nur häufigen interdisziplinären Arbeit an einem gemeinsamen Thema kann freilich zur Zeit noch keine Rede sein. Es gäbe ja eine vielversprechende Methode, hier weiterzukommen, nämlich die persönliche Kooperation von Forschern aus beiden Disziplinen. Denn in der Praxis dürfte nur eine stete gegenseitige Nachfrage über das, was nun präzise die Aussage dieser oder jener Quelle ist, die Grundlage für eine seriöse Vergleichbarkeit bieten.

II. Volkskunde

Wäre es aber nicht logischer und einfacher, sich vor den in außereuropäischen Kulturen entwickelten Mentalitäten die eigenen „subakademischen" genauer anzusehen? Hier können schließlich mentale Traditionen vorliegen, wie uns solche im biologischen oder sprachlichen Bereich ja unbestreitbar mit dem Mittelalter (und allen anderen abendländischen Epochen) verbinden. Nun ist die volkskundliche Forschung in den Augen vieler Historikers (wie es scheint) noch immer in gewissem Maße diskreditiert. Kein Wunder, haben doch die polemisch geführten Auseinandersetzungen innerhalb des Faches sogar soweit geführt, dass eine ganze Reihe von Instituten den Begriff „Volkskunde" strich, und man dort nun „euro-

[1175] Stammesbildung und Verfassung. Das Werden der frühmittelalterlichen Gentes, Köln 2. Aufl. 1977.

[1176] Die Goten. Von den Anfängen bis zur Mitte des sechsten Jahrhunderts. Entwurf einer historischen Ethnographie, München 4. Aufl. 2001.

[1177] Un Autre Moyen Âge, Paris 1999, 317 ff. u. ö.

[1178] Francia and Polynesia. Rethinking Anthropological Approaches: Algazi, G. u. a. edd., Negotiating the Gift, Göttingen 2003, 361–379.

päische Ethnologie", „Kulturanthropologie" u. ä. betreibt.[1179] Viele sind dem Verdikt Bausingers gefolgt, nach dem dieses Fach ausschließlich „die letzten 200 und in vielen Fällen wohl auch [nur] die letzten 50 Jahre" zu erforschen habe,[1180] und beschäftigen sich mehr oder minder nur mehr mit Gegenwartsvolkskunde, und das in einer Weise, die oft kaum von Soziologie zu unterscheiden ist. Grund für die Problematisierung des Faches seit den sechziger Jahren war seine besonders deutliche ideologische Vereinnahmung während des Dritten Reichs, die vielfach kritiklose Rezeption der wertenden Rassentheorie, die übertriebene Hochstellung germanischen Volkstums, oder was man in anfechtbaren Kontinuitätsvermutungen dafür hielt.

Es ist jedoch kontraproduktiv, wenn die Mittelalterforschung volkskundliche Forschungen außer Betracht lässt. Die gleichen Mentalitätsstrukturen, die im Mittelalter dominierten, können sich auch in jüngeren Kulturstufen bis in die Gegenwart als Survivals (Reliktformen) finden. Immer „gelebt", d. h. praktiziert, aber mit verschiedenen Funktionen, sei es den ursprünglichen (wenn z. B. an die Wirksamkeit einer Brauchtumshandlung geglaubt wird), sei es sekundären (wenn etwas nur aus Herkommen getan wird, ohne dass ihm eine Wirkung zugeschrieben wird). Letztere haben nur mehr die kommunikative Signal-Funktion, sich als Mitglied einer Gemeinschaft zu deklarieren. Wenn man heute etwa fragt, warum in katholischen Gegenden der Dreikönigsbrauch des Ausräucherns und Bekreuzigens der Türen und Tore gepflogen wird, so kann man sowohl die Erklärung als wirksames Schutzzeichen wie auch die als bloße Tradition – „das ist halt üblich" – hören.

Es wird von Fall zu Fall zu unterscheiden sein, ob eine Relikt-Erscheinung entweder – parallel zu der biologischen Kontinuität – in einer Traditionskette steht, oder ob es sich um eine analoge Neuschöpfung handelt. Solche Traditionsketten sind für den Bereich der Sprache oder der Sachkultur eindeutig und ohne den sonst so oft sogleich erhobenen Ideologieverdacht nachzuweisen, ein Musterbeispiel ist der randbeschlagene Spaten, der im 9. Jahrhundert nicht anders aussieht, als tausend Jahre später.

1179 Zimmermann, H.-P. (Hg.), Empirische Kulturwissenschaft, Europäische Ethnologie, Kulturanthropologie, Volkskunde, Marburg 2005.

1180 Bausinger, H., Zur Problematik historischer Volkskunde: Volksleben 27, 1970, 155–172, 170. Vgl. dazu Dinzelbacher, Mentalität 7 ff.

Was nun Neuschöpfungen betrifft, die auf den ersten Blick wie die Weiterführung älterer Phänome aussehen – kennen wir nicht beispielsweise auch in unserer Epoche gewisse säkularisierte Reliktformen der Reliquienverehrung, nämlich die sogenannten „weltlichen Reliquien" von der Uniform Napoleons und der Leiche Lenins bis zur Kleidung der Beatles?[1181] In der Tat haben wir hier ein formales Analogon, aber mit Änderung der Funktion: Auch die begeistertsten Fans erwarten in der Regel weder Wunderheilungen noch Dämonenvertreibungen von ihren Spolien. Und die gesellschaftliche Akzeptanz dieses Verhaltens ist heute unvergleichlich geringer als im Mittelalter die des alle Schichten, Regionen und Perioden beherrschenden Reliquienkultes. Dagegen ist in der Catholica traditionellerweise nach wie vor die liturgische Benutzung eines Altars kirchenrechtlich ausgeschlossen, solange nicht ein Beinchen, ein Haar, ein Fingernagel eines verehrten Toten darin eingelassen ist.[1182] Wenn der spanische Staatschef General Franco (gest. 1975) stets eine mumifizierte Hand der hl. Teresa von Avila mit sich umherzuführen pflegte, so ist dies ein Verhalten, das im Mittelalter völlig normal gewesen wäre – auch Thomas von Aquin gestattete das Tragen von Reliquien am Körper ausdrücklich in der *Summa Theologiae*[1183] –, was heute dagegen auch gläubige Katholiken befremdet. Ob es hier eine Familientradition gab, ob Franco einen veralteten Usus wiederbelebte, wäre zu untersuchen. Die *longue durée* ist jedenfalls nicht nur Sache der Beherrschten.

Eines der oben ausführlicher behandelten Themen besonderer Fremdheit war der unmittelbare Einbruch des Überweltlichen in das menschliche Leben. Auch daran wird vereinzelt noch geglaubt, wenn es für unsere Epoche auch atypisch ist, da heute die entsprechenden Ereignisse nur von sehr wenigen Menschen so verstanden werden. Zitieren wir als Beispiel die aufgrund von überirdischen Erscheinungen entstandenen Wallfahrten. Es gab z. B. im spätmittelalterlichen Spanien eine Fülle von kleineren Marienwallfahrten, die aufgrund einer Privatoffenbarung oft von Menschen aus den unteren Sozialschichten, auch von Kindern, entstanden. Sie wurden nach 1525 von der Inquisition praktisch ab-

---

[1181] Das Folgende nach Dinzelbacher, Mentalität 165.

[1182] LThK 1, 1993, 443; 8, 1999, 1094.

[1183] 2, 2, q. 96, a. 4, 3 und Resp. ad 3 (ed. Cinisello Balsamo 2. Aufl. 1988, 1493 f.).

gewürgt.[1184] Doch kennen wir aus der neuen und neuesten Zeit dasselbe Phänomen – Lourdes, Fatima, Medjugorje usw. sind auch in der außerkatholischen Welt bekannte Wallfahrtsorte, die auf Marienerscheinungen zurückgehen.

Doch sei ein weniger geläufiges Beispiel zitiert, das für die meisten modernen Betrachter nicht minder befremdlich wirkt als irgendein ähnliches Ereignis des Mittelalters. Seit Oktober 1949 erlebten vier etwa elfjährige Mädchen auf einem Hügel in Heroldsbach (Diözese Bamberg) Marienerscheinungen, die kurzfristig auf eine geradezu unglaubliche Akzeptanz nicht nur bei vielen Einheimischen, sondern auch in bemerkenswert weiten Bereichen des ganzen deutschsprachigen Katholizismus stießen – freilich nicht vonseiten der Amtskirche.[1185] Trotzdem besuchten Tausende von Pilgern Heroldsbach, um bei den weiteren übersinnlichen Erlebnissen der (bald sechs) „Seherkinder“ dabei zu sein, in der rasch errichteten Kapelle zu beten und vielleicht selbst Licht- und Sonnenphänomene zu sehen. Die Wallfahrt nach Heroldsbach wurde sowohl vom Erzbischöflichen Ordinariat als auch vom Heiligen Offizium in Rom verboten, was zwar bis 1953 zu ihrem deutlichen Rückgang führte, nicht aber zu einem völligen Ende: Auch heute gibt es Gläubige, eine „Pilger-Interessensgemeinschaft“, eine Madonnenkapelle usw. 1998 wurde Heroldsbach dem offiziellen katholischen Kult eingegliedert und wird auch im Internet beworben, ohne dass jedoch die Erscheinungen eine Rolle spielen dürfen, womit die „Gebetsstätte“ in kirchenamtlichem Sinn „entschärft“ und zu einem anerkannten Zentrum der Glaubenspropaganda umfunktioniert ist.[1186] Zahlreiche für Wallfahrtsorte typische Formen volksfrommen „mittelalterlichen“ Glaubens und Brauchtums sind auch mit Heroldsbach verbunden, vom symbolisch grünenden bis zum verdorrenden Baum, vom Tragen eines „Büßerkreuzes“ über die Mitnahme von Erde aus der „Gnadenquelle“ bis zum Aufstellen eines Votivbildes. Die im Mittelalter auftretenden Verhaltensweisen sind phänomenologisch durchaus den eben skizzierten der Zeitgeschichte vergleichbar, wie auch sie zur Gründung zahlreicher Pilgerheiligtümer führten, die von der Amtskirche

[1184] Christian jr., W., Apparitions in Late Medieval and Renaissance Spain, Princeton 1981; für Parallelen aus unserem Jahrhundert vgl. Ders., The Delimination of Sacred Space and the Visions of Ezquioga, 1931–1987: Boesch Gajano, S., Scaraffia, L. (Hgg.), Luoghi sacri e spazi della santità, Torino 1990, 85–104.

[1185] Göksu, C., Heroldsbach. Eine verbotene Wallfahrt, Würzburg 1991; http://www.gebetsstaette-heroldsbach.de/.

[1186] Wiki s. v.

vermittels der Inquisition liquidiert wurden. Auch an die ebenso auf Marienerscheinungen zurückgehende Niklashäuser Fahrt von 1476 sei erinnert.[1187] Die Konstanz vieler der mit diesen Phänomenen zusammenhängenden Vorstellungen und Bräuche ist also nicht weniger bemerkenswert als die jeweils zeitgeschichtlichen Faktoren. Da diese viel genauer erhoben werden können, als ihre mittelalterlichen Vorläufer oder Analogien, ist eine Beschäftigung mit ihnen auch für den Mediävisten ertragreich.

Auch trifft es zu, dass sich in unserer „entzauberten" Gesellschaft immer noch viele an Heiler und Astrologen wenden oder im Rahmen der New-Age-Bewegung und ähnlichen Trends völlig irrationale Maximen ihr Leben beeinflussen lassen.[1188] Im Unterschied zum Mittelalter sind solche Tendenzen aber marginalisiert oder sogar von der Mehrzahl der Europäer geächtet, wenngleich es eine völlig „entzauberte" Sozietät wahrscheinlich nie geben wird, da u. a. das Bedürfnis nach Kontrolle der Dinge immer wieder auch gegen besseres Wissen zu abergläubischem Verhalten führt.[1189] Es bedarf dabei keiner Betonung, dass sich hier vielfach Strukturen und Phänomene in den verschiedenen Epochen gleichen, die magisch zu beeinflussenden Vorgänge jedoch zeitspezifisch differieren. Die Tatsache, dass das Mittelalter wesentlich, wenn auch langsam abnehmend, eine agrarisch geprägte Periode war, macht es verständlich, dass es eine Unzahl an für uns abergläubischen Praktiken für alle Aspekte des ländlichen Lebens gab, die heute, in der urbanen Sphäre, keine Rolle mehr spielen. Dagegen haben sich neue Felder für Amulette und magische Formeln aufgetan, so besonders im Bereich des Sportes.[1190]

Wenn man die Parallelen akzeptiert, die Radding zwischen dem frühmittelalterlichen Denken und dem bei heutigen Kindern in bestimmten Phasen zu beobachtenden feststellte, dann wird man etwa zu den Gottesurteilen leichter Zu-

---

[1187] Arnold, K., Niklashausen 1476. Quellen und Untersuchungen zur sozialreligiösen Bewegung des Hans Behem und zur Agrarstruktur eines spätmittelalterlichen Dorfes, Baden-Baden 1980.

[1188] Gijswijt-Hofstra.

[1189] Vgl. Vyse, St., Die Psychologie des Aberglaubens, Basel 1999. Das gleichnamige Buch von K. Zucker (Heidelberg 1948) ist wissenschaftlich unbedeutend.

[1190] Wie Anm. 1188.

gang finden, indem man bestimmte Kinderspiele studiert[1191] (ein traditionelles Element im Kanon der Volkskunde). Die zahlreichen Losbräuche (Halmziehen, Münzwurf etc.) erinnern an Ordalien einer frühen Phase, in der noch im entscheidenden Ding selbst, und nicht im Wirken einer Gottheit, die schicksalsbestimmende Macht geglaubt wurde (s. S. 52). Übrigens gehen auch viele Losbräuche zur Feststellung besonders eines Diebs, ferner wohl das Strohhalmziehen u. ä., auf Gottesurteile zurück.

Die ältere Volkskunde war sich durchaus dessen bewusst, dass es auch im Gebildeten ein *vulgus in individuo* gibt, etwas Archaisches im Einzelnen, neben dem „Volk" als dem nicht zur Reflexion neigenden Teil einer Gesellschaft. „Mit der Entwicklung unseres Denkens und unserer Anschauungen im Laufe der Zeiten verlieren wir trotzdem nie ganz die Möglichkeiten, die zum Seelenleben ferner Vorfahren gehörten."[1192] Dabei gilt freilich, dass in unserer Kultur eben nicht (mehr) Erwünschtes auf andere Kulturen oder die der eigenen Vergangenheit projiziert (und dort kritisiert) werden kann: „Oft wird am Fremden das erkannt, was man im Eigenen nicht wahrzunehmen wagt."[1193] Damit ist schon der Übergang zur folgenden Disziplin berührt.

III. Psychologie

Da es sich beim Phänomen Fremdheit um ein seelisches Erleben handelt, kann nicht bestritten werden, dass hierfür primär die Psychologie zuständig sein müsste. Es ist freilich in den akademischen Disziplinen historischer Ausrichtung umstritten, ob die Erkenntnisse dieses meist zu den Naturwissenschaften gezählten Faches für die historische Betrachtung überhaupt anwendbar sind, und wenn, in welchem Grade. Die Psychohistorie müsste hier die verbindende interdisziplinäre Zugangsweise sein; sie stößt freilich bisher weitgehend und teilweise selbstver-

[1191] Vgl. Künßberg, E. v., Rechtsbrauch und Kinderspiel. Untersuchungen zur deutschen Rechtsgeschichte und Volkskunde, Heidelberg 1920.

[1192] Zucker (wie Anm. 1189) 112.

[1193] Erdheim 168.

schuldet auf Ablehnung, worüber ich andernorts geschrieben habe.[1194] Jedenfalls können wir nicht mehr, um nochmals Burckhardt zu zitieren, unkritisch vom Menschen, „wie er ist und immer war und sein wird"[1195] ausgehen. Wir können auch nicht mehr hinter die Einsichten der Tiefenpsychologie seit der Zeit Freuds zurückgehen und so tun, als ob nicht auch die unbewussten Komponenten der menschlichen Existenz Objekt der historischen Forschung sein müssten. Damit befasst sich ja die Psychohistorie, deren Akzeptanz im deutschsprachigen Bereich noch auffallend niedrig ist, nicht ganz unverständlicher Weise, wenn man liest, was alles unter diesem Namen angeboten wird.

Während die philosophischen Erörterungen über das Andere anscheinend keine für den Kulturwissenschaftler hilfreichen Beiträge anbieten,[1196] tut dies die (früher von der Philosophie noch nicht geschiedene) Psychologie sehr wohl. Die Entdeckung der Bedeutung des Unbewussten durch Sigmund Freud eröffnete eine vordem kaum je vermutete Perspektive der Fremdheit in der eigenen Seele. Freud legte dar, dass das psychische Sein nicht nur durch die seit der Antike definierten bewussten Instanzen wie Willen und Vernunft bestimmt ist, sondern ebenso durch uns verborgene Erinnerungen und Triebe, die die Zensur aus dem Bewusstsein ausschließt. Daher kann man mit Recht vom Fremden *in uns* sprechen: „... das Verdrängte ist aber für das Ich Ausland, inneres Ausland".[1197] Es lässt sich also vermuten, dass unsere Fremdheitsempfindung mit Elementen zu tun haben dürfte, die zwar in unserer Psyche existieren, jedoch aufgrund des Prozesses der Zivilisation aus der Zone des Bewussten verdrängt wurden.

Wie vermöchte man sich diesen Elementen zu nähern? Durch Introspektion? Diese Methode ist heute (speziell im deutschsprachigen Bereich) bei zünftigen Kulturwissenschaftlern verfemt. Das Problem der intersubjektiven Nachprüfbarkeit, an der als Kriterium für Wissenschaftlichkeit festzuhalten ist, scheint sie zu verbieten. Es steht jedoch zu vermuten, dass solche subjektiven Interpretations-

---

1194 Dinzelbacher, Körper.

1195 Wie Anm. 997.

1196 Ein (mit wenigen Ausnahmen) inhaltlich und formal abschreckendes Beispiel liefert Kimmerle, H. (Hg.), Das Andere und das Denken der Verschiedenheit, Amsterdam 1987.

1197 Studienausgabe I, 496.

weisen mit der feministischen, queeren und postmodernen Mediävistik, die z. Zt. so eifrig in den USA betrieben wird, künftig mehr Beachtung erlangen werden. Es erscheinen mehr und mehr Publikationen, die auf Paradigmenwechsel in diese Richtung abzielen. Als wissenschaftlich sind sie freilich trotz ornamentaler Anmerkungsapparate nicht mehr zu bezeichnen.

In diesem Zusammenhang darf erwähnt werden, dass aber auch eine von ihrer sonstigen Methodik her „handwerklich" exakt vorgehende und zweifellos sachkompetente und akademisch anerkannte Mediävistin wie Giselle de Nie nicht nur moderne Psychologie zur Erklärung der Wundergläubigkeit eines Gregor von Tours heranzieht[1198], sondern auch ganz ernsthaft „a ‚growing into' Gregory's thought and perception" anzielt.[1199] Dies ist aber nur unter der Voraussetzung zu erreichen, dass analoge psychische Strukturen im Betrachter vorliegen, die ein „Einfühlen", eine Empathie ermöglichen.

Hier wäre allerdings zu bedenken, ob es nicht so ist, dass wir dieses Verfahren unbewusst ohnehin automatisch immer anwenden, wenn wir einen Gedankengang oder ein Verhalten eines anderen Menschen zu verstehen suchen – also auch das in einer historischen Quelle aufbewahrte Überlegen und Agieren! Dass wir dies tun, also uns in einen anderen „hineinzudenken" versuchen, wird uns meist erst bewusst, wenn wir etwas als fremd registrieren und stutzen, da wir in uns nichts Vergleichbares finden. Beschäftigen wir uns dagegen mit Situationen, wo wir keine Schwierigkeiten mit einer anderen Mentalität haben, machen wir es uns nicht deutlich, dass wir unbewusst verglichen und analoge Strukturen in uns selbst gefunden haben. Denn es wird (lehrt die Kognitionspsychologie) jede neue Information unwillkürlich mit den früher gespeicherten konfrontiert, ehe sie zu einer Handlung führt, sei es einer psychophysischen wie z. B. Weiterlesen, sei es zu einer nur psychischen wie Nachdenken.

Ein weiterer Weg, sich dem Fremden in früheren Kulturen zu nähern, dürfte durch die Ergebnisse der Entwicklungs- bzw. Kinderpsychologie zu eröffnen sein. Als Leitvorstellung wird hier vielfach von der These ausgegangen, „wonach die Kindheits- und frühe Jugendentwicklung eine Rekapitulation der Menschheitsgeschichte darstelle, eine Analogie zum sog. Biogenetischen Grundgesetz von Hae-

[1198] Wie Anm. 996 f.

[1199] De Nie, Views 24.

ckel …" In der Entwicklung des Kindes „… spielt sich unserer eigenen Geistesgeschichte Wiederholung und Fortsetzung ab, an der wir uns selbst besser verstehen und künftige Geistesströmungen abzulesen versuchen." (K. Bühler).[1200] Wenn dieser Zusammenhang stimmt, dann muss also aus der Perzeptions- und Denkweise von Kindern auch etwas über die der Erwachsenen vergangener Generationen zu erschließen sein. Dabei ist vonseiten des Historikers freilich festzustellen, dass solche Analogien nicht für die ganze Menschheitsgeschichte gezogen werden können, da die Mentalität der Römerzeit weitgehend deutlich „erwachsener" war als die des Frühmittelalters. Doch für dieses, das ja auf der Grundlage der Vulgarisierung und Barbarisierung der Spätantike und der Völkerwanderungszeit quasi einen Neubeginn setzte, sowie für die Wandlungen zum darauffolgenden Hochmittelalter dürfte die Methode eines solchen Vergleichs anwendbar sein.

Sie ist in eindrucksvoller Weise in einem leider so gut wie ohne Widerhall gebliebenen Buch von Charles Radding versucht worden.[1201] Er vergleicht darin die mittelalterlichen Erkenntnisstrukturen („cognitive processes", mehr oder minder synonym mit „mentality" verwendet), insoweit sie sich aus den schriftlichen Quellen eruieren lassen, mit denen von heutigen Kindern, wie sie von dem bekannten schweizerischen Psychologen Jean Piaget dargestellt wurden. Radding verwahrt sich zwar dagegen, das biogenetischen Grundgesetzes anzuwenden, nimmt aber doch den Ausgangspunkt, wenn auch nicht *ab ove*, so doch einerseits in der Zeit der Völkerwanderung, andererseits bei Kindern im Alter von vier bis fünf Jahren. Zwischen der Denkweise frühmittelalterlicher Menschen einerseits und der von heutigen Kindern im Vor- bzw. Frühschulalter andererseits können in der Tat einleuchtende Parallelen gezogen werden, und genauso zwischen der von Vertretern der Intelligenzija des Hochmittelalters und der heutiger Kinder im Schulalter. Es geht dabei, dies ist zu betonen, keineswegs um eine wertende Charakterisierung jener Generationen als infantil, sondern wertfrei um strukturelle Parallelen im Kognitionsprozess, vor allem bei der Herstellung kausaler Verknüpfungen. Es geht um das „Wie" der Welterkenntnis und -organisation, „how people reasoned about their traditions instead of what those traditions were",[1202] also nicht um die (bei Erwachsenen und Kindern *aller Zeiten* teil-

[1200] Stiksrud, A., Schmitz, E. in: Wenninger I, 395.

[1201] Angeschlossen hat sich ihm LePan, D., The Cognitive Revolution in Western Culture I, Basingstoke 1989, 37 ff. und Oesterdiekhoff.

[1202] Radding, World 31.

weise verschiedenen) Denkinhalte oder Kulturprodukte. Was „vernünftig" ist, kann je nach Individualentwicklung und historischer Epoche differieren. Wie für Kinder im genannten Alter war für „das Frühmittelalter" die Welt ein durchschaubar geordnetes Ganzes, wo es für alle Erscheinungen einen einfach erklärbaren Grund geben musste, oder erschienen gesellschaftliche Normen als unveränderbare Gegebenheiten, wurde ein moralischer Realismus geglaubt, der unabhängig von der Intention gut oder böse sei, je nach dem er mit den Normen übereinstimme etc.[1203] Radding geht als typischer „Fremderscheinung" des Mittelalters gerade von den Gottesurteilen aus. Die Einstellung, dass die Elemente über Gut und Böse entscheiden könnten, entspricht der „egozentrischen" Phase, die Kinder aus unserem Kulturkreis im Alter von ca. 5 Jahren zeigen, wenn sie sich noch wenig in andere Lebewesen hineindenken können.[1204] Wie Kinder in diesem Alter (auch ohne theologische Indoktrination) glauben, dass auf eine Schuld automatisch eine Vergeltung folgen müsse, ja Schuld eben gerade durch die Strafe definiert wird, glaubten auch v. a. im frühen und hohen Mittelalter viele, wohl die meisten, an eine der menschlichen Existenz immanente Justiz, als deren Urheber in einer alles durchdringenden monotheistischen Religion natürlich nur der gerechte Gott selbst infrage kam.[1205] Erst durch die immer wieder gemachte Erfahrung, dass auch Ordalien zurechtgebogen und beeinflusst werden konnten, ging dieses Vertrauen in Europa zunächst bei den Intellektuellen im 12. Jahrhundert, und viel später ganz allgemein, verloren.

Was die Denker der Zeit nach ca. 500 betrifft, so neigten sie zu krass vereinfachenden Verallgemeinerungen, wie sie sich ebenso bei Vorschulkindern finden. Es ist evident und schon von der älteren Forschung gesehen worden, dass eben dies einen ganz generellen Grund für Aberglauben darstellt.[1206] Äußerst typisch erscheint da ein Urteil Papst Gregors des Großen aus seinen hagiographischen *Dialogi*: Über den hl. Amantius sagt er: „Aus diesem *einen* [von ihm] gewirkten [Wunder] haben wir gelernt, unseren Glauben auf *alles* auszudehnen, was wir von Amantius gehört haben."[1207] Wenn der führende Intellektuelle seiner Zeit so

---

[1203] Piaget, J., Inhelder, B., Die Psychologie des Kindes, Frankfurt a. M. 1980, 91 ff.

[1204] Radding, Superstition 955 ff.

[1205] LePan (wie Anm. 1201) 41 und Rousset, croyance.

[1206] Radding, World 171 u. pass.; Vyse.

[1207] *Dialogi* 3, 35, 5, Sources Chrétiennes 260, 406.

denkt, ist es sicher nicht falsch, daraus auf die allgemeine Mentalität zu schließen (auch eine Verallgemeinerung, aber gestützt auf die Kenntnis einer großen Zahl von Quellen aus jener Epoche).

Den Übergang zum Hochmittelalter beschreibt Radding als „The Process of Enlightenment" und „The Making of a New Mentality". In der Entwicklung der Rechtswissenschaften z. B. wird die neue Einstellung etwa aus der zunehmenden Berücksichtigung der Intention eines Täters, im religiösen Bereich aus der Desakralisierung im Gefolge des Investiturstreites deutlich.[1208] Radding lässt „A World Remade" (das 12. Jahrhundert) beginnen mit Abaelard: „The Sic et Non testifies to the collapse of the world of discourse in which citation of authority has been the alpha and omega of debate.".[1209] Neuerungen brachte dieser einflussreiche Philosoph aber auch im Bereich der Ethik (wesentlich ist die Absicht, mit der etwas getan wird, und nicht die Folgen) und der Naturwissenschaften (*Genesis*-Erklärung als Naturgeschichte). Wenn die Reformmönche die Aufnahme von Kindern in ihre Klöster untersagten, zeigt dies, dass Individualität und Innerlichkeit nunmehr höher gewertet wurden, als der väterliche Wille und objektiv erbrachte Frömmigkeitsleistungen ohne innere Anteilnahme. Die Beliebtheit der Fortuna im Schrifttum und in der bildenden Kunst des 12. Jahrhunderts weist auf den Ersatz von in der Transzendenz beginnenden Kausalketten durch solche aus der natürlichen Sphäre – usw.

Es ergeben sich Gegensatzpaare, die sowohl das frühe vom hohen Mittelalter wie auch die jüngeren von den älteren Kindern unterscheiden. Vereinfachend zusammengefasst stehen tendenziell:

- Autorität versus eigene Erfahrung,
- äußeres Gesetz versus verinnerlichte Norm (Gewissen),
- Hierarchie versus Partnerschaft,
- Übernatürliche versus natürliche Begründungen,
- Konkretes versus abstraktes Denken usw.

Zu einer solchen Kontroverscharakteristik der beiden Epochen müsste man wenigstens noch hinzufügen: Weitestgehend orale versus zunehmend schriftliche

[1208] Dinzelbacher, Europa 60 ff. u. ö.

[1209] Radding, World 205.

Kommunikation und fehlende versus erwachende „romantische" Emotionalität. Dass die ältere Mentalitätsstufe partiell neben der neueren (bis heute) weiterbesteht, wenn auch reduziert, bedarf keiner Betonung.

Die so vorgenommenen Charakteristiken Raddings erscheinen *summa summarum* überzeugend, seine Betrachtungsweise (die trotz der Anwendung von Erkenntnissen der Psychologie absolut keine Psychohistory im geläufigen Sinn ist) vertieft unser Verständnis für das gesamte Mittelalter und kann durch den Rekurs auf bei heutigen Kindern zu beobachtende Denk- und Vorstellungsweisen helfen, das uns Fremde näherzubringen.[1210]

Oesterdiekhoff, vielleicht der einzige, der Radding rezipiert zu haben scheint, geht sogar noch weiter und sieht Ordalien „als quasi unvermeidliche Ingredienzien vormoderner, insbesondere schriftloser Kulturen".[1211] Wenn das sie voraussetzende Denken tatsächlich einem Abschnitt der ontogenetischen Entwicklung entspricht, werden sie in traditionellen Gesellschaften sehr häufig sein, in hochkulturell-technologischen dagegen fehlen. „Die Natur wird zu einem autonomen Bereich, in den das Göttliche" immer weniger hineinspielt und in der keine automatische (immanente) Moral mehr herrscht. Das magisch-religiöse, kindliche Weltbild wird zugunsten eines gemäß Kausalität und Wahrscheinlichkeit konstruierten aufgegeben.[1212]

Um Missverständnisse auszuschließen, betone ich nochmals, dass der Nachweis der genannten Analogien zwar gerade „fremde" Elemente in der Mentalität des früheren Mittelalters leichter verarbeitbar macht; diese Analogien schließen jedoch offensichtlich nicht aus, dass andere Komponenten z. B. in der Mentalität eines Gregor von Tours existierten, die ihn durchaus dem Primat eines auch uns evidenten Praktischen folgen ließen, und das natürlich gemäß den Interessen eines gallo-römischen Aristokraten der Merowingerzeit. Es handelt sich um partielle, nicht um pauschale Erklärungsmuster.

[1210] Teilweise unter anderen Aspekten steht die Arbeit von Don LePan, (wie Anm. 1201) der Piaget nur ergänzend zu ethnologischen Vergleichen heranzieht.

[1211] Oesterdiekhoff 177.

[1212] Ebd. 181, 187. Die Publikationen dieses Verfassers vereinfachen allerdings krass und zeichnen ein in vieler Hinsicht schlichtweg falsches Mittelalterbild, s. Dinzelbacher, Psychologische Erklärungsmodelle.

Es seien noch zwei weitere Ansätze erwähnt, die für unser Verständnis der Alterität des Mittelalters hilfreich sein dürften; man könnte in ihnen vielleicht Weiterentwicklungen und Historisierungen der Bewusstseinspsychologie sehen. Es müssten diese scharfsichtigen (wenn auch in den historisch-chronologischen Ansätzen mehrfach fehlerhaften) Analysen allerdings erst von fachhistorischer Seite durchgearbeitet und adaptiert werden.

Ganz generell grundlegend für das Verständnis der Mentalitätsentwicklung des europäischen Menschen scheinen mir die Arbeiten von Willy Obrist zu sein, der, von der Jungschen Tiefenpsychologie kommend, *Die Mutation des Bewußtseins, vom archaischen zum heutigen Selbst- und Weltverständnis*[1213] einsichtig dargestellt hat. Obrist geht davon aus, dass es verschiedene Stadien der Apperzeption, d.i. die Einordnung des Wahrgenommenen in das Bewusstseinsgefüge, gibt. Er konstatiert dabei eine reziproke Korrespondenz von Bewusstheit und Partizipationsvorstellung: Die Evolution geht dahin, dass das Ich-Bewusstsein zunimmt, die Partizipationsvorstellung dagegen abnimmt. Dabei ist festzuhalten, dass im Querschnitt einer Bevölkerung immer alle bisher erreichten Bewusstseinsstadien präsent sein können. „Aber auch in der Seele eines Vertreters der Bewusstseinsspitze liegen alle früheren Arten des Erlebens noch bereit“[1214] – womit wiederum auf die Introspektion verwiesen wäre.

Franz Zwilgmeyer, Sozialpsychologe, geht in seinen *Stufen des Ichs. Bewußtseinsentwicklung der Menschheit in Gesellschaft und Kultur*[1215] in ähnliche Richtung, er jedoch angeregt von Erich Neumann, ebenfalls einem Vertreter der Analytischen bzw. Komplexen Psychologie. Zwilgmeyer konstatiert im archaischen Menschen ein „gefühlsgeladenes Bilddenken“ und ein unreflektiertes assoziatives Denken;[1216] das Wachbewusstsein werde immer wieder von den Tiefenschichten überschwemmt. Das Ich hört nicht an der Körperoberfläche auf, sondern Kleidung, Würdezeichen etc. gehören dazu. Während wir sachliche Umwelt, soziale Umwelt und seelische Innenwelt unterscheiden, gehen sie für den archaischen Menschen noch ineinander über. Eine solche Beschreibung würde auch für das

---

[1213] Bern 1980; vgl. Ders., Neues Bewußtsein und Religiosität, Olten 1988. Zusammenfassung bei Dinzelbacher, Psychologische Erklärungsmodelle.

[1214] Mutation 124.

[1215] Fellbach 1981.

[1216] Ebd. 32. Vgl. Ders., Kulturbereiche und Bewusstseinsstufen, Hildesheim 1992.

frühe Mittelalter zutreffen. Um die Jahrtausendwende beginnt dann die frühhochkulturelle Phase, um 1200 die Reflexionshochkultur. U.E. richtigerweise zieht der Verfasser Parallelen zwischen der griechischen Kultur von der Archaik zum Hellenismus und der früh- bis spätmittelalterlichen. Freilich bleibt als wesentliche Frage die nach den Ursachen dieser Wandlungen vom Fremden zum Vertrauten.

Auch die Sprachpsychologie bzw. Psycholinguistik hätten, würden sie sich nur für mentalitätshistorische Fragen interessieren, gewiss wertvolle Beiträge zu leisten. Dabei müsste es jedoch nicht nur um Veränderungen des Vokabulars gehen, um abgekommene Fachsprachen oder Modifikationen der Überlieferung von Texten und Themen,[1217] sondern primär um Sprachstrukturen, aus denen das Verhältnis des Individuums zur materiellen und sozialen Umwelt sowie zu sich selbst ersichtlich wird. So sollen beispielsweise Merkmale holistischen Denkens am afrikanischen Amerikanisch erkennbar sein.[1218] Es geht darum, wieweit der sprachliche Apparat Perzeption und Denken determiniert, wie v. a. die Sapir-Whorf-Hypothese aufgrund ethnographischen Materials annimmt.[1219] Syntax und Lexik wären als Manifestationen der jeweiligen Mentalität zu verstehen und zu interpretieren. Es wurde schon darauf hingewiesen, dass man im Mittelhochdeutschen oft *mîn lîp*, im Mittelenglischen *my body* für „ich" bzw. „I" sagte (s. S. 277), was heute nicht mehr möglich ist. Darin kommt ein von dem unseren abweichendes Verständnis von Persönlichkeit und Leiblichkeit zum Ausdruck. Dieser wichtige Schlüssel auch zur Beschreibung des Fremden wie zur Weltsicht einer Kultur überhaupt scheint mangels interdisziplinärer Zusammenarbeit in der historischen Mentalitätsforschung noch nicht zur Anwendung zu gelangen.

Kommen wir zum Schluss. Vielleicht lässt sich die Fremdheit des Mittelalters, die Fremdheit anderer Epochen und Kulturen, mit einem einfachen Modell besser verstehen: Als der Mensch in die historische Ära eintrat, hatte er neben den angeborenen Instinkten einen differenzierten Komplex von darüber hinausgehenden Denk-, Empfindungs- und Verhaltensweisen entwickelt. In verschiedenen Phasen wurden (zuerst immer von einzelnen, dann diffundierend) weitere Denkweisen entwickelt (das diskursive Denken im Investiturstreit und in der Scholastik), Denkinhalte dazu

---

[1217] Wie bei Martin 51 ff.

[1218] Wenninger IV, 227.

[1219] Städtler 941 f.

erworben (gelehrtes Wissen, technische Umweltbeherrschung), Emotionsbereiche eröffnet (Liebe als Raison d'être ab dem Hochmittelalter). Diese drängten die archaische Mentalität zurück, ohne sie zu liquidieren. Die Entwicklung war dabei keineswegs konstant, sondern zeigt namentlich vom 14. Jahrhundert bis zur Aufklärung in vielem, besonders in der Rechtssphäre, eine Regression, während sich andere Bereiche eher linear weiterentwickelten (Technik) oder stagnierten (die bildende Kunst bringt nach der Entwicklung der perspektivischen Raumauffassung und des veristischen Porträts im 15. Jahrhundert vor dem 20. Jahrhundert keine wesentlichen Neuerungen hervor). Wie schon betont, blieben einzelne Komponenten der älteren Mentalität immer in Einzelnen, nunmehr unzeitgemäßen, akut (ich erinnere an Franco oder Therese Neumann von Konnersreuth), blieben sie ebenso in speziellen oder latenten Bereichen der Mentalität der modernen Mehrheit existent (z. B. in der Märchenwelt). Auch das umgekehrte Phänomen, das des mentalitätsgeschichtlichen Vorläufers, dessen Denken und Verhalten keine Akzeptanz fand, existiert (Gottschalk der Sachse, Berengar von Tours, Witelo).

Zugänge zu diesem Fremden bieten mehrere Methoden: die von leiblichen und seelischen Kontinuitäten ausgehende der Betrachtung von analogen Strukturen in der Psychologie und der Volkskunde, und die der Betrachtung von nicht (oder höchstens in der Urzeit) genetisch mit uns verbundenen Analogien in Völker- und Volkskunde. Um Zugänge zum Fremden handelt es sich im Sinne einer Sensibilisierung für das Funktionieren „fremder" Mentalitätskomponenten und eines nur näherungsweise möglichen Verstehens dieser Komponenten durch ein Verstehen analoger Strukturen (z. B. in der Psychologie des Kindes).

Die genannten Zugangsweisen sollten u.E. Methoden der Mentalitätsgeschichte sein. Deswegen eben wurde dieses Buch geschrieben, nämlich um zu zeigen, wie nur ein mentalitätsgeschichtliches Verständnis der mittelalterlichen Gegebenheiten, d. h. ein Verständnis, das die Unterschiede zum heutigen Denken bewusst macht und zu erklären versucht, für uns abstrus oder kurios wirkenden Vorstellungen und Praktiken gerecht wird, die in jener Epoche Lebenswirklichkeit waren. Gottesurteile und Tierprozesse erscheinen uns als fremde Phänomene unserer Vergangenheit, vor denen jeder monokausale Erklärungsversuch versagen dürfte.[1220]

[1220] Die in diesem Kapitel besprochenen Themen sind eingehender und mit weiterer Literatur behandelt bei Dinzelbacher, Psychologische Erklärungsmodelle. Weitere Ansätze bei P. Gowin, N. Walzer ed., Die Evolution der Menschlichkeit, Wien 2017.

Literaturverzeichnis

I. Abkürzungen

AASS = Acta Sanctorum, Antwerpen usw.

AQ = Ausgewählte Quellen zur deutschen Geschichte des Mittelalters, Darmstadt

BS = Bibliotheca Sanctorum, Roma

CCCM = Corpus Christianorum, Continuatio Mediaevalis, Turnhout

DDC = Dictionnaire de droit canonique, Paris

DS = Dictionnaire de spiritualité …, Paris

DThC = Dictionnaire de théologie catholique, Paris

Enc = Encyclopedia of the Middle Ages, ed. Vauchez, A. u. a., Cambridge 2000

ERE = Encylopaedia of Religion and Ethics, ed. Hastings, J., Edinburgh

EW = Encylopedia of Witchcraft. The Western Tradition, ed. R. Golden, Santa Barbara 2006

FS = Festschrift

HDA = Handwörterbuch des deutschen Aberglaubens, Berlin

Jb = Jahrbuch

KLNM = Kulturhistorisk leksikon for nordisk middelalder, København

LexMA = Lexikon des Mittelalters, München

LThK = Lexikon für Theologie und Kirche, Freiburg (1., 2. oder 3. Aufl. je nach Erscheinungsdatum)

MGH = Monumenta Germaniae Historica, Hannover etc.

ND = Neudruck

PL = Patrologiae cursus completus, series latina, ed. Migne, J. P., Paris

RGA = Reallexikon der germanischen Altertumskunde, Berlin

TRE = Theologische Realenzyklopädie, Berlin

VL = Verfasserlexikon. Die deutsche Literatur des Mittelalters, 2. Aufl., Berlin

ZRG = Zeitschrift der Savigny-Stiftung für Rechtsgeschichte

Zs. = Zeitschrift

II. Verzeichnis der abgekürzt zitierten Literatur

1. Allgemeine Literatur

Dinzelbacher, P. (Hg.), Europäische Mentalitätsgeschichte, Stuttgart 2. Aufl. 2008

Dinzelbacher, P. (Hg.), Mensch und Tier in der Geschichte Europas, Stuttgart 2000

Dinzelbacher, P., Mentalitätsgeschichte: P. Gowin, N. Walzer ed., Die Evolution der Menschlichkeit, Wien 2017, 60–69, 440

Dinzelbacher, P., Psychohistorie aus der Sicht des Historikers: id., Körper 335–347

Dinzelbacher, P., Psychologische Erklärungsmodelle historischen Kulturwandels. Übersicht, Kritik und Entwürfe, in: Dinzelbacher, P., Harrer, F. ed., Wandlungsprozesse der Mentalitätsgeschichte, Baden-Baden 2015, 49–92

Eibel-Eibesfeldt, I., Sütterlin, Chr., Im Banne der Angst. Zur Natur- und Kunstgeschichte menschlicher Abwehrsymbolik, München 1992

Elias, N., Über den Prozeß der Zivilisation, Bern 2. Aufl. 1969

Erdheim, M., Das Fremde – Totem und Tabu in der Psychoanalyse: Streeck, U. ed., Das Fremde in der Psychoanalyse, Gießen 2000, 167–183

Frenzel, E., Stoffe der Weltliteratur, Stuttgart 4. Aufl. 1976

Frazer, J. G., Folk-Lore in the Old Testament III, London 1919

Freud, S., Studienausgabe, Frankfurt a. M. 2000

Froehner, R., Kulturgeschichte der Tierheilkunde, Konstanz 1952/68

Gijswijt-Hofstra, M., Vragen bij een onttoverde wereld, Amsterdam 1997

Grimm, J., Deutsche Rechtsaltertümer, Leipzig 4. Aufl. 1899, ND Darmstadt 1983

Grimm, J., Deutsche Mythologie, ND Frankfurt a. M. 1981

Helbing, F., Die Tortur. Geschichte der Folter im Kriminalverfahren aller Völker und Zeiten, ND Erftstadt 2004

Hentig, H. v., Die Strafe, Berlin 1954/55

Hinkeldey, Ch. (Hg.), Strafjustiz in alter Zeit, Rothenburg 1980

Imbert, J., Levasseur, G., Le pouvoir, les juges et les bourreaux, Paris 1972

Horton, R., Finnegan, R. (Hgg.), Modes of Thought, London 1973

Kippenberg, H., Luchesi, B. ed., Magie. Die sozialwissenschaftliche Kontroverse über das Verstehen fremden Denkens, Frankfurt a. M. 1987

Marschall, W. (Hg.), Klassiker der Kulturanthropologie, München 1990

Petzoldt, L., Historische Sagen II, Hohengehren 2001

Planitz, H., Eckhardt, K., Deutsche Rechtsgeschichte, Graz 3. Aufl. 1971

Pleister, W., Schild, W. (Hg.), Recht und Gerechtigkeit im Spiegel der europäischen Kunst, Köln 1988

Röhrich, L., Märchen und Wirklichkeit, Wiesbaden 3. Aufl. 1974

Schild, W., Die Geschichte der Gerichtsbarkeit, Hamburg 1997

Schmoeckel, M., „Historische Anthropologie" – Anmerkungen eines Rechtshistorikers zu neueren Forschungen dieser Forschungsrichtung: ZRG GA 119, 2002, 352–364

Scholze-Irrlitz, L., Moderne Konturen historischer Anthropologie. Eine vergleichende Studie zu den Arbeiten von Jacques Le Goff und Aaron J. Gurjewitsch, Frankfurt a. M. 1994

Städtler, Th., Lexikon der Psychologie, Stuttgart 1998

Streek, U. (Hg.), Das Fremde in der Psychoanalyse. Erkundungen über das „Andere“ in Seele, Körper und Kultur, Gießen 2000

Trebitsch, R., Versuch einer Psychologie der Volksmedizin und des Aberglaubens: Mitteilungen der anthropologischen Gesellschaft in Wien 43, 1913, 169–209

Vyse, St., Die Psychologie des Aberglaubens, Basel 1999

Wenninger, G. ed., Lexikon der Psychologie in fünf Bänden, Heidelberg 2000

2. Allgemeine mediävistische Literatur mit Relevanz für die hier behandelten Themen

Brunner, H., Forschungen zur Geschichte des deutschen und französischen Rechtes, Stuttgart 1894, ND Aalen 1969

Cohen, E., The Crossroads of Justice, Leiden 1993

Coulton, G. G., Five Centuries of Religion III, Cambridge 1936

Dinzelbacher, P., Angst im Mittelalter. Teufels-, Todes- und Gotteserfahrung: Mentalitätsgeschichte und Ikonographie, Paderborn 1996

Dinzelbacher, P., Bernhard von Clairvaux, Darmstadt 1998

Dinzelbacher, P., Christliche Mystik im Abendland. Ihre Geschichte von den Anfängen bis zum Ende des Mittelalters, Paderborn 1994

Dinzelbacher, P., Die letzten Dinge. Himmel, Hölle, Fegefeuer im Mittelalter, Freiburg 1999

Dinzelbacher, P., Handbuch der Religionsgeschichte im deutschsprachigen Raum I: Altertum und Frühmittelalter, Paderborn 2011

Dinzelbacher, P., Handbuch der Religionsgeschichte im deutschsprachigen Raum II: Hoch- und Spätmittelalter, Paderborn 2000

Dinzelbacher, P., Körper und Frömmigkeit in der mittelalterlichen Mentalitätsgeschichte, Paderborn 2007

Dinzelbacher, P., Lebenswelten des Mittelalters, Badenweiler 2010

Dinzelbacher, P., Mentalität und Religiosität des Mittelalters, Klagenfurt 2003

Dinzelbacher, P., Mittelalter: Ders. (Hg.), Mensch und Tier in der Geschichte Europas, Stuttgart 2000, 181–292, 586–604, 628–636

Dinzelbacher, P., Religious Studies: Handbook of Medieval Studies, ed. A. Classen, Berlin 2010, 1184–1201

Dinzelbacher, P., Structures and Origins of the Twelfth-Century ‚Renaissance', Stuttgart 2017

Dinzelbacher, P., Über die Körperlichkeit in der mittelalterlichen Frömmigkeit: Vavra, E. (Hg.), Bild und Abbild vom Menschen im Mittelalter, Klagenfurt 1999, 49–87

Dinzelbacher, P., Von der Welt durch die Hölle zum Paradies. Das mittelalterliche Jenseits, Paderborn 2007

Dinzelbacher, P., Warum weint der König? Eine Kritik des mediävistischen Panritualismus, Badenweiler 2009

Dinzelbacher, P., Heinz, W., Europa in der Spätantike 300–600, Darmstadt 2007

Fransen, G., L'aspect religieux du droit: Chiesa, diritto e ordinamento della „societas Christiana" nei secoli XI e XII, Milano 1986, 159–173

Franz, A., Die kirchlichen Benediktionen im Mittelalter, Freiburg 1909

Gerritsen, W., van Melle, A. (Hgg.), Van Aiol tot de Zwaanridder, Nijmegen 1993

Goetz, H.-W., Moderne Mediävistik, Darmstadt 1999

Gurjewitsch, A., Das Weltbild des mittelalterlichen Menschen, Dresden 2. Aufl. 1978

Hasak, V., Der christliche Glaube des deutschen Volkes beim Schlusse des Mittelalters, dargestellt in deutschen Sprachdenkmalen, Regensburg 1868

His, R., Das Strafrecht des deutschen Mittelalters, Weimar 1920/35

Huizinga, J., Herbst des Mittelalters, Stuttgart 1987

Janin, H., Medieval Justice. Cases and Laws in France, England and Germany, 500–1500,

Jefferson, NC, 2004

Jauß, H., Alterität und Modernität der mittelalterlichen Literatur. Gesammelte Aufsätze 1956–1976, München 1977

Lea, H. Ch., Geschichte der Inquisition im Mittelalter, ND Nördlingen 1987

Maihold, H., Strafe für fremde Schuld? Die Systematisierung des Strafbegriffs in der Spanischen Spätscholastik und Naturrechtslehre, Köln 2005

Martin, H., Mentalités Médiévales. XIe – XVe s., Paris 1996

Michael, E., Geschichte des deutschen Volkes seit dem 13. Jahrhundert bis zum Ausgang des Mittelalters, Freiburg 1897 ff.

Pennington, K., Law, Criminal Procedure: Dictionary of the Middle Ages, Supplement 1, 2004, 309–320

Radding, C., A World Made by Men. Cognition and Society, 400–1200, Chapel Hill 1986

Rousset, P., Recherches sur l'émotivité à l'époque romane: Cahiers de Civilisation Médiévale, 2, 1959, 53–67

Rousset, P., La croyance en la justice immanente à l'époque féodale: Le Moyen Age 54/55, 1948/1949, 225–248

Salisbury, J., The Beast Within. Animals in the Middle Ages, New York 1994

Scheibelreiter, G., Die barbarische Gesellschaft. Mentalitätsgeschichte der europäischen Achsenzeit, Darmstadt 1999

Schönbach, A., Studien zur Geschichte der altdeutschen Predigt, Wien 1900

Schultz, J., Wandlungen der Seele im Hochmittelalter, Breslau 2. Aufl. 1940

Southern, R., Gestaltende Kräfte des Mittelalters, Stuttgart 1960

Vogel, C., Le pécheur et la pénitence au Moyen Age, Paris 1982

Weigand, R., Das göttliche Recht, Voraussetzung der mittelalterlichen Ordnung: Chiesa, diritto e ordinamento della „societas Christiana" nei secoli XI e XII, Milano 1986, 113–137

3. Studien zu den Gottesurteilen

[auctores varii], Ordeal: ERE 9, 1917, 507–533

[auctores varii], Gudsdom: KLNM 5, 1960, 545–555

[auctores varii], Gottesurteil: TRE 14, 1985, 100–105

[auctores varii], Ordal: RGA 22, 2003, 147–161

Alvarado Planas, J., Ordalias y derecho consuetudinario en la Espana visigoda: Ders., El problema del germanismo en el derecho espanol. Siglos V–XI, Madrid 1997, 105–210

Arthur, R., The iudicium Dei in the Yvein of Chrétien de Troyes: Romance Notes 28, 1987, 3–12

Baist, G., Der gerichtliche Zweikampf, nach seinem Ursprung und im Rolandslied: Romanische Forschungen 5, 1890, 436–448

Baldwin, J., From the Ordeal to Confession: Biller, P., Minnis, A. (Hg.), Handling Sin. Confession in the Middle Ages, Woodbridge 1998, 191–209

Baldwin, J., The Crisis of the Ordeal: Journal of Medieval and Renaissance Studies 24, 1994, 327–353

Baldwin, J., The Intellectual Preparation for the Canon of 1215 against Ordeals: Speculum 36, 1961, 613–636

Barthélemy, D., Diversité des ordalies médiévales: Revue Historique 280, 1988, 3–25

Bartlett, R., Trial by Fire and Water. The Medieval Judicial Ordeal, Oxford 1986

Becker, H., Gottesurteile: LexMa 4, 1594 f.

Berlioz, J., Les ordalies dans les exempla de la confession: L'aveu (Coll. de l'École fr. 88), Rome 1986, 315–340

Binterim, A., Die vorzüglichsten Denkwürdigkeiten der Christ-Katholischen Kirche … V/3, Mainz 1829; VII/3, Mainz 1841

Bloomfield, M., Beowulf, Byrhtnoth, and the Judgment of God: Speculum 44, 1969, 545–559

Browe, P., De ordaliis, Roma 1932/33

Brown, P., Society and the supernatural: Daedalus 104, 1975, 133–151

Bürg, A., Realität und Rationalität der Feuerprobe: ZRG GA 100, 1983, 257–259

Cabral Moncada, L., O duelo na vida do Direito: Anuario de historia del Derecho Español 2, 1925, 213–232

Colman, R., Reason and Unreason in Early Medieval Law: Journal of Interdisciplinary History 4, 1974, 571–591

Conrad, H., Das Gottesurteil in den Konstitutionen von Melfi Friedrichs II. von Hohenstaufen: Festschrift W. Schmidt-Rimpler, Karlsruhe 1957, 9–21

Coulin, A., Der gerichtliche Zweikampf im altfranzösischen Prozeß, Berlin 1906

Cram, K.-G., Iudicium Dei. Zum Rechtscharakter des Krieges im deutschen Mittelalter, Münster 1955

Dahn, F., Studien zur Geschichte der germanischen Gottesurtheile, Berlin ^{2}1880

Dembeck, T., Der *wintschaffene* (wetterwendische) Christus und die Transparenz der Dichtung in Gottfrieds „Tristan“: Zs. f. Germanistik NF 3, 2000, 493–507

De Vesme, C., Ordalie, roghi e torture, Milano 1987

Dinzelbacher, P., Ordeal: EW 3, 854–856

Dürig, S., Das Ordal der Psalterprobe im Cod. Lat. Mon. 100: Münchener Theologische Zeitschrift 24, 1973, 266–278

Erler, A., Der Ursprung der Gottesurteile: Paideuma 2, 1941, 44–65

Fehr, H., Das Bahrrecht, insbesondere in der Schweiz: Peesch, R. (Hg.), Zwischen Kunstgeschichte und Volkskunde. FS W. Fraenger, Berlin 1960, 85–90

Fehr, H., Das Gottesurteil in der deutschen Dichtung: Festschrift G. Kisch, Stuttgart 1955, 271–281

Fehr, H., Das Recht in den Sagen der Schweiz, Frauenfeld 1955

Fischer, H., Die offene Kreuzhaltung im Rechtsritual: Festschrift f. A. Steinwenter, Graz 1958, 9–57

Fournier, P., Quelques observations sur l'histoire des ordalies au Moyen Age: Mélanges Gustave Glotz I, Paris 1932, 367–376

Fraher, R., IV Lateran's Revolution in Criminal Procedure. The Birth of inquisitio, the End of Ordeals, and Innocent III's Vision of Ecclesiastical Politics: Studia in honorem eminentissimi Cardinalis A. M. Stickler, Roma 1992, 97–111

Francione, G., Le diavolerie giudiziarie. Toghe, Ordalie e Demoni dal Medioevo ad Oggi, Roma 1990

Frenschkowski, M., Ordal (Gottesurteil): Reallexikon für Antike und Christentum 26, 2015, 365–398

Frenzel, E., Gottesurteil: Dies., Motive der Weltliteratur, Stuttgart 2. Aufl. 1980, 297–312

Gal, A., Der Zweikampf im fränkischen Prozeß: ZRG GA 28, 1907, 236–289

Gaudement, J., Les ordalies au Moyen-Age: La Preuve II, Bruxelles 1965, 99–135

Glitsch, H., Mittelalterliche Gottesurteile, Leipzig s.a. [1918]

Goez, W., Über Fürstenzweikämpfe im Spätmittelalter: Archiv für Kulturgeschichte 49, 1967, 135–163

Goitein, H., Primitive Ordeal and Modern Law, London 1923 = 1980

Green, R., Medieval literature and law: Wallace, D. (Hg.), Medieval English Literature, Cambridge 1999, 407–431

Green, R., A Crisis of Truth. Literature and Law in Ricardian England, Philadelphia 1999

Grelewski, S., La réaction contre les ordalies en France depuis le IXe s. jusqu'au Décret de Gratien, Rennes 1924

Gröchenig, H., Gottesurteil: Enzyklopädie des Märchens 6, 1990, 24–31

Grubmüller, K., „ir unwarheit warbaeren". Über den Beitrag des Gottesurteils zur Sinnkonstruktion in Gottfrieds Tristan: Grenzmann L. u. a. (Hgg.), Philologie als Kulturwissenschaft, Göttingen 1987, 149–163

Guillot, O., Le duel judicaire: La giustizia nell'alto medio evo (Settemane 44), Spoleto 1997, 715–785

Head, T., Saints, Heretics, and Fire. Finding Meaning through the Ordeal: Farmer, S., Rosenwein, B. (Hgg.), Monks and Nuns, Saints and Outcasts, Ithaca 2000, 220–238

Hexter, R., Equivocal Oaths and Ordeals in Medieval Literature, Cambridge MA 1975

Hils, H.-P., „Der da sigelos wirt dem sleht man die hant ab". Zum Stand der hauptberuflichen Fechter nach mittelalterlichen Rechtsquellen: ZRG GA 102, 1985, 328 ff.

Hilse, B., Das Gottes-Urtheil der Abendmahlsprobe, Berlin 1867

Hitchcock, R., El rito hispánico, las ordalías y los mozárabes en el reinado de Alfonso VI: Estudios Orientales 8, 1973, 19–41

Holzhauer, H., Der gerichtliche Zweikampf: Sprache und Recht ... FS R. Schmidt-Wiegand, Berlin 1986, 263–283

Hüpper-Dröge, D., Der gerichtliche Zweikampf: Frühmittelalterliche Studien 18, 1984, 607–661

Hyams, P., Trial by Ordeal: Arnold, M. u. a. edd., On the Laws and Customs of England, Chapel Hill 1981, 90–126

Iuul, S. u. a., Gudsdom: KLNM 5, 1960, 545–549

Jacoby, A., Der Ursprung des Judicium offae: Archiv für Religionswissenschaft 13, 1910, 525–566

Jager, E., Auf Ehre und Tod. Ein ritterlicher Zweikampf um das Leben einer Frau, München 2006

Janin, H., Medieval Justice. Cases and Laws in France, England and Germany, 500-1500, Jefferson, NC 2004

Jillings, L., Ordeal by Combat and the Rejection of Chivalry in „diu Crône": Speculum 51, 1976, 262–276

Johansson, H. u. a., Godsdom: KLNM 5, 1960, 549–551

Jones, G., Some Characteristics of the Icelandic „Hólmganga": Journal of English and Germanic Philology 32, 1933, 203–224

Jordan, L., Das fränkische Gottesgericht: Archiv f. Kulturgeschichte 6, 1908, 265 ff.

Kaegi, A., Alter und Herkunft des germanischen Gottesurteils. Zur vergleichenden Rechtsgeschichte: Festschrift zur Begrüssung der XXXIX. Versammlung deutscher Philologen und Schulmänner in Zürich, Sept. 1887, 40–60

Keefer, S., Ut in omnibus honorificetur Deus. The Corsnaed Ordeal in Anglo-Saxon England: Hill, J./Swan, M. (Hgg.), The Community, the Family and the Saint, Turnhout 1998, 237–264

Kerth, Th., With God on Her Side. Isolde's Gottesurteil: Colloquia Germanica 11, 1978, 1–18

Kerr, M., Forsyth, R., Plyley, M., Cold Water and Hot Iron. Trial by Ordeal in England: Journal of Interdisciplinary History 22, 1992, 573–595

Köbler, G., Welches Urteil ist das Gottesurteil des Mittelalters?: Brieskorn, N. u. a. (Hgg.), Vom mittelalterlichen Recht zur neuzeitlichen Rechtswissenschaft, Paderborn 1994, 89–108

Köstler, R., Der Anteil des Christentums an den Ordalien: ZRG KA 33, 1912, 208–248

Kucaba, K., Höfisch inszenierte Wahrheiten. Zu Isolds Gottesurteil bei Gottfried von Strassburg: Harms, W. u. a. (Hgg.), Fremdes wahrnehmen – fremdes Wahrnehmen, Stuttgart 1997, 49–72

Lea, H. Ch., Superstition and Force, ND New York 1971

Lea, H. Ch., The Ordeal, ND Philadelphia 1973

Leclercq, H., Ordalie: Dictionnaire d'archéologie chrétienne et de liturgie 12/2, 1936, 2377–2390

Lehmann, K., Das Bahrgericht: Germanistische Abhandlungen zum LXX. Geburtstag Konrad von Maurers, dargebracht von Oscar Brenner … [et al.], Göttingen 1893, 21–45

Lévy, J.-Ph., Le problème des ordalies en droit romain: Studi in onore di P. de Francisci II, Milano 1956, 409–434 = Lévy, J. Ph., Le problème des ordalies en droit romain: Autour de la preuve dans les droits de l'antiquité, Napoli 1992, 35–60

Leitmaier, Ch., Die Kirche und die Gottesurteile, Wien 1953

Liebermann, F., Die Gesetze der Angelsachsen II, Halle 1906/12

Liebermann, F., Ein Ordal des Lebendig-Begrabens: ZRG GA 19, 1898, 140

Majer, F., Geschichte der Ordalien, insbesondere der gerichtlichen Zweikämpfe in Deutschland, Jena 1795 = Leipzig 1970

Marchegay, P., Duel judicaire entre les communautés religieuses: Bibliothèque de l'École des Chartes 1, 1840, 552–564

Marino, B., „In Palencia non ha batalla pro nulla re." El duelo de villanos en la iconografía románica del Camino de Santiago: Compostellanum 31, 1986, 349–363

Mayer, E., Der Ursprung der germanischen Gottesurteile: Historische Vierteljahresschrift 20, 1920, 289–316

McBride, M., Heroes on Trial. The Judicium Dei and the Changing Face of Justice in Two Versions of the Tristan Romance: Tristania 23, 2004, 17–37

Meyer, Chr., Der gerichtliche Zweikampf, insbesondere der zwischen Mann und Frau: Zs. f. deutsche Culturgeschichte NF 2, 1873, 49–58

Meyer, J., Isoldes Gottesurteil in seiner erotischen Bedeutung, Berlin 1914

Michel, A., Ordalies: DThC 11/1, 1931, 1139–1152

Miller, W., Ordeal in Iceland: Scandinavian Studies 60, 1988, 189–218

Müller-Bergström, W., Gottesurteil: HDA 3, 1931, 994–1064

Nagy, A. L'ordalie de la philologie classique ou La tentation de l'Autre: Religions en perspective 24, Genève 2011, 134–157

Naz, R., Ordalies: DDC 6, 1957, 1117–1123

Nehlsen-von Stryk, K., Die Krise des „irrationalen Beweises" im Hoch- und Spätmittelalter und ihre gesellschaftlichen Implikationen: ZRG GA 117, 2000, 1–38

Neilson, G., Trial by Combat, Glasgow 1890

Nestlitz-Rieneck, R. v., Eugen II. und die Kaltwasserprobe: Zs. f. katholische Theologie 20, 1896, 710–716

Neumann, S., Der gerichtliche Zweikampf. Gottesurteil – Wettstreit – Ehrensache, Sigmaringen 2010

Nicodème, M., Une enquète sur le duel judiciarie en France (début du XIVe s.): Revue Belge de Philologie et d'Histoire 4, 1925, 715–723

Nottarp, H., Gottesurteilsstudien, München 1956

Oesterdiekhoff, G., Das archaische Prozess- und Beweisrecht und die „immanente Gerechtigkeit". Erklärung von Struktur, Entwicklung und Untergang ordalförmiger Konfliktregelungen: ZRG GA 119, 2002, 175–192

Pappenheim, M., Über die Anfänge des germanischen Gottesurteils: ZRG GA 48, 1928, 136–175

Padberg, L. v., Religiöse Zweikämpfe in der Missionsgeschichte des Frühmittelalters: Heizmann, W. u. a. (Hgg.), Runica, Germanica, Mediaevalia, Berlin 2003, 509–552

Patetta, F., Le ordalie, Torino 1890

Pearson, A., Ordeal (Roman): ERE 9, 528 f.

Pfeffer, M., Die Formalitäten des gottesgerichtlichen Zweikampfs in der altfranzösischen Epik: Zs. f. romanische Philologie 9, 1885, 1–74

Phillips, G., Über die Ordalien bei den Germanen in ihrem Zusammenhange mit der Religion: Ders., Vermischte Schriften I, Wien 1856, 122–144, 467–473

Pijper, F., Middeleeuwsch Christendom's-Gravenhage 1907, 105–176

Platelle, H., La Voix du sang. Le cadavre qui saigne en présence de son meurtrier: La Piété populaire au Moyen Age (Actes du 99e congrès national des Sociétés savantes), Paris 1977, I, 161–179

Platelle, H., Pratiques pénitentielles et mentalités religieuses au Moyen Age. La pénitence des parricides et l'esprit de l'ordalie: Mélanges de science religieuse 40, 1983, 129–145

Prost, B., Traité du duel judicaire, relations de pas d'armes et tournois, Paris 1872

Radding, C., Superstition to Science. Nature, Fortune, and the Passing of the Medieval Ordeal: American Historical Review 84, 1979, 945–969

Radding, C., Ordeals: Dictionary of the Middle Ages 9, 1987, 259 f.

Risse, G. u. a., Gottesurteil: LThK 4, 1995, 941–943

Röhrich, L., Meinel, G., Reste mittelalterlicher Gottesurteile in sprichwörtlichen Redensarten: Alemannische Jb. 1970, 341–346

Schild, W., Das Gottesurteil der Isolde. Zugleich eine Überlegung zum Verhältnis von Rechtsdenken und Dichtung: Hofinghoff, H. u. a. (Hg.), Alles was Recht war. Rechtsliteratur und literarisches Recht. Festschrift für Ruth Schmidt-Wiegand zum 70. Geburtstag, Essen 1996, 55–75

Schmoeckel, M., „Ein sonderbares Wunderwerck Gottes". Bemerkungen zum langsamen Rückgang der Ordale nach 1215: Ius commune 26, 1999, 123–164

Schnell, R., Die „Wahrheit" eines manipulierten Gottesurteils. Eine rechtsgeschichtliche Interpretation von Konrads von Würzburg „Engelhard": Poetica 16, 1984, 24–60

Schnell, R., Dichtung und Rechtsgeschichte. Der Zweikampf als Gottesurteil in der mittelalterlichen Literatur: Mitteilungen der Universität Carolo–Wilhelmina zu Braunschweig 18/2, 1983, 53–62

Schnell, R., Rechtsgeschichte und Literaturgeschichte. Isoldes Gottesurteil: Jahrbuch für internationale Germanistik 8, 1980, 307–319

Schnitzer, J., Savonarola und die Feuerprobe, München 1904

Schreiber, G., Kirchliches Abgabewesen an französischen Eigenkirchen aus Anlaß von Ordalien: ZRG KA 5, 1915, 414–483

Schröder, W., Text und Interpretation. Das Gottesurteil im „Tristan" Gottfrieds von Straßburg, Wiesbaden 1979

Schultz, A., Das höfische Leben zur Zeit der Minnesinger II, Leipzig 1889

Schwab, U., Die Zweikämpfer von Monkwearmouth: Keller, H., Staubach, N. (Hgg.), Iconologia sacra, Berlin 1994, 496–518

Schwentner, B., Die Stellung der Kirche zum Zweikampf bis zu den Dekretalen Gregors IX.: Theologische Quartalschrift 111/3, 1930, 190–234

Schwerin, Cl. v., Das Gottesurteil des Poppo: ZRG GA 58, 1938, 69–107

Schwerin, Cl. v., Geschichtliche Gottesurteile: Forschungen und Fortschritte 14, 1938, 236 ff.

Schwerin, Cl. v., Rituale für Gottesurteile, Heidelberg 1933

Stuhmiller, J., Iudicium Dei, Iudicium Fortunae. Trial by Battle in Malory's Le Morte Darthur: Speculum 81, 2006, 427–462

Sypeck, J., Ordeal: Lindahl, C. ed., Medieval Folklore II, St. Barbara CA 2000, 740–742

Thoma, H., Ein Gottesgericht an Tieren: ZRG GA 70, 1953, 325–329

Trusen, W., Das Verbot der Gottesurteile und der Inquisitionsprozeß: Miethke, J. u. a. ed., Sozialer Wandel im Mittelalter, Sigmaringen 1994, 235–247

Uther, H.-J., Isoldes Gottesurteil: Enzyklopädie des Märchens 7, 1993, 325–327

Vacandard, E., L'Église et les ordalies: Ders., Études de critique et d'histoire religieuse, Paris 1905, 191–215

Van Caenegem, R., Methods of Proof in Western Medieval Law: Academiae Analecta. Mededelingen van de K. Academie v. Wetenschappen, Kl. der Letteren 45, 1983, 85–127

Van Caenegem, R., Reflexions on rational and irrational modes of proof in medieval Europe: Tijdschrift voor Rechtsgeschiedenis 58, 1990, 263–279

White, S., Proposing the ordeal and avoiding it. Strategy and power in western French litigation, 1050–1110: Bisson, T. ed., Cultures of Power, Philadelphia 1995, 89–123

York, E., Isolt's Ordeal: Studies in Philology 68, 1971, 1–9

Ziegler, V., Trial by Fire and Battle in Medieval German Literature, Woodbridge 2004

4. Studien zu den Tierprozessen (ergänzende und neuere Literatur s. S. 371)

Agnel, E., Curiosités judiciaires et historiques du Moyen Age. Procès contre les animaux, Paris 1858

Amira, K. v., Thierstrafen und Thierprozesse: Mitteilungen des Instituts f. österreichische Geschichtsforschung 12, 1891, 545–601

Beach, F. A., Beasts Before the Bar: Natural History 59, 1950, 356–359

Beirne, P., The Law is an Ass. Reading E. P. Evans' The Medieval Prosecution and Capital Punishment of Animals: Society and Animals 2/1, 1994, 27 ff. (http://www.psyeta.org/sa/sa2.1/beirne.html)

Berkenhoff, H., Tierstrafe, Tierbannung und rechtsrituelle Tiertötung im Mittelalter, Leipzig 1937

Berman, P. S., Rats, Pigs, and Statutes on Trial. The Creation of Cultural Narratives in the Prosecution of Animals and Inanimate Objects: New York University Law Review 69, 1994, 288–326

Berriat-Saint-Prix, M., Rapport et recherches sur les procès et jugemens relatifs aux animaux: Mémoires de la Société nationale des antiquaires de France 8, 1829, 403–450

Berriat-Saint-Prix, M., Des procès intentés aux Animaux: Thémis ou bibliothèque du jurisconsulte 1, 1824, 178–181

Bertogg, H., Die Maikäfer zu Hohentrins: Schweizer Volkskunde 33, 1943, 72–76

Blétry, J., Des préjudices causés par les animaux en droit burgonde, Dijon 1908

Bonkalo, E., Criminal Proceedings Against Animals in the Middle Ages: Journal of Unconventional History 3/2, 1992, 25–31

Carson, H. L., The Trial of Animals and Insects: Proceedings of the American Philosophical Society 56, 1917, 410–415

Chasseneux, B. de, Responsorum seu consiliorum opus, s. l. [Lyon] 2. (?) Aufl. 1535

Chène, C., Juger les vers. Exorcismes et procès d'animaux dans le diocèse de Lausanne (XVe–XVIe s.), Lausanne 1995

Clodd, E., Execution of Animals: ERE 5, 628 f.

Couret, A., Daigueperse, C., Le tribunal des animaux, Paris 1987

D'Addosio, C., Bestie delinquenti, Napoli 1892 = 1992

D'Arbois de Jubainville, H., Les Excommunications d'animaux: Revue des questions historiques 3/5, 1868, 275–280

Desnoyers, M., Excommunication des insectes et d'autres animaux nuisibles à l'agriculture: Bulletin du comité historique des monuments écrits de l'histoire de France 66, 1853/54, 36–54

Dietrich, G., Les procès d'animaux du moyen âge à nos jours, Lyon 1961

Dinzelbacher, P., Animal Trials. A Multidisciplinary Approach: Journal of Interdisciplinary History 32, 2002, 405–421

Evans, E. P., The Criminal Prosecution and Capital Punishment of Animals, London 1906 (= 1987, the appendix with new pagination; another reprint New York 1998; übers.: Animali al rogo, s.l. 1989)

Feigl, M., De homicida. Eine Untersuchung zur mittelalterlichen und frühneuzeitlichen Rechtsmentalität anhand von Dokumenten über die strafrechtliche Verfolgung von Tieren, Mag. Arb. Wien 1994

Fischer, M., Tierstrafen und Tierprozesse. Zur sozialen Konstruktion von Rechtssubjekten, Münster 2005

Francione, G., Processo agli animali, Roma 1996

Franz, A., Die kirchlichen Benediktionen im Mittelalter, Freiburg 1906/09 = Graz 1960

Gijswijts-Hofstra, M., Mens, dier en demon. Parallelen tussen dieren-en heksenprocessen?

Girgen, J., The Historical and Contemporary Prosecution and Punishment of Animals: Animal Law 9, 2003, 97–133

Grootes, E., den Haan, J. (Hgg.), Geschiedenis, godsdienst, letterkunde. Opstellen … S. Zilverberg, Roden 1989, 55–62

Hemmerlin, F., De exorcismis: Clarissimi viri Juriumque doctoris Felicis Hemmerlin cantoris quondam Thuricensis varie oblectationis opuscula et tractatus, Straßburg, c/o J. Prüss, s.a. (vor 13. 8. 1497)

Hülle, W., Von Tierprozessen im deutschen Recht: Deutsche Richterzeitung 68, 1990, 135–137

Hyde, W., The Prosecution and Punishment of Animals and Lifeless Things in the Middle Ages and Modern Times: University of Pennsylvania Law Review 64, 1915, 696–730

Jackson, B. S., Liability for animals in Roman Law: Cambridge Law Journal 37, 1978, 122–143

Jamieson, Ph., Animal Liability in Early Law: Cambrian Law Review 19, 1988, 45–68

Jubainville s. D'Arbois

Katz, M., Ox-Slaughter and Goring Ox. Homicide, Animal Sacrifice, and Judicial Process: Yale Journal of Law and the Humanities 4/2, 1992, 249–278

Kaufmann, E., Tierstrafe: Handwörterbuch der deutschen Rechtsgeschichte 33, 1991, 239–241

Kerdaniel, E. L. de, Les Animaux en justice, procédures et excommunication, Paris 1908

Leguin, B., Chasseneuz et les procès d'insects en Bourgogne, Dijon [Cour d'Appel] 1933

Lossouarn, L. E., Les animaux en justice au temps jadis, Diss. Bordeaux 1905 [mir nicht zugänglich]

MacCormack, G., On Thing-Liability (Sachhaftung) in Early Law: The Irish Jurist 19, 1984, 322–349

Mangin, A., Voyage à la nouvelle Calédonie suivi de: Les bêtes criminelles au moyen-âge, Ville de Charenton 1893 = Paris, s.d. (1907)

McNamara, J. P., Animal Prisoners at the Bar: The Notre Dame Lawyer 3, 1927/28, 30–36

Mason, P., The excommunication of caterpillars, ethno-anthropological remarks on the trial and punishment of animals: Social Science Information 27, 1988, 265–273

Ménabréa, L., De l'origine de la forme et de l'esprit des jugements rendus au Moyen-Age contre les animaux: Académie des sciences, belles-lettres et arts de Savoie ser. 1, 12, 1846, 399–557

Mengis, Tierprozesse, Tierstrafen: HDA 8, 1936/37, 928–938

Monet, J., Les procès d'animaux: Cahiers de philosophie politique et juridique de l'Université de Caen 22, 1992, 205–223

Moorman van Kappen, O., Dierenprocessen of niet? Een korte beschouwing naar aanleiding van een stootse koe te Elst in 1656: Lex Loci. Opstellen over Nederlandse rechtsgeschiedenis uit de pen van Prof. Mr O Moorman van Kappen. Red. Coppens, E. et al. Nijmegen 2000, 381–391

Nadal, A., Les procès d'animaux au Moyen Age et sous l'Ancien Regime: Memoires de l'Academie de Nîmes Ser. 7, 60, 1977/80, 230–259

Oger, Y., Les procès intentés aux animaux domestiques: Sciences-Veterinaires-Medecine-Comparee 94, 1992, 329–351

Pappenheim, M., Zur Frage der Tierstrafen und Tierprozesse: Zeitschrift der Gesellschaft für Schleswig-Holsteinische Geschichte 52, 1923, 117–119

Pastoureau, M., Les extravagants procès d'animaux: L'histoire, revue mensuelle 172, 1993, 16–23

Pietz, W., Death of the deodand. Accursed objects and the money value of human life: Res 31, Spring 1997, 97–108

Pignot, J.-H., Un jurisconsulte au seizième siècle, Barthélemy de Chasseneuz, Paris 1880 = Genève 1970

Robert, E., Procès intentes aux animaux: Bulletin de l'Association Génerale des Étudiants de Montpellier 1/6, 1. Juin 1888, 169–181

Rousseau, M., Les Procès d'animaux, Paris 1964

Rousseau, M., Les Procès d'animaux: Couret, A., Oge, F., edd., Histoire et animal, Toulouse 1989, I, 89–98

Seifart, K., Hingerichtete Thiere und Gespenster: Zs. f. deutsche Kulturgeschichte 1, 1856, 424–432

Sellert, W., Tierprozesse (-strafen): Lexikon des Mittelalters 8, 1996, 784 f.

Sellert, W., Das Tier in der abendländischen Rechtsauffassung: Studium Generale Vorträge zum Thema Mensch und Tier I, Hannover 1984, 66–84

Sorel, A., Procès contre des animaux et insectes suivis au Moyen Age dans la Picardie et le Valois: Bulletin de la société historique de Compiègne 3, 1876, 269–314

Stokvis, B., Bijdrage tot de kennis van het wereldlijke dierenproces in den noordelijke Nederlanden: Tijdschrift voor strafrecht 41, 1931, 399–424

Tobler, G., Tierprozesse in der Schweiz, Bern 1893

Van Praag, A., Het strafproces tegen dieren: Themis – Regtskundig Tijdschrift 93, 1932, 345–375

Vartier, J., Les Procès d'Animaux du Moyen Age à Nos Jours, Paris 1970

Veper, G., Les Procès des animaux au moyen âge: Cour d'appel de Chambéry. Audience solennelle de Rentrée du 2 Oct. 1953, Chambéry 1954, 5–19

Walter, E. V., Nature on Trial. The Case of the Rooster that Laid an Egg: Comparative Civilization Review 10/11, 1983/84, 51–72

Walter, H., Der Exorzismus-Traktat des Felix Hemmerlin: Mediaevistik 20, 2007, 215–273

Watson, A., Curses, Oath, Ordeals and Trials of Animals: The Edinburgh Law Review 1, 1996, 420–436

Wehrhan, K., Ein Detmolder Tierprozeß von 1644 und die Bedeutung des Tierprozesses überhaupt: Zeitschrift des Vereins für rheinische und westfälische Volkskunde 1, 1904, 65–77

Wehrhan, K., Zum Tierprozess: Ebd. 5, 1908, 156 f.

Wymann, E., Exorzismen gegen die Engerlinge: Oberwaldner Geschichtsblätter 2, 1904, 126–138

III. Bibliographische Ergänzungen

(weder bei Evans 1906 noch in der Erstauflage des vorliegenden Buches [2006])

* = (auch) im Internet veröffentlicht

Baratay, E., L'excommunication et l'exorcisme des animaux aux XVIIe et XVIIIe siècles, une négociation entre bêtes, fidèles et clergé, in: Revue d'Histoire Ecclésiastique 107/1 (2012), S. 223–254; * (aus der Perspektive der regionalen Agrar- und Katastrophengeschichte).

Barton, K., Verfluchte Kreaturen. Lichtenbergs „Proben seltsamen Aberglaubens" und die Logik der Hexen- und Insektenverfolgung im „Malleus Maleficarum"; * http://www.lichtenberggesellschaft.de/pdf/jb04_barton.pdf (ohne neue Erkenntnisse).

Beirne, P., A note on the facticity of animal trials in early modern Britain; or, the curious prosecution of farmer Carter's dog for murder, in: Crime, law and social change 55 (2011), S. 359–374 (die drei von Evans für England erwähnten Tierprozesse sind nicht authentisch).

Berman, P., An Observation and a Strange but True Tale. What Might the Historical Trials of Animals Tells Us About the Transformative Potential of Law in American Culture?, in: Hastings Law Journal 52 (2000), S. 123–180 (gegenwartsbezogen).

Chaboseau, A., Procès contre les animaux, in: La Tradition, Revue génerale des contes, légendes, chants, usages, traditions et arts populaires 2/12 (1888), S. 362–364.

Chauvet, D., La personnalité juridique des animaux jugés au Moyen Âge (XIIIe–XVIe siècles), Paris 2012 (weiterführende Übersicht über die Diskussion v. a. des 16. und 17. Jahrhunderts und heutige Verständnismöglichkeiten, doch ohne Kenntnis deutschsprachiger Arbeiten).

Cherchi, P., Processo al cinghiale (Adone, XVIII 234–41), in: Bollettino di italianistica 2009/2, S. 69 ff. (über die Dichtung des Giambattista Marino [1623]).

Dinzelbacher, P., Tierexekutionen in Mittelalter und Frühneuzeit, in: A. Joachimides u. a. ed., Opfer, Beute, Hauptgericht. Tiertötungen im interdisziplinären Diskurs, Bielefeld 2016, 133–149

Enders, J., Homicidal Pigs and the Antisemitic Imagination, in: Exemplaria 14 (2002), S. 201–238; * vgl. http://www.academia.edu/323680/Homicidal_Pigs_and_the_Antisemitic_Imagination (gezwungener Versuch einer Verbindung kaum zusammenhängender Themen).

Ewald, W., Comparative Jurisprudence (I): What Was It Like to Try a Rat?, in: University of Pennsylvania Law Review 143 (1995), S. 1889–2149.

Fischer, M., Personifizierung, Objektivierung und die Logik der Kontrolle: zum Subjektstatus von Tieren in Tierstrafen, Tierprozessen und Tierschutz, in: Soziologie der Mensch-Tier-Beziehung; * http://www.ssoar.info/ssoar/bitstream/handle/document/18484/ssoar-2008-fischer-personifizierung.pdf?sequence=1, S. 5151–5168 (betont die Kontrollfunktion).

Fudgé, T., Medieval Religion and its Anxieties. History and Mystery in the Other Middle Ages, New York 2017, S. 13–50.

Gasser, C., Ein Trentiner Tierprozess aus dem 18. Jahrhundert, in: Der Schlern 82/2 (2008), S. 32–37 (gegen Mäuse).

Gelée, E., Quelques recherches sur l'excommunication des animaux, in: Mémoires de la société académique … de l'Aube 29 (1865), S. 131–171; * http://gallica.bnf.fr/ark:/12148/bpt6k55054056/texteBrut (frühe Zusammenfassung).

Gergen, T., Tiere in der deutschen Rechtsgeschichte und im geltenden Recht, in: Natur und Recht 34 (2012), S. 96–102 (Zusammenfassung).

Glöckner, G./Reichenbach, W., De delictis brutorum eorumque poenis, Heidelberg 1673.

Hentig, H. v., Die Strafe I, Berlin 1954, S. 58–70 (wiederholt Amiras dämonologische These).

Hermanson, I./Alstrin, E., De peccatis et poenis brutorum I–II, Uppsala 1723/25.

Hoareau-Dodinau, J., L'animal avant le juge – coupable ou victime?, in: La culpabilité: actes des XXèmes journées d'histoire du droit, hg. von Jacqueline Hoareau-Dodinau, Pascal Texier, Limoges 2001, S. 187–201 (Wiederherstellung der gestörten Weltordnung).

Humbert, A., Excommunications d'Insectes, in: Bulletin d'insectologie agricole 11 (1886), S. 81–83.

Katz, M., Ox-Slaughter and Goring Oxen: Homicide, Animal Sacrifice, and Judicial Process, in: Yale Journal of Law & the Humanities 4 (1992) S. 249–278 * (im jüdischen Altertum).

Discours de Mgr Guillaume Le Blanc, évêque de Grasse … à ses diocésains touchant l'affliction qu'ils endurent des loups en leurs personnes et des vermisseaux en leurs figuiers en la présente année, mil cinq cens nonante sept, Tournon 1589.

Leboutte, R./Pinon, R., Le jugement d'un porc à Flemalle-Haute en 1530, in: Enquêtes du Musée de la Vie Wallone 193/200 (1992), S. 218–244 (in den allgemeinen Ausführungen fehlerhaft und veraltet).

Oger, Y., Les procès intentés aux animaux: Sciences-Veterinaires-Medecine-Comparée 94, 1992, 329–351

Leeson, P., Vermin Trials, in: Journal of Law and Economics 56 (2013) S. 811–836; * http://www.peterleeson.com/Animal_Trials.pdf (Erfindung der Kirche, um ihr Prestige zu fördern und die Zehntzahlung durchzusetzen).

Litzenburger, L., Les procès d'animaux en Lorraine (XIVe–XVIIIe siècles), in: Criminocorpus. Revue d'Histoire de la justice, des crimes et des peines 2011: http://journals.openedition.org/criminocorpus/1200 * (34 Prozesse zwischen M. 14. bis A. 18. Jahrhundert).

Mason, P., The Excommunication of Caterpillars. Ethno-Anthropological Remarks on the Trial and Punishment of Animals, in: Social science information 27 (1988), S. 265–273.

Mayer, J., Q. D. B. V. De Peccatis et Poenis Brutorum, Wittenberg 1686 (theologisch-rechtlich).

Moretti, I./Gravino, A./Ruffo, G., Dal processo agli animali ai diritti degli animali: l'argomento dei „casi marginali", in: Rassegna di diritto, legislazione e medicina legale veterinaria 1/3 (2002), S. 41–43.

Neal, E., Animals and Humans in the Eyes of the Law, in: Proceedings of the National Conference on Undergraduate Research 2012, S. 789–794; * http://www.ncurproceedings.org/ojs/index.php/NCUR2012/article/view/200/147 (Zusammenfassung ohne neue Aspekte).

Oesterdiekhoff, G., Tierstrafen und Tierprozesse, in: Ders., Psyche und Gesellschaft in der Entwicklung. Strukturgenetische Soziologie als Theorie der Menschheits- und Kulturgeschichte, s.l. 2009, S. 286 ff. (soziologisch – psychogenetisch).

Oesterdiekhoff, G., Anthropomorphismus und Tierprozesse, in: Ders., Die Entwicklung der Menschheit von der Kindheitsphase zur Erwachsenenreife, Berlin 2013, S. 139–150 (soziologisch – psychogenetisch).

Pastoureau, M., Une histoire symbollique du Moyen Âge occidental, Paris 2004, S. 31–53, 386–391

Pervukhin, A., All the Lizards Stand and Say, „Yes, Yes, Yes." The Element of Play in Legal Actions Against Animals and Inanimate Objects, Paper 96; * http://law.bepress.com/cgi/viewcontent.cgi?article=1222&context=expresso (deutet die Prozesse als öffentliche Spiele im Sinne von Huizingas Homo ludens; unhaltbar).

Phillips, P., Medieval Animal Trials. Justice for All, Lewiston 2013 (betont die Vorstellung von der Hierarchie der Schöpfung als Hintergrund, bringt nur Bekanntes).

Réal, J., Bêtes et juges, Paris 2006.

Rohr, C., Extreme Naturereignisse im Ostalpenraum. Naturerfahrung im Spätmittelalter und am Beginn der Neuzeit, Köln 2007, S. 453–516 (umweltgeschichtlich).

Sadoul, C., Les procès contre les animaux. Condamnation des souris de Contrisson en 1733, in: Le Pays Lorrain 17 (1925), S. 531–538.

Schumann, E., „Tiere sind keine Sachen" – Zur Personifizierung von Tieren im mittelalterlichen Recht, in: Bernd Herrmann (Hg.), Beiträge zum Göttinger Umwelthistorischen Kolloquium 2008–2009, Göttingen 2009, S. 181–207 * (hält die Quellen für Prozesse gegen Haustiere allesamt für fiktiv).

Sickert, R., „durch die vnuernünfftigen thier geschleyfft …" – Tiere in mittelalterlichen Rechtspraktiken und Schandritualen, in: Chimaira – Arbeitskreis für Human-Animal Studies (Hg.), Tiere, Bilder, Ökonomien. Aktuelle Forschungsfragen der Human-Animal Studies, Bielefeld 2013, S. 161–186.

Smith, J., The Criminal Trial and Punishment of Animals. A Case Study in Shame and Necessity; http://www.academia.edu/2320763/The_Criminal_Trial_and_Punishment_of_Animals_A_Case_Study_in_Shame_and_Necessity) * (nicht weiterführende moralphilosophische Hypothese).

Soldan, C., La personnification des animaux et le procès contre les animaux au moyen âge, in: Helvetia – Politisch-literarische Monatshefte der Studentenverbindung Helvetia NF 7 (1888), S. 4–17.

Sommer, C., De Poenis Brutorum Dissertatio, Jena 1672.

Srivastava, A., „Mean, Dangerous, and Uncontrollable Beasts": Mediaeval Animal Trials, in: Mosaic 40 (2007), S. 127–143 (aus Sicht moderner Tier-Rechts-Befürworter, ohne weiterführende historische Aspekte).

Sykes, K., Human Drama, Animal Trials: What the Medieval Animal Trials Can Teach Us About Justice for Animals, in: Animal Law Review 17 (2011), S. 273–311; * (aus Sicht moderner Tier-Rechts-Befürworter, ohne weiterführende historische Aspekte).

Tügel, H., Tiere vor Gericht, in: GEO Magazin 10 (2007), S. 218–224.

Walter, H. (Hg.), Der Exorzismus-Traktat des Felix Hemmerlin, in: Mediaevistik. Internationale Zeitschrift für interdisziplinäre Mittelalterforschung 20 (2007), S. 215–273 (kommentierte Edition).

Westermarck, E., Ursprung und Entwicklung der Moralbegriffe I, Leipzig 1907, S. 214–224.

IV. ‚Falsche Freunde'

(Publikationen die trotz des Titels für unser Thema irrelevant sind)

Behan, M., Science and Lore in Animal Law, Diss. Univ. of Arizona 2006 * (unselbständiger ‚Mosaik-Traktat' aus exklusiv englischsprachigen Zitaten aus der Sekundärliteratur).

Friedrich, U., Menschentier und Tiermensch, Göttingen 2009 (literaturgeschichtlich, geht nicht auf Tierprozesse ein).

Petzoldt, L., Natürliche und übernatürliche Strafen. Populäre Rechtsauffassungen und ihr Niederschlag in der Volkserzählung, in: Signa Iuris 12 (2013), S. 153–199 (Skizze der Tierprozesse, aber ohne Nachweis eines Aufscheinens in Volkserzählungen).

Sherman, D., Governing the Wolf. Soul and Space in The Merchant of Venice, in: Journal of Medieval and Early Modern Studies 43 (2013), S. 99–120.

Register

Abaelard 20, 269, 315, 317, 319, 346
Achill 211
Achilleos Tatios 65
Adam von Bremen 67, 130
Adelard von Bath 269 f.
Adeline 160
Aelfred 196
Aemilia 65
Agobard von Lyon 22, 110
Agrippa von Nettesheim 212
Albertus Gandinus 149
Alexander II. 80, 82, 207
Alexander III. 80. 83
Alexander VI. 73 f., 167
Alfons X. 128, 261
Alkuin 291, 314
Antonius von Padua 212
Aquaviva 168 f.
Artemis 65
Artus 99, 102 f., 301, 319
Athelston 40, 102
Attila 301
Augustinus 126 f., 181, 265, 274, 276, 313, 335
Avitus von Vienne 110
Ayrault, Pierre 189, 192
Azpilcueta, Martin 189

Bally, Gasprad 174
Bartholomeus von Farne 284
Bemudez, Jeronimo 279
Benedikt von Aniane 23, 306
Benedikt von Monferrand 210
Berengar von Tours 317, 350
Bergengruen, Werner 104
Bernauer, Agnes 280
Bernhard von Clairvaux 75, 123, 175, 288, 291, 296, 311, 315, 317
Berthold von Regensburg 51, 165, 180
Bicket, Robert 103
Bileam 211 f.
Birgitta von Schweden 265, 307
Blasius 211
Bonifatius 291, 325
Bononius von Locedio 333
Bouts, Dirk 104 f.
Bovo 333
Brictius 90
Burchard von Worms 41, 80
Burckhardt, Jakob 319, 342

Caesarius von Heisterbach 79, 97, 118, 124, 264
Calvin 160
Chasseneux 164,173 f.,198, 200, 227, 239
Chrétien de Troyes 102, 125, 315, 319, 357
Christian von L'Aumône 265
Christina von St. Trond 285
Christine von Retters 288
Cicero 277
Clemens V. 34

Coelestin III. 79 f.
Cranach 69
Croce, Benedetto 22

Damhouder, Josse 190, 227
Dante 24, 116
David 64, 81, 230
Dionysius 37, 292
Dominicus 76 f.
Dungal 23
Dürer 109, 128
Duret, Jean 182

Eberhard I. von Salzburg 52
Ebernand von Erfurt 98
Eckbert von Münster 111
Edeline 160
Edward d. Bekenner 72
Egbert von Trier 75
Eicke von Repgow 42 f., 92, 104, 120, 128, 141 f., 182 f., 195, 261
Ekkehard IV. 20, 87, 306
Elegast 211
Eleonora 218
Elias 64
Elias, Norbert 166, 243, 302 f.
Elisabeth von Spaelbeek 283
Embriko 49
Emma, Königin 98 f.
Erchambert 110
Etienne de Bourbon 7 6, 177
Eugen II. 81, 362
Eurich 304

Felix von Nola 126
Ferrer, Vinzenz 176
Formosus 279
Franco 338
Franz von Assisi 76, 215, 282 ff.
Freija 54
Freud, Sigmund 238, 243
Freytag 21
Friedrich II. 43, 47, 114 f. 223
Friedrich III. 310
Friedrich, Missionsbischof 60
Friedrich Barbarossa 72, 301
Friedrich von Halberstadt 73, 79
Fulk Nerra 73, 79
Furseus 294

Galbert von Brügge 123, 178
Ganelun 36 f.
Gaston III. Phébus 207, 216 f.
Geiler von Kaisersberg 275
Gero von Alsleben 57
Gilles de Rais 274
Giotto 105
Giraldus Cambrensis 181
Goliath 64, 81
Gottfried von Straßburg 20, 103, 114 f., 319
Gottschalk der Sachse 22, 124, 306, 350
Gottschalk, Visionär 294
Gratian 78, 82, 113, 181, 254, 322
Gratus von Aosta 199
Gregor I. 274, 291, 313, 325
Gregor VII. 40, 90
Gregor IX. 80, 119
Gregor XI. 92
Gregor der Große = Gregor I.
Gregor von Tours 45, 68, 90, 266, 296, 313, 325, 343, 347
Gudrun 40, 61, 99

Guibert von Nogent 111
Gundobald 70, 126
Guthlac von Croyland 292

Haakon IV. 57
Hadrian II. 81, 90
Hagen 125
Harald Blauzahn 52
Hartlieb, Johannes 93, 271, 274
Hartmann von Aue 51, 99, 319
Heinrich I. 299
Heinrich II. 95, 98, 207
Heinrich II. von England 78
Heinrich III. von England 207
Heinrich IV. 49, 90, 299
Heinrich V. 71
Helenius Acron 65
Helinand von Froidmont 320
Heloise 20, 319
Hemmerlin, Felix 172, 187 f., 227, 229
Henricus de Bracton 206
Hildegard von Bingen 274, 288, 309
Hinkmar von Reims 46, 56, 84, 111, 124
Hollen, Gottschalk 176 f.
Homer 211
Honorius III. 80, 119
Horaz 65 f.
Horne, Andrew 119
Hrabanus Maurus 310
Hugo von Egisheim 57
Hugo von Poitiers 131
Huguccio von Pisa 112

Iñes de Castro 279 f.
Inga von Varteig 57
Innozenz II. 80
Innozenz III. 80, 83, 101, 112, 114, 117 f.
Innozenz IV. 31
Institoris 95
Isolde 65, 69 f., 96 ff.
Ivo von Chartres 111

Jesaja 63
Johanna von Orleans 265
Johannes Paul II. 266
Johannes Scotus Eriugena 22
Johannes von Buch 93
Johannes XXII. 30
Jordan von Sachsen 76
Joseph 63
Judas 198
Judith von Bayern 98
Julian 61
Jupiter 183

Kafka 281
Kalixt II. 81
Karl IV. 24, 267, 291, 320
Karl der Große 23, 36 f., 97, 126, 136, 181, 196, 235, 291, 301, 314 f.
Karl der Kahle 56
Karl der Kühne 300
Kassandra 211
Katharina von Gebersweiler 286
Katharina von Siena 268, 276, 282, 288 f.
Katzheimer, Wolfgang 105
Klabund 70
Koloman 86, 160
Konrad III. 296
Konrad, Pfaffe 37

Konrad von Würzburg 102, 126, 321, 364
Kreutzer, Johannes 275
Kunibert 15, 19, 270
Kunigunde 5, 95 ff., 118

Ladislaus Posthumus 287
Landerich 54, 177
Lanzelot 114, 125
Leibniz 86, 182, 225
Leo IX. 81
Leopold VII. 73
Lessius, Leonhard 213
Lifard 125
Lioba 50
Liutprand 62, 71
Lohengrin 43, 102
Lothar I. 77, 81
Lothar II. 90, 98
Ludwig d. Dt. 56, 310
Ludwig der Fromme 62, 71, 77
Ludwig IX. 93, 186
Luther 12, 160

Malachias 127, 291
Margarete von Dänemark 34
Maria 63, 135, 170, 263, 284, 310 f.
Maria von Oigniès 283
Maria Theresia 181
Martin 68, 90, 156
Matthias 64
Maximilian I. 175, 287 f.
Maximilian von Eynatten 168
Mechthild von Ha[c]keborn 276
Melampos 211
Meleageant 125
Molay 34
Mondino dei Liuzzi 269
Morolt 101
Moses 49, 61, 63, 172
Mucius Scaevola 44

Nebukadnezar 64
Neckam, Alexander 149, 223
Nikolaus I. 80 f.
Notker von St. Gallen 271, 297

Olav II. von Norwegen 113
Oswald von Wolkenstein 94, 320 f.
Otfried von Weißenburg 314
Otto I. 40
Otto III. 103, 105
Otto von Northeim 58

Papa, Guido 164
Paracelsus 212
Partonopier 265
Paul VI. 236, 266
Paulus 48, 64
Paulus Diaconus 15, 19, 270, 334 f.
Pedro I. 280
Petrus 212
Petrus Bartholomäus 60
Petrus Cantor 87, 112, 114, 125
Petrus Damiani 285 f., 292, 307
Petrus Igneus 83
Phébus, Gaston 207, 216 f.
Philipp von Clairvaux 283
Philipp Augustus 299
Philipp de Beaumanoir 229
Philipp der Gute 94

Philipp der Kühne 156
Philipp der Schöne 34, 93
Philippe de Commynes 117
Pippin 71
Plinius 64, 148, 216, 234, 246, 269
Poppo 52, 60, 85, 104, 364
Porsenna 44
Provetie 217
Przemysl Ottokar I. 86

Raimund von Pennaforte 119
Ranke, Leopold von 17
Ranulph de Glanville 72
Regino von Prüm 80 f., 90
Richalm 264, 269
Richard Löwenherz 299
Richardis 105
Riemenschneider 105 ff.
Robert der Heilige 85
Robert Grosseteste 293
Robert von Arbrissel 111
Roland 36, 99, 265, 319, 357
Romuald von Camaldoli 292, 307
Rorarius, Hieronymus 215, 233
Rothari 159, 221, 304
Rudolf von Habsburg 127, 320
Rudolph von Fulda 50
Rupert von Deutz 318
Ruprecht von Freising 180, 196 f., 227, 232

Sachs, Hans 115
Sachsenspiegel = Eicke
Samson 112
Savonarola 61, 73 f., 149, 364
Schulmeister von Eßlingen 172
Scott, Walter 104
Seuse, Heinrich 282, 288 f.
Shakespeare 51, 228, 233
Sibicho 48
Sibylla 136
Siegfried 125
Simon 198
Simon Magus 212
Snorri Sturluson 113
Sophokles 64
Spergser, Conrad 174
Spieß, Hans 36
Stephan V. 80, 82, 113, 203
Stephan VI. 279
Stricker 103, 115
Sulpicius Severus 68, 267
Swithun 99, 125

Tacitus 29, 54, 59, 62
Teiresias 211
Tenngler, Ulrich 95
Thalhofer 58
Theodosius I. 305
Theutberga 81
Thomas von Angleterre 99 f.
Thomas von Aquin 113, 125, 198, 204, 245, 266, 288, 293, 338
Thomas von Cantimpré 212, 285
Thomas von Chobham 124, 182
Timon 110 f.
Tristan 65, 99 ff., 114, 119, 358 f., 362
Tuccia 65
Turmeda, Anselm 213
Turstin von York 299

Ulrich von Treffen 165

Vairo, Leonardo 189
Vergil 69, 116, 258
Vitus 292

Widukind von Korvey 292
Wilhelm II. von England 56
Wilhelm IX. 319
Wilhelm Rufus 113
Wilhelm von Ecublens 177
Winterstetter, Georg 261
Wodan 54, 59
Wolfram von Eschenbach 24, 319
Wolo 306
Wulfstan Cantor 125

Zeno von Verona 263
Zephyrin 81
Ziu 55

Bildnachweis

Nicht anders gekennzeichnete Abbildungen stammen aus dem Archiv des Mittelalterlichen Kriminalmuseums oder sind Aufnahmen des Autors.

In den Publikationsreihen des Mittelalterlichen Kriminalmuseums sind bislang erschienen:

I. Kataloge des Mittelalterlichen Kriminalmuseums:

Band 1: „Mit dem Schwert oder festem Glauben“ – Luther und die Hexen, Darmstadt 2017

Band 2: „With the sword or strong faith – Luther and the Witches, Rothenburg o.d.T. 2017

Band 3: „Hund und Katz – Wolf und Spatz“ – Tiere in der Rechtsgeschichte, St. Ottilien 2020

II. Schriftenreihe des Mittelalterlichen Kriminalmuseums

Band I: Wolfgang Schild; Die Maleficia der Hexenleut', Rothenburg o.d.T. 1997

Band II: Wolfgang Schild; Die Halsgerichtsordnung der Stadt Volkach aus 1504, Rothenburg o.d.T. 1998

Band III: Wolfgang Schild; Die Eiserne Jungfrau – Dichtung und Wahrheit, Rothenburg o.d.T. 1999

Band IV: Wolfgang Schild; „Von peinlicher Frag“ – Die Folter als rechtliches Beweisverfahren, Rothenburg o.d.T. 2000

Band IVc: Christoph Hinckeldey (Hg.); Criminal Justice through the Ages, Rothenburg o.d.T. 2016

Band V: Christoph Hinckeldey; Rechtssprichwörter, Rothenburg o.d.T. 1992

Band VI: Christoph Hinckeldey (Hg.); Justiz in alter Zeit, Rothenburg o.d.T. 2005

Band VII: Christoph Hinckeldey; Bilder aus dem Kriminalmuseum, Rothenburg o.d.T. 1989

Band VIII: Christoph Hinckeldey; Pictures from the Medieval Crime and Justice Museum, Rothenburg o.d.T. 2015

Band IX: Christoph Hinckeldey; Grafiken aus dem Kriminalmuseum, Rothenburg o.d.T. 2018

Band X: Markus Hirte (Hg.); Rock, Rap, Recht – Beiträge zu Musik, Recht und Geschichte, Darmstadt 2019

Band XI: Peter Dinzelbacher; Das fremde Mittelalter, Darmstadt 2020

III. Rothenburger Gespräche zur Strafrechtsgeschichte

Band 1: Günter Jerouschek / Hinrich Rüping (Hg.); „Auss liebe der gerechtigkeit vnd umb gemeines nutz willenn" – Historische Beiträge zur Strafverfolgung, Tübingen 2000

Band 2: Günter Jerouschek / Wolfgang Schild / Walter Gropp (Hg.); Benedict Carpzov – Neue Perspektiven zu einem umstrittenen sächsischen Juristen, Tübingen 2000, Nachdruck Gießen 2020

Band 3: Günter Jerouschek; Lebensschutz und Lebensbeginn – Die Geschichte des Abtreibungsverbots, Tübingen 2002

Band 4: Dirk von Behren; Die Geschichte des § 218, Tübingen 2004, Nachdruck Gießen 2020

Band 5: Markus Hirte; Papst Innozenz III., das IV. Lateranum und die Strafverfahren gegen Kleriker – Eine registergestützte Untersuchung zur Entwicklung der Verfahrensarten zwischen 1198 und 1216, Tübingen 2005

Band 6: Günter Jerouschek / Hinrich Rüping / Barna Mezey (Hg.); Strafverfolgung und Staatsraison – Deutsch-ungarische Beiträge zur Strafrechtsgeschichte, Gießen 2009

Band 7: Andreas Blauert; Frühe Hexenverfolgungen – Ketzer-, Zauberei- und Hexenprozesse des 15. Jahrhunderts, Gießen 2020

Band 8: Markus Hirte / Arnd Koch / Barna Mezey (Hg.); Wendepunkte der Strafrechtsgeschichte – Deutsche und ungarische Perspektiven (Festschrift), Gießen 2020

FSC
www.fsc.org
MIX
Papier | Fördert
gute Waldnutzung
FSC® C083411

Kolibri 360 GmbH
Ferdinand-Jühlke-Straße 7
99095 Erfurt, Deutschland
produktsicherheit@kolibri360.de